Das Polizeistrafgesetzbuch
für Bayern

und der

Übertretungsabschnitt des Strafgesetzbuchs

mit Vollzugsvorschriften

Von

J. Schiedermair,

Oberlandesgerichtsrat in München.

München 1922

J. Schweitzer Verlag (Arthur Sellier).

Druck von Dr. F. P. Datterer & Cie., Freising-München

Vorwort.

Das Polizeistrafgesetzbuch wurde bei seiner Neufassung im Jahre 1871 in inneren Zusammenhang mit dem Strafgesetzbuch gebracht. Es wurde deshalb im Anschluß an das Polizeistrafgesetzbuch (Teil I des Buches) der die Übertretungen behandelnde 29. Abschnitt des Strafgesetzbuchs mit erläutert (Teil II). Teil III enthält eine Übersicht der Polizeiverordnungen und der Polizeivorschriften der Ministerien, geordnet nach der Reihenfolge der Artikel des PStGB. und der Paragraphen des StGB,; im Teil IV sind die für die Praxis erheblichsten Vollzugs- und Polizeivorschriften (Polizeiverordnungen) im ganzen 25, in zeitlicher Reihenfolge in ihrer jetzigen Fassung abgedruckt.

München im Mai 1922.

J. Schiedermair.

Inhaltsübersicht.

Übersicht der Abkürzungen.*)

ÄMBl.	= Amtsblatt des Staatsministeriums des Innern mit seinen Fortsetzungen.
Ann.	= Annalen des Deutschen Reichs.
BadRpr.	= Badische Rechtspraxis.
BayZ.	= Zeitschrift für Rechtspflege in Bayern.
BlAPr.	= Blätter für administrative Praxis.
Braunw.	= Braunwart und Stöhsel, Die neue bayer. Gemeindegesetzgebung, München 1920.
Edel	= Edel, Polizeistrafgesetzbuch.
ENBl.	= Eisenbahnnachrichtenblatt des Reichsverkehrsministeriums, Zweigstelle Bayern.
FMBl.	= Finanzministerialblatt für das Königreich Bayern.
Geib	= Geib, Handbuch für die Gemeindebehörden der Pfalz, 3. Aufl. 1901.
GemO.	= Gemeindeordnung.
Gerstle	= Gerstle, Die Polizeiübertretungen im bayer. Recht. Ann. 1917, 510.
GArch.	= Archiv für Strafrecht und Strafprozeß, begr. von Goldammer.
GewArch.	= Gewerbearchiv für das Deutsche Reich.
GG.	= Ges. vom 21. Dezember 1921 zur Erweiterung des Anwendungsgebiets der Geldstrafe usw. (RGBl. 1604).
Graßm.	= Bayerisches Staatsrecht von Max v. Seydel; 3. Aufl. von Graßmann und Piloty.
Groschuff	= Groschuff, Eichhorn und Delius, Die preuß. Strafgesetze.
GZ.	= Bayerische Gemeindezeitung.
Helmreich	= Helmreich-Rock, Bayer. Gemeindeordnung, 3. Aufl. 1920.
Henle	= Handbuch der inneren Verwaltung für Bayern r. d. Rheins.
Jellinek	= Jellinek, Gesetz, Gesetzesanwendung und Zweckmäßigkeit, 1913.
JMBl.	= Amtsblatt des Staatsministeriums der Justiz.
InnMB.	= Bekanntm. des Staatsministeriums des Innern.
KGJ.	= Jahrbuch der Entscheidungen des Kammergerichts.

*) Im übrigen ist nach den Vorschlägen des deutschen Juristentags gekürzt.

Kitzinger	= Kitzinger, Die Verhinderung strafbarer Handlungen durch Polizeigewalt, 1913.
KMBl.	= Ministerialblatt für Kirchen- und Schulangelegenheiten und seine Fortsetzung.
KrBl.	= Kreisamtsblatt.
KrMBl.	= Verordnungsblatt des K. Bayer. Kriegsministeriums.
LMB.	= Bek. des Ministeriums für Landwirtschaft.
Landmann	= Landmann, Kommentar zur Gewerbeordnung für das Deutsche Reich; 1. Bd. 7. Aufl., 2. Bd. 6. Aufl.
Lindemann	= Lindemann, Die wichtigsten preuß. Strafgesetze.
Lindemann PrV.	= Lindemann, Die Gesetze über die Polizeiverordnungen in Preußen, 1912.
LZ.	= Leipziger Zeitschrift für deutsches Recht.
Meißner	= Meißner, Das Neue Staatsrecht, 1921.
ObSt.	= Sammlung von Entscheidungen des Bayerischen Obersten Landesgerichts in Strafsachen.
ObZ.	= Desgl. in Zivilsachen.
OGHSt.	= Sammlung von Entscheidungen des Obersten Gerichtshofs für Bayern in Gegenständen des Strafrechts und Strafprozesses.
OSt.	= Sammlung von Entscheidungen des Oberlandesgerichts München in Gegenständen des Strafrechts und Strafprozesses.
Pf.	= Pfalz oder pfälzisch.
PfSG.	= Ges. über die Geltung des Selbstverwaltungsges. in der Pfalz vom 20. Dezember 1919 mit Änderung vom 18. Februar 1921.
PilSch.	= Piloty-Schneider, Grundriß des Verwaltungsrechts in Bayern und im Deutschen Reich, 1921.
PStG.	= Polizeistrafgesetzbuch (vom 26 Dezember 1871).
Reg.	= Reger, Entscheidungen der Gerichte und Verwaltungsbehörden.
RegBl.	= Regierungsblatt für das Königreich Bayern.
RG.	= Entscheidungen des Reichsgerichts in Strafsachen.
RGZ.	= Entscheidung des Reichsgerichts in Zivilsachen.
Rspr.	= Rechtsprechung des deutschen Reichsgerichts in Strafsachen.
Roesch	= Roesch, Bayerisches Ges. über die Selbstverwaltung, 1920.
RVBl.	= Reichsverkehrsblatt.
RVM.	= Reichsverkehrsminister.
Schicker	= Schicker, Württemberg. Polizeistrafrecht und Polizeistrafverfahren.
Schiedermair	= Schiedermair, Die strafrechtlichen Nebengesetze Bayerns.
SchlM.	= Schlusser-Müller, Das badische Polizeistrafrecht 1908.
Schlusser-Müller	= SchlM.
Schmitt	= Schmitt Gottfried, Bayerische Justizgesetze, 1905.

Seydel	= Das Gewerbepolizeirecht des Deutschen Reichs von Schecher auf der Grundlage von M. v. Seydels Gewerbepolizeirecht, 1910.
SG.	= Ges. über die Selbstverwaltung vom 22. Mai 1919 mit Änderung durch Gesetz vom 28. Oktober 1919.
SMB.	= Bek. des Ministeriums für soziale Fürsorge.
StengleinZ.	= Stenglein, Zeitschrift für Gerichtspraxis und Rechtswissenschaft in Deutschland.
StengleinZB.	= Stenglein, Zeitschrift für Gerichtspraxis und Rechtswissenschaft in Bayern.
Thoma	= Dr. Richard Thoma, Der Polizeibefehl im badischen Recht, I. Teil, 1906.
VerwArch.	= Verwaltungsarchiv.
VGH.	= Sammlung von Entscheidungen des Bayerischen Verwaltungsgerichtshofs.
WürttJ.	= Jahrbücher der Württemberg. Rechtspflege.
WürttZR.	= Württemberg. Zeitschrift für Rechtspflege und Verwaltung.
ZfGR.	= Zeitschrift für Gesetzgebung und Rechtspflege des Königreichs Bayern.
ZollBl.	= Amtsblatt der Generaldirektion der Zölle und indirekten Steuern.
ZStW.	= Zeitschrift für die gesamte Strafrechtswissenschaft.
ZustVO.	= Verordnung vom 4. Januar 1872, die Zuständigkeit der Verwaltungsbehörden in Sachen des StGB. für das Deutsche Reich und des PStGB. betr (s Teil IV).

I. Teil. Polizeistrafgesetzbuch für Bayern.

Vom 26. Dezember 1871 (GVBl. 1871/1872 S. 9).

Vorbemerkungen.

Übersicht: I. Der Begriff der Polizei. II. Zur Entwicklung des bayer. PolStrafR. III. Novellen zum PStGB. IV. Bearbeitungen des PStGB. V. Textfeststellung des PStGB. VI. Auslegung des PStGB. VII. Einfluß des Reichsrechts auf die Wirksamkeit des PStGB. VIII. Anwendung der Einleitung u. des Allg. Teils des StGB. auf das PStGB. IX. Subj. Verantwortlichkeit für die Straftaten des PStGB. X. Schuldform bei Zuwiderhandlungen gegen das PStGB. XI. Das Legalitätsprinzip. XII. Bindung des Strafrichters an Entscheidungen von Behörden.

I. Der Begriff der Polizei.

Der Begriff der Pol. hat Bedeutung für die Auslegung des PStGB. insoferne, als die Ermächtigungen zu „polizeilichen" Vorschriften u. Verfügungen, die das Ges. gibt, kraft stillschweigender gesetzl. Bestimmung (vorbehaltl. besond. Regelung für bestimmte Delikte) nur auf solche pol. Charakters beschränkt sind (der Begr. des Polizeidelikts als solchen allerd. ist unserem StGB. u. damit auch unserem PStGB. fremd, Art. 4 AG. StPO.). Der Begriff ist aber in Einzelheiten strittig. S. an beachtenswerten Begriffsbestimmungen Meyer-Dochow, VerwaltRecht § 19; Loening, Handw. d. Staatsw. Bd. 6, Preuß. LR. Tl. II Tit. VII § 10; für Bayern Kahr GemO 1, 805, Graßm. 2, 218; zutreffend grenzt Laband, Staatsr. Bd. 3 § 78 S. 207 den Begr. dahin ab, daß sie die natürliche Handlungsfreiheit des einzelnen im Interesse der Gesellschaft oder des Staates beschränkt. Hierzu haben sich durch die geschichtliche Entwicklung eine Reihe einzelner, begrifflich allerd. vielleicht nicht berechtigter Abgrenzungen des Polizeibegriffs ergeben; s. im einz. hierzu den Anhang zu Art. 1.

II. Zur Entwicklung des Bayerischen Polizeistrafrechts.

S. hierzu die Landts- u. PoliceyOrdn., die ForstOrdn., die Gejaids-Ordn. v. 1616; den Cod. jur. crim. des Jahres 1751 (insbes. Tit. 1 § 1 u. hierzu die Anm. zum Feuerbachschen StGB. v. 1813 Bd. 1 S. 4 ff.); das StGB. für das Königreich Bayern v. 16. Mai 1813 (das Feuerbachsche Gesetzbuch; insbes. Art. 2 u. Anm. Bd. 1 S. 24); Entwürfe v. 1822, 1827, 1831, 1851, 1855; StGB. u. PStGB. v. 10. Nov. 1861 mit Nov. v. 16. Mai 1868 u. 14. Jan. 1871; geltendes Ges. v. 26. Dez. 1871.

III. Die Novellen zum Polizeistrafgesetzbuch.

Änderungen des Gesetzes erfolgten durch Ges. v. 28. Febr. 1880 (GVBl. 97); v. 20. März 1882 (GVBl. 105); durch das nun aufgehobene Ges. v. 5. April 1888 (GVBl. 235); durch Ges. v. 5. Mai 1890 (GVBl. 223); durch Ges. v. 9. Febr. 1892 (GVBl. 29); durch Ges. v. 24. Mai 1894 (GVBl. 267); durch Ges. v. 12. Mai 1898 (GVBl. 223); durch das AG. BGB. v. 9. Juni 1899; durch Ges. v. 22. Juni 1900 (GVBl. 483); durch Ges. v. 6. Juli 1908 (GVBl. 353); durch Art. 111 des Fischereiges. v. 15. Aug 1908 (GVBl. 527); durch Art. 16 des Lotteriespielges. v. 11. Okt. 1912 (GVBl. 983). Nicht Ges. gewordener Entw. v. 19. März 1914 KDReichsr. 1913/1914 Beil. III 276. Einführung in Coburg: InnMB. v. 14. April 1921 (GVBl. 253).

IV. Bearbeitungen des Polizeistrafgesetzbuchs.

Barth, Das Polizeistrafgesetzbuch für das Königreich Bayern 1862; Edel, Polizeistrafgesetzbuch 1861 u. 1872; Reger-Dames, Polizeistrafgesetzgebung 1905; Riedel-Suttner, Polizeistrafgesetzbuch 1907; Schmitt, Polizeistrafgesetzbuch für Bayern 1921.

V. Textfeststellung des Polizeistrafgesetzbuchs.

Berücksichtigt sind die ausdrücklichen Änderungen. Änderungen u. Aufhebungen einzelner Art., die sich ohne förmliche gesetzl. Bestimmung ergeben, sind in den Anm. berücksichtigt. Die in Talern ausgedrückten Strafen sind unter Umrechnung des Talers in 3 Mk. auszusprechen, jedoch kann die Strafe nebenbei in Talern ausgedrückt werden (MünzGes. v. 9. Juli 1873 Art. 14 §§ 2 u. 4).

VI. Auslegung des Polizeistrafgesetzbuchs.

Ohne Rücksicht auf den Willen des Gesetzgebers (Jellinek DJZ. 1911, 863; Seydel BlAPr. 1898, 178; ObSt. 13, 41; 12, 337; KassHof bei Stenglein ZB. 1867, 60). Keine ausdehnende Auslegung, auch nicht der PolVorschriften (RG. GArch. 46, 391; KGJ. 18, 309); keine analoge Anwendung (Karlsr. in BadRpr. 1912, 256).

VII. Einfluß des Reichsrechts auf die Wirksamkeit des Polizeistrafgesetzbuchs.

a) Im allg. maßgebend § 2 ff. EG.StGB. Die Strafbestimm. des Übertretungsabschnitts erheben nicht den Anspr. auf erschöpf. Regelung (RG. 36, 248; ObSt. 1, 421). Nach Art. 9 RVerf. hat nun das Reich die Bedarfsgesetzgebung auf dem Gebiete der Pol. schlechthin.

b) Einzelnes: Der Grundsatz der Gewerbefreiheit (§ 1 Abs. 1 GewO.*) schließt Beschränkungen der Zulassung zum Gew. betr. durch

*) Wegen des Einflusses der GewO. auf das PStGB. s. Seuffert, SeuffBl. 1873, 423; LR. BlAPr. 1872, 319.

das PStGB. aus; unbestritten (s. z. B. RGZ. 84, 96; KGJ. 32 C 10). Dagegen werden Beschränkungen in der Ausübung des Gew. meistens umbeschränkt für zulässig gehalten (RGZ. 84, 96; ObSt. 10, 12; 6, 32; OSt. 9, 30; VGH. 14, 299; KGJ. 42 C 431; PrOVG. GArch. 58, 210; Sächs. OVG. Reg. 31, 253); auch wenn die Ausübung dadurch ganz unmöglich wird (ObSt. 3, 116; s. aber Dresd. GArch. 59, 178). Richtiger wohl Seydel-Schecher S. 32; unbeschränkt zulässig seien nur Beschränkungen nicht gew.polizeil. Natur. Anklänge an diese Ansicht ObSt. 2, 40; OSt. 9, 216; OGHSt. 9, 475 u. 307. Nach diesem Gesichtsp. löst sich auch die Frage, inwiefern die Errichtung von Anlagen v. polizeil. Genehmigung abhängig gemacht werden kann. S. auch Nr. IX c.

c) Der Grundsatz der Preßfreiheit (§ 1 PreßGes.) schließt nicht aus, Handl. mit Strafe zu bedrohen, welche Preßerzeugnisse zum Gegenstand haben (RG. 37, 50); unwirksam nur Bestimm., welche sich ausschließl. auf den Vertrieb von Preßeerzeugnissen erstrecken (Pr.OVG. GArch. 56, 334); Dresd. GArch. 65, 376); keine Ausnahmeges. gegen die Presse (Hamb. GArch. 39, 196; KG. GArch. 39, 451; Pr OVG. GArch. 44, 441). Die Preßfreiheit ist auch bei polizeil. Maßnahmen zu wahren: Hamb. GArch. 39, 196.

d) Vereinsgesetz § 1. Auslegung bestritten; Einerseits: Landesrechtl. Einschränkungen des Vereinsbildungs- u. Versammlungsrechts seien nur zulässig aus allgem. sicherh.pol. Erwägungen (Dresd. GArch. 60, 312; Sächs. OVG. Reg. 34, 375; Grazm. 2, 256 Note 7; Einhauser Recht 1912, 149). Andrerseits: Die allg. Befugnisse der Pol. seien nicht desw. außer Kraft gesetzt, weil sich die Betroffenen gerade in Ausübung des Vereins- u. Versammlungsrechts befänden; beschränkt sei die Pol. nur in vereins- u. versammlungsrechtl. Hinsicht (KGJ. 38 C 40; 39 C 62; Jena GArch. 60, 323; RG. 47, 389; Bad. VGH, Bad.Rpr. 1914, 102). Im übrigen kommt noch in Betracht: Die Freiheit von Beschränkungen erstreckt sich nur auf Vereine im Sinne des Vereinsges. d. h. freiwillige Zusammenschlüsse mehrerer phys. Personen zu einem gemeinschaftl. erlaubten Zweck unter einheitl. Führung auf längere Zeit (Jena GArch. 60, 322). Sie umfaßt auch die Freiheit, innerh. des Vereins zur Verwirklichung der Vereinszwecke tätig zu sein, nicht bloß das Zusammenschließen (Dresd. GArch. 60, 305 u. 312; aber 65, 184); a. A. Sächs. OVG. DJZ. 1913, 816; Reg. 34, 375. Nur Versamml. im Sinne des Vereinsges. sind frei von Beschränk., also nur das Zusammenkommen zur Erörterung von Angelegenheiten, nicht z. B. Tanzlustbark. (KGJ. 36 C 50), nicht das zur Anhörung von Vorträgen (KG. Recht 1914, 34; Reg. 35, 165) oder zu Vorführungen (Dresd. Reg. 30, 156); wohl aber das zu Leichenbegängnissen (Jena GArch. 60, 157; KG. Reg. 4 Erg.Bd. S. 153; KG. Reg. 30, 149 u. 155). Aus sicherh.pol. Gründen kann sogar die Auflösung von Versamml. verfügt werden (Pr.OVG. GArch. 60, 24). S. auch § 366 Nr. 1 A. 1.

e) Das Wettbewerbsges. bringt keine Beschränkungen des Polizeirechts (RG. 40, 224; 47, 119).

VIII. Anwendung der Einleitung und des Allg. Teils des StGB. auf die Straftaten des Polizeistrafgesetzbuchs.

Sie gelten auch für das PStGB. (Art. 4 AG. StPO.; Schiedermair Nebengesf. S. 30). Anwendung findet insbes. auch das Ges. v. 21. Dez. 1921 zur Erweiterung des Anwendungsgebiets der Geldstr. u. zur Einschränkung der kurzen Freiheitsstr. (RGBl. 1604).

IX. Subjektive Verantwortlichkeit für die Straftaten des Polizeistrafgesetzbuchs.

a) Im allg. maßgebend das StGB. (Art. 4 AG.StPO.); zu beachten insbes. § 49 Abs. 1 u. § 43 StGB.

b) Ist der Inhaber eines Rechts strafbar (z. B. der Eigentümer), so weder bevollm. noch gesetzl. Vertreter*) (ohne weiteres) strafbar (RG. 29, 27; a.A aber unrichtig OSt. 7, 189; RG. 33, 261; Braunschw. VGH. bei Reg. 34, 274; KGJ. 45, 390; KG. LZ. 1914, 879). Ebensowenig die Grunds. für die Haftung der Gesellschafter der off. HG. auf das Strafrecht übertragbar (KGJ. 15, 196). Auch die Pflichten des Inhabers entfallen, wenn ihm die Ausübung der Rechte genommen z. B. wegen KonkEröffn.; vgl. KGJ. 22 C 5.

c) § 151 GewO. wird von einer verbreiteten Rechtspr. (ObSt. 12, 293; 10, 428; 9, 166; KG. bei Reg. 9, 25; 12, 149; GewArch. 4, 651 u. 8, 151; Reg. 31, 180; s. auch RG. LZ. 1916, 1016; JW. 1917, 171; RG. 49, 121) dahin ausgelegt, daß unter den Vorschr. dieses Paragr. auch landesrechtl. gew.polizeil., ja auch poliz. Vorschr. jeder Art, die ein GewTreibender zu beachten habe, zu verstehen seien; dagegen mit Recht Kassel bei Reg. 13, 139 u. KG. GArch. 36, 148 u. Reg. 9, 233; deshalb § 151 auf Strafbest. des PStGB. nicht anwendbar. Zur Auslegung des § 151 vgl. aber RG. 24, 293; KG. bei Reg. 31, 181; RG. LZ. 1914, 960; RG. 33, 261; 29, 27; ObSt. 7, 406 u. 209

X. Schuldform bei Zuwiderhandlungen gegen das Polizeistrafgesetzbuch.

Der Begriff des Polizeidelikts ist dem PStGB. fremd (s. Nr. I) demgemäß ist er auch für die Schuldfrage unerheblich; es ist aber anzunehmen, daß der Gesetzgeber bei polizeilicher Strafbestimmungen (s. Nr. I) im Interesse der Durchführung der Maßnahmen, die er durch seine polizeiliche Tätigkeit erzwingen will, auch fahrlässige Zuwiderhandlungen bestrafen will, wenn sich nicht aus der Fassung der einzelnen Strafbestimmung, insbes. auch der einzelnen Pol. Vorschr. das Gegenteil ergibt; daß er auch die rein formale Zuwiderhandlung strafen will, läßt sich aber nicht annehmen. Die Fragen sind bestritten; s. hierzu RG. Reg. 31, 178; ObSt. 1, 152; 1, 378; 3, 174; 3, 284; 5, 350; 11, 54; 12, 333. S. auch Art. 1 Anh. A. 10.

---

*) Verschieden davon die polizeirechtl. Verantwortlichkeit; s. hierzu Schultzenstein VerwArch. 1906, 1

XI. Das Legalitätsprinzip.

Gilt auch bei Anwendung des PStGB. u. zwar auch für die Polizeibehörden; denn das Bayer. Recht kennt kein pol. Strafverfahren nach §§ 453 ff. StPO. Zum Legalitätsprinz. s. RG. 12, 161; Goldschmidt GArch. 49, 75; Rosenberg ZStW. 22, 31; Prot. d. Komm. für die Reform der Strafgesetzgebung Bd. 2 S. 38; Entw. eines Ges. über den Rechtsgang in Straff. §§ 176 ff.

XII. Bindung des Strafrichters an die Entscheidungen von Behörden.

Unzulässig nach § 261 StPO., der auch für andere als bürgerlichrechtl. Rechtsverh. gilt. Selbständige Entscheidung des Strafrichters aber nur über (tatbestandliche) Voraussetzungen der Bestrafung, nicht über die Richtigkeit von Entscheidungen, die als solche Voraussetzungen der Bestrafung sind (KGJ. 36 C 133). Freiheit des Landesrechts hinsichtlich der Festsetzung des Tatbestands, unwirksam Beschränkungen des Urteils über das Vorliegen des letzteren; unwirksam auch verschleierte Beschränkungen des Strafrichters z. B.: „Wer einen nach Entscheidung der VerwBeh. unschönem Bau aufführt", denn hier ist die Unschönheit des Baues als solche Tatbestandsmerkmal. Die Prüfung ist prozessuale Pflicht des Richters, nicht etwa ein subjektives Recht gegenüber der Staatsverwaltung oder dem Gesetzgeber der Länder.

Das Gesetz.

Erste Abteilung. Anordnungsrecht.*)

Art. 1.

1. Die in den Landesgesetzen vorbehaltenen allgemein verbindlichen Vorschriften werden durch königliche Verordnungen oder durch ober-, distrikts- oder ortspolizeiliche Vorschriften erlassen.

2. In welchen Fällen die in dem Strafgesetzbuche für das Deutsche Reich oder in einem anderen Reichsgesetze vorbehaltenen allgemeinen Verordnungen, Vorschriften, Anordnungen, Gebote oder Verbote im Wege einer königlichen Verordnung oder durch ober-, distrikts- oder ortspolizeiliche Vorschriften zu erfolgen haben, wird, insoferne hierüber nicht durch Reichs- oder Landesgesetz etwas Besonderes bestimmt ist, durch königliche Verordnung festgesetzt.

3. Die Zuständigkeit zur Erlassung der zulässigen polizeilichen Anordnungen, Gebote oder Verbote an einzelne Personen oder in bestimmten Fällen richtet sich, soweit das Gesetz nicht hierüber maßgibt, nach den bestehenden oder künftig zu erlassenden Verordnungen über die Zuständigkeit der Behörden.

---

*) Sonderschrifttum zur 1. Abt.: Stengel ZfGR. 8, 310. Die Bestimm. des PStGB. über das pol. VORecht lehnen sich unverkennbar an an das PreußGes. über die PolVerw. v. 11. März 1850 (GS. 265); doch ist im Anschluß an das franz. Recht der Grunds. der Spezialität stärker entwickelt (Thoma 220 ff.). Das allg. pol. VORecht des preuß. Rechts, dem in wesentl. sich Schranken nur aus dem Wesen der Pol. ergeben, ist dem bayer. Recht fremd. Das bayer. Recht wird seiners. wieder bestimmend gewesen sein für das Bad. u. Württemb. Recht; s. §§ 22—29 BadPStGB. v. 31. Okt. 1863 in der Fassung v. 20. Nov. 1899 (RegBl. 745) u. Art. 51 WürttPStG. v. 27. Dez. 1871 (RegBl. 391).

Zur Gestaltung des Anordn.Rechts auf Grund des Ausnahmezustands während des Kriegs s. Kronheimer Ann. 1919 u. 1920 S. 445.

1. Unterscheidung zwischen allg. verbindlichen (Abs. 1 u. 2) u. Einzelverordnungen (Abs. 3), die sich selbstverständl. auch an mehrere richten können; erstere hier PolVorschriften (umfassend auch die PolVO.en), letztere PolVerfügungen genannt*). Königl. VO.en (im Sinne des Abs. 1—3): Art. 8; ober-, distr.-, ortspol. Vorschr.: Art. 7, 4, 3.

2. Welche der in Abs. 1 vorgesehenen Formen zu wählen, durch Landesges., nicht durch VO. oder MinE. zu regeln. Für PolVerfüg. kann (wo solche gesetzl. Grundlage haben) die Zuständ. durch VO. geregelt w. Regelung der Zuständigk. erfolgt durch die ZustVO. v. 4. Jan. 1872 (s. Teil IV). Nicht immer sofort erkennbar, ob eine allg. verbindliche Vorschr., oder eine PolVerfüg. gemeint ist; s. z. B. „ortspol. Verbot" in Art. 37 oder „Sicherheitsmaßregeln" in Art. 67 Abs. 2; dann durch Auslegung zu entscheiden. Der Ausdruck „Anordnungen" umfaßt für die Regel beide Arten (vgl. KdAbg. 1859/61, GSA. Beil. 3, 175; Stengel ZfGR. 8, 356); bisweilen aber Legaldefinitionen, s. Art. 44 Abs. 2 Abs. 1 (dieser in Verbindung mit dem ergänzenden LandesGes. s. A. 2 a. Anf.) u. 2 regeln, ersterer unmittelbar, letzterer mittelbar, nicht bloß die Zuständigk., sondern gewähren damit auch im ganzen Umfang des Blankettges. das Recht zur Ausfüllung; es bedarf nicht noch einer weiteren landesges. Bestimmung des Umfangs des Ausfüllungsrechts; nicht ganz zutreffend Seydel BlAPr. 1897, 356.

3. Auch hinsichtlich des Erlasses von PolVorschr. Dienstbefehle zulässig (Graßm. 1, 856); wegen der Aufhebung der PolVorschr. s. aber Art. 12 A. 6. Nur das Recht der GemBehörden nur beschränkbar nach Maßgabe der Art. 5, 6, 12 u. 13 (Henle S. 3; Helmreich-Rock GemO. Art. 92 A. 5).

4. Durch Abs. 2 nicht ausgeschlossen unmittelbarer Erlaß durch Landesges. Die für das preuß. Recht (s. KGJ. 20 C 123; KG. bei Reg. 2. Erg.-Bd. S. 103) erhebliche Unterscheidung in den Blankettbestimm. des StGB. zwischen VO.en u. PolVO.en (§ 366 Nr. 10 gegen § 367 Nr. 5) für Bayern unerheblich; hier stets Erlaß nur nach Abs. 2 zulässig.

5. Nur VO.en, nicht sonstige Reggsakte können die Zuständigk. zu pol. Verfüg.**) begründen, selbst wenn an sich (zu Einzelverfügungen) die Zust. einer Behörde in einer gewissen Sache durch Min.-Entschl. begründet w. kann. Ausnahme nur, wenn (was auch stillschweigend möglich) Art. 1 Abs. 3 durch eine gesetzl. Bestimmung geändert ist. Keine Formvorschriften für den Erlaß pol. Verfüg. (vorbehaltlich der Sondervorschr. für gewisse Arten); deshalb auch mündlich zulässig; Begründung nicht nötig; insbesondere zur Wirksamkeit auch nicht Kenntnis der Beteiligten notwendig; diese nur erheblich für die Schuldfrage (Fahrlässigkeit!); schlechthin Kenntnis fordert ObSt. 7, 326; Gerstle S. 728; PilSch. S. 110. S. zu Abs. 3 § 33 ZustVO.

---

*) Wegen der Gefahren der Blankett- u. Rahmenges. s. Lindenberg DJZ. 1914, 457. Die Befugnis zum Erlaß v. PolVorschr. wird bisweilen die kleine Gesetzgebung genannt.

**) S. zu den PolVerfügungen im allg. Gerstle, Die PolVerfügung im bayer. Recht, Ann. 1917, 540.

Zulässigkeit des Widerrufs von PolVerfüg. ObSt. 15, 47. Unwirksam im hohen Grad unbestimmte, tatsächlich unmögliche, sittenwidrige u. gesetzlich Verbotenes erfordernde PolVerfüg. (Gerstle S. 729). S. auch Art. 14 A. 1.

6. Die Ermächtigung zu PolVorschr. enthält nicht die Ermächtigung zu PolVerfüg.; s. KdAbg. 1856/61 Beil. 2, 331, auch ObSt. 1, 50 (anders das preuß. Recht, Friedrichs DJZ. 1911, 1537); deshalb, weil Umgehung des Ges., unzulässig, in PolVorschr. den Erlaß von Pol.-Verfüg. vorzubehalten; im Ergebnis so auch Gerstle S. 576 Note 12 (a. A. ObSt. 8, 285; 7, 268; 6, 210; 5, 202; BlAPr. 1878, 49); selbstverständlich kann im Einzelfall eine PolVorschr. nur für eine Person praktisch von Bedeutung sein. Eine andere Frage behandelt Anh. zu Art. 1 A. 12.

7. Abs. 2 insbes. maßgebend für die Marktordnungen nach § 69 GewO.; alle Vorschr. des PStGB. für ortspol. Vorschriften sind einzuhalten (BlAPr. 1878, 401). Desgl. Abs. 2 u. 3 u. Art. 2—15 maßgebend für die zum Vollzug des Viehseuchengesetzes v. 26. Juni 1909 ergehenden Vorschr. u. Verfüg.; vorbehalten bleibt die Sonderregelung hins. des BeschwVerf. (s. Art. 14 A. 4) u. § 79 Abs. 2 ViehseuchG. Ebenso sind Abs. 2 u. 3 u. Art. 2—15 maßgebend für die nach §§ 11—27 des RG. v. 30. Juni 1900, betr. die gemeingef. Krankheiten zulässigen Schutzmaßregeln.

8. Irrtum über den Inhalt einer PolVorschr. ist Strafrechtsirrtum; denn sie ist eine Vervollständigung des Strafges. (s. ObSt. 7, 378); a. A. RG. 47, 282. Nehmen die PolVorschr. aber Zivilrechtsbegriffe in sich auf (z. B. dem Eigentümer werden Verpflicht. auferlegt), dann Irrtum insoweit zivilrechtlich. Die Revision kann gemäß § 376 StPO. auf die Verletzungen PolVorschr. nicht aber von PolVerfüg. gestützt werden (ObSt. 4, 316; 2, 61).

Anhang zu Art. 1: Die Grenzen des Rechts zur Erlassung von Pol. Vorschriften (abges. von Art. 2—14).

1. Inhaltliche Schranken.

1. Unwirksam PolVorschr., die im Interesse eines einzelnen erlassen werden (KGJ. 23 C 21); gleichgültig aber, wenn tatsächlich nur Privatinteressen berührt werden (KGJ. 43 C 434; 23 C 21). Sie müssen allgemein sein (ObSt. 16, 43), das bedeutet aber nur, daß sie grundsätzlich auf alle gleichen Verhältnisse gleichheitlich Anwendung zu finden haben. Kein Hindernis, Ausnahmen zugunsten einzelner zu machen (ObSt. 9, 154), auch, wenn sie von poliz. Einzelgenehm. abhängig sind (OTr. GArch. 27, 243; Petri GZ. 1914, 130 sog. „Dispensationsvorbehalte"; unzutreffend aber dieser insoweit, als er nur Ermächtigungen zugunsten der pol. VollzBehörden zulassen will; es entscheidet nur der Inhalt der PolVorschr.).

2. Privatrechtl. Verhältnisse können durch PolVorschr. nicht geregelt werden (ObSt. 16, 11); damit aber nicht ausgeschl., daß durch PolVorschr. die Ausübung von Privatrechten beeinträchtigt wird (als Reflexwirkung); deshalb unzulässig Enteignungen als solche, Regelung der Geschäftsfähigkeit, wenn auch nur für gewisse Beziehungen,

Bestellung gesetzlicher Vertreter, nachbarrechtliche Bestimm., Regelung der familienrechtl. Gewaltverhältnisse, Erzwingung oblig. Verpflichtungen, Verbot des Kreditgebens, Bestimmung der Verwirkung von Rechten (s. KGJ. 6, 285; 8, 150; 17, 311; BadVGH. bei Sörgel Jahrbuch 1912, 212; OGHSt. 3, 533; Jellinek S. 252). Zulässig aber, weil Privatverhältnisse nur beeinflussend nicht regelnd: Aufenthaltsverbote für verheiratete Prostituierte (Pr. OVG. Reg. 19, 374), Beschränkung des Gemeingebrauchs (KGJ. 38 C 34), Beschränkung des Eigentums u. dingl. Rechte (KGJ. 7, 281), Entziehung des Eigentums am Unrat bei straßenpol. Vorschr. Die Rechtspr. geht häufig von falscher Auffassung aus u. sucht die Lösung durch die Fragestellung zu finden, inwieweit durch PolVorschr. in Privatrechte eingegriffen w. kann; so will ObSt. 11, 262 (s. dazu Schierlinger BayZ. 1912, 4) die durch die PolVorschr. zu schützenden Rechtsgüter in ihrem Verhältnis zum Wert und zur Bedeutung des Privatrechts würdigen; ObSt. 12, 209 will das Recht des Eigentümers möglichst unangetastet lassen; andere Erwägungen stellen an ObSt. 9, 154; BayZ. 1907, 217; ObSt. 6, 210*); Rotering Preuß. Kommunal-Arch. 1912, 22. Alle diese Ausführ. sind hinfällig; denn PolVorschr. können schon begrifflich in Privatrechte überhaupt nicht eingreifen; dann auch bezw. nicht, weil das Privatrecht (meistens) auf Reichsrecht beruht. Eingriffe in das private Reichsrecht lassen sich auch nicht etwa mit der Erwägung halten, daß es sich um öffentl. Landesrecht handle, also das Land das Gesetzgebungsrecht habe (Mayer WürttZ. 1921, 1).

3. Haftung Dritter für die Geldstrafe oder für Schadenersatz oder für Wiederherstellung kann (ohne besond. Ermächtigung) in PolVorschr. nicht ausgesprochen werden; denn die Folgen des Tatbestandes bestimmt das Blankettges. Ebensowenig können Geldleistungen zu poliz. Zwecken auferlegt w.; denn damit würde in die Finanzverw. eingegriffen (s. auch GZ. 1893, 296); ähnlich PolSch. S. 107. Sie dürfen nicht ein Mittel zur Verschiebung der Leistungspflicht sein.

4. Man wird allg. verlangen müssen, daß sich PolVorschr. innerhalb der Grenzen halten, die herkömmlich als das Gebiet der Polizei erachtet werden, soweit nicht im Einzelfall eine erkennbare weitergehende Ermächtigung besteht; so verlangt BayVGH 1920, 21, daß die Vorschrift durch die allg. Wohlfahrt gefördert wird. PolSch. S. 107 verlangt, daß die PolVorschr. den Zweck hat, die öff. Ordnung u. Sicherheit zu schützen u. Gefahren für die öff. Ordnung u. Sicherheit zu beseitigen.

5. Unwirksam PolVorschr., die mit Grundsätzen der StPO. in Widerspruch stehen, so mit dem Recht der Zeugnisverweigerung, oder dem Grundsatz, daß der Beschuldigte die Auskunft verweigern darf (s. KGJ. 27 C 55); unwirksam deshalb Vorschr., welche bezwecken, die Strafverfolg.-

---

*) An sonstigen Entsch. über die Zulässigkeit von Eingriffen in das Privatrecht s. Stenglein ZB. 1868, 71; OGHSt. 2, 6 (9); 9, 70; OSt. 8, 168; 8, 401; 9, 27; 9, 113; ObSt. 1, 59; 2, 201 (205); 2, 312; 7, 268; 8, 294; 9, 154; 10, 77; 16, 43; RG. Reg. 40, 132 (Unzulässig gewisse Vorschriften über Treppenbeleuchtung).

Beh. in der Ermittlung von Straftaten zu unterstützen (KGJ. 42, 367), oder die der Polizei die Aufsicht erleichtern sollen (KGJ. 26 C 6), oder das Legalitätsprinzip umgehen wollen, z. B. ein Antragsrecht der PolBeh. einführen (z. B. Unterfr. ObPolVorschr. v. 8. Aug. 1910, KrBl. 43).

6. Ausgeschlossen ist es auch, Dienstanweisungen in dem Gewand einer PolVorschr. zu geben (vgl. KGJ. 22 C 3; Pr. OVG. Reg. 19, 170); oder die Disziplin durch solche zu regeln (KGJ. 25 C 44).

7. Enthält eine pol. Vorschrift Anordnungen, die eine Zuwiderhandlung gegen eine gesetzl. Strafbestimmung notwendig machten, so kann eine Bestrafung nicht erfolgen, denn ihre Beachtung ist unter diesen Umständen rechtl. unmöglich. Gleich diesem ist der Fall zu behandeln, wenn die Beachtung der Vorschrift Einrichtungen erfordert, die nicht oder noch nicht vorhanden sind; hier fehlt es an einem Verschulden des Täters. (Unrichtig OSt. 10, 93). Unwirksam auch eine PolVorschr., die zwingt, die Grundsätze von Treu und Glauben zu verletzen (KG. DJZ. 1912, 868).

8. Nicht gilt für das bayr. Recht der Grundsatz der „Verhältnismäßigkeit" der durch PolVorschriften geübten Abwehr (für Baden BadVGH. Reg. 30, 557; für Sachsen JnnMC. Reg. 30, 367).

9. Ebenso ist dem bayer. Recht die Beschränkung fremd, die sich durch die Annahme besonderer Gewalten (Militärgewalt, Unterrichtsgewalt) ergibt, in die die Polizei nicht eingreifen dürfe (für Preußen s. Schultzenstein DJZ. 1912 832 u. 1913, 435; OVG. DJZ. 1914, 1138).

10. Die PolVorschr. bestimmt auch, soweit nicht das Blankettges dieses regelt (ausdrücklich oder stillschweigend), die Schuldform; auch Bestrafung ohne Schuld darnach möglich; s. auch Vorbem. X vor Art. 1. Nach Preuß. Recht „kriminalistische" Schuld notwendig (KG. GArch. 51, 62). Strafhöhe durch das Blankettges. bindend festgesetzt; auch keine geringere Strafe.

2. Formelle Beschränkungen.

11. Geisteskrankheit des Organs, das die PolVorschr. erließ, macht sie nicht unwirksam (Jellinek S. 235). **Wirkung des Irrtums** bei Erlaß pol. Vorschr. Möglichkeit der Konversion (Vervier GZ. 1919, 374).

12. Delegation des Rechts zur Erlassung von PolVorschr. etwa von den Regierungen an die BezÄmter wenn auch nur hinsichtl. einzelner Punkte ist unzulässig; denn die Befugnis zur Erlassung ist zugleich Pflicht (s. auch Edel KDAbg. 1871/72 GGA. Verh. 1, 10; Jellinek S. 258, 260; Graßm. 1, 856; Stengel ZfGR. 8, 385). Verschiedene hievon die Frage, inwiefern Zuwiderhandlungen gegen Anordnungen einzelner Organe (z. B. des den Straßenverkehr ordnenden Schutzmannes) unter Strafe gestellt werden können; hier besteht die Norm in dem Verbot der Zuwiderhandl. gegen die Einzelanordnung, es liegt keine Delegation vor. Solchen Vorschr. steht das Verbot der Delegation nicht entgegen (ObSt. 1, 421; 2, 196; 3, 348; Neukamp DJZ. 1914, 952); im übrigen s. Art. 1 A. 6. Die Bayr. Rechtspr. läßt Delegation zu, aber nur zum Erlaß näherer Bestimmungen über die Durchführung „im Rahmen einer VollzBestimm.“ (ObSt. 14, 339; 13, 265; 1, 61; OGHSt. 3, 570. S. auch KdAbg. 1859/61 Beil. 3, 145). Wegen der preuß. Rechtspr. s. KGJ. 37 C 5; 26 C 3; KG. Recht 1914, 401.

13. Die PolVorschr. muß die Gebote u. Verbote vollinhaltlich aufnehmen; nicht genügend, wenn eine anderweit getroff. Anordnung „gleichlautend“ für anwendbar erklärt wird, ohne volle Wiederholung. Ungenügend auch Verweisung auf eine im Buchhandel erschienene Druckschrift (KGJ. 28 C 82); s. auch Art. 11 A. 3.

14. Unschädlich die Verweisung auf eine unzutreffende gesetzl. Grundlage, wenn nur eine solche tats. besteht (ObSt. 10, 36; 6, 122; OSt. 9, 323). Anführ. der ges. Grundlage zur Wirksamk. nicht notw. (ObSt. 13, 169, legislatorisch bedauerlich); notwendig bestimmte Abgrenzung des Tatbestandes (ObSt. 13, 7 mit KGJ. 31 C 3); ungenügend bloß allg. Weisungen (KGJ. 36 C 82); notwendig Gemeinverständlichkeit u. klare Fassung (KGJ. 23 C 26, KG. DJZ. 1916, 541); notwendig Gebrauch der deutschen Sprache (Jellinek S. 226).

3. Zeitliche u. örtliche Grenzen der Wirksamkeit.

15. Die gesetzl. Grundlagen müssen schon bei Erlassung der PolVorschr. bestanden haben; es genügt nicht neue Publikation nach deren Eintritt; notw. vielmehr neuer Erlaß (Karlsr. BadRpr. 1908, 306); a. A. wohl auch nicht RG. 46, 393. § 2 StGB. nicht anwendbar; also bei Veränd. der Fassung der PolVorschr. Bestrafung nach der Fassung z. Z. der Tat (RG. 31, 226); ebenso Bestrafung nach vollst. Aufhebung der Vorschr., solange nur das Blankettges. besteht; bestritten (s. Schwarze StGB. § 2 A. 9, Seyferth JW. 1915, 612; RG. GArch. 64, 548; Knipschaar Recht 1915, 126); s. auch Art. 159.

16. Örtl. Wirkungskreis beschränkt auf den Bereich des Bezirks, für den die PolVorschr. erlassen; auch durch ausdrückl. Bestimm. über den Amtsbezirk des erlassenden Organs nicht ausdehnbar; doch braucht sich der Zuwiderhandelnde nicht im Bezirk aufzuhalten, nur muß seine Handlung dort in Erscheinung treten (KG. DJZ. 1912, 1533). §§ 4 ff. StGB. nicht entsprechend anwendbar. Zulässig auch die Erlassung für Teile des Amtsbezirks der erlassenden Behörde; so für ortspol. Vorschr. ObSt. 5, 207; 13, 163; 16, 43; anders wohl für bezirkspol. Vorschr. ObSt. 2, 201 (203); 4, 392; a. A. schlechthin Grasm. 1, 857; auch VO.en können mit Beschränkung auf Landesteile erlassen werden. S. auch Art. 7.

17. Bei Lostrennung von Gebietsteilen bleiben die Vorschr. in diesen in Kraft (ObSt. 5, 207; KG. GArch. 51, 61; DJZ. 1907 414; KGJ. 27 C 49); a. A. Pr.OVG. DJZ. 1907, 52. Bei Einverleibungen Neuerlassung notwendig (Bad. VGH. BadRpr. 1912, 153; KGJ. 34 C 3; KG. GArch. 51, 61 gegen Pr. OVG. Reg. 28, 156). Ungenügend bloße Neuveröffentlichung; a. A. ObSt. 5, 207; 1, 36; OSt. 6, 685; Bay. VGH. 24, 561; Stenglein ZB. 1865, 253; Karner BlAPr. 1907, 209.

4. Sonstige Bemerkungen.*)

18. Sind einzelne Bestimm. eine PolVorschr. unwirksam, so bleiben damit nicht in Zusammenhang stehende wirksam (Ob.-

*) Umfang des richterl. Prüfungsrechts s. Art. 15 A. 1 ff.

St. 13, 265); besteht ein Zusammenhang, so sind die mit unwirkſ. im Zusammenhang stehenden nur dann wirksam, wenn anzunehmen, daß sie trotzdem gewollt sind (ObSt. 13, 163). Geht die PolVorschr. allgemein zu weit, so ist sie unwirksam auch für einen Tatbestand, den sie an sich hätte erfassen können (KGJ. 34 C 11; ObSt. 14, 36). Anwendung auf Vorschriften für Märkte (Spezialmärkte): KGJ. 43 C 378.

19. Schreib- u. Druckfehler können ohne Beobachtung der für die Erlassung geltenden Vorschr. berichtigt w. (KGJ. 43 C 366).

20. Ein besonderes Publikationsrecht kennt das bayr. Recht nicht; es ist deshalb die Aufnahme einer Mitteilung, daß eine vorgeschriebene Äußerung oder Anhörung Dritter erfolgt ist, zur Gültigkeit weder erford. noch formell beweisend; anders das Preuß. Recht (KGJ. 21 C 3 u. 23 C 3).

Art. 2.

In Bezug auf die Zuständigkeit zur Erlassung der in Art. 1. bezeichneten allgemeinen Vorschriften für die im Strafgesetzbuche für das Deutsche Reich behandelten Materien wird bestimmt:

1. Die in §§ 327 und 328 erwähnten Absperrungs- oder Aufsichtsmaßregeln oder Einfuhrverbote werden durch Verordnung oder oberpolizeiliche Vorschriften erlassen;
2. die in § 360 Ziff. 9 erwähnten gesetzlichen Bestimmungen über die erforderliche Genehmigung der Staatsbehörden zur Errichtung von Aussteuer-, Sterbe- oder Witwenkassen, Versicherungsanstalten und anderen dergleichen Gesellschaften oder Anstalten, welche bestimmt sind, gegen Zahlung eines Eintrittsgeldes oder gegen Leistung von Geldbeiträgen beim Eintritte gewisser Bedingungen oder Fristen, Zahlungen an Kapital oder Rente zu leisten, werden durch Verordnung erlassen;
3. die gemäß § 360 Ziff. 12 zulässigen Anordnungen über die Ausübung des Gewerbes der Pfandleiher können durch oberpolizeiliche Vorschrift des zuständigen Staatsministeriums erlassen werden;
4. die in § 365 vorgesehenen Gebote über die Polizeistunde können durch Verordnung oder nach Maßgabe derselben durch ortspolizeiliche Vorschriften erlassen werden;
5. die in § 366 Ziff. 1 vorgesehenen Anordnungen gegen die Störung der Feier der Sonn- und Festtage werden, unter Beobachtung des § 82 der II. Verfassungsbeilage

für gemischte Orte, durch Verordnungen oder die auf Grund derselben ergehenden ortspolizeilicher Vorschriften erlassen;

6. die nach § 366 Ziff 10 zulässigen Polizeiverordnungen zur Erhaltung der Sicherheit, Bequemlichkeit, Reinlichkeit und Ruhe auf öffentlichen Wegen, Straßen und Plätzen werden durch ober-, distrikts- oder ortspolizeiliche Vorschriften erlassen;

7. die in § 367 Ziff. 2 erwähnten polizeilichen Anordnungen über vorzeitige Beendigungen ergehen durch oberpolizeiliche Vorschriften;

8. in Bezug auf § 367 Ziff. 3 ist aus den einschlägigen Verordnungen zu bemessen, wie weit für den Handel mit ist; Gift oder Arzneien polizeiliche Erlaubnis erforderlich

9. in Bezug auf § 367 Ziff. 5 werden die vorgesehenen Verordnungen, soweit es sich um die Aufbewahrung oder Beförderung, Zubereitung oder Feilhaltung von Giftwaren und Arzneien handelt, durch Verordnung, soweit dieselben die Aufbewahrung, Beförderung, Zubereitung oder Feilhaltung von Schießpulver oder anderen explodierenden Stoffen oder Feuerwerken betreffen, durch Verordnung oder oberpolizeiliche Vorschriften erlassen;

10. die gemäß § 367 Ziff. 9 zulässigen gesetzlichen Verbote des Feilhaltens oder Mitsichführens von Stoß-, Hieb- oder Schußwaffen, welche in Stöcken oder Röhren, oder in ähnlicher Weise verborgen sind, können durch Verordnung erlassen werden;

11. in wie weit in dem Falle des § 367 Ziff. 15 für die Führung oder Ausbesserung eines Baues polizeiliche Genehmigung erforderlich ist, wird durch Verordnung bestimmt;

12. die gemäß § 368 Ziff. 1 zulässigen polizeilichen Anordnungen über die Schließung der Weinberge können durch ortspolizeiliche Vorschriften erlassen werden;

13. die gemäß § 368 Ziff. 2 zulässigen polizeilichen Anordnungen über das gebotene Raupen können durch ortspolizeiliche Vorschriften und in deren Ermangelung durch distriktspolizeilihe Anordnungen erlassen werden;

14. in Bezug auf § 368 Ziff. 8 werden die Anordnungen über die polizeilich vorgeschriebenen Feuerlöschgerätschaften, sowie die Feuerlöschordnungen durch distrikts- oder

ortspolizeiliche Vorschriften, sonstige feuerpolizeiliche Anordnungen durch Verordnung oder ortspolizeiliche Vorschrift erlassen;

15. in Bezug auf § 369 Ziff. 2 ist nach dem in Bayern geltenden Gesetze über die Maß- und Gewichtsordnung zu bemessen, in wie weit, neben den im Gesetze selbst enthaltenen Vorschriften über die Maß- und Gewichtspolizei derartige Vorschriften durch Verordnung erlassen werden können;

16. die in § 369 Ziff. 3 vorgesehenen Vorschriften über die Anlegung und Verwahrung der Feuerstätten von Gewerbetreibenden, welche in Feuer arbeiten, sowie über die Art und Zeit, sich des Feuers zu bedienen, können durch Verordnung, ober- oder ortspolizeiliche Vorschriften erlassen werden.

1. Allgemeine Vorschriften: Ob das StGB. solche im Auge hat, ergibt die Auslegung seiner einzelnen Bestimmungen. VO.en im Sinne des StGB. sind nicht solche im Sinne des PStGB., sondern nur schlechthin allg. an das Publikum gerichtete Vorschr., im Gegensatz zur Einzelverfüg., Instruktionen u. einf. pol. Maßregeln (RG. GArch. 51, 59). Soweit Art. 2 keine Regelung für allg. pol. Vorschr. gibt, entscheidet Art. 1 Abs. 2 PStGB. Soweit das StGB. pol. Verfügungen zuläßt, entscheidet Art. 1 Abs. 3 PStGB.

2. Nr. 1 auch maßgebend, soweit Zuwiderhandl. gegen allg. Vorschr. zum Vollzug des Rinderpestges. vom 7. April 1869 nach § 328 strafbar sind; vgl. hiezu OGHSt. 9, 253; im übrigen auch hier Art. 1 Abs. 2 maßgebend. Die Einschränkung, die Nr. 1 unter der Geltung des ViehSG. vom 23. Juni 1880 durch die BdesRatsInstr. v. 29. Juni 1895 erfahren hatte (ObSt. 1, 166; 9, 160), ist mit dem ViehSG. v. 26. Juni 1909 wieder entfallen, da dieses eine erschöpf. Regelung der Strafbestimmungen für Zuwiderhandl. enthält u. damit § 328 überh. nicht mehr anwendbar ist (s. Stengel ViehSG. S. 109); s. auch Art. 1 A. 7.

3. Nr. 3 entspricht noch der Fassung des StGB. v. 1. Januar 1872 (RGBl. 71, 127), wo die Worte „oder Rückkaufshändler" und der letzte mit „insbesondere" beginnende Teil fehlten; für Rückkaufshändler demgemäß für die Erlassung der Anordnungen die Form der VO. zu wählen (Art. 1 Abs. 2 PStGB.), während hinsichtlich der Pfandleiher auch bezüglich der Bestimmung des Zinsfußes die Form der obpol. Vorschrift bestimmt sein dürfte, da auch diese Art der Anordn. nur eine Unterart der allg. Anordnungen des § 360 Nr. 12 ist. Wegen der Worte des zuständigen StaatsMin. vgl. Art. 7 A. 3.

4. Nr. 4 u. 5: Regelung durch ortspol. Vorschr. erfordert vorhergehende Ermächtigung durch VO.

5. Nr. 5: Unter Beachtung des § 82 der 2. VerfassBeilage: S. § 366 Nr. 1 StGB. A. 6.

6. Nr. 6 schließt sich an an die Fassung des StGB. v. 1. Jan. 1872 (dieses übersieht ObSt. 11, 260); die Lücke hinsichtl. der Wasserstr. nun ausgefüllt durch die VO. v. 17. Jan. 1910, die Zust. zur Erlassung der in § 366 Nr. 10 u. 367 Nr. 5 RStGB. vorbehaltenen Vorschriften betr. (GVBl. 45) s. diese Tl. IV. Die Nr. 6 gibt zugleich die Ermächtigung zur Blankettausfüllung, regelt nicht bloß die Zuständigkeit (s. Art. 1 A. 2 a. E.).

7. Nr. 8 will die Form regeln, in der zu bestimmen ist, inwieweit der Handel mit Gift oder Arzneien freigegeben ist. (KdAbg. 1871/72 GSA. Beil. 1, 99); er ist, soweit er sich mit den Arzneien befaßt, unwirksam geworden; denn diese Frage ist nun reichsrechtlich geregelt (s. § 367 Nr. 3 A. 4). Wer die pol. Genehmigung im Sinne des § 367 Nr. 3 im einzelnen Fall zu erteilen hat, bemißt sich nach Art. 1 Abs. 3.

8. Nr. 9 schließt sich an an die Fassung des StGB. v. 1. Jan. 1872; die Ergänzung bringt nun die VO. v. 17. Jan. 1910 (s. oben A. 6).

9. Jetzige Fassung der Nr. 11 durch Art. 8 des Ges., betr. die Vereinig. der BrandVersichAnstalt der Pfalz usw. 5. Mai 1890 (GVBl. 223); es sollte die Plangenehm. auch in der Pfalz eingeführt w. (KdAbg. 1889/90 Beil 7, 706; StenB. 5, 424). Einführ. des übrigen BauPolRechts in der Pfalz s. Art. 101 A. 1.

10. Zu Nr. 13: Wegen der distrpol. Anordn. s. Art. 5.

11. Zu Nr. 15: Gegenstandslos, weil § 369 Nr. 2 aufgehoben.

Art. 3.*)

1. Liegt gemäß Art. 1 und 2 die Ermächtigung zur Erlassung ortspolizeilicher Vorschriften vor, so sind innerhalb der Grenzen ihrer Zuständigkeit

1. in den Landesteilen rechts des Rheines die Gemeindeausschüsse, die Magistrate, die Polizeidirektion München und die Lokalbaukommission München,
2. in der Pfalz die Gemeinderäte

zur Erlassung für den Ortspolizeibezirk verbindlicher Vorschriften berechtigt.

2. Vor der Erlassung von ortspolizeilichen Vorschriften, welche über Gegenstände der landwirtschaftlichen Polizei eine fortdauernd geltende Anordnung treffen, sind die Feldgeschworenen und, soferne in der Gemeinde ein die Grundbesitzer der Markung vertretender Ausschuß besteht, dieser zu vernehmen.

1. Art. 3 gilt auch für ortspol. Vorschr., die auf Grund anderer Ges. als des PStGB. ergehen.

*) Dem Abs. 2 entspricht § 7 Preuß. PolVerwG. v. 11. März 1850.

2. Innerhalb der Grenzen ihrer Zuständigkeit: Von Bedeutung für München; dort Ausscheidung zwischen PolDirektion, Stadtrat u. Lokalbaukommission durch VO. v. 2. Okt. 1869 (RegBl. 1881), geänd. durch Art. 19 HundeAbgG. v. 14. Aug. 1910. Gesetzliche Grundlage dieser VO.: Art. 97 GemO. (s. hiezu Kahr GemO. Art. 97 A. 3). Organisation der Lokalbaukomm.: Allh. E. v. 23. Okt. 1845 mit Änd. v. 30. März 1852 (Web. 3, 594); RegE. v. 24. Sept. 1852 (Ob. KrBl. 1973). Zur Abgrenzung der Zuständigk. der PolDir. u. des Stadtrats s. auch § 32 VollzVO. zur GewO. v. 29. März 1892 (GVBl. 61). Weitere Zuständigkeit der Lokalbaukomm. hinsichtlich des Vollzugs des Art. 22b (s. hierzu Art. 22b A. 8). Die Frage, ob Stadtrat, Lokalbaukomm. oder PolDir. zuständig, im Strafverf. zu prüfen. Wegen der Errichtung von Polizeiämtern bei der PolDirektion München s. VO. v. 24. Juni 1898 (GVBl. 345) mit InnFMB. 25. Juni 1898 (GVBl. 347) u. InnMB. v. 12. Jan. 1900 (GVBl. 25) diese geänd. mit InnMB. v. 5. Okt. 1920 (GVBl. 449); darnach ist ein Teil der Gegenstände der PolDir. den PolÄmtern zur selbständ. Erledigung zugewiesen. Für Nürnberg-Fürth: VO. v 12. Okt. 1921, die Errichtung eines StaatspolAmts Nürnberg-Fürth betr. (GVBl. 520). Aufstellung von Staatskommissären in anderen Städten: InnMB. v. 29. Juni 1869 (RegBl. 1099).

3. An die Stelle der Gemeindeaussch., pfälz. Gemeinderäte u. Magistrate sind nun getreten in den Städten die Stadträte, in den übrigen Gemeinden, auch in Märkten mit städt. Verfassung, die GemRäte (Art. 6 Abs. 1 SG.; § 6 Abs. 5 VollzAnw. v. 14. Juni 1919). Wegen Änd. des Art. 3 für die pfälz. Städte, denen die Verfassung der städtischen Gem. r. d. Rheins u. die Kreisunmittelb. verliehen wurde, schon für das Recht vor dem SG. s. Art. 2 Pf. StädteVerfG. v. 5. Aug. 1908 u. InnMB. v. 18. August 1908 (GVBl. 474) Nr. II Abs. 3 Nr. 7. Übereinstimmend mit Art. 3 Abs. 1 PStGB.: Art. 92 Abs. 1, Art. 140, Abs. 1 Rechtsrh., Art. 74 Abs. 1 Pf. GemO. Ortspol. Vorschr für ausmärk. Bezirke werden von der BezPolBeh. erlassen (Edel PStGB. 1872 S. 73; Helmreich Art. 3 A. 6). Maßgebend auch für sie Art. 6 u. 11 Abs. 3. Kosten der Erlassung trägt der Staat (Lindner-Fischer GemO. S. 136).

4. Rechtswirksame Beschlüsse der in Abs. 1 bezeichneten Organe; die Erfordernisse bemessen sich nach den GemOrdnungen u. dem SG. Dabei gelten für die Gem. mit bisher städt. Verfassung (Städte u. Märkte) entsprechend die Bestimm. der rechtsrh. GemO. über die StadtMag., für die übrigen Gemeinden (auch für die Städte mit Landgemeindeverfass.) die Bestimm. über den GemAusch. u. für die Pfalz gleichmäßig die Bestimm. über den GemRat (Roesch SG. S. 8; InnMB. v. 22. Aug. 1919, AMBl. 225; Art. 102 u. 104 GemO.). Gemäß Art. 102 Abs. 3 u. 4 wird es zulässig sein, ortspol. Vorschriften auch durch Beschlüsse der PolSenate zu erlassen, die Genehmigung nach Art. 6 PStGB. dürfte keine staatsaufsichtl. Tätigkeit im Sinne des Art. 102 Abs. 3 sein; für die Pfalz s. hierzu Art. 4 Pf. SG. v. 20. Dez. 1919.

5. Landwirtsch. Pol.: Derj. Zweig der PolVerw., der sich mit dem Schutz und der Förderung der landwirtsch. Betriebe befaßt (KG. GArch. 46, 149), insbes. der Gewinnung der Erdfrüchte (KG. Recht 1908, 760); nicht Vorschr., die sich zwar auf die Landwirtsch. be-

ziehen, ihr aber im fremden Interesse z. B. aus gesundheitspol. Gründen Schranken auflegen (RG. Recht 1914, 35). Fortdauernd geltende Anordn.: Art. 6 A. 2.

6. Vernehmung der Feldgeschw. u. des Ausschusses: Erfordernis der Gültigkeit; auch im Strafverf. zu prüfen (OGHSt. 5, 446). Die Vorschr. müssen diesen genau in der Form vorgelegt w., in der sie später erlassen wurden. Keine Formvorschriften für die Vernehmung.

7. Anhörung der Bezirksärzte vor Erlassung orts- und bezirkspol. Vorschr. auf dem Gebiete des Gesundheitswesens, Mitteilung der fortdauernd geltenden Vorschr. an sie: § 13 Bek. über den bezärztl. Dienst v. 23. Jan. 1912 (MABl. 153).

8. Räuml. Grenze für die ortspol. Vorschr. der OrtsPolBez. nicht der GemBez.; Erlassung ortspol. Vorschr. für einen Teil des OrtsPolBez.: Art. 1 Anh. A. 16.

9. Ergänzung des Art. 3 für die „im Verbande einer Bürgermeisterei befindlichen Gemeinden" durch Art. 150 Abs. 4 u. 5 rechtsrh., Art. 82 Abs. 4 u. 5 Pf. GemO. Es wird jede Gem. zur Aufhebung solcher Vorschr. für ihren Bezirk befugt sein; jede Gem. kann auch bes. Vorschr. für ihren Bezirk erlassen.

10. Ortspol. Vorschr. besonderer Art: Art. 29 Abs. 2.

Art. 4.

1. Sind gemäß Art. 1 und 2 distriktspolizeiliche Vorschriften zulässig, so sind die Distriktspolizeibehörden berechtigt, solche für den Verwaltungsbezirk zu erlassen.

2. Die Magistrate der unmittelbar den Kreisverwaltungsstellen untergeordneten Städte und die Polizeidirektion München sind berechtigt, innerhalb ihrer Zuständigkeit in denselben Fällen ortspolizeiliche Vorschriften zu erlassen.

1. Art. 4 hat durch das SG. stillschweigend die sprachliche Änderung erfahren, daß anstatt „distriktspolizeilich" „bezirkspolizeilich" (u. anstatt „Distriktspolizeibehörden" „Bezirkspolizeibehörden") zu lesen ist (Art. 1 Abs. 2), u. die stillschweigende sachliche Änderung, daß die bezpol. Vorschriften nun von den Bezirksausschüssen zu erlassen sind (Art. 23 Abs. 1 a) — in der Pfalz bleibt insoweit bis 31. Dez. 1923 der bish. Rechtszustand, Ges. v. 18. Febr. 1921 (GVBl. 26) — u. daß an Stelle des Magistrates der Stadtrat getreten ist (Art. 6 Abs. 1 u. § 6 Abs. 1 der VollzAnw. v. 14. Juni 1919). Er gilt auch für bezpol. Vorschriften, deren Grundlage andere Ges. als das PStGB. sind. Soweit unmittelbare Städte im Bezirksverband bleiben (Art. 17 Abs. 2 SG.), werden nun ihre Stadträte zum Erlaß bezpol. Vorschriften zuständig sein, die BezAusschüsse aber solche nur mit Wirksamkeit für den übrigen Bezirk erlassen können.

2. Anhörung der Bezirksärzte vor Erlass. bezpol. Vorschr. u. Mitteil. solcher Vorschr. an sie: Art. 3 A. 7.

3. Die Lokalbaukomm. München hat nicht die Befugnisse des Abs. 2.

4. Erlassung bezpol. Vorschr für einen Teil des Bezirks: Art. 1 Anh. A. 16.

Art. 5.

1. Hat in einem Falle, in welchem in Ermangelung ortspolizeilicher Vorschriften distriktspolizeiliche Anordnungen zulässig sind, die Gemeindebehörde die im öffentlichen Interesse erforderlichen Vorschriften nicht erlassen, so ist dieselbe, soferne nicht Gefahr auf dem Verzuge ist, von Seite der vorgesetzten Distriktspolizeibehörde unter Vorsetzung einer angemessenen Frist hierzu aufzufordern.

2. Bleibt die Aufforderung erfolglos oder besteht Gefahr im Verzuge, so erläßt die Distriktspolizeibehörde eine innerhalb des Ortspolizeibezirkes verbindliche distriktspolizeiliche Anordnung, auf welche die Vorschriften der Art. 6, dann 10 bis 15 anwendbar sind. Insbesondere steht der betreffenden Gemeindebehörde gegen Erlassung einer solchen Anordnung das Recht der Beschwerde nach Art. 14 zu.

3. Die distriktspolizeiliche Anordnung verliert ihre Wirksamkeit, sobald die Gemeindebehörde über denselben Gegenstand eine entsprechende ortspolizeiliche Vorschrift erlassen hat und diese gemäß Art. 6 Abs. 3 vollziehbar geworden ist.

1. Anstatt „distrpol." u. „DistrPolBeh." ist jetzt zu lesen „bezpol." u. „BezPolBeh." (Art. 1 Abs. 2 SG.); die Erlassung der Anordnung erfolgt nun durch den BezAusschuß (Art. 23 Abs. 1a SG.), auch die Aufford. zur Erlassung nach Abs. 1.

2. Art. 5 bezieht sich nur auf allg. verbindliche, nicht auf Einzelanordnungen (ObSt. 1, 50; ObSt. 9, 24); nicht anwendbar gegenüber unmittelbaren Städten; Anwendungsfälle: Art. 2 Nr. 13; Art. 61 Abs. 1 Nr. 3; Art. 73 Abs. 1; Art. 83 Abs. 1 Nr. 3; Art. 94 u. 121 Abs. 2.

3. Die Einhaltung der in Art. 5 aufgestellten Voraussetzungen ist auch im Strafverfahren zu prüfen; zu prüfen ist insbes. hier auch, ob die Vorschrift im öff. Interesse erforderlich war; denn hier ist dieser Umstand ausdrücklich als Bedingung für die Zulässigkeit aufgestellt; die Autonomie der Gemeinde soll geschützt werden; ferner, ob die gesetzte Frist angemessen war, und ob, wenn keine Frist gesetzt wurde, Gefahr im Verzug lag.

4. Entsprechende ortspol. Vorschr.: Eine dem öff. Interesse genügende (s. Abs. 1); zu prüfen im Strafverf.

Art. 6.

1. Orts- oder distriktspolizeiliche Vorschriften, welche eine fortdauernd geltende Anordnung enthalten, sind der vorgesetzten Kreisverwaltungsstelle vorzulegen. Die einer Distriktspolizeibehörde untergeordneten Ortspolizeibehörden haben durch Vermittlung der vorgesetzten Distriktspolizeibehörde, die übrigen Polizeibehörden unmittelbar die Einsendung zu bewirken.

2. Überdies sind die desfallsigen Beschlüsse der Ortsbehörden in Städten und Märkten mit magistratischer Verfassung dem Kollegium der Gemeindebevollmächtigten, jene der Distriktspolizeibehörden der nächsten Distriktsratsversammlung mitzuteilen.

3. Solche Anordnungen sind erst nach Ablauf von dreißig Tagen nach der durch Empfangsbestätigung nachgewiesenen Vorlage an die vorgesetzte Verwaltungsbehörde vollziehbar, soferne nicht die betreffende Kreisregierung dieselben früher als vollziehbar erklärt hat.

1. Anstatt „distrpol." jetzt zu lesen „bezpol.", anstatt „DistrPolBeh." jetzt „BezPolBeh." (Art. 1 Abs. 2 SG.).

2. Vorübergehend im Gegens. zu fortdauernd gült. Anordnungen (s. das franz. Ges. v. 18. Juli 1837 KdAbg. 1859/61 Beil. 2, 157, s. zum franz. Recht Thoma S. 387; ferner Dr. Weis ebenda. GGA. Beil. 3, 374): Alle jene, die entw. ausdrückl. auf Zeit erlassen sind, oder durch ihren Inhalt nur eine beschr. zeitl. Dauer haben; ähnl. Schlusser-Müller zu § 23; hierbei darf aber die so bestimmte Zeit keine zu lange sein.

Entscheidend, ob die Vorschr. als vorübergehende auftritt; gleichgültig, ob das Verh., das geregelt wird, ein dauerndes ist (ObSt. 9, 390; Thoma S. 396); auf die Dauer des Verh. kommt es nur an, wenn die Geltung auf diese abgestellt ist (Graßm. 1, 858 A. 64). Zu prüfen aber, ob durch wiederholte Erneuerung einer als vorübergehend auftretenden Vorschr. nicht tats. eine dauernde erlassen werden soll. Nicht als vorübergehend kann gelten eine solche zur Regelung eines zwar kurzen aber regelmäßig wiederkehrenden Vorganges. Schicker zu Art. 52 PStGB. stellt die Unterscheidung darauf ab, ob das zu regelnde Vorh. ein dauerndes oder vorübergehendes ist; ebenso Stengel ZfGR. 8, 382.

Die Rechtsprechung: Maßgebend „zunächst Inhalt und Zweck" (ObSt. 1, 369). Fortdauernde Anordnung nur diej., welche bis zu ihrer Wiederaufhebung fortzubestehen hat und bei welcher der Charakter einer vorübergehenden Anordnung nicht durch die Beschränkung auf eine bestimmte Zeitdauer oder durch die vorübergehende Natur des Gegenstands, auf den sie sich bezieht, ausgeprägt ist (ObSt. 6, 122). Vorschriften können auch durch die Natur der Sache vorübergehend sein (ObSt. 6, 346). Nur solche vorübergehende, bei denen aus ihnen selbst der Zeitpunkt des Außerkrafttretens erkennbar ist, durch Beschränkung auf eine bestimmte Zeit oder auf eine vorübergehende Veranlassung. Nicht genügend die Bemerkung „vorübergehend bis auf weiteres gültig" (ObSt. 7, 226).

Eine Anordnung die fünf Monate gelten soll, braucht der Kreisregierung nicht vorgelegt zu werden (OSt. 7, 156). Abgrenzung des Begr. auch bei InnME. v. 27. Febr. 1862 (Web. 5, 599).

3. Zuständig die Kammern des Innern der Rggen.; s. Art. 7 A. 2. Vorlage von Abschr. oder Abdr. vorübergehend erlassener Vorschriften an die Rggen.: InnME. v. 27. Febr. 1862 (Web. 5, 599) Nr. 8.

4. Die Mitteilungspfl. nach Abs. 2 nun gegenstandslos, soweit Erlassung durch den Stadtrat oder GemRat erfolgt; dagegen noch praktisch für die ebenfalls erford. (KdAbg. 1861/62 GGA. Beil. 3, 35) Mitteilungen von Vorschr. der PolDir. u. der Lokalbaukomm. München; Mitteilung bei diesen nun an den Stadtrat. Bei bezpol. Vorschr. nun Mitteilung an den BezTag notw. (Braunw. S. 216 A. 3). Mitteilungspfl. nur bei fortdauernd gelt. Anordn. Die Genehmigung durch die KreisRgg. durch das GG. nicht beseitigt. Beachtung des Abs. 2 keine Beding. der Wirksamkeit (Stengel ZfGR. 8, 383 u. 515; Jellinek S. 241; ObSt. 2, 205; a. A. OGHSt. 6, 596; ObSt SeuffBl. 71, 534).

5. Die Frist des Abs. 3 beginnt bei pol. Vorschr., die von einer einer BezPolBeh. untergeordn. OrtsPolBeh. ausgehen, mit der Vorlegung an die BezPolBeh. Sie werden also auch wirksam, wenn diese die Vorschr. nicht weiter leitet. Notw. zum Fristenlauf aber Ausstellung einer EmpfBestätigung. Der bloße Einlaufvermerk ist eine solche nicht. Nachträglicher Verlust der EmpfBestätigung schadet nicht.

6. Keine Anrufung des VGH. wegen Verweigerung der Vollziehb.-Erkl. (VGH. 3, 447; Dyroff VGHG. Art. 10 Nr. 2 A. 5 S. 216).

7. Keine Anwend. des Art. 6 auf PolVerfüg. nach Art. 1 Abs. 3 (ObSt. 1, 50).

Art. 7.

Wo gemäß Art. 1 und 2 oberpolizeiliche Vorschriften zulässig sind, können solche Vorschriften von der Kreisverwaltungsstelle für den betreffenden Regierungsbezirk, sowie von den zuständigen Staatsministerien für einzelne Regierungsbezirke oder für den Gesamtumfang des Staatsgebietes erlassen werden.

1. Anzuwenden auch für oberpol. Vorschr., die auf Grund anderer Ges. erlassen werden.

2. Die KreisVerwSt. entscheiden durch die Kammer des Innern §§ 21ff., 57ff. FormVO. v. 17. Dez. 1825 (RegBl. 1049). Organisation und Geschäftsgang der Rggen. im übrigen: VO. v. 26. Jan. 1918 (GVBl. 32), 23. Jan. 1920 (GVBl. 16) mit InnFMB. v. 20. April 1920 (GVBl. 144), VO. v. 15 Mai 1920 (GVBl. 265). Kollegiale Beratung obpol. Vorschriften nicht mehr erford.: InnME. v. 28. Febr. 1862 (Web. 9, 343), geänd. durch InnMB. v. 16. Juli 1917 (AMBl. 173). Vorlage von Abschriften an das Ministerium des Innern: InnME. v. 6. März 1872 (Web. 9, 342). „Einvernehmung“ des Kreismediz. Aussch. bei

gesundhpol. Vorschr: OV. über den ObMed.-Aussch. usw. v. 28. Nov. 1912 (GVBl. 1219).

3. Zuständigkeit der Ministerien: Maßgebend die allg. ihre Zuständ. regelnden Vorschr., nämlich die VO. u. Bek. v. 9. Dez. 1825 (RegBl. 977), v. 11. Nov. 1848 (RegBl. 1105), v. 16. März 1849 (RegBl. 249), v. 27. Nov. 1869 (RegBl. 2139), v. 1. Dez. 1871 (RegBl. 1833), v. 9. Juni 1874 (GVBl. 333), v. 6. April 1897 (GVBl. 60), v. 10. Nov. 1904 (GVBl. 567), v. 26. Sept. 1907 (GVBl. 679), v. 3. Dez. 1908 (GVBl. 1035), v. 10. Dez. 1908 (GVBl. 1051), v. 15. Dez. 1908 (GVBl. 1087), v. 26. Juli 1917 (AMBl. 193), v. 23. Sept. 1917 (GVBl. 487), v. 14. Nov. 1918 (GVBl. 1232), v. 1. April 1919 (GVBl. 125) mit B. v. 29. Okt. 1919 (AMBl. 264), v. 3. April 1919 (GVBl. 127), v. 3. April 1919 (GVBl. 160), v. 13. Juni 1919 (GVBl. 296), v. 10. Okt. 1919 (GVBl. 692), v. 30. Okt. 1919 (GVBl. 700), v. 1. April 1920 (GVBl. 97), v. 2. Juni 1920 (GVBl. 333), v. 7. Aug. 1920 (GVBl. 403) mit Bek. v. 7. Aug. 1920 (GVBl. 405) erstere geänd. durch Bek. v. 22. April 1921 (AMBl. 89), v. 17. Sept. 1921 (GVBl. 547), v. 14. Dez. 1921 (GVBl. 591). Bei Zuständigk. mehrerer Ministerien gemeinsame Erlassung. „Einvernehmung" des ObMedizAussch. bei gesundhpol. Vorschr.: VO. v. 28. Nov. 1912 (GVBl. 1219).

4. Erlassung obpol. Vorschr für Teile des Landes oder eines Kreises: Art. 1 Anh. A. 16.

Art. 8.

Wo die Landesgesetze auf Verordnungen Bezug nehmen, sind darunter die in jedem Gebietsteile geltenden landesherrlichen Verordnungen, sowie die künftig zu erlassenden königlichen Verordnungen zu verstehen.

1. Art. 8 gilt nicht für Reichsges. (wegen des Begr. VO. im StGB. s. Art. 2 A. 1 u. Art. 1 A. 4), dagegen für Landesges. auch, soweit andere als PolVO.en in Frage kommen; denn es darf angenommen werden, daß für Art. 8 der gleiche VO. Begriff gibt, wie für Art. 22. Für Reichsges. s. Art. 1 Abs. 2.

2. Landesherrl. VO.en: Alle Anordn., welche von den verschiedenen Landesherrn u. Landesregierungen, die sich in den einzelnen Provinzen folgten, erlassen oder eingeführt wurden (KdAbg. 1859/61 Beil. 3, 29); auch die Statuten der reichsunmittelb. Städte, die Anordn. der provis. Landesadministration der Pfalz usw. (Stengel ZfGR. 8, 367).

3. Königl. VO.en: Bis 8. Nov. 1918 solche Regierungshandl., die die Unterschr. des Königs u. die Gegenzeichnung des Ressortministers oder seines Stellvertreters tragen (OGHSt. 5, 64); Delegation des VORechts unwirksam (s. Art. 1 Anh. A. 12). Für die Zeit v. 15. Nov. 1918 bis zum Inkrafttreten der Bayr. Verf. v. 14. Aug. 1919 (15. Sept. 1919) traten beim Erlaß v. VO.en an die Stelle des Königs die einzelnen Minister innerhalb ihres Geschäftskreises (VO. v. 15. Nov. 1918, GVBl. 1231 mit § 2 ÜbGes. v. 28. März 1919, GVBl. 113 u. Nr. 2/1 der Bek. v. 28. April 1919, GVBl. 401).

Dieser Rechtszustand dauert nicht etwa fort, weder gemäß § 94 BayVerf. noch als gesetzl. Ermächtigung im Sinne des § 61 Nr. 7 BayVerf.; das wäre anzunehmen, wenn Art. 8 den Begriff der VO. nur für das Gebiet des PStGB. näher abgrenzte. In Wirklichkeit setzt er aber den Begriff der VO. als etwas gegebenes voraus; er bestimmt selbst darüber, wie VO.en erlassen werden, nichts. Demzufolge werden seit 15. Sept. 1919 PolVO.en, die begrifflich alle Rechts-VO.en sind (§ 74 BayVerf.), in Fällen, in denen das PStGB. VO.en fordert, nur durch Erlaß des Gesamtstaatsministeriums ergehen können, soweit nicht für eine besonders abgegrenzte Angelegenheit, sei es durch ein schon bestehendes, sei es ein späteres Ges., die Zuständigkeit eines einzelnen Ministers oder mehrerer Minister begründet wird. Sollte man annehmen, daß Art. 8 eine besondere Befugnis des Königs geschaffen hat, die gemäß § 94 VerfUrk. aufrecht erhalten ist, so fiele übrigens diese Zuständigk. gemäß § 4 VerfUrk. als „leitende Tätigkeit" nun auch dem Gesamtstaatsministerium zu.

4. Einvernahme des OberMedizAussch. vor Erlaß von VO.en, die das Gesundheitsw. betr. (VO. v. 28. Nov. 1912, GVBl. 1219, § 1); nur Sollvorschrift.

Art. 9.*)

1. Außer den Fällen, in welchen die Gesetze auf Polizeivorschriften oder Verordnungen verweisen, können polizeiliche Vorschriften mit Strafandrohung nur durch königliche Verordnung und nur unter der Voraussetzung erlassen werden:

1. daß der Landtag nicht versammelt ist,
2. daß die Abwendung einer dringenden Gefahr für die Sicherheit des Staates oder für Leben, Gesundheit oder Vermögen der Staatsangehörigen eine solche Vorschrift fordert,
3. daß in keinem Gesetze eine anwendbare Vorschrift oder die Befugnis zur Erlassung derselben vorgesehen ist,
4. daß die Übertretung nur mit Geldstrafe bis zu fünfzig Talern oder dreißig Tagen Haft im höchsten Maße bedroht wird.

2. Solche Verordnungen sind in der nächsten Landtagsversammlung zur Zustimmung vorzulegen und treten außer Wirksamkeit, wenn diese Zustimmung vor dem Schlusse oder der Vertagung des Landtags nicht erfolgt ist.

1. Notverordnungen werden jetzt vom Gesamtministerium lassen (§ 61 Nr. 7 VerfUrk.); Delegation auch hier unzulässig (s. Art. 1 Anh. A. 12.) Sowohl § 61 Nr. 7 VerfUrk. wie Art. 9 werden infolge der weitergehenden Ermächtigung des Art. 48 Abs. 4 RVerf. kaum

*) S. hierzu § 63 PreußVerfUrk. v. 30. Jan. 1850 (GesSlg. 17); ferner Stengel ZfGR. 8, 519.

praktisch anwendbar werden; aufgehoben sind sie hiedurch nicht, auch nicht stillschweigend. Art. 48 Abs. 4 ist auch durch Art. 9 nicht etwa eingeschränkt (s. Meißner S. 143; u. zu Art. 48 im allg. Henle BayZ. 1921, 275).

2. Nicht versammelt ist der Landtag, wenn er geschlossen oder vertagt ist, auch der einberufene, noch nicht zusammengetretene; wegen dieser Begriffe s. § 30 VerfUrk.

3. Vorschrift im Sinne der Nr. 3 nur eine Strafvorschrift, aber auch ein Blankettges.; dagegen nicht ein Ges., welches unmittelbaren Zwang oder zivilrechtl. Vorgehen ermöglicht.

4. Zulässig bei Festsetzung der Strafhöhe im Rahmen der Nr. 4 auch die Festsetzung einer Mindeststr.; auch die einer absolut bestimmten Strafe; unzulässig die Verbindung von Geld- und Freiheitsstr., wohl aber die alternative Androhung; zulässig auch die Androhung nur einer Strafart (Stengel ZfGR. 8, 524). Höchststrafe jetzt 1500 Mark (§ 1 GG.).

5. Solang der Landtag nicht zugestimmt hat, kann das Gesamtministerium die VO.en beliebig aufheben; denn solang sind sie VO.en; nach der Zustimmung Aufhebung nur durch Ges.; auch der Landtag kann sie vor der Zustimmung aufheben; s. im übrigen Art. 12 A. 7. Ist eine VO. außer Kraft getreten, weil der Landtag die Zustimmung nicht erteilte, so kann das Gesamtministerium nicht eine neue gleichlautende erlassen.

6. Nur PolVorschr. nicht PolVerfüg. können gemäß Art. 9 erlassen werden.

7. Auch für die NotVO.en gilt § 2 EG. StGB. (GZ. 1891, 462); sie dürfen auch mit keinem Ges. in Widerspr. stehen (Art. 10; s. Graßm. 1, 855 A. 30).

8. Voraussetz. der Nr. 1—4 auch im Strafverf. zu prüfen, insbes. auch Abs. 1 Nr. 2 (KdAbg. 1859/60 Beil. 3, 32; Stengel ZfGR. 8, 526; Thoma S. 281; Jellinek S. 220 u. 222 A. 98).

Art. 10.*)

Keine Verordnung darf mit Gesetzen, keine orts-, distrikts- oder oberpolizeiliche Vorschrift mit Gesetzen, mit den über denselben Gegenstand zulässigen Verordnungen oder mit kompetenzmäßigen Vorschriften einer höheren Behörde im Widerspruch stehen.

1. Keine PolVorschr. darf mit einer solchen höherer Art (einschließl. einer VO.) in Widerspruch stehen; aber nur dann, wenn zur Erlassung letzterer eine Zuständigkeit besteht; auch nur dann, wenn letztere wirksam ist (s. auch KdAbg. 1859/61 Beil. 2, 104; 3, 208 u. 255). Ob die höhere PolVorschr. auf dem PStGB. oder einem sonstigen Ges. beruht, ist gleichgültig. Zulässigkeit des Eingriffs in Privatrechte: Art. 1 Anh. A. 2.

---

*) Entspr. dem § 9 Pr. PolVerwG. vom 11. März 1850.

Art. 11.

1. Jede orts- oder distriktspolizeiliche Vorschrift ist in dem Bezirke, in welchem sie zur Anwendung gebracht werden soll, gehörig bekannt zu machen und mit dem Nachweise der geschehenen Bekanntmachung in amtlich beglaubigter Fertigung den Gerichten mitzuteilen, welche die bedrohten Übertretungen in erster und zweiter Instanz abzuurteilen haben.

2. Oberpolizeiliche Vorschriften der Kreisregierungen sind durch die Kreisamtsblätter, oberpolizeiliche Vorschriften der Staatsministerien und königliche Verordnungen durch das Regierungsblatt und, sofern sie für die Pfalz in Wirksamkeit treten sollen, durch das Kreisamtsblatt zu verkünden.

3. Das Staatsministerium des Innern ist ermächtigt, über die Form der Verkündung orts- und distriktspolizeilicher Vorschriften zu erlassen.

1. Statt „distrpol." ist nun zu lesen „bezpol." (Art. 1 Abs. 2 SG.). Die Art ist im Hinblick auf § 94 VerfUrk. nicht berührt durch Art. 75 VerfUrk., der für alle RechtsVO.en, was ja alle PolVorschr. sind, Veröffentlichung durch das GVBl. vorschreibt, noch durch die MB. v. 29. Okt. 1921, die Bek. v. VO.en betr. (GVBl. 545), die für RechtsVO.en auf reichsrechtl. Grundlage der veröffentlichenden Behörde die Art u. Weise der Veröffentlichung überläßt. Er steht nicht in „Widerspr. mit einer Bestimmung der Verfassung" (Art. 94), denn man darf annehmen, daß Art. 75 nur vorbehaltlich gesetzl. (nicht notw. verfass. gesetzl.) Sonderbestimmungen gelten will. Die Bek. v. 29. Okt. 1921 aber ist jedenfalls, soweit sie sich auf PolVorschr. bezieht, weil mit Art. 11 in Widerspruch stehend, wirkungslos.

2. Von der nach Art. 11 erfolg. Verkündung der VO. u. Pol.-Vorschr. ist auch deren Gültigkeit abhängig (ObSt. 5, 310; 9, 416; 20, 464). Bei den ortspol. u. bezpol. Vorschr. ist die Gültigkeit auch von der Mitteilung an die Gerichte abhängig; beides ergibt sich aus der zwing. Fassung des Art. 11. Die Frage ist desh. auch im Strafverf. zu prüfen. So auch OSt. 5, 228; Stenglein ZB. 1867, 300 mit 1868, 1 u. Stengel ZfGR. 8, 516; a. A. OGHSt. 3, 486 u. 5, 40; Stenglein ZB. 1874, 66; RG. 31, 258; Karlsr. BadRpr. 1900, 303; darnach nur instruktionelle Vorschr.

3. Bekanntzumachen und zu verkünden ist der ganze Inhalt der Vorschrift; nicht ausreichend auszugsw. Veröff. oder Verweisung auf einen anderen Abdruck (a. A. ObSt. 20, 146), wenn auch in dem gleichen Blatt; auf eine Anordnung nach Abs. 3 könnte das nicht bestimmen. Verschieden hievon die Frage, inwiefern die PolVorschr. selbst Verweisungen enthalten kann (s. hierzu Art. 1 Anh. A. 13), Veröffentlichung in einem Beiblatt (Extrablatt) genügt, wenn die Verbindung aus dem Hauptblatt erkennbar ist (RG. DJZ. 1913, 1269: ObSt. 14, 36); letzteres nicht notw., wenn das Beiblatt einrichtungsgemäßer Bestandteil des Hauptblattes ist (dies der richtige Kern von ObSt. 16, 31). Zu verkünden und mitzuteilen ist die rechtswirksam gewordene Vorschrift, also auch vorherige Vollziehbarkeitserkl. nach Art. 6 Abs. 3 oder Ablauf der 30 Tage notw. (Stengel, ZfGR. 8, 389).

4. Gefordert ist nach Abs. 1 die Mitteilung des Nachweises der geschehenen (ordnungsmäßigen) Bekanntmachung, nicht die bloße Bestätigung, daß eine (ordnungsmäßige) Bekanntmachung erfolgt sei; es muß deshalb über die Bekanntm. soviel mitgeteilt werden, daß im einzelnen nachgeprüft werden kann, ob die Bekanntm. der Bek. vom 28. Mai 1862 entsprach. Unrichtig OSt. 5, 40, wonach die Bestätigung des Bürgermeisters genügen soll, daß die Verkündung nach Maßgabe der Bek. vom 28. Mai 1862 erfolgt sei. Dieser Standpunkt überläßt die Prüfung der Gesetzmäßigkeit dem Bürgermeister. Notw. deshalb, wenn die Verkündung durch Einrücken in das Lokalamtsblatt erfolgt, Vorlage der betreff. Nummer (ObSt. 14, 36). Auf keinen Fall genügt eine bloße Bestätigung des Bezirksamts, daß die Verkündung ordnungsm. erfolgt sei (RG. im „Recht" 11, 466). Auch die Bestätigung der ortsüblichen Bekanntm. im Protokollbuch des GemRats genügt nicht (ObSt. 11, 167). Zur Bek. behört bei bezpol. Vorschr. im Hinblick auf § 3 Abs. 4 der Bek. vom 28. Mai 1862 auch die örtl. Verkündung; es ist deshalb auch der Nachweis dafür den Gerichten mitzuteilen; dies ist für bezpol. Vorschr., die durch das BezAmtsblatt bekanntgemacht werden, auch im Wege der Dienstanweisung vorgeschrieben. (InnMB. vom 27. Dez. 1901; AMBl. 1902, 3); s. ObSt. 9, 416.

5. Amtl. beglaub. Fertigung: Auch Einsendung begl. Druckexemplare ausreichend (KdAbg. 1859/61 Beil. 2, 160). Es genügt Mitteilung des Textes; Abschr. der Beschlüsse nicht notw. (OSt. 5, 228).

6. Übertretung: Hier nicht im techn. Sinn des StGB.; findet sich schon im Art. 40 PStGB. von 1861.

7. Absicht des Ges. wohl, daß nur Mitteilung an die Gerichte erford., denen im allg. die Aburteilung solcher Übertretungen obliegen wird; außerordentl. Fälle (Gerichtsstand des Zusammenhangs) bleiben außer Betracht. In örtl. Beziehung wird hiernach genügen Mitteilung an das Gericht (unter Umst. die Gerichte), zu dessen Bezirk der örtl. Geltungsbereich der Vorschr. gehört.

8. Oberpol. Vorschr. der Ministerien und VO.en nun zu verkünden durch das GVBl., weil dieses die Fortsetzung des RegBl. ist; s. VO. v. 29. Okt. 1873 (RegBl. 1553); Veröff. durch die MinAmtsblätter oder den Staatsanz. nimmt bei obpol. Vorschr. der Ministerien an PilSch. S. 108. Für die Pfalz Verkündung durch das KrBl. noch notw.; davon geht auch aus ObSt. in BayZ. 1907, 68 u. Graßmann 1, 864 A. 25; a. A. ObSt. in BayZ. 1912, 315 mit unhaltbarer Begründung.

9. Auf Grund des Abs. 3 nur Vorschriften über die Art und Weise der Kundmachung, über das PublOrgan zulässig, keinesf. darüber, ob die Vorschrift überhaupt, oder ob sie nur teilweise oder mit sonstigen Einschränkungen veröff. werden soll; denn Abs. 3 Parallelbest. zu Abs. 2. Diese nach Abs. 3 zulässigen Anordnungen unterliegen keiner Formvorschr.; sie haben insbes. keinen pol. Charakter (KdAbg. 1859/61 Beil. 3, 26); doch müssen sie nach außen in Erscheinung treten, wenn auch nur durch Mitteilung an andere Behörden. Sie erfolgten mit

InnMB. vom 28. Mai 1862 (s. diese in Teil IV). Eine Sonderregelung enthält jedoch § 4 der InnFMB. vom 27. April 1912 (GVBl. 403) für die auf Grund des Viehseuchenges. ergang. distrpol. Vorschr.

10. Keine bes. Formvorschr. für die nach Art. 1 Abs. 3 zulässigen pol. Verfüg.; genügend also auch mündl. Erlaß.

Art. 12.*)

Die Kreisverwaltungsstellen sind berechtigt, orts- und distriktspolizeiliche Vorschriften wegen Mangels der gesetzlichen Bedingungen ihrer Erlassung oder wegen Nachteils für das öffentliche Wohl oder wegen Verletzung der Rechte Dritter außer Kraft zu setzen oder deren Vollzug einzustellen.

1. Entscheidung der KreisVerwStelle durch die Kammern des Innern (§§ 21ff., §§ 57ff., FormVO. v. 17. Dez. 1825), unter Umständen in einer Abteilung (VO. vom 15. Mai 1920, GVBl. 265).

2. Statt distrpol. nun zu lesen bezpolizeilich.

3. Gesetzl. Bedingung der Erlassung: Alle für die Erlassung bestehenden zwingenden und Sollvorschr., so insbes. Mangel einer gesetzl. Grundlage oder Nichtbeachtung der Verfahrensvorschr., Widerspr. mit einer PolVorschr. höheren Rangs (s. Art. 10 und ausdrücklich angeführt im WürttPStGB. Art. 56); nicht bloße Dienstanweisungen. Aufhebung oder VollzEinst. auch zulässig bei späterem Wegfall der Voraussetzungen. Unzulässig Aufhebung oder VollzEinstellung wegen Hinweises auf eine andere als die gesetzl. Strafe, wegen Fehler im Stil, wegen Gegenstandslosigkeit (Stengel, ZfGR. 8, 488, 492 u. 493).

4. Nachteil für das öff. Wohl auch dann, wenn die Pol.-Vorschr. absolut zweckwidr. oder die Beteiligten ohne Not belästigende Maßregeln enthält (KdAbg. 1859/61 Beil. 2, 160); ebenso eine die Interessen der Beteiligten und die Rechtssicherheit gefährdende Unklarheit der Fassung (Schicker Art. 56 A. 6); Widerspr. mit „höheren Staatsinteressen", vollständ. Zweckwidrigkeit, unverständl. Fassung (InnME. v. 28. Mai 1862, Web. 9, 343). Nichterreichung des Zweckes noch kein Nachteil für das öff. Wohl. **Verletzung der Rechte: nicht** schon Verletzung bloßer Interessen (Schicker Art. 56 A. 6).

5. Nur vollständige nicht teilweise Außerkraftsetzung oder VollzEinst. zulässig (KdAbg. Beil. 1859/61 Beil. 3, 33; InnME. v. 28. Febr. 1862, Web. 9, 343); die Entsch. der Regierungen sind zu begründen (s. die angeführte InnME.). Kein Hindernis der Umstand, daß die Regg. die Vorschr. früher nach Art. 6 Abs. 3 für vollziehbar erklärt hat (Graßmann 1, 860 A. 80). Publikation der ReggsVerfüg. nicht notwendig; denn sie ist keine PolVorschr. (a. A. Stengel, ZfGR. 8, 391, 392). Gegen die Entsch. der Regg. Beschwerde an das zust. Ministerium (Art. 7 A. 3) möglich, aber nicht solche an den VGH. (Helmreich § 92 A. 5). Vor VollzEinst. begangene Übertretungen bleiben strafbar (OGHSt. 3, 591), soweit nicht etwa Unwirksamkeit nach Art. 15 besteht. Außerkraftsetzung ist rückwirkend.

---

*) Entspr. dem § 9 Pr. PolVerwG. vom 11. März 1850.

6. Die Beschränkungen des Art. 12 gelten zuf. Analogie auch für Weisungen der vorgesetzten Beh. an untergeordnete auf Aufhebung oder Vollzugseinstellung pol. Vorschr. Wegen der Dienstanweis. zur Erlassung pol. Vorschr. s. Art. 1 A. 3. Auch bei Beschw. nach Art. 14 gelten die Beschränkungen des Art. 12. Keine Anwendung des Art. 12 auf pol. Vorschriften, die nur bestehende Vorschr. aufheben (Stengel, ZfGR. 8, 486).

7. Das Verbot des Art. 12 ist ein absolutes, deshalb auch im Strafverfahren zu würdigen, ob die Vorschrift unter Einhaltung des Art. 12 außer Kraft gesetzt wurde; andernfalls bleibt sie trotz der Verfügung der Kreisregierung wirksam. Desgleichen im Strafverfahren zu prüfen, ob die gesetzl. Voraussetzungen für die Einstell. des Vollzugs vorlagen; so auch Stengel, ZfGR. 8, 512.

8. Andere Aufhebungsmöglichkeiten von PolVorschr., als die der Art. 12—14 sind, abgesehen von den vereinzelten Fällen des Art. 50 Abs. 3 und Art. 9 Abs. 2, nicht vorgesehen. Es kann aber jedenfalls auch das erlassende Organ sie wieder aufheben (KdAbg. 1859/1861 GGA. Beil. 2, 104). Grundsätzlich untersteht diese Aufhebung den gleichen Vorschr. wie die Erlassung; wegen der Streitfrage in Preußen s. KGJ. 48 C 323; KG. LZ. 1915, 789. Die Anhörung der Feldgeschw. u. des Markungsausschusses (Art. 3 Abs. 2) wird aber bei sinngemäßer Anwendung entbehrlich sein; Vollziehbarkeitserkl. u. Vorlage an die Regg. nicht nötig (Stengel ZfGR. 8, 480). Mitteilung nach Art. 6 Abs. 2 ist auch hier geboten (Sollvorschrift). Bei NotVO.en Einhaltung der Vorschr. des Art. 9 Abs. 1 entbehrlich. Publikation nach Art. 11 Abs. 1 u. 2 nötig (Stengel a. a. O. S. 481 und 391; Edel, PStGB. 1871 S. 85). Nichtanwendung und Nichtbeachtung der Vorschrift berührt die Wirksamkeit nicht (KGJ. 6, 180; ObSt. 1, 389).

Art. 13.*)

Die Staatsministerien sind nach Maßgabe ihrer Zuständig berechtigt, aus denselben Gründen Vorschriften der Orts- und Distriktspolizeibehörden und der Kreisverwaltungsstellen außer Kraft zu setzen und den Vollzug einzustellen.

1. Zuständigkeit der Staatsmin. Art. 7 A. 3. Das Art. 12 A. 3—7 Bemerkte entsprech. anwendbar.

Art. 14.

1. Wer sich durch Erlassung einer polizeilichen Vorschrift für beschwert erachtet, kann innerhalb des für Verwaltungssachen bestehenden gesetzlichen Instanzenzuges hiergegen Abhilfe nachsuchen.

2. Gleiches Beschwerderecht steht gegen ortspolizeiliche Vorschriften in Städten und Märkten mit magistratischer Verfassung den Gemeindebevollmächtigten, gegen distriktspolizeiliche

*) Entspr. dem § 16 Pr. PolVerwG. vom 11. März 1850.

Vorschriften dem Distriktsrate, gegen von der Kreisregierung auf Grund des Art. 12 erlassene Verfügungen den betreffenden Gemeindebehörden zu.

3. Die an keine Rekursfrist gebundene Einlegung der Beschwerde hat auf die Vollziehung der Anordnung nur dann eine Wirkung, wenn die zur Entscheidung berechtigte höhere Stelle die Einstellung des Vollzuges angeordnet hat.

1. Abs. 2 Halbs. 1 (betr. die „ortspol. Vorschr.") durch das SG. gegenstandslos geworden. Statt distrpol. und Distriktsrat nun zu lesen bezpol. u. Bezirkstag. Auch insoweit Abs. 2 Halbs. 1 gegenstandslos (s. Art. 5 A. 1). Der Art. bezieht sich nur auf PolVorschr., nicht auf PolVerfüg. (s. Abs. 2 „Verfügungen"; a. A. KassH., Stenglein ZB. 16, 34; OGHSt. 6, 68; Gerstle S. 737; Ziegler BayZ. 1919, 311 läßt Art. 14 bei PolVerfüg. hins. der BeschwBefugnis, aber nicht hins. der Zuständigkeit zur BeschwEntscheid. gelten). Die Beschw. gegen PolVerfüg. bemißt sich nach den allg. das Verfahren der verfügenden Behörde regelnden Vorschr.; wegen der Zuständ. zur Beschw.-Entscheid. hinsichtl. gemeindl. Verfügungen s. Art. 156 Abs. 3 GemO. (Art. 88 Abs. 3 Pf. GemO.). S. auch Art. 1 A. 5.

2. Anwendbar der ganze im VerwRechte nach den bestehenden Gepflogenheiten zulässige Instanzenzug; Anrufung des VGH. nicht zulässig (VGH. 3, 447; Helmreich § 92 A. 5). Zuständig, soweit Bestätigung nach Art. 6 erfolgte, nur das (an sich für die Angelegenheit zuständige) Ministerium; für Zuständigkeit der Regg. Ziegler BayZ. 1919, 311. Bei vorübergeh. ortspol. Vorschr. einer mittelb. Gem. wird die Regg. zuständig sein (entsprech. Anwendung des Art. 6). Keine Beschw. an das GesamtMin. (§ 61 Nr. 2 VerfUrk.). Keine Formvorschr. für die Beschw. Erford. zur BeschwLegitimation Verletzung eines Rechts oder rechtl. Interesses des BeschwFührers („beschwert erachtet"), außer in den Fällen des Abs. 2. Aufschieb. Wirkung: Abs. 3. Die BeschwInst. kann die Vorschr. ganz oder teilw. aufheben, letzteres nur hinsichtlich in sich selbständiger Teile, nie aber eine Vorschrift ändern. Publikation der BeschwEntscheidung Art. 12 A. 5. Wegen Beschw. an den Staatsgerichtshof s. Art. 13 VerfUrk. Wegen Nichterlassung oder Aufhebung pol. Vorschr. nur Anregung der Aufsichtsprüfung zulässig.

3. Art. 14 regelt nur das form. BeschwRecht; materielle Prüfung nur unter entsprechender Anwendung der Art. 12 u. 13 zulässig; es wären diese kaum erklärlich, wenn bei einer Beschw. die höhere Behörde frei befinden könnte. Für Zulässigkeit der Prüfung der Notwend. u. Zweckmäßigkeit Graßm. Bd. 1, 860 A. 85; Riedel Art 14 A. 2. Ähnlich Stengel, ZfGR. 8, 501 u. 502.

4. Ausnahme von Abs. 3 bei den auf Grund des ViehSeuchG. vom 26. Juni 1909 ergehenden Anordn. gemäß § 80 dieses Ges. Im übrigen genügt Art. 14 dem § 2 Abs. 3 Schlußsatz dieses Ges.

Art. 15.

Bei der Aburteilung der durch polizeiliche Vorschriften in Gemäßheit der Art. 3, 4, 5, 6, 7 und 9 bedrohten Polizei-

übertretungen darf nur die gesetzliche Gültigkeit, nicht aber die Notwendigkeit oder Zweckmäßigkeit der Vorschrift von dem Richter in Erwägung gezogen werden.

1. Art. 15 ist*), soweit es sich nicht um Forst- u. Feldrügesachen handelt (§ 3 Abs. 3 EG StPO.), seit Inkrafttreten der StPO. (formell) wirkungslos geworden; denn er hat strafproz. Charakter (§§ 3, 6 EG. StPO.); er will das Verfahren des Strafrichters regeln; er ist nicht staatsrechtl. Natur; denn er will nicht obj. die Gültigkeit der PolVorschr. abgrenzen, sondern nur den Strafrichter binden. Die Praxis behandelt ihn ohne weiteres als wirksam. Im folgenden sollen hier einschlagende Fragen aus dem sog. richterl. Prüfungsrecht im allg. untersucht werden, um so mehr als Art. 15 materiell richtig ist; desh. ist auch die hierzu ergang. Rechtspr. erheblich. Die gleichen Grundsätze wie für die Prüfung der PolVorschr. gelten für die Prüfung der PolVerfügungen.

2. Die Grenze des richterl. Prüfungsrechts**)***) u. der richterl. Prüfungspfl. ergeben sich aus der allg. Stellung der richterl. Gewalt gegenüber dem Ges. u. der Staatsverw., aus dem Wesen der Gerichte, der Gesetzgebung, der Staatsverwaltung, der richterl. u. der Verwaltungstätigkeit; diese Begriffe sind richtig abgegrenzt bei Laband Staatsrecht 1 § 64 S. 173, 172, 177, 178, 179. Der Erlaß von Pol.-Vorschr. nun ist zugleich gesetzgeb. u. verwaltende Tätigkeit; letzteres, insoferne die gesetzgeb. Tätigkeit hier an gesetzl. Schranken gebunden ist. Soweit nun solche Schranken bestehen, greift die richterl. Prüfung ein. Man mag das außerhalb dieses Bereichs fallende Gebiet als das der „Notwend. u. Zweckmäßigkeit" bezeichnen; richtiger ist es, es das freie Gebiet der VerwTätigkeit zu nennen; denn man vermeidet damit die Fiktion, daß das, was die Verw. tut, notwendig u. zweckmäßig ist; ferner hat der Richter auch die Notwend. u. Zweckmäß. zu prüfen, wenn im Einzelfall die rechtl. Grenze auch auf diese Frage abgestellt ist. Richterl. Tätigkeit ist auch die Ausübung des richterl. Ermessens, wenn er hiebei nicht eine Willenshandlung zu betätigen, sondern (nach logischen Grundsätzen) den Willen des Gesetzes auszuführen hat. Art. 102 der RVerf. v. 18. Aug. 1919 ist für die Entsch. der Frage bedeutungslos; a. A. RGZ. 52 C 298. Im einzelnen ist zu bemerken:

a) Zu prüfen, ob die gesetzl. Formvorschriften für Erlassung der PolVorschr. eingehalten wurden, wie sie sich aus Art. 1—14 ergeben.

---

*) Ihm entsprechen § 17 des Pr. PolVerwGes. v. 11. März 1850 (GS. 265), ferner Art. 24 Abs. 2 Bad. PStGB.; s. w. anderer ähnl. Landesges. Jellinek S. 3ff.

**) Auffällig unrichtige Entsch. in dieser Frage: OGHSt. 3, 378; 6, 16; OSt. 2, 304; 3, 229; ObSt. 11, 327. Die unrichtige bay. Rechtspr. leidet z. T. an der Nachwirkung des Art. 7 Tl. II des Feuerbachschen StGB. Unrichtig auch RG. 21, 121.

***) Sonderlitt. hierzu: Schack, Die Prüfung der Rechtmäßigkeit von Ges. u. Verordnung. 1918 mit Ergänzung Ann. 1919, 285; s. auch Hergt BlAPr. 1912, 378.

b) Weiter zu prüfen, ob sonstige für die Erlassung der Pol.-Vorschr. vorgeschriebene zwingende Bestimmungen beachtet sind; z. B. Art. 120 Abs. 2 (ObSt. 6, 122).

c) Außerdem, ob sich die PolVorschr. innerhalb der durch das einzelne Blankettges. gezogenen materiellen Grenze hält.

d) Ob Zweck, Beweggrund u. Zweckmäßigkeit zu prüfen ist, beurteilt sich verschieden je nach der Fassung des Blankettges. Ist der Zweck in den Tatbestand aufgenommen, so ist der Beweggrund unerheblich; Unwirksamkeit liegt vor, wenn nur ein Scheinzweck vorgeschoben wird, wenn, wie BlAPr. 1901, 61 sogar empfohlen w., der wirkliche Zweck „sorglich verschwiegen" wird; Karlsr. BadRpr. 1912, 161. Unwirksam desh. eine Vorschr., die nicht auf obj. poliz. Motiven, sondern auf Willkür u. Schikane beruht (Dresd. GArch. 65, 376). Richtig im allg. ObSt. 1, 7; 2, 204; 6, 226; 8, 151; 11, 96; BayZ. 1909, 54; SeuffBl. 71, 535. Unrichtig ObSt. 3, 112 u. 116. Verfolgung eines anderen Zwecks neben dem gesetzl. begründet keine Unwirksamkeit (ObSt. 10, 36; 6, 417; 14, 284). Ungültig einzelne nicht zweckgemäße Bestimm. einer im ganzen zweckgemäßen PolVorschr. (ObSt. 11, 99); die Zweckgemäßheit muß aus der Vorschr. ersichtlich sein (ObSt. 9, 73). Nach Lage des Falls notwendig zur Wirksamkeit, daß der Zweck erreicht wird; in anderen Fällen genügt, daß der Zweck verfolgt wird.

e) Die sog. „tatsächl. Voraussetzungen" für die Erlassung sind soweit, aber nur soweit zu prüfen, als sie sich auf die prüfungsfähigen Umstände beziehen; die Rechtspr. erfaßt den entscheidenden Punkt nicht. Unrichtig z. B. Stenglein ZB. 1864, 128; ObSt. 5, 361.

3. Bei Bemessung der Strafhöhe zulässig auch die Würdigung sonst der VerwBeh. vorbehaltener Fragen.

4. Im Zweifel zugunsten der richterl. Prüfung zu entscheiden.

5. Nicht notwendig, daß der Richter im einz. Falle alle Umst. prüft, deren Prüfung an sich ihm zusteht; legalia praesumuntur. Er wird auch hier diese Prüfung nur aus besond. Anlaß anstellen.

6. Das gleiche Prüfungsrecht u. die gleiche Prüfungspflicht wie der Richter haben die VerwBeh. (a. A. Schlusser-Müller zu § 24) u. auch der einzelne Private; erstere sind aber durch etwa vorhandene Dienstanweisungen (auch stillschweigend erteilte) beschränkt (Art. 12 BeamtenGes.; Einschränkung VGH. 1903, 98). Keine Zuständigk. des VGH. zur selbständigen „Entsch. über die Gültigkeit" von PolVorschr.*); im übrigen hat auch er das gleiche Prüfungsrecht (VGH. 21, 158; 34, 225).

7. Zur Frage, ob der Richter die Verfassungsmäßigkeit (Reichs- und Landesverfassung) der Gesetze u. deren ordnungsmäß. Zustandekommen zu prüfen hat, s. Grassm. 1, 840; ZfGR. 5, 86; KassH. 4, 17; OGHSt. 7, 379; ObSt. 1, 404; RG. 36, 421; RGZ. 48, 84; 77, 229; 93, 260; RG. JW. 1916, 597; RG. Reg. 29, 271; BayVGH. 25, 285 und gegenüber dem neuen VerfassRecht: BayVerfUrk. § 72: Brandis HansGZ. Beil. 1920, 77; Hauers ebenda 1920, 155; Arndt

*) Wegen der Bedenken gegen eine solche Regelung s. Schultzenstein DJZ. 1911, 888.

Recht 1920 105 u. 195; Triepel ArchÖffR. 1920, 534; Schack Ann. 1919, 285; Bühler DJZ. 1921, 580; Meißner S. 116; Poetzsch RVerfassung Art. 70 A. 2. Zu prüfen hat der Richter auch, ob das Gesetz formell ordnungsm. zustande kam, also in diesem Sinne verfassungsmäßig ist (Piloty VerfUrk. § 72 A. 3); aus dem Ausfertigungsrecht des § 62 läßt sich kein den Richter bindendes FeststellRecht der VerfassMäßigkeit ableiten. § 72 VerfUrk. ist andererseits nur teilweise wirksam, nämlich, soweit es sich um einen Widerspruch mit einem landesrechtl. VerfGes. oder der bayer. Verf. handelt. Die RVerf. leitet ihre Wirksamkeit nicht von der bayer. Verf. ab; deshalb kann auch nicht durch das Landesrecht deren Anwendung beeinträchtigt werden.

Zweite Abteilung.*) Vollzugsmaßregeln und vorläufige Einschreitung.

Art. 16.

Unterläßt Jemand innerhalb der dafür bestimmten Zeit dasjenige zu tun, was ihm auf Grund eines wegen einer Übertretung ergangenen rechtskräftigen Strafurteils durch die zuständige Polizeibehörde auferlegt worden ist, so ist letztere befugt, diese Handlung auf Kosten des Ungehorsamen vornehmen zu lassen und, vorbehaltlich seiner Verpflichtung zum Ersatze des etwa verursachten Schadens, den von ihr festgestellten Kostenaufwand nach den gesetzlichen Bestimmungen über Beitreibung von Untersuchungskosten, in der Pfalz auf dem Wege des administrativen Zwangsvollzugs, von demselben zu erheben.

1. Dafür bestimmte Zeit: Die durch die „zust. PolBeh." festgesetzte Zeit.

2. Übertretung: Im techn. Sinne des § 1 Abs. 3 StGB. unter Beachtung des § 2 EG., also nicht Vergehen oder Verbr., wohl aber Übertretungen anderer Ges. als des PStGB.

3. Rechtskr. Urteil: Auch ein rechtskr. Strafbefehl (VGH. 11, 192).

4. Zust. PolBeh.: Art. 20 A. 3. Der Beschl. ist beschwerdefähig; aufschiebende Wirkung hat die Beschw. nicht (a. A. Reiner BlAPr. 1919, 264); die entscheid. PolBeh. u. die BeschwBehörde kann ihr aber solche verleihen. Vorläuf. Kostendeckung: Art. 20 A. 9 Abs. 2 gilt entsprechend (Reiner a. a. O.).

5. Das Strafurteil stellt, indem es eine Strafe ausspricht, zugleich die Rechtswidrigkeit einer Handlung oder Unterlassung fest; diesen darnach sich als rechtmäßig ergebenden Zustand kann die

---

*) Schrifttum zur 2. Abt.: Kitzinger, Die Verhind. strafb. Handlungen durch Polizeigewalt 1913. Ziegler, Das Recht des VerwZwangs in Bayern Ann. 1915, 724.

PolBeh. auf Grund des Art. 16 zur Geltung bringen. Art. 16 begründet kein selbständiges Anordnungsrecht, sondern nur ein Vollzugsrecht (Gerstle S. 725, 726) u. zwar nur das der Ersatzvornahme. Sie wird aber auch Handl. oder Unterlassungen der gleichen Art wie die abgeurteilte abstellen können z. B. Entfernung der neuerdings verbotswidrig angebrachten Tafel.

6. Nur dem Verurteilten selber können Auflagen gemacht werden, nicht etwa einem Rechtsnachfolger; so mit Recht BlAPr. 22, 133 gegen BlAPr. 22, 129; s. auch Koch BlAPr. 68, 14.

7. Pflicht zum Schadensersatz: Maßgebend das allg. bürg. Recht. Art. 16 schafft keinen neuen Rechtsgrund. Geltendmachung im Wege des Zivilproz.

8. Für die Betreibung des Kostenaufwands werden jetzt, soweit Anspr. des Staates in Frage kommen, Art. 184 u. 185 des Kosten-Ges. v. 16. Febr. 1921 (GVBl. 133) u. Art. 6 u. 7 AG. ZPO. maßgebend sein (s. Grasm. 2, 222 A. 37; Reiner BlAPr. 1919, 265); soweit es sich um Anspr. der Gemeinden handelt, aber wohl Art. 22 u. 23 des Ges. z. Vollz. des Landessteuerges. v. 30. Juni 1921 (GVBl. 361).

9. Anrufung des VGH. in den Angelegenheiten des Art. 16 ist nicht zulässig (VGH. 11, 192).

10. Vorläufige Vornahme der nach Art. 16 zulässigen Maßnahmen: Art. 20 A. 5; Art. 16 findet insbes. Anwendung in den Fällen des Art. 105; s. dort A. 9.

Art. 17.

1. Die Einziehung einzelner Sachen und die Schließung von Anstalten ist nur in den von dem Gesetze bestimmten Fällen statthaft und tritt nur dann ein, wenn der Richter ausdrücklich darauf erkannt hat.

2. Ist die Schließung einer Anstalt im Strafurteile für zulässig erklärt, so steht die Beschlußfassung über die Anwendung der Maßregel und der Vollzug der Polizeibehörde zu.

1. Art. 17 betrifft nur polizeil. u. strafrechtl. Einziehungen u. Schließungen, nicht etwa steuerliche oder disziplinäre.

2. Einziehung (vorbehaltlich besond. Bestimmung) nur zulässig, wenn der Gegenstand im Eigentum des Täters steht (arg. e contr. aus Art. 22a, 39 u. a.); im Miteigentum stehende Gegenstände nur einziehbar, wenn alle Miteigentümer Täter; Miteigentumanteil nicht einziehbar; bei Belastung mit Rechten Dritter einziehbar nur vorbehaltlich dieser Rechte, selbst wenn Dritter auch Täter ist oder Einziehung ohne Rücksicht auf das Eigentum zulässig ist. Einziehung hat im Strafverf. zu erfolgen, kann auch durch Strafbefehl geschehen (§ 447 Abs. 2 StPO.); auch im obj Verfahren (Art. 18). Vollzug der Einziehung: § 495 StPO. Verständigung der Finanzbeh. durch die StAnwaltschaft von auf Einziehung lautenden Entscheid.: JME. v. 29. Nov. 1913 (JMBl. 694) C II 3. Vorläuf. Beschlagnahme: Art. 20 Abs. 2.

3. Auf Schließung kann nur im Strafverf. u. nur durch Urteil nicht durch Strafbefehl erkannt w. (§ 447 Abs. 2 StPO.). Zuständig zum Vollzug die allg. mit der Angelegenheit, in der die Einziehung erfolgt, befaßte PolBeh. Die Schließung steht im Ermessen der Pol.-Beh. (KdAbg. 1871/72 GGA. Beil. 1, 101). Vollzug der Schließung: Art. 16 PStGB.; maßgebend im übrigen die allg. Grundsätze für die Zwangsbefugnisse der VerwBeh.; zweifelhaft, ob in Bayern ein allg. Zwangsrecht besteht; die Praxis der VerwBehörden nimmt es an (BlAPr. 1880, 171); s. auch Art. 21 A. 5. Verständigung der Pol.-Beh. durch die StAnwaltschaften von der auf Einziehung lautenden Entscheid.: JME. v. 29. Nov. 1913 (JMBl. 694) C II 1. Schließung im obj. Verf.: Art. 18 Abs. 1. Schließung als vorläuf. Maßregel: Art. 20 Abs. 3.

Art. 18.

1. Ist in den Fällen, in welchen nach dem gegenwärtigen Gesetzbuche die Einziehung einzelner Sachen oder die Schließung einer Anstalt zulässig ist, die Verfolgung oder Verurteilung einer bestimmten Person nicht ausführbar, so können die bezeichneten Maßnahmen von dem Richter selbständig erkannt werden.

2. Unter denselben Voraussetzungen kann der Richter selbständig aussprechen, daß die Polizeibehörde berechtigt ist, die in den Art. 73 Abs. 3, 105 Abs. 1 und 130 Abs. 4 vorgesehenen Verfügungen zu erlassen.

1. Gegenw. Gesetzbuch: Nur PStGB., nicht auch StGB. (KdAbg. 1871/72 GGA. Beil. 1, 101 wird § 42 StGB. falsch ausgelegt); auch das StGB. gibt bei Übertretungen kein Einziehungsrecht im obj. Verfahren (RG. 19, 45; a. A. OSt. 5, 368).

2. Art. 18 grundsätzlich wie § 42 StGB. auszulegen, weil diesem nachgebildet (KdAbg. 1871/72 GGA. Beil. 1, 101), aber nur, wie dieser richtig auszulegen, ohne Rücks. auf die teilw. falsche Auslegung bei Schaffung des PStGB. An die Stelle der §§ 40 u. 41 StGB. treten hiebei die die Einziehung anordnenden Bestimm. des PStGB. Folgerungen hieraus:

a) Vorsätzl. Begehung (§ 40 StGB.) nur erford., wenn die konkr. Polübertretung zur Bestrafung solche fordert; genügt Fahrläss., so bei solcher auch Einziehung nach Art. 18 möglich.

b) Ob dem Täter oder Teilnehmer nicht gehörige Sachen einziehbar, bemißt sich darnach, ob bei der konkr. Straftat im subj. Verf. diesen Falls Einziehung möglich. Wenn bei § 42 StGB. Eigentum geford. w. (RG. 25, 165), so erklärt sich das nur daraus, daß § 40 solches fordert. Wegen der Frage, wann im subj. Verfahren Gegenstände Dritter einziehbar, s. auch Art. 17 A. 2.

c) Auf die Maßnahme des Abs. 1 u. 2 muß erkannt w., wenn die gesetzl. Voraussetz. vorliegen, trotz der Fassung „können" (RG. 28, 122 zu § 42; ObSt. SeuffBl. 68, 376; ObSt. 15, 65; a. A. OSt. 5, 192; 2, 527; ObSt. 4, 365 u. besonders 9, 7, ausgehend von der unrichtigen Ansicht, daß die unrichtige Auslegung des § 42 StGB. durch die bayer. gesetzgeb. Faktoren für die Auslegung des Art. 18 entscheide. Ausnahme nur, wenn auch im subj. Verf. Ermessen des Gerichts besteht, z. B. bei Art. 22a.

3. Unmöglich muß sein die Verfolgung oder Verurteilung; Art. 18 also auch anwendbar, wenn die Durchführung eines Strafverf. bis zum Urteil möglich ist; dagegen ist Art. 18 unanwendbar, wenn nur Vollstr. unausführbar ist. Unmöglich muß sein, die Verfolg. oder Verurteilung einer bestimmten Person, gleichgültig ob aus rechtl. oder tatf. Gründen (ObSt. 6, 208); nicht ausreichend, daß eine Strafverfolg. überh. unmöglich ist, also eine strafb. Handlung überh. nicht vorliegt (ObSt. 4, 365). Es darf überhaupt gegen niemand eine Verfolgung oder Verurteilung möglich sein (Olsh. StGB. § 42 A. 7). Ist aber Voraussetzung der Einziehung Eigentum des Täters, so Art. 18 anwendbar, wenn zwar gegen einen Dritten, nicht aber gegen den Täter ein subj. Verf. möglich ist; desgl. ist diesen Falls das obj. Verf. zulässig, wenn nur gegen einen Mittäter ein subj. Verf. nicht durchführbar ist. Keine nachträgl. Einziehung nach Art. 18, wenn die Verurteilung einer bestimmten Person erfolgte, aber die Einziehung unterblieb; denn hier war ja die Verfolg. u. Verurteil. ausführbar (OSt. 3, 199 u. 12; 9, 326; 15, 89); letzteres verkennt ObSt. 11, 296, das auch die Tragweite des Grunds. der res jud. verkennt; erledigt sind durch das Urteil alle Folgen des behandelten Tatbestands nicht bloß jene, über die, pos. oder negat., entschieden ist. Kein obj. Verfahren auch dann, wenn das subj. mit Freispr. mangels des obj. Tatbestandes endete. Fälle der Unmöglichkeit der Verfolgung einer bestimmten Person: Nichtermittlung, Abwesenheit, Tod des Täters (OSt. 1, 500); Verjährung (OSt. 2, 42; ObSt. 5, 228); Zurechnungsunfähigk. des Täters (OSt. 5, 192; a. A. RG. 29, 130); Abolition (ObSt. 17, 58; 19, 7); mangelndes Verschulden (OGHSt. 4, 155; ObSt. 18, 86); der obj. Tatbestand muß aber voll gegeben sein (OSt. 5, 192); unzulässig bei Notwehr u. Notstand (RG. 29, 130); bei Tod des Täters wird ein obj. Verfahren nur möglich sein, wenn auch dem Täter nicht gehörige Gegenstände einziehbar.

4. Wegen des pol. Charakters des Art. 18 (OSt. 5, 192) Einziehung auch möglich, wenn bei Idealkonk. die Bestrafung nicht nach dem Einziehungsdelikt zu erfolgen hat (§ 73 StGB.). Zulässig ist die Einziehung auch in einem subjektiven mit Freisp. oder Einstellung endenden Verfahren (ObSt. 19, 7), vorbehaltlich des A. 3 Bemerkten. Ref. in peius auch hier unzulässig (ObSt. 15, 65).

5. Das unter 2—4 Bemerkte findet auf die Fälle der Schließung einer Anstalt entsprech. Anwendung.

6. Bei Abs. 2 vorher. Aufford. zur freiwilligen Beseitigung des ordnungswidr. Zustands nicht notw. (OSt. 5, 192).

7. Der Vollz. der Einzieh. erfolgt nach §§ 477 ff. StPO. („anderweit. gesetzl. Bestimm."). Im übrigen besteht der Vollzug des Urt. in der Verständigung der PolBeh.: Art. 17 A. 3 (teilw. Unvollziehbark. des Art. 18 nimmt an BlAPr. 1879, 395); desh. im Urt. auch keine Entscheid. über die Pflicht zur Tragung der Kosten des PolVerfahrens (ObSt. 15, 66).

8. Die Frage, ob ein obj. Verf. nach Art. 18 zulässig, ist materiell rechtl. Natur u. desh. trotz § 380 StPO. schlechthin revisionsfähig; denn es handelt sich darum, ob ein Anspruch auf Einziehung besteht; a. A. OSt. 5, 192; ObSt. 19, 251; prozessualer Natur ist nur die Frage, ob §§ 477 ff. StPO. anwendbar sind u. ob sie richtig angewendet wurden. Rev. aber mangels rechtl. Interesses unzulässig, wenn sie Durchführung eines subj. Verf. bezweckt (ObSt. 19, 251).

9. Wegen entsprechender Anwendung des Art. 18 Abs. 2 in den Fällen des Art. 22b Abs. 2 s. Art. 22b Abs. 3.

Art. 19.

1. Die Polizeibehörde ist befugt, Tiere, von welchen eine Gefährung von Menschen zu besorgen ist, töten zu lassen, soferne ein anderes verlässiges Mittel zur Abwendung der Gefahr nicht besteht oder nicht ausführbar ist.

2. In Fällen dringender und augenblicklicher Gefahr ist zu dieser Tötung jedermann befugt.

1. Sachl. Zuständigkeit der PolBeh.: § 14 ZustVO.; wegen der Befugnisse der Gendarmerie s. § 43 Abs. 2 Dienstvorschr. vom 19. Juni 1913 (AMBl. 521).

2. Art und Größe des für Menschen zu erwartenden Schadens gleichgültig. Gefahr für Menschen auch bei Abs. 2 erfordert.

3. Neben dem Tötungsrecht gibt Art. 19 das Recht zu minderweitgehenden Maßnahmen (Festhaltung, Verletzung der Tiere); s. die Worte „anderes verläss. Mittel nicht ausführbar". Kein Recht auf Kostenersatz, vorbehaltlich besond. Rechtstitel.

4. Eigentumsrechte oder Okkupationsrechte anderer an dem Tiere stehen der Anwendung des Art. 19 nicht entgegen.

5. Abs. 2 ist polrechtl. Natur; deshalb trotz dem BGB. wirksam.

6. Besondere Tötungsbefugnis gegenüber Hunden: Art. 83.

Art. 20.

1. In Fällen, welche mit Strafen gesetzlich bedroht sind, ist die zuständige Polizeibehörde, vorbehaltlich der späteren Strafverfolgung, soweit nötig, zur vorläufigen Einschreitung befugt.

2. In allen Fällen, in welchen die Einziehung einzelner Sachen gesetzlich zulässig ist, hat sie das Recht, letztere mit vorläufigem Beschlage zu belegen.

3. Sie hat die Befugnis, in jenen Fällen, in welchen die Gesetze bestimmen, daß die Schließung einer Anstalt im Strafurteile auszusprechen ist oder für zulässig erklärt werden kann, diese Schließung als vorläufige Maßregeln zu verfügen, darf

jedoch dieselbe nicht über acht Tage fortsetzen, wenn der Richter nicht die Fortdauer als zulässig erklärt hat.

4. Unterläßt jemand, dasjenige zu tun, was ihm unter Strafe gesetzlich zu tun verboten ist, so steht der Polizeibehörde die Befugnis zu, diese Handlung statt seiner vorläufig vornehmen zu lassen. Der dadurch vereinfachte Kostenaufwand kann jedoch von dem Ungehorsamen nur auf Grund eines richterlichen Urteils zwangsweise beigetrieben werden.

5. War die vorläufig getroffene Maßregel nicht gerechtfertigt, so bleibt dem Freigesprochenen der allenfallsige Anspruch auf Schadensersatz vorbehalten.

1. Abs. 2—4 sind besonders ausgestaltete AnwendFälle des Abs. 1; Abs. 5 ist wirkungslos geworden durch die Einf. des BGB.; die Haftung besteht ohne Rücksicht auf den Vorbehalt des Abs. 5; maßgebend § 839 BGB. Art. 60, 61 AG.BGB., Art. 7 Abs. 2 BGHG. Gerstle S. 722 nimmt im Anschluß an Kitzinger S. 128 an, daß die Worte des Abs. 1 „zur vorläuf. Einschreitung" durch Art. 102 Abs. 1 AG.StPO. wirkungslos geworden seien und nur mehr Bedeutung für die Fälle der Abs. 2 und 4 hätten; mit Unrecht, denn Art. 102 regelt eine andere, neben Art. 20 einhergehende Angelegenheit.

2. Fälle, welche gesetzlich mit Strafe bedroht sind: Wenn auch außerh. des PStGB.; wenn auch durch auf Gesetz beruhende VO.en; gleichgültig, ob Verbr., Vergehen oder Übertretungen (anders bei Art. 16), jedoch genügt nur Bedrohung mit Kriminalstr. Gegeben muß sein der volle, obj. wie subj., Tatbestand einer strafb. Handlung (s. auch ObSt. 9, 31); die Straftat muß bereits begangen sein, also keine Ermächtigung zu vorbeugender Tätigkeit; solche möglich nach Art. 102 AG. StPO. v. 18. Aug. 1879 (s. zu letzterem Art. 18ff. des Feuerbachschen StGB. Teil 2).

3. PolBehörden sind in Bayern das Ministerium des Innern (kein anderes Ministerium, Herkommen; a. A. PilSch.: schlechthin alle Ministerien), die Kammern des Innern der Kreisregierungen, die Bezirksämter, die Lokalbaukomm. und die PolDir. München, ferner, auf Grund besond. gesetzl. Bestimm. der Bezirksausschuß, die OrtsPolBeh., nämlich in Gem. mit früher städt. Verfassung der Stadtrat bzw. Gemeinderat und, soweit es sich um Gegenstände handelt, die sich nicht zur kolleg. Behandlung eignen, der Bürgermeister (Art. 92 bis 94 GemO.); in sonstigen Gem. der Bürgermeister (Art. 138 GemO., Art. 71 PfälzGemO.). Beh., die einzelne poliz. Befugnisse haben, fallen nicht hieher. Welche dieser PolBeh. im einzelnen Fall örtlich und sachlich zuständig ist, beruht im wesentl. auf ZweckmäßigkErwägungen und dem Herkommen (s. hierzu die vielfach durchlöcherten FormVO.en v. 17. Dez. 1825, RegBl. 977 u. 1049, Oeschey BlAPr. 1909, 205—207; Henle S. 4; Gerstle S. 552). Man pflegt anzunehmen, daß, soweit nicht ausdrückl. eine höhere PolBeh. als zuständig erscheint, die OrtsPolBeh. zuständig ist (Helmreich Art. 92 A. 4).

4. Einschreiten nur zulässig „vorbehaltlich“ nicht „unabhängig von“ der spät. Strafverfolg., d. h. es muß sofort die Einleitung des Strafverf. veranlaßt werden (vgl. KdAbg. 1859/61 Beil. 2, 161); andernf. wird das Einschreiten von dem Zeitp. der Möglichkeit des strafrechtl. Einschreitens an rechtswidrig. Verschieden davon die Fälle, in denen „unabhängig von der Strafverfolg.“ eingeschritten werden kann, z. B. Art. 32 Abs. 2; dort Ermessen der VerwBeh., ob ein Strafverf. veranlaßt werden soll — vorbehaltl. sonstiger prozess. Pflicht hiezu — (vgl. KdAbg. 1859/61 GGA. Beil. 3, 216). Diesenfalls aber auch keine Möglichkeit zum Kostenersatz gemäß Art. 20 Abs. 4; auch ein sonstiger Rechtstitel hierzu ist nicht feststellbar.

5. Vorläufige Einschreitung: d. h. nur sofortige Vornahme solcher Maßnahmen, zu deren Vornahme das Strafurteil die endgültige Ermächtigung gibt. Desh. hauptf. von Bedeutung bei Unterlass.-Delikten u. für Straffolgen. Auch die Befugnisse des Art. 16 können darnach vorläuf. ausgeübt werden.

6. Unzulässig sind auch beim vorläuf. Einschreiten alle Eingriffe in den Willens- und Rechtsbereich Dritter, für die auch das Strafurteil keine Wirkung hat; unzutreffend Sturm BlAPr. 1912, 228.

7. Das vorläuf. Einschreiten wird unzulässig und ist einzustellen, wenn das Strafverf. feststellt (gleichgültig, ob mit Recht oder Unrecht), daß keine strafb. Handlung vorliegt; es wird aber der Richter auch bei Freisprechung, wenn das VerwaltVerf. nach der Sachlage im Zeitp. des vorläuf. Einschreitens gerechtfertigt war, die Kostenpflicht gemäß Abs. 4 S. 2 festzustellen haben (s. die Absicht, die man mit der jetzigen Fassung des Abs. 4 S. 2 verfolgte, KdAbg. 1859/61 Beil. 3, 217 u. 218). Es handelt sich hierbei um eine (auf Landesrecht beruhende) verwaltrichterl. Tätigkeit des Strafrichters; §§ 477 ff. StPO. werden entsprechend anwendbar sein.

8. Die Entscheid. des Richters nach Abs. 3 wird formell unter entsprech. Anwendung der §§ 477 ff. StPO. erfolgen; sie ist aber keine strafprozess., sondern eine auf Landesrecht beruhende verwalt.-richterliche.

9. In den Fällen des Abs. 4 S. 2 hat der Richter (gemeint ist nur der Strafrichter) über die Pflicht zur Tragung der Kosten der vorläuf. Vornahme ausdrücklich zu entscheiden (ObSt. 6, 248); es ist das eine mit dem Strafverf. verbundene verwaltungsrichterl. Entscheidung. Sinngemäße Auslegung des Ges. erfordert auch die Feststellung der Kostenhöhe durch den Richter, in Verbindung mit dem Urteil oder in einem bes. Beschl. Die Vollstr. erfolgt dann entspr. der Beitreibung der GerKosten. Die Entscheid. können auch im Strafbeschl. erfolgen; § 447 Abs. 2 StPO. findet keine Anwend.; denn es sind verwaltungsrichterliche Entscheidungen.

Vorläufige Kostendeckung bei unmittelb. Städten aus Mitteln, die in den Haushaltsplänen vorgesehen sind; bei Bezirksämtern aus der Gebührenkasse, nötigenfalls aus hierzu von der Finanzverw. zu gewährenden Vorschüssen (Reiner BlAPr. 1919, 263). Eine allg. Pflicht der Gemeinden zur Kostentragung nimmt auf Grund der Verpflichtung der Gemeinden zur Tragung der Kosten „der ortspol. Verwaltung“ an

Huber BlAPr. 1916, 173; wieder einen andern Standp. nimmt ein die dort mitgeteilte E. des VGH. v. 22. Mai 1914.

10. Anweisungen zur Anwendung des Art. 20 enthalten für besondere Fälle: § 18 Abs. 2 der VollzBek. zur GewO. v. 10. Dez. 1909 (AMBl. 991); § 73 Abs. 2 der Allg. Bauordn.; § 28 der Bek. über die Bekämpf. übertragb. Krankh. v. 9. Mai 1911 (GVBl. 426); E. der Rgg. v. Niederbayern vom 11. April 1875 (KrBl. 285) hins. der zwangsw. Einführung Schulpflichtiger. Anwendung zur „Wohnungssperre": Mayr BayZ. 1918, 349.

11. Keine Anwendung des Art. 20 beim Vollzug von Entscheid. nach dem VGHGes., hier findet Art. 46 dieses Ges. Anwendung; wegen Anwend. des Art. 20 in den Fällen des Art 58 s. dort A. 15; desgl. des Art. 105 dort A. 9.

12. Verwandte Ermächtigungen: Art. 19 PStGB., Art. 102 AG. StPO. v. 18. Aug. 1879; § 15 Abs. 2 GewO.; §§ 23ff. Preßges.; wegen der Zulässigkeit der Polizeihaft im allg. s. Steinbach BlAPr. 1909, 370, der Standp. der Praxis der VerwBeh. ist allerdings kaum rechtl. begründet. Vorläufige Verfüg. der VerwBeh. in Wegesachen: Steinbach BayZ. 1911, 327; s. auch Art. 21 A. 5.

Art. 21.*)

1. Die Behörden der inneren Verwaltung sind befugt, Verfugungen, die sie innerhalb ihrer Zuständigkeit zum Vollzug, von Gesetzen, deren Übertretung nicht mit Strafe bedroht ist, an bestimmte Personen erlassen und diesen eröffnet haben, durch Anwendung gesetzlicher Zwangsmittel zur Ausführung zu bringen.

2. Zu diesem Zwecke sind jene Behörden insbesondere berechtigt, die Nichtbefolgung einer Verfügung der im Abs. 1 bezeichneten Art mit Ungehorsamsstrafen zu bedrohen und diese im Falle des Ungehorsams für verwirkt zu erklären und zwar die Bürgermeister und Gemeindeausschüsse der Gemeinden mit Landgemeindeverfassung in den Landesteilen rechts des Rheins und die Bürgermeister der Landgemeinden der Pfalz bis zu zwei Talern, die Bürgermeister und Magistrate der einem Bezirksamte untergeordneten Städte und Märkte der Landesteile rechts des Rheines und die Bürgermeister der Städte in der Pfalz bis zu drei Talern und die übrigen Magistrate, Bürgermeister und Behörden der inneren Verwaltung bis zu fünfzehn Talern.

3. Wird nach Verhängung der Ungehorsamsstrafe der erneuten Verfügung der Behörde nicht Folge geleistet, so ist

*) Vorgänger der Art. 21 u. 22: Art. 28—30 EG. StGB. PStGB. v. 10. Nov. 1861. Schrifttum hierzu: Risch EG. StGB. PStGB. 1862 S. 144; Weis StGB. 1865; Barth BlAPr. 1862, 273.

diese befugt, die nach Abs. 2 zulässige Ungehorsamsstrafe wiederholt anzudrohen und in angemessener Frist als verwirkt zu erklären, sofern weder die in Abs. 4 vorgesehene Vollstreckungsmaßregel, noch ein sonstiges Zwangsmittel zur Durchführung des Vollzugs anwendbar ist.

4. Unterläßt jemand innerhalb der dafür bestimmten Frist dasjenige zu tun, was ihm durch eine Verfügung der in Abs. 1 bezeichneten Art durch die zuständige Behörde auferlegt ist, so ist letzere befugt, diese Handlung auf Kosten des Ungehorsamen vornehmen zu lassen und den von ihr festgestellten Aufwand, vorbehaltlich der Verpflichtung zum Schadensersatze, nach den gesetzlichen Bestimmungen über Beitreibung von Untersuchungskosten beziehungsweise Gemeindegefällen, in der Pfalz auf dem Wege des administrativen Zwangsvollzuges, zu erheben.

5. Gegen die Androhung oder Vorkehrung der nach Maßgabe des gegenwärtigen Artikels zulässigen Vollzugsmaßregeln ist Beschwerde an die höheren Stellen zulässig. In dringenden Fällen haben solche Beschwerden keine aufschiebende Wirkung.

6. Die von einer Gemeindebehörde verfügten Ungehorsamsstrafen fließen in die Kasse der betreffenden Gemeinde.

7. Erhält ein Spezialgesetz eine Mehrheit von Anordnungen, und ist in demselben nur die Übertretung eines Teiles der getroffenen Anordnungen unter Strafe gestellt, so findet der gegenwärtige Artikel auf die nicht mit Strafe bedrohten Anordnungen dieses Gesetzes Anwendung.

1. Behörden der inneren Verw.: Inneres, Unterrichts-, Handels-, Sozial-, Landwirtsch.-Ministerium mit ihren untergeordn. Beh., auch die Stadt- u. Gemeinderäte; doch nur, soweit sie auch sonst zu unmittelbaren Zwangsmaßnahmen befugt sind; nicht der Rektor eines Gymn., der Vorstand eines Bauamts; doch nicht bloß PolBeh. im engeren Sinn (KdAbg. 1871/72 GSA. Beil. 2, 23 u. 103); s. wegen dieser Art. 20 A. 3.

2. Innerh. ihrer Zuständigkeit: Die Angelegenh. muß allg. zum Wirkungskreis der Beh. gehören; kein Ersuchen einer nicht zum Zwang berechtigten Beh. an eine zu Zwang berechtigte, den Vollzug einer Verfüg. zu erzwingen.

3. Gesetze: Nur die unmittelb. Gebots- oder Verbotsbestimmungen der Gesetze, das Gebot oder Verbot kann aber auch ein stillschweig. sein. Dagegen kein Zwang zum Vollzug von Gesetzen, die bloß staatl. Verwaltungseinrichtungen schaffen, ohne absolute Gebote oder Verbote zu enthalten (abgelehnt die Fassung „auf Grund von", KdAbg. 1859/61 GSA. Beil. 3, 212; mit Recht Fischer, Die Leichenverbrennung gegen InnME. v. 5. Aug. 1910).

4. *Nicht mit Strafe bedroht:* Sog. „Nicht bewehrte Pol-Verfüg.": mit Strafe bedroht, auch wenn ein BlankGes. die Möglichkeit zur Schaffung eines strafrechtl. Tatbestands gibt.

5. *Gesetzliche Zwangsmittel:* Erforderl gesetzl Bestimmung, die ausdrücklich zu Zwang bestimmter Art d. h. zur Überwindung eines widerstehenden Willens durch gewisse Mittel ermächtigt; solche Ges. sind Abs. 2—4. Die VerwPraxis schreibt sich eine allg., nicht auf bestimmte Mittel beschränkte Zwangsgew. zur Durchführung ihrer Aufgaben zu; s. H. M. in BlAPr. 1890, 391; Barth BlAPr. 1862, 305; ähnlich Gmaehle BayZ. 1908, 435; Gerstle S. 735; s. auch Art. 17 A. 3; im wesentl. wie diese auch Graßm. 2, 21; Ziegler S. 743. Die Ansicht verkennt, daß vom Zweck noch kein Schluß auf die Mittel zulässig ist. Neben der Übertragung einer Aufg. muß, wenn Zwang zur Durchführ. geübt werden soll, die Zwangsgew. besonders verliehen sein; s. zur Frage auch KdAbg. 1859/61 GGA. Beil. 3, 329; Kitzinger S. 223, 224; S. 62 A. 3; Thoma S. 257; Jellinek S. 80; wegen der Polizeihaft s. auch Art. 20 A. 12.

6. *Strafen bis zu 2 Talern* sprechen nun aus die Gem.-Räte und die Bürgermeister von Gem. mit GemRäten mit früherer LandgemVerfassung, *bis zu 3 Talern* die mittelb. Stadträte, die GemRäte mit früherer magistr. Verfassung und die Bürgerm. von Gem. mit solchen, solche *bis zu 15 Talern* die unmittelb. Stadträte und die Bürgerm. von Gem. mit solchen (sinngemäße Übertragung der Grundsätze des SG.): Der letzteren Art steht gleich die Lokalbaukomm. München (Graßm. 2, 222 A. 33). Auch *Strafen unter 1 Mark* zulässig. *Keine Erhöhung der Strafen* durch das SG.

7. *Strafandrohung kann schon in der Gebotsverfüg.* enthalten sein; dagegen kann die Strafe selbst nicht schon bedingt für verwirkt erklärt werden (Bad. ME. in BadRspr. 1900, 232).

8. Auch *mehrmalige Wiederholung* der Strafe gemäß Abs. 3 zulässig. *Umwandlung in Freiheitsstr.* nicht zulässig (Weis S. 362).

9. Die Strafen der Abs. 2 u. 3 sind Zwangsstr.; *deshalb nicht mehr zulässig* oder vollstreckbar, wenn vorher der Befehl ausgeführt oder die Handlung unmöglich wird, wenn auch dieses infolge des Verzugs, oder der Befehl sonst gegenstandslos wird. (Verschiedene Anschau.: BadVGH. BadRpr. 1900, 137; Bad. ME. v. 12. Juli 1900 BadRpr. 1900, 232; Gerstle S. 732).

10. *Beitreibung des Aufwands:* Nun Art. 16 A. 8. *Verpflichtung zum Schadensersatz:* Durch den Ungehorsamen; s. Art. 16 A. 7.

11. Abs. 5 schließt das nach allg. Vorschr. bestehende *weitere BeschwRecht* nicht aus. Auch in *dringenden Fällen* kann die BeschwBeh. der Beschw. *aufschieb. Wirkung* ausdrücklich verleihen (Weis S. 364).

12. Von einer anderen als einer GemBeh. verfügte *Strafen* fließen *in die Staatskasse* (Art. 29 AG.StPO.).

13. *Spezialges.:* Jedes andere Ges. als das PStGB.; auch Reichsgesetze.

14. Ausnahme von Art. 21: Art. 256 BergGes. v. 13. Aug. 1910 (GVBl. 815) zugunsten der Bergbehörden. Keine Anwendung des Art. 21 beim Vollzug der Entscheid. in VerwRechtssachen; hier kommt Art. 46 VGHGes. zur Anwendung.

15. Anwendungsfälle des Art. 21 nach der Praxis: Zwangsweise Durchführung der den nicht aufgenomm. Kirchenges. auferlegten Beschränkungen (Müller BlAPr. 1902, 221); Lehrmittelanschaffung für schulpflicht. Kinder (E. der Regg. v. Niederbayern vom 11. April 1875, KrBl. 286); Duldung von Vermessungen (Zeiler BlAPr. 1911, 20, 21 u. 26); Erzwingung des Waldauslichtens an Staatsstr. (OGHSt. 6, 410); Erzwingung der Unterhaltung von Wegen u. Brücken (BlAPr. 1874, 332); Abstellung feuergefährl. Zustände (BlAPr. 1878, 142); Vollzug der Bauordn. (BlAPr. 1874, 415); Unterhaltung der Feldwege (Keidel GZ. 1910, 518); Durchführung des § 27 GewO. (OGHSt. 6, 216); Durchführung des § 74 GewO. (BlAPr. 1880, 67; 1877, 267; Landm. GewO. § 74 A. 2; E. d. Regg. v. Niederbayern v. 17. Okt. 1879, KrBl. 677); Zuwiderhandl. gegen die HebammenDienstanw. (JnnME. v. 8. Juni 1899 § 42, GVBl. 416); Art. 22 Nr. 2 KirchGemO. v. 24. Sept. 1912 (GVBl. 911); Unterbringung Unterkunftsloser (Vervier GZ. 1921, 109); Handhabung der elterl. Gewalt (BlAPr. 26, 161; dagegen Hendinger GZ. 1916, 525); s. weitere Fälle Ziegler S. 746. Die vertretenen Anschauungen und ihre Begründung sind nicht immer zutreffend. Ausdehnung auf VO.en: Art. 22.

Art. 22.*)

1. Für die Anwendung des Art. 21 sind den Gesetzen nicht allein die zurzeit bestehenden gültigen Verordnungen, sondern auch diejenigen Verordnungen gleichgestellt, welche künftig zu einem Gesetz auf den Grund eines in diesem enthaltenen Vorbehaltes erlassen werden.

2. Dasselbe gilt von Verordnungen, welche künftig zum Zwecke der Revision einer bestehenden gültigen Verordnung erlassen werden, insoweit diese letztere nicht unter Zustimmung des Landtages zustande gekommen ist, oder sonst die Natur eines Gesetzes an sich trägt.

3. Enthält in Fällen, in denen das gegenwärtige Gesetz auf Verordnungen Bezug nimmt, eine Verordnung eine Mehrheit von Anordnungen und ist in der betreffenden Verordnung nur die Übertretung eines Teiles der getroffenen Anordnungen unter Strafe gestellt, so findet Art. 21 auf die Übertretungen der übrigen Anordnungen keine Anwendung.

1. Verordnungen: S. Art. 8; also nicht zum Vollzug von behördlichen Entschließungen; ferner nur RechtsVO.en.

*) Ursprung u. Schrifttum s. Fußnote zu Art. 21.

2. Natur eines Ges: D. h. ein Gesetz im formellen Sinn (a A. Weis S. 359); für formelle Gesetze ist Art. 21 maßgebend

3. Auf VO.en Bezug nimmt: Zulassung von PolVorschr. im VOwege. Abs. 3 erklärt sich aus der Erwägung, daß in diesen Fällen die Regg. die Möglichkeit hat, die restigen Bestimmungen unter die Strafen des PStGB. zu stellen, es des Art. 21 also nicht bedarf (s. Weis S. 361). Unrichtige Auslegung des Abs. 3: AA. in BlAPr 1874, 415. Entsprechende Gesetzesanwendung führt dazu, das Gleiche für VO.en auf Grund anderer Strafges. als das PStGB. gelten zu lassen Für die Bestimmungen solcher Ges. selbst s. Art. 21 Abs. 7

Dritte Abteilung. Besondere Strafbestimmungen.

Erstes Hauptstück. Übertretungen in bezug auf einzelne Staatseinrichtungen und öffentliche Verpflichtungen.

Art. 22a.

An Geld bis zu einhundert Mark oder mit Haft bis zu dreißig Tagen wird bestraft, wer den verordnungsmäßigen Bestimmungen zuwiderhandelt, durch welche der Brieftaubenverkehr verboten oder Beschränkungen unterworfen wird. Neben der Geld- oder Haftstrafe kann auf Einziehung der Brieftauben und der Behältnisse erkannt werden, ohne Unterschied ob sie dem Verurteilten gehören oder nicht.

1. Eingestellt durch die Nov. v. 24. Mai 1894 (GVBl. 267); Höchstgeldstr. nun 1000 Mk. (§ 1 GG.).

2. Der Art. dient der Landessicherheit (KdAbg. 1893/94 Beil. 2, 280); doch hat diese Beschränkung keine Aufnahme in das Ges. gefunden; sie besteht also auch nicht (anders Art. 7c Württ. PStGB.); ebensowenig besteht eine Beschränkung auf ausländ. Brieftauben (anders der Min. d. Innern a. a. O. StenB. 3, 237).

3. Behältnisse: Die der Verwahrung der Brieftauben dienenden Behältnisse (KdAbg. 1893/1894 Beil. 2, 280), nicht etwa Behältnisse, die die Brieftauben mit sich führen; die Einziehung solcher und etwaiger sonstiger Gegenstände, die die Brieftauben mit sich führen, deshalb nicht zulässig. Einziehung im Ermessen des Gerichts. Einziehung im obj. Verfahren: Art. 18.

4. Idealkonkurrenz: Mit §§ 87ff. StGB. (Landesverrat) und Ges. vom 3. Juni 1914 (RGBl. 368) gegen den Verrat milit. Geheimnisse.

5. S. auch das RG. betr. den Schutz der Brieftauben und den Brieftaubenverkehr im Kriege vom 28. Mai 1894 (RGBl. 463) mit AusfBest. des Bundesrats vom 8. Nov. 1894 (ZBl. 457) und JnnMB. vom 18. Dez. 1894 (AMBl. 431). S. zum Ges. ObSt. 9, 89.

Art. 22 b.

1. An Geld bis zu 150 Mark oder mit Haft wird bestraft, wer den durch Verordnung oder oberpolizeiliche Vorschriften erlassenen Bestimmungen über Ausgrabungen und Funde von prähistorischen oder historisch merkwürdigen Gegenständen zuwiderhandelt.

2. Gleicher Strafe unterliegt, wer den ober-, distrikts- oder ortspolizeilichen Vorschriften zuwiderhandelt, die zum Schutze einheimischer Tier- und Pflanzenarten gegen Ausrottung oder zum Schutze von Orts- und Landschaftsbildern gegen verunstaltende Reklame erlassen sind.

3. In den Fällen des Abs. 2 finden die Vorschriften des Art. 105, 18 Abs. entsprechende Anwendung.

1. Eingefügt durch Art. 2 der Nov. vom 6. Juli 1908 (GVBl. 353): Höchstgeldstrafe nun 1500 Mk. (§ 1 GG.).*)

2. Funde: Gleichgültig, wo gemacht, ob in der Erde oder an anderen verborgenen Orten; ferner gleichgültig, ob zufällig gemacht oder auf Grund Suchens.

3. Prähistorisch (= urgeschichtlich): Aus der Vorgeschichte der Menschheit. Historisch: Auszulegen aus dem Zusammenhang mit Art. 1 der Nov. vom 6. Juli 1908, der die Worte „prähistorisch, historisch und kunsthistorisch" nebeneinanderstellt; demnach nicht schlechthin geschichtlich, d. h. den Verlauf der menschl. Begebenheiten im allg. bedeutend, sondern historisch im e. S., nur die politischen Begebenheiten umfassend.

4. PolVorschr. zum Schutze der einh. Tier- und Pflanzenarten können erlassen werden ohne Rücksicht auf deren Nützlichkeit, Schönheit oder sonstige Bedeutsamkeit; die Einschränkung, die bei den Verhandl. über das Ges. gemacht wurde („wissenschaftlich, künstlerisch, und so fort besonders bedeutsam"), hat keinen Ausdruck im Ges. gefunden. Zulässig sind sie aber nur zum Schutz gegen Ausrottung, d. h. vollständ. oder nahezu vollständ. Beseitigung, wenn auch nur für ein beschränktes Gebiet, und wenn auch nur einer einzelnen Unterart, nicht aber einzelner Tiere.

5. Ortsbild: Die Ansicht eines Ortes von außen oder innen (das Straßen- oder Platzbild, das Fassadenbild) s. KdAbg. 1907/1908 Beil. 2, 953; Ort hierbei eine Anzahl zusammengehöriger menschl. Ansiedlungen; auch die Ansicht von Ortsteilen nicht aber von einzelnen Gegenständen (Stois S. 231); Landschaftsbild: Die Ansicht einer Landschaft; Landschaft hierbei ein größerer Ausschnitt der Erdoberfläche, gleichgültig ob besiedelt oder nicht, gleichgültig ob durch Schönheit hervorragend oder nicht.

---

*) Sonderschrifttum zu Art. 22 b: Stois GZ. 1919, 206. S. ferner: Eigner, Der Schutz der Naturdenkmäler, 1905.

6. Reklame: Veranstaltungen, die im geschäftl. Interesse die Aufmerksamkeit für einen Gegenstand, einen Vorgang, eine Person erwecken sollen (Sprachgebrauch! a. A. Stois S. 206), gleichgültig, ob Aufschriften, Abbildungen oder sonstige Gegenstände (KdAbg. 1907/1908 Beil. 2, 953). Getroffen nur die Reklame für das Auge, nicht die für das Ohr, sonst wird nicht das „Bild" verunstaltet; Beisp. die Plakate der Leibniz-Keks (KdRR. StenB. 1, 462). Verunstaltend: Sie muß den Reiz des Bildes beeinträchtigen, und zwar des Landschafts- oder Ortsbildes; nicht genügend die Verunstaltung einzelner Punkte. Maßgebend das Empfinden der gebildeten Gesamtheit (Stois S. 206).

7. Zu prüfen im Strafverf. sämtliche Voraussetzungen des Abs. 2; auch, ob die Vorschr. gegen verunstaltende Reklame erlassen sind; doch nur, ob dieses der Zweck (und zwar der wahre Zweck) war, nicht aber, ob die Anordnung zweckdienlich ist. Die Rechtspr. ist zum Teil zu unhaltbaren Ergebnissen gelangt: So ObSt. 11, 356: „Die Entsch. über die Verunstaltungsfrage eignet sich nicht für die Gerichte, sondern für die VerwBeh." ObSt. 12, 107: „Die Entsch. über die Verunstaltungsfrage ist ihrer ganzen Natur nach in die Hände der VerwBeh. gelegt." Ähnlich ObSt. 11, 327. Diese Entsch. sind auch mit § 260 StPO. unvereinbar. Es kann zwar Tatbestand einer strafb. Handlung die Nichtbeachtung einer Anordn. der VerwBeh. sein, nicht aber kann die Entsch. der VerwBeh. binden, wenn das Ges. (die PolVorschr.) den Tatbestand objektiv abgrenzt; dies verkennt ObSt. 12, 112. S. zu dieser Frage auch Lindner SeuffBl. 1912, 185; Bretzfeld BayZ. 1912, 92; Jellinek S. 63. Wegen der preuß. Rechtspr. zu dem Ges. gegen verunstaltende Reklame v. 2. Juni 1902 (GS. 159) s. Kronecker DJZ. 1911, 1202; KGJ. 43 C 444; wegen der Stellung des BadVGH. zu den entsprech. Bestimm. des Bad. Rechts s. BadRpr 1913, 64.

8. Zuständigkeit der Lokalbaukommission München für die Erlass. ortspol. Vorschriften zum Schutz gegen verunstalt. Reklame und zum Vollzug solcher ober- und ortspol. Vorschr.: VO. v. 22. Juni 1913 (GVBl. 341).

9. Lauf der Verjährung, Dauerdelikt (?): ObSt. 15, 17.

10. Anweisungen für die Handhabung der den PolBeh. durch Art. 22b gegebenen Befugnisse: JnnMB. v. 11. Juli 1911 über den Schutz der Orts- und Landschaftsbilder gegen verunstaltende Reklame (AMBl. 463). Und an weiteren ME. über Natur- u. Denkmalpflege s. die Bek. v. 1. Febr. 1880 (AMBl. 90) u. v. 20. Nov. 1880 (AMBl. 380) betr. Baumpflanz. an Staatsstr., v. 13. Okt. 1880 (AMBl. 345) betr. Altertümer, v. 1. Jan. 1904 (AMBl. 1), v. 22. April 1904 (AMBl. 123), v. 10. Aug. 1905 (AMBl. 371) u. v. 27. Dez. 1909 (AMBl. 1910, 13) betr. Denkmalpfl., v. 30. Nov. 1905 (AMBl. 570) betr. alte Straßennamen, v. 28. Nov. 1907 (AMBl. 565) betr. Heimatschutz, v. 21. April 1908 (AMBl. 214) betr. Aufn. interessanter Bauwerke, v. 30. Aug. 1909 (AMBl. 714) betr. Alleen, v. 8. Juni 1910 (AMBl. 391) betr. Überlandzentralen, v. 27. Okt. 1910 (AMBl. 839) betr. Aufzeichn. schutzwürd. Naturdenkmäler, v. 31. Mai 1912 (AMBl. 647) betr. elektr. Anlagen.

11. Wegen des Schutzes der Flora s. auch Art. 95 u. 112 PStGB.; §§ 304 u. 368 Nr. 9 StGB.; Art. 85 ForstG.; Art. 23 ForstStG.; Seel GZ. 1907, 238; JnnME. v. 2. Juni 1912 (RB. KrBl. 63). Wegen des Schutzes von Tieren s. Ges. v. 24. Febr. 1920 zum Schutze des Maulwurfs (GVBl. 41). Wegen des Schutzes von Denkmälern s. die VO. über den Schutz von Denkmalen u. Kunstwerken v. 8. Mai 1920 (RGBl. 913), KMB. v. 14. Sept. 1921 (GVBl. 481), RVerf. Art 105, auch Teil III zu Art. 101.

Art. 23.

Wer ohne Erlaubnis der Aufsichtsbeamten mit Gefangenen in Verkehr tritt oder denselben etwas zubringt, wird an Geld bis zu fünf Talern oder mit Haft bis zu drei Tagen bestraft.

1. Höchstgeldstr. nun 150 Mk. (§ 1 GG.).

2. Erlaubnis: Vorhanden, auch wenn durch Täuschung erwirkt; a. A. Karlsr. BadRpr. 1905, 122. Erford. Erlaubnis des zuständ. Beamten.

3. Gefangene: Nur staatl., denn Art. 23 will staatl. Einrichtungen schützen; also StrafGef., UntersuchGef., DisziplinarGef. (auch Schüler; wechselnde Auffassung bei § 120 StGB., Gefangenenbefreiung, ObSt. 19, 177), PolizeiGef., Personen in staatl. Arbeitshäusern, Erziehungsanstalten.

4. Verkehr: Schriftlich oder mündlich (ObSt. JW. 1916, 282); auch die bloße Entgegennahme von Mitteilungen des Gef. Der Verkehr muß gelungen sein; a. A. Karlsr. BadRpr. 1905, 122. Bloße Entgegennahme von Gegenständen nicht strafbar, bloß das Zubringen.

5. Gefangener selbst: Auch nicht wegen Teilnahme strafbar.

6. Befreiung eines Gefangenen und Hilfeleistung zur Selbstbefreiung: § 120 StGB.; Entweichenlassen oder Beförderung oder Bewirkung der Befreiung eines solchen: § 121 u. § 347 StGB.; Befreiung vom Fürsorgezöglingen u. ähnlichen Gefangenen: Art. 18 u. 19 FEG.

Art. 24.

Wer von einer Verehelichung, Entbindung oder von einem Todesfalle die ihm nach Gesetz oder Verordnung obliegende Anzeige nicht innerhalb der vorgeschriebenen Frist macht, wird, insoferne nicht disziplinäre Ahndung stattfindet, an Geld bis zu fünfzehn Talern gestraft.

1. Wirksam nur mehr nach Maßg. des § 74 Abs. 1 Nr. 2 PersStG.; darnach unbeschränkt wirksam, soweit er Anzeigen im Auge hat, die anderen Zwecken als denen des Personenstandswesens dienen (s. ObSt. 14, 289); im übrigen nur mehr, soweit eine Anzeigepflicht für Geburten u. Todesfälle (nicht auch für Eheschließungen) für bestimmte Personen d. h. Personenklassen (Sartorius PersStG. § 74 A. 2; a. A. Hinschius § 74 A. 88) besteht. Höchstgeldstrafe nun 450 ℳ (§ 1 GG.).

2. Art. 24 will allg. die Möglichkeit geben, die Behörden von Vorkommnissen des menschl. Lebens zu unterrichten, „an welche sich teils wichtige rechtl. Folgen, teils möglicherw. die Spuren mehr oder minder schwerer Rechtsverletzungen knüpfen" (KdAbg. 1859/61 Beil. 2, 106; 1871/72 GGA. Verh. 51; KdReichsr. 1871/72 GGA. Verh. 15).

3. Disziplinäre Ahndung stattfindet: Wenn überhaupt solche zulässig ist, auch wenn sie nicht wirklich erfolgt.

Art. 25.*)

1. **Wer ohne Bewilligung der Staatsregierung seinen Geschlechtsnamen ändert, wird an Geld bis zu fünfzehn Talern gestraft.**

2. **Derselben Strafe unterliegen Eltern, Pflege-Eltern und Vormünder, welche ohne solche Bewilligung den Geschlechtsnamen ihrer Kinder, Pflegekinder oder Mündel ändern.**

1. Höchstgeldstrafe nun 450 ℳ (§ 1 GG.).

2. Die Bewilligung zur Namensänderung u. das Verfahren hierbei ist geregelt durch Art. 3 Abs. 1 u. 3 AG. BGB. mit § 24 ZustVO. v. 24. Dez. 1899 (GVBl. 1229) u. JInnFMB. v. 27. Dez. 1899 (GVBl. 1241), geänd. durch JInnFMB. v. 12. Nov. 1916 (GVBl. 489), v. 9. Dez. 1919 (GVBl. 820), v. 24. Nov. 1921 (GVBl. 548). Zusatzbestimm.: InnMB. v. 30. März 1920 (MABl. 128). Zuständig an Stelle des Königs nun wohl die Min. der Justiz u. des Innern (§ 94 VerfUrk. mit VO. v. 15. Nov. 1918, GVBl. 1231 u. § 30 der erwähnten ZustVO.). Trotz des Wortlauts des Art. 25 selbstverst., daß keine Bestrafung erfolgt bei unmittelbar auf Grund des Ges. erfolgenden Änd. z. B. nach § 1577 Abs. 2 BGB., oder wenn nach dem etwa maßgebenden ausländ. Recht Namensänd. ohne Genehmigung sonst zulässig ist.

3. Geschlechtsname: Als solcher gelten nun auch die Adelsbezeichnungen (RVerf. Art. 109 Abs. 2); s. hierzu § 360 Nr. 8 A. 6. Nicht strafbar Änderung sog. Hausnamen, oder Annahme oder Änderung von Pseudonymen, solange sie letzteres sind; auch nicht von Pseudonymen, die wie Adelsbezeichnungen aussehen (wegen des früheren Rechts in letzterer Hins. SächsInnME. v. 20. Aug. 1912 Reg. 33, 192). Wegen der Vornamen s. Art. 3 Abs. 2 AG. BGB. u. § 360 Nr. 8 StGB.

4. Änderung: Auch eine teilw., so von Buchstaben oder ohne Änd. des Wortklangs (PrOVG. DJZ. 1904, 222; GArch. 49, 285; a. A. Staud. BGB. § 12 A. III 12a); auch eine abgekürzte Schreibweise; auch bloße Zusätze (vorehelicher Name der Frau, Geburtsort); nicht aber, wenn dadurch bloß auf den früheren Namen oder Geburtsort hingew. w. soll; gegen jeden Zusatz Müller BlAPr. 50, 407. Ob ein

---

*) Sonderschrifttum zu Art. 25: Müller BlAPr. 50, 430; Meyer SeuffBl. 69, 4; Keidel SeuffBl. 70, 10. S. für Preußen Kabinettsordre v. 15. April 1822 (GesSlg. S. 108).

Zusatz Namensbestandteil, entscheid. die allg. Anschauung, nicht die Absicht des Namensträgers (ObSt. 5, 331) s. auch § 6 der Bek. v. 27. Dez 1899. Änderung auch die Übersetzung in eine fremde Sprache (Müller BlAPr. 50, 429; Meyer SeuffBl. 69, 16); auch, wenn von der bisher. tats. Führung abgewichen wird; der einzelne darf nicht willkürlich auf die Namen der Voreltern zurückgehen; deshalb Weiterführung willkürlicher Zusätze der Eltern zulässig (KGJ. 22 C 115; kaum zutreffend). Nach wirks. Änderung kein Zurückgreifen auf den früheren Namen (KG. GArch. 46, 139). Kein Recht zur Namensführung, wenn Annahme an Kindes Statt zum Schein, bloß zum Zwecke der Namensänd. erfolgte (KG. Reg. 28, 446). Zulässig Benützung des Namens eines anderen mit dessen Zustimmung zur Geschäftsbezeichnung (RGRKomm. z. BGB. § 12 A. 2). Änderung nur, wenn der Name dauernd, wenn auch nicht für alle Zeiten gebraucht w. soll (KGJ. 18, 349; KG. 28, 344); andernf. können § 360 Nr. 8 StGB. oder Art. 47 PStGB. einschlagen.

5. Eltern: Nicht auch Großeltern; Pflegeeltern: Art. 56 A. 1; Vormünder: Maßgebend das bürg. Recht, also nicht auch der Pfleger.

6. Fahrlässigkeit genügt zur Bestrafung (Meyer SeuffBl. 69, 6). Irrtum über die Rechtmäßigkeit einer Namensänderung ist zivil- oder staatsrechtl. Irrtum, schließt also, wenn nicht etwa Fahrlässigkeit vorliegt, Bestrafung aus; a. A. Müller BlAPr. 50, 429 u. Meyer SeuffBl. 69, 7.

7. Zur Frage, ob Festst. der Schreibweise der Familiennamen in einem besond. Verf. zulässig, s. Bernreuther BayZ. 1919, 418; Müller BlAPr. 1900, 419; Meikel ebendort 1903, 293; Steinbach ebend. 1907, 283 u. InnME. v. 20. Nov. 1902, JME. v. 5. Dez. 1902 (beide BlAPr. 1903, 298); KGJ. 42 A 72. Demgegenüber ist festzuhalten, daß eine solche Feststellung ohne (z. Z. noch nicht bestehende) gesetzl. Ermächtigung keine autoritative Kraft nach außen hat, sondern höchstens den Charakter einer Dienstanweisung; sie ist deshalb für Anwendung des § 12 BGB., Art. 25 PStGB., § 360 Nr. 8 StGB. ohne Bedeutung. Für Preußen s. OVG. Reg. 34, 359; GArch. 61, 150.

Art. 26.

An Geld bis zu dreißig Talern oder mit Haft bis zu vierzehn Tagen wird gestraft, wer seiner Dienerschaft gleiche Livree wie jene des königlichen Hauses gibt, und wer letztere unbefugt trägt.

1. Stillschweigend aufgehoben durch § 94 mit § 1 VerfUrk., § 12 Vorläuf. Staatsgrundges. v. 17. März 1919 (GVBl. 109).

Art. 27.

Wer Personen, welche bei Unglücksfällen, bei drohender oder bereits eingetretener Feuersgefahr oder anderer öffentlicher Gefahr oder Not Hilfe oder Dienste leisten, an solcher Hilfe

oder Dienstleistung vorsätzlich stört oder ohne hinreichenden Grund von solcher Hilfeleistung abhält, wird an Geld bis zu fünfzig Talern oder mit Haft bestraft.

1. Höchstgeldstr. nun 1500 ℳ (§ 1 GG.).

2. Bei Unglücksfällen: Auch wenn sie nur einen einzelnen treffen.

3. Auch die Abhaltung von der Hilfeleistung muß vorsätzlich erfolgen. Strafbar auch die Abhaltung von Dienstleistung.

4. Hinreichender Grund: Jeder Umstand, der bei verständiger Beurteilung der Sachlage dazu veranlassen kann; Abhaltung unter Umst. insbes. auch veranlaßt gegenüber abhängigen Personen; s. KdAbg. 1859/61 GGA. Beil. 3, 146.

5. Verw. Strafbest.: § 360 Nr. 10 StGB. u. Art. 87 PStGB.

Art. 28.*)

Wer, ohne unter Polizeiaufsicht zu stehen, von der zuständigen Polizeibehörde auf Grund bestehender gesetzlicher Bestimmungen angewiesen ist, einen gewissen Bezirk zu verlassen oder nicht zu betreten, soll, wenn er dieser Anweisung zuwiderhandelt, mit Haft bis zu vierzehn Tagen bestraft werden.

1. Ohne unter PolAufsicht zu stehen: Eingefügt im Hinblick auf § 361 Nr. 1 StGB. Strafbar gemäß Art. 28 nach sinngemäßer Auslegung des Ges. auch, wer unter PolAuff. steht, aber Aufenthaltsbeschränk. zuwiderhandelt, die sich auf anderer Grundlage als der der Pol.-Auff. ergeben (s. ObSt. 7, 103; SeuffBl. 72, 20).

2. Zuständige Polizeibehörde: Die BezPolBeh. der Gemeinde, aus der ausgewiesen wird, in München die PolDirektion (Art. 9 AufenthG. v. 21. Aug. 1914, GVBl. 1915, 590). Eine Zuständigkeit des BezAusch. besteht nicht; Art. 23 Abs. 1b bezieht sich nicht auf die pol Eingriffe in die pers. Freiheit schlechthin.

3. Auf Grund bestehender gesetzl. Bestimm.: Freizügigkeitsges. v. 1. Nov. 1867 (BayGBl. 1870/71 Beil. 13) u. AufenthaltsG. v. 21. Aug. 1914 (GVBl. 1915, 590); übersicht der darnach zulässigen AufenthBeschränkungen: Ziegler, AufenthGes. S. 14. Zu prüfen im Strafverf. auch die Zuständigkeit der PolBeh. u. ob die Anweisung zulässig war, denn diese Umstände sind Tatbestandsmerkmale; nicht aber die Ordnungsmäßigkeit des pol. Verfahrens; s. Weis zu Art. 148 StGB. v. 10. Nov. 1861 S. 375 u. RG. 6, 378 n. 12, 254 u. Olsh. unter c zu § 361 Nr. 2 StGB. u. wohl auch OGHSt. 8, 113; s. auch hier § 361 Nr. 2 A. 1; a. A. ObSt. 4, 135; OSt. 8, 229; 2, 327; OGHSt. 7, 538, wonach nur zu prüfen wäre, ob der Beschl. mit gesetzl. Bestimmungen begründet ist.

---

*) Art. 28 entstammt dem Art. 148 StGB. v. 10. Nov. 1861.

4. Ob mehrmaliges Verlassen oder Betreten eine oder mehrere Straftaten in sich schließt, bemißt sich nach den allg. Lehren über das fortges. Delikt (OSt. 1, 168).

5. Nichteinhaltung der vorgeschriebenen Reiseroute oder Reisezeit: Art. 45 PStGB.

Art. 29.

1. **An Geld bis zu fünf Talern werden Pflichtige oder deren Stellvertreter bestraft, welche die nach Festsetzung der Gemeindeverwaltung sie treffenden Dienste zur Übernahme der Sicherheitswache, sowie zur Erhaltung der Fahrbarkeit der Gemeindewege und Distriktsstraßen ohne genügende Entschuldigung nicht oder nicht zur rechten Zeit oder nicht in gehöriger Weise leisten.**

2. **In der Pfalz wird die Verpflichtung zur Leistung solcher Dienste durch ortspolizeiliche Vorschrift geregelt.**

1. Höchstgeldstr. nun 150 ℳ (§ 1 GG.).

2. Pflichtige: Pflicht geregelt durch Art. 49—54 mit Art. 32 Nr. 2—4 GemO.; hinsichtlich der Stellvertr. im besond. s. dabei Art. 50 Abs. 3. Hierzu L. in GZ. 1895, 345; Meder BlAPr. 1908, 367. S. hierzu wegen der Bedeutung des Herkommens OSt. 6, 570; wegen der standesherrl. Beamten ObSt. in BayZ. 1909, 437; Pflicht persönlich Leistungsunfähiger, von Frauen, unselbständ. Personen: ObSt. 13, 20; vertragsmäß. Befreiung ObSt. 7, 10. Art. 54 Abs. 4 GemO. bestimmt (unnötigerweise) nochmals, daß Art. 29 bei allen nach Art. 50 GemO. gemdienstpfl. Personen Anwendung findet.

3. Notwendig Festsetzung durch die GemVerw.: Hierzu notw. ein Beschl., der den gesetzl. Erfordernissen genügen muß (a. A. OSt. 6, 310 u. 575); zulässig allg. Festsetzung u. solche für den Einzelfall (OSt. 6, 440); zulässig aber nur Festsetz. für eine gemeindl. Finanzperiode, aber auch stillschweigende (Keidel GZ. 1900, 515); Festsetzung durch den Bürgermeister allein nicht ausreichend (OSt. 2, 366). Keine Bestrafung bei Regelung durch Herkommen oder unvordenkl. Verjährung (s. Fassung des Ges.; OGHSt. 4, 128; Reindl BlAPr. 1891, 39; a. A. ObSt. 9, 269; 7, 101, 2, 280 u. Luthardt BlAPr. 1891, 39). Keine Bestrafung bei vertragsmäß. Übernahme der Dienste (ObSt. 8, 312). Genügend aber Festsetz. durch die Aufsichts- oder BeschwInstanz. Besondere Mitteilung an die einzelnen Beteiligten oder Auffordr. nicht notw. (OSt. 8, 455), doch kann diese Unterlassung eine „genügende Entschuldigung" begründen. Die Festsetz. hat keine formelle Bedeutung, so daß sie eine auch nicht bestehende Verpflichtung autoritativ mit Wirkung für die Anwendung des Art. 29 begründete; sie muß nur zur objekt. Pflicht hinzutreten. Gemeindeverwaltung: Jetzt Stadtrat u. Gemeinderat (Art. 6 SG.).

4. Sicherheitswache: Wache zur Aufrechthaltung der öff. Ordnung u. Sicherheit, insbesondere bei Volksfesten, die sog. Kirchenwache (wegen dieser s. ObSt. 7, 10) u. die Nachtwache (KdAbg. 1859/61 GGA. Beil. 3, 418); nicht die Tätigkeit zur Durchführung einer gemeindl. Streife; das ist keine „Wache", a. A. OSt. 2, 362.

5. Erhaltung der Fahrbarkeit: Nicht der bloßen Begehbarkeit; nicht zur Herstellung der Fahrbarkeit (s. Hergt BlAPr. 1912, 283). nicht zur Erweiterung der Fahrbarkeit z. B. zur Anpassung an den Kraftwagenverkehr; Erhaltung der Fahrbarkeit auch die Herstellung von Notwegen (KdAbg. 1859/61 GSA. Beil. 3, 419 u. 420; SOt. 3, 383).

6. Gemeindewege: Im herkömmlichen Sinne des Bayer. Wegerechts, da keine Anhaltsp. für eine andere Auffassung nachweisbar; also auch die Wege zur Vermittlung des Verkehrs mit den Eisenbahnen (BGH. Recht 1914, 307); nicht aber Feldwege (Keidel GZ. 1900, 518; a. A. OSt. 10, 12; ObSt. 1, 66); nicht Ortsstraßen, a. A. OSt. 3, 50; 10, 12; Meder BlAPr. 1908, 367. Distriktsstr.: Nun Bezirksstraßen, Begriffsbestimm.: Helmreich, DistrGes. Art. 28 A. 1.

7. Genügende Entschuld.: Jeder Umstand, der einen ord Mann veranlassen kann, die Dienste nicht zu leisten; nach Lage der Sache kann auch Anzeige der Verhinderung notw. sein (ObSt.BayZ. 1909, 437); Regelung dieser Frage durch PolVorschr. nicht zulässig.

8. Irrige Meinung, nicht zur Dienstleistung verpflichtet zu sein, macht straffrei, wenn dieser Irrtum, ohne daß insoweit Fahrlässigkeit vorliegt, sich bezieht auf die die Gemeindedienstpfl. regelnden Bestimm. der GemO. oder tatsächl. Verhältnisse oder auf die ortspol. Vorschr. des Abs. 2; das ist kein Strafrechtsirrtum; a. A. aber unrichtig ObSt. 7, 10; unrichtig auch OSt. 6, 310 u. 3, 229 u. ObSt. 13, 20, denn das „Bewußtsein der Rechtswidrigkeit" steht hier nicht in Frage.

9. Zu prüfen im Strafverf. auch die Pflichtigkeit, ferner ob die Dienste tatsächlich solche zur Sicherheitswache oder zur Erhaltung der Fahrbarkeit der GemWege u. Bezirksstr. sind, nicht aber, ob sie dazu zweckdienlich sind, u. auch nicht, ob bei der Festsetzung die materiellen (abgesehen v. d. abstrakten Pflichtigkeit) u. formellen Vorschr. eingehalten wurden (s. Art. 15 A. 2d). Hinsichtlich der Pflichtigkeit wohl auch dieser Ansicht ObSt. 7, 10; 1, 66; OSt. 8, 455; a. A. wohl OSt. 6, 570 u. 3, 50.

10. Abs. 2 notw., weil das pfälz. Recht keine allg. Pflicht zur Leistung von GemDiensten kennt (Art. 39 Abs. 1 Pf.GemO.; Graßm. 2, 179); zu den ortspol. Vorschr. s. BlAPr. 1865, 273 u. 1866, 49. Diese PolVorschr. haben nur die Form nicht die Natur von solchen.

Zweites Hauptstück. Übertretungen in bezug auf öffentliche Ruhe, Ordnung und Sicherheit.

Art. 30.

Wer vorsätzlich durch falschen Notruf oder falsche Notsignale, durch öffentlichen Aufruf, durch aufreizende Reden, Gesänge oder Musikstücke oder durch den Gebrauch von Partei- oder Losungszeichen, Besorgnis von Gefahren, Not- oder Unglücksfällen unter den Bewohnern eines Ortes verbreitet oder zu verbreiten sucht, oder an öffentlichen Orten einen Zusammenlauf oder eine Bewegung der bewaffneten Macht verursacht oder zu verursachen sucht, wird, soferne nicht die Bestimmungen des Strafgesetzbuches für das Deutsche Reich § 360 Ziff. 11 anwendbar sind, an Geld bis zu dreißig Talern oder mit Haft bis zu vier Wochen gestraft.

1. Höchstgeldstr. nun 900 ℳ (§ 1 GG.). Losungszeichen (Loszeichen): Zeichen unter Verbündeten, Signale (Grimm, Wörterbuch). Art. 30 nicht anwendbar, wenn die Verbreitung oder ihr Versuch einen größ. Personenkreis als einen Ort berührt; es muß nicht der ganze Ort ergriffen sein. Bewaffnete Macht: Nicht auch zu Zusammenlauf gehörig (s. Art. 59 des Entw. KdAbg. 1859/61 GGA. Beil. 2, 67). Öff. Ort: Die Verursachung selbst oder die Versuchshandlung kann auch außerh. des öff. Orts erfolgen (sinngemäße GesAuslegung). Verwandte Strafbestimm.: Art. 44 PStGB.; § 366 Nr. 10 StGB.

Art. 31.

An Geld bis zu fünf Talern werden Wirte oder deren Stellvertreter gestraft, welche Personen, denen auf Grund gesetzlicher Bestimmungen der Besuch ihrer Wirtshäuser untersagt ist, diesen Besuch ungeachtet des ihnen von der Polizeibehörde bekannt gegebenen Verbotes wissentlich gestatten.

1. Höchstgeldstr. nun 150 ℳ (§ 1 GG.).

2. Wirt: S. Art. 46 A. 2; Stellvertreter: Gesetzlicher u. gewillkürter; auch Geschäftsführer ohne Auftrag; wegen Anwendung des § 151 GewO. s. Vorbem. von Art. 1 Nr. IXc.

3. Gesetzlicher Bestimm.: Gemeint zunächst die Fälle des § 39 Nr. 1 StGB. (als Wirkung der PolAufsicht; s. die Fassung v. 10. Nov. 1861 u. KdAbg. 1871/72 GGA. Verh. 21); sonstige Ges. bestehen z. Z. nicht. Disziplinarverbote an Schüler von Lehranstalten fallen nicht hieher; sie haben keinen Anspruch auf Beachtung durch die Allgemeinheit. Im Strafverf. zu prüfen, ob das Verbot eine gesetzl. Grundlage hat (s. Art. 28 A. 3). Bekannt gegeben: Besondere Bekanntgabe (Mitteilung) an den Wirt u. Stellvertreter notwendig u. zwar besondere an den Vertreter; auch Kenntnis von dem Verbot nötig (wissentlich).

4. Besuch von Wirtshäusern s. Art. 56 A. 4; (schon der bloße Aufenthalt genügend, nach KdAbg. 1859/61 GGA. Beil. 3, 378 u. 379; sprachwidrig!). Gestatten: S. Dulden bei § 365 A. 8.

5. Verwandte Strafbest.: Art. 56 PStGB. u. § 365 StGB.

Art. 32.

1. An Geld bis zu fünfzehn Talern oder mit Haft bis zu acht Tagen wird bestraft:

1. wer ohne die nach Verordnung erforderliche polizeiliche Erlaubnis öffentliche Lustbarkeiten, wie Tanzmusiken, Maskeraden, Schießen, Preiskegelscheiben, Feuerwerke, theatralische Aufführungen, Vorstellungen aus dem Gebiete der Kunstreiterei, Gymnastik oder ähnlicher Kunstfertigkeiten veranstaltet;
2. wer ohne die nach Verordnung erforderliche polizeiliche Erlaubnis Menagerien, Wachsfigurenkabinette, Sammlungen von Kunst- oder Naturmerkwürdigkeiten, Panoramen, Karusſele oder ähnliche Vorrichtungen aufstellt und dafür Eintrittsgeld erhebt;
3. wer die bei Erteilung der Erlaubnis zu solchen Unternehmungen von der Polizeibehörde ihm auferlegten Bedingungen verletzt.

2. Unabhängig von der Strafverfolgung können solche Unternehmungen von der Polizeibehörde jederzeit eingestellt werden.

3. Auf Scheibenschießen, welche von anerkannten Schützengesellschaften in ihrem gewöhnlichen Lokale oder von kleineren Gesellschaften an erlaubten Schießstätten abgehalten werden, findet die Bestimmung der Ziffer 1 keine Anwendung.

1. Höchstgeldstrafe nun 450 *M* (§ 1 GG.).

2. Art. 32 umfaßt größere, Art. 33 kleinere Unternehm. (KdAbg. 1859/62 Beil. 2, 218)*). Art. 32 u. 33 unberührt durch die GewO., soweit die Tanzlustbarkeiten betr. (§ 33c GewO., ObSt. 3, 230); ganz aufgehoben aber, soweit die Lustbarkeiten Ausspielungen sind, wegen erschöpfender Regelung durch §§ 284 ff. StGB. (RG. Reg. 9, 310); im übrigen aber, nämlich soweit sie unter §§ 32, 33, 33a, 33b, 55 Abs. 1 Nr. 4, 60a mit § 147 Nr. 1, 148 Nr. 7 u. 7a, 149 Nr. 3 GewO. fallende Unternehm. betreffen, sind Art. 32 u. 33 im wesentl. durch diese ersetzt; insbes. können auch für den GewBetr. keine weiteren landesges. Voraussetz. aufgestellt werden; wirksam insoweit nur mehr, soweit die Ausübung dieser Gew. in Betracht kommt; doch dürfen die Beschränkungen die Ausübung nicht tatsächlich unmöglich machen (ObSt. 5, 119; 3, 179; 4, 95; 2, 38; ObSt. BayZ. 1918, 395; OSt. 3, 401; Darmst. Reg. 2, 20); a. A. die preuß. Rechtspr. (s. OVG. GArch. 52, 415) auch Dresden (GArch. 58, 490), wonach die gewerbemäß. Darbietung von Lustbarkeiten der in § 33b GewO. bezeichneten Art in weiterem Umfang, als es dort vorgesehen ist, von einer poliz. Erlaubnis abhängig gemacht w. kann; keinerlei reichsrechtl. Beschränk. jedenf., soweit die Unternehmungen der Art. 32 u. 33 nicht gewerbemäß. betrieben werden. Soweit Art. 32 u. 33 darnach unwirksam, gilt es auch für Abs. 2; an dessen Stelle teilw. insoweit §§ 15 u. 60c GewO. an-

---

*) Sonderschriftt.: Neupert GZ. 1907, 401; Müller GZ. 1892, 117; Keidel GZ. 1903, 319.

wendbar. Wegen des Einflusses des Vereinsges. s. Vorbem. vor Art. 1 Nr. VII d.

3. Die Fälle, in denen Erlaubnis nach Nr. 1 u. 2 notwendig ist, bestimmen die VO. v. 3. Juli 1868 (RegBl. 1161), die VO. v. 31. Okt. 1921 (GVBl. 541) u. § 15 der ZustVO. v. 4. Jan. 1872. Wegen der Bewillig. v. Lustbarkeiten am Karfreitag u. Gründonnerstag s. InnME. v. 13. Nov. 1867 (Web. 7, 140). Einfluß des Bezirksausschusses auf die polizeil. Bewilligungen: SG. Art. 23 Abs. 1 h.

4. Öffentliche Lustbarkeit: Wenn der Zutritt der Allgemeinheit offen steht (OSt. 10, 200); öff. auch dann, wenn die Männer beschränkt, weibl. Personen unbeschränkt Zutritt haben (OGHSt. 5, 188); auch dann, wenn einzelne wegen ungehörigen Benehmens zurückgew. werden (OSt. 8, 63); auch bei Beschränkung auf die Angehörigen eines Berufs (OGHSt. 5, 369); nicht öff. bei Beschränkung auf Vereinsmitgl. u. ihre Familien (OSt. 6, 270; (OGHSt. 5, 369); für die Regel auch bei Beschränkung auf besonders Eingeladene (Pr. OVG. Reg. 33, 174; ObSt. 13, 352); die Öff. muß bei Lustbarkeiten, die mehr als bloßes Zusehen oder Zuhören fordern, z. B. bei Tanzmusiken, hins. der Beteiligung bestehen.

5. Lustbarkeiten: Alle der Ergötzung u. Unterhaltung dienenden Veranstaltungen. Nebenzwecke (patriot., wohltätige, belehrende) gleichgültig, solange nicht der Lustbarkeitschar. ganz zurücktritt. Auch höheres Interesse der Kunst oder Wissenschaft nicht anders zu würdigen (a. A. ObSt. 13, 398); auch Tanzmusiken usw. müssen Lustbarkeitscharakter haben. (OSt. 6, 429).

6. Tanzmusik*): Jede durch die Ausführung von Tanz unter Musikbegleitung veranstaltete Belustigung (OSt. 6, 429); auch bei Begleitung durch ein einzelnes Instrument (OSt. 3, 47); Teilnehmerzahl gleichgültig (OSt. 7, 341); Dazwischenspielen anderer als Tanzstücke gleichgültig (OSt. 8, 63); keine Tanzveranstaltung das Tanzen als Ausfluß einer plötzl. hervorgetretenen, rasch vorübergehenden Stimmung (OSt. 7, 341; Darmst. Reg. 16, 217); ebensowenig das Tanzen zu turnerischen oder ästhetischen Zwecken; auch nicht Kinderbälle (Reger BlAPr. 1879, 70); auch nicht die Erteilung von Tanzunterricht einschließlich des „Tanzkränzchens", solange nicht bloßer Scheinunterricht vorliegt (s. hierzu Reger BlAPr. 1879, 69). Keine Veranstaltung das Dulden eingedrungener Uneingeladener bei einer nicht öff. Tanzmusik (ObSt. Recht 1914, 243). Keine Veranstaltung die Betrachtung des Tanzes Dritter. S. wegen Tanzmusiken weiter Art. 35. Maskeraden s. Art. 36 A. 4.

7. Schießen: Nicht bloß Scheibenschießen wie bei Abs. 3, dort aber eigentl. Scheiben erforderlich (KdAbg. 1859/61 GGA. Beil. 3, 121).

8. Theatralische Vorführungen: Die bühnenmäßige Darstellung eines Vorgangs durch Lebende (RG. Reg. 32, 215); nicht Marionettentheater.

9. Weitere Bestimmungen über Feuerwerke: § 367 Nr. 4, 5, 8 und § 368 Nr. 7 StGB.; über Maskeraden: Art. 36 Nr. 2 u. 3. Wegen der Einrichtung von Menagerien s. auch § 367

---

*) Sonderschrifttum: GZ. 1893, 50; Reger BlAPr. 1879, 65.

Nr. 11 StGB. Für musikalische Vorführungen schlechthin nur Art. 33 anwendbar (OSt. 6, 429), „Konzerte“ fallen nicht hierher (KdAbg. 1859/61 Beil. 2, 218).

10. Veranstaltet: Wer bewirkt, daß die Lustbarkeit in der Weise, wie sie stattfindet, abgehalten wird (ObSt. 3, 47; 12, 246); dazu genügt aber nicht das Setzen einer Voraussetzung der Abhaltung; a. A. aber irrig ObSt. 3, 47 u. 146; OSt. 8, 63; OGHSt. 5, 479 hins. des Wirts, der das Tanzen in seinen Räumen nicht hindert; das ist begrifflich höchstens eine (straflose) Beihilfe. Veranstalter auch, wer sich selbst nicht an dem Genuß beteiligt; dagegen nicht, wer sich nur an der technischen Ausführung beteiligt (der mitwirkende Künstler; s. die Gegenüberstellung in Art. 36); auch nicht, wer etwas nur zur eigenen Befriedigung, ohne die Absicht, auf das Publikum einzuwirken, vornimmt (ObSt. 13, 393).

11. Eintrittsgeld: Jede Vergütung, auch wenn nicht wertentsprechend; auch wenn nur zur Deckung der Auslagen; auch wenn nicht gerade beim Betreten erhoben.

12. Bestrafung, auch bei Überschreitung der mit der Erlaubnis verbundenen Beschränkungen hins. der Personenzahl (OGHSt. 4, 260); desgl. bei nicht gewerbsmäß. Veranstaltung (OSt. 6, 429).

13. Unabhängig von der Strafverfolg.: S. Art. 20 A. 4.

14. Anerkannte Schützengesellschaften: Solche, die die allg. Schützenordnung v. 25. Aug. 1868 (RegBl. 1729) anerkannt haben.*) Erlaubte Schießstätten: Solche, die die pol. Erlaubnis nach Art. 78 erhalten haben.

15. Wegen einzelner Vorführungen s.: hypnot. u. suggestionäre Experimente: Neupert GZ. 1907, 420; JnnME. v. 15. Nov. 1893 (Web. 22, 311); Lichtspiele: ObSt. 10, 12; JnnMB. v. 27. Jan. 1912 (AMBl. 145); v. 9. Febr. 1918 (AMBl. 17); Landmann BayZ. 1913, 237; Hellwig DJZ. 1912, 570; BayZ. 1913, 220; 1914, 97; Landm. BayZ. 1913, 237; Pr. OVG. GArch. 58, 210; JnnME., die kinematogr. Vorführung der Passionsgesch. betr. v. 19. Juli 1908 (AMBl. 371) u. nun RVerf. Art. 7 Nr. 20 u. Art. 118, Lichtspielges. v. 12. Mai 1920 (RGBl. 953) mit AusfBO. v. 16. Juni 1920 (RGBl. 1213) u. BayAusfB. v. 7. Aug. 1920 (AMBl. 277); Errichtung der Bayr. Lichtbildstelle KMB. v. 16. Sept. 1921 (KMBl. 193); Stois GZ. 1921, 124; Leibig GZ. 1921, 707; Gebührenordn. v. 25. Nov. 1921 (ZBl. 901). Veranstaltung von Flugfahrten (auch Art. 44 PStGB.): JnnME. v. 2. Okt. 1911 (AMBl. 649). Art. 32 ist auch eine der Grundlagen für die Theaterzensur (s. ObSt. in BayZ. 1908, 188; Krais BlAPr. 1901, 23; jetzt Art. 7 Nr. 20 u. Art. 118 RVerf.). Darnach ist es nun unzulässig, theatral. Aufführungen an eine behördl. Genehmigung zu knüpfen u. zu diesem Zwecke Vorlegung des Textes zu verlangen; unberührt aber bleiben die Befugnisse zu sonstigem Eingreifen vor und nach der Erstaufführung (Lindenau nach Pr. OVG. DJZ. 1921, 585). Wegen Erlassung feuer- u. baupoliz. Anordnungen für Theater u. sonstige Versamml.räume ge-

---

*) Wegen deren rechtl. Natur s. Diemayer BayZ. 1908, 104 u. 164; Oertmann BayZ. 1908, 121 u. Vervier BayZ. 1908, 299.

mäß Art. 32 s. InnME. v. 10. Mai 1897 (AMBl. 145). Veranstaltung v. Lustbarkeiten usw. an Sonn- u. Feiertagen vor Beend. des Pfarrgottesdienstes: § 6 der VO. v. 21. Mai 1897 (GVBl. 197).

16. Schuldform: Auch Fahrlässigkeit (ObSt. 3, 146).

Art. 33.

1. An Geld bis zu fünf Talern oder mit Haft bis zu drei Tagen wird gestraft, wer ohne die nach Verordnung erforderliche polizeiliche Erlaubnis oder mit Überschreitung der ihm erteilten Bewilligung gegen Bezahlung in Wirtschaftslokalitäten oder an anderen öffentlichen Orten Musikstücke, Gesänge, Deklamationen, Marionettenspiele, Taschenspielerkünste oder ähnliche Kunstfertigkeiten aufführt, oder Tiere, Kunst- oder Naturmerkwürdigkeiten oder ähnliche Gegenstände vorzeigt.

2. Unabhängig von der Strafverfolgung ist die Polizeibehörde berechtigt, solche Unternehmungen sofort einzustellen.

3. Die Abhaltung musikalischer Vorträge in Wirtschaftslokalitäten durch hierzu berechtigte Musikgesellschaften ist an eine polizeiliche Bewilligung nicht gebunden.

1. Höchstgeldstr. nun 150 ℳ (§ 1 GG.). Einfluß des Reichsrechts auf die Wirksamkeit des Art. s. Art. 32 A. 2.

2. Verordnung: Die VO. v. 3. Juli 1868 (s. Tl. III zu Art. 32).

3. Bezahlung: Gleichgültig, ob bei den Gästen gesammelt w. oder ob der Besteller bezahlt (ObSt. 16, 18). Öff. Orte: Jedermann zugängliche; auch die Wirtschaftslokalitäten müssen öff. sein.

4. Aufführt u. vorzeigt: Strafbar nur der Veranstalter, nicht die Ausführenden, auch nicht der Inhaber des Lokals als solcher, unter Umständen ist aber der Aufführende selbst der Veranstalter. (Die Rechtspr. schwankt s. OSt. 6, 429; ObSt. 16, 13; 17, 8; ObSt. BayZ. 1921, 270).

5. Fahrlässigkeit als Schuldform genügend (ObSt. 5, 119).

6. Unabhängig von der Strafverfolgung: Art. 20 A. 4. Zuständigk. zur Einstellung u. Zwangsmittel hierzu: S. Art. 34 A. 5 u. 7.

7. Abs. 3 wirkungslos geworden, nachdem berechtigte Musikgesellsch. solche sein sollen, die die Genehmigung nach § 2 der VO. v. 3. Juli 1868 (s. wegen dieser Tl. III zu Art. 32) erhalten haben, eine solche Genehmigung aber als eine Zulassung zum Gew.betrieb nicht mehr zulässig ist; s. Schmidt BayZ. 1907, 226.

Art. 34.

1. Wer gegen ortspolizeiliche Vorschrift musikalische Aufführungen, Kegelspiele oder sonstige geräuschvolle Unterhaltungen,

welche im Innern der Ortschaften in Wirtschafts- oder Privatgärten oder in sonstigen nicht geschlossenen Räumlichkeiten abgehalten werden, über die von der Polizeibehörde bestimmte Nachtstunde verlängert, wird an Geld bis zu fünf Talern gestraft.

2. Die Polizeibehörde ist berechtigt, solche Störungen der Nachtruhe unabhängig von der Strafverfolgung sofort abzustellen.

1. Höchstgeldstr. nun 150 *M* (§ 1 GG.).

2. Musikal. Aufführ: Auch rein gesangliche; auch musik. ohne künstl. Wert. Auch sie u. die Kegelspiele müssen geräuschvoll u. Unterhaltungen sein Unterhaltungen: Bezwecken Zeitvertr. auf angenehme Weise. Nicht geschlossen: Ein Raum, der die Verbreitung des Schalles nicht hindert; also nicht eine Kegelbahn, die ein durch dichte Wände nach allen Seiten abgeschlossenes Bauwerk bildet, auch wenn sie nur mit Läden verschließbare Lichtöffnungen hat, die bei der Benützung nicht geschlossen werden (OSt. 2, 251).

3. Nachtstunde kann auch außerh. d. ortspol. Vorschr. für den Einzelfall festgesetzt w.

4. Verlängern: Nur der Leiter der Unterhaltung; nicht die Zuhörer; auch nicht für die Regel die Mitwirkenden als solche oder der Inhaber des Lokals. Die ortspol. Vorschr. kann insoweit das Ges. nicht erweitern. Kein Verlängern, wenn erst nach der Nachtstunde begonnen.

5. Polizeibehörde: Die OrtsPolBeh. s. Art. 20 A. 3; in München die PolÄmter (Bek. v. 25. Juni 1898, GVBl. 347); nicht ein einzelnes PolOrgan (Schutzmann), auch nicht bei Abs. 2.

6. Unabhängig von der Strafverfolgung: Art. 20 A. 4.

7. Zwangsmittel bei Abs. 2: Gesetzl. Vorschr. über die Art u. Weise der Abstellung fehlen (wegen des Standpunkts der Praxis der VerwBehörden s. Art. 21 A. 5); Zwang kann deshalb an sich nicht angewendet werden. Die Befugnisse der Art. 20 u. 16 hat die Pol. aber auch hier.

8. Verwandte Strafbestimm.: § 365 StGB.

Art. 35.

Vorsteher oder Mitglieder von geselligen Vereinen und geschlossenen Gesellschaften, welche Tanzmusik an jenen Tagen veranstalten, an welchen die öffentliche Abhaltung derselben durch Verordnung untersagt ist, werden an Geld bis zu fünfzehn Talern gestraft.

1. Höchstgeldstr. nun 450 *M* (§ 1 GG.). Gesellige Vereine: Die in der Hauptsache der Unterhaltung dienen sollen (Musik-, Lese-, Tanzvereine), nicht wissenschaftl. Vereine. Geschlossene Gesellsch.: Nach außen hin abgeschlossener Kreis von nach innen mit-

einander verbundenen Personen, die Verbindung kann auf persönl. Bezieh. der Mitgl. oder auf einem gemeinsamen sachl. Zweck beruhen, auch Feuerwehren (Celle GArch. 59, 361; KG. GArch. 54, 310; vgl. auch ObSt. 13, 424); nicht ganz zutreffend OSt. 6, 270. Nicht gefordert eine dauernde Organisation zu einem bestimmten Zweck; ausreichend, wenn andere als geladene Pers. keinen Zutritt haben (ObSt. 9, 130). Nicht hierher fällt ein Skatklub (Celle GArch. 52, 114), eine Stammtischgesellsch. (PrOVG. Reg. 32, 436). Tanzmusik: Art. 32 A. 6. Öffentlichk. hier nicht notw. Veranstalter: S. Art. 32 A. 10. Die Veranstaltung muß im eigenen Verein stattfinden. Tage, an denen die öffentliche Abhaltung von Tanzmusiken untersagt ist: Vgl. die VO. v. 31. Okt. 1921 (Teil III zu Art. 32).

Art. 36.

An Geld bis zu fünf Talern wird gestraft:

1. **wer ohne ortspolizeiliche Erlaubnis auf öffentlichen Straßen oder Plätzen eine Nachtmusik veranstaltet oder ausführt;**
2. **wer zu einer durch oberpolizeiliche Vorschrift verbotenen Zeit auf öffentlichen Straßen oder Plätzen maskiert erscheint;**
3. **wer bei erlaubten Maskaraden der durch die Ortspolizeibehörde festgesetzten Ordnung zuwiderhandelt.**

1. Höchstgeldstr. nun 150 ℳ (§ 1 GG.).

2. Nachtmusik: Musik während der Zeit der örtl. Nachtruhe, Eintritt oder Schwinden der Dunkelheit nicht entscheidend; auch bloßer Gesang; künstl. Wert gleichgültig; dagegen nicht hieherfallend „Katzenmusik". Veranstaltet: S. Art. 32 A. 10. Ausführt: Auch, wer den Musikanten nur die Tätigkeit erleichtert.

3. Maskierung: Vermummung (KdAbg. 1859/61 GGA. Beil. 3, 216), Gesichtsverkleidung, dann Verkleidung überhaupt (Grimm. Wörbuch); auffällige Kleidung als solche keine Maskierung. Erford. die Absicht, als ein anderer zu erscheinen; bloßes Kostümieren nicht ausreichend (vgl. KGJ. 23 C 19); völlige Unkenntlichkeit nicht nötig; Scherzabsicht erforderlich.

4. Maskarade: Zustand des Maskiertseins im Sinne der Nr. 3, nicht bloß Maskenzüge (a. A. eine Rgg. nach Lindner GZ. 1902, 48).

5. Auf Grund der Nr. 3 das Maskieren selbst nicht beschränkbar (insbes. nicht abhängig zu machen von der Lösung einer poliz. Karte), nur der Maskenverkehr (JnnM. nach Lindner GZ. 1902, 48).

6. Festgesetzte Ordnung: Nicht durch ortspol. Vorschr., aber allg. Regelung notw. („Ordnung").

7. Beschränkungen des Maskierens auf Grund von 366 Nr. 10 StGB. nicht ausgeschlossen. Verwandte Strafbestimm.: Art. 32 Abs. 1 Nr. 1, Art. 44 PStGB. (KdAbg. 1859/61 Beil. 2, 219).

Art. 37.

1. An Geld bis zu fünf Talern wird gestraft:

1. wer gegen ortspolizeiliches Verbot Ankündigungen oder Bekanntmachungen auf öffentlichen Straßen oder Plätzen ausruft;
2. wer gegen ortspolizeiliches Verbot oder gegen Verbot des Eigentümers oder seines Stellvertreters an fremdem Eigentume Privatankündigungen anschlägt oder anheftet;
3. wer fremde Anschläge unbefugt aus Bosheit oder Mutwillen vernichtet, wegnimmt oder unlesbar macht.

2. Wird im Falle der Ziffer 2 die Übertretung gegen Verbot des Eigentümers an fremdem Privateigentume begangen, so ist dieselbe nur auf Antrag des Eigentümers oder seines Stellvertreters verfolgbar.

1. Höchstgeldstr. nun 150 ℳ (§ 1 GG.).

2. Abs. 1 Nr. 1 wohl unwirksam, soweit das Ausrufen von Preßerzeugnissen in Frage kommt, weil durch § 30 Abs. 2 PreßG. nicht vorbehalten (s. auch JnnMC. v. 12. Febr. 1875 Web. 10, 596; Schwarze Preßges., 4. Aufl., § 30 Abs. 2 S. 246).*) Durch Art. 118 RVerf. wird der Art. nicht berührt.

3. Ortspol. Verbot (Nr. 1 u. 2): Im Wege der ortspol. Vorschr. oder sonstiger allg. Anordn., auch im Wege der EinzelPol.-Verfüg. s. Art. 1 A. 2. Öff. Straßen oder Plätze: s. § 366 Nr. 10 A. 3 u. 4; bei Art. 37 auch Wege zu den Straßen zu rechnen.

4. Ausrufen: Lautes mündliches Bekanntgeben des Inhalts; nicht auch der bloße Hinweis auf die Ankündigungen oder Bekanntmachungen.

5. Eigentümer: Nicht auch der dinglich Berechtigte; bei Miteigentum maßgebend §§ 744—746 BGB. Stellvertreter: Gewillkürter u. gesetzlicher; der bloß obligat. Berechtigte (Mieter) nicht Stellvertreter.

6. Anschlagen oder Anheften: Jede Verbindung für sich selbständiger Ankünd. mit dem Eigentum. Nicht strafbar also das Aufstellen (ObSt. SeuffBl. 1912, 52); auch nicht das Aufmalen.

7. Anschläge (Abs. 1 Nr. 3): Befestigungen an einem unbewegl. Körper; nicht umhergetragene Plakate (vgl. KGJ. 41 C 411).

8. Bosheit: Wer absichtl. u. mit schlechter, böser Gesinnung handelt u. sich des Unheils, das er anrichtet, freut. Mutwillen: Wer ohne zureichenden Grund, aber ohne sich die Folgen seines Tuns zu überlegen handelt. Gewinnsucht fällt nicht hieher (KdRR. 1859/61 GGA. 2, 185). Bloße Beschädigung fällt nicht unter Nr. 3.

9. Antrag auch notw., wenn die Übertretung gegen das Verbot des Stellvertreters erfolgt (nur ungenaue Fassung des Ges.).

---

*) Zum Bay. Plakatrecht s. KG. in GZ. 1900, 65.

10. Idealkonk. mit § 242, §§ 303 ff. StGB. möglich.

11. Sonstige mit dem Plakatwesen sich befassende oder die Grundlage für eine polizeiliche Regelung desselben bietende Bestimmungen: Art. 22b, 53 Abs. 1 und 95 PStGB.; §§ 134 u. 366 Nr. 10 StGB.; Art. 12 u. 13 AG. StPO., diese nach Schmitt PStGB. zu Art. 37 durch Art. 118 RVerf. beseitigt(?); §§ 3, 5 u. 30 Abs. 2 des PreßG., letztere beiden unter Berücksichtigung der durch § 43 Abs. 4—6 GewO. getroffenen Änderungen; §§ 43, 56, 148 Nr. 5, 149 Nr. 1 u. 3 GewO.; vgl. hierzu Gaß in GZ. 1909, 471.

Art. 38.

1. Geldstrafe bis zu fünf Talern trifft in Fällen, in welchen die Verpflichtung zur Wohnungsräumung nicht streitig ist, die bei einer solchen Räumung Beteiligten, welche den hierauf bezüglichen Anordnungen der Polizeibehörde nicht nachkommen.

2. Unabhängig von der Strafverfolgung ist die Polizeibehörde befugt, die von ihr getroffenen Anordnungen zwangsweise zu vollziehen.

1. Höchstgeldstr. nun 150 M (§ 1 GG.).

2. Wohnungen: Auch Nebenräume solcher. Nicht Geschäftsräume. Rechtsgrund der Innehabung gleichgültig (auch öff.-rechtl. Verhältnisse z. B. Armer im Gemeindehaus KdAbg. 1871/72 StGA. Verh. 22; a. A. Steinbach GZ. 1907, 631; auch tatsächliches Innehaben).*)

Verpflichtung zur Wohnungsräumung nicht streitig ist: Entscheidend, ob kein Streit besteht; nicht, ob ein solcher, objektiv betrachtet, bestehen kann; auch offensichtlich unberechtigtes Bestreiten ausreichend (a. A. Lindner GZ. 1905, 441; Steinbach GZ. 1907, 631), nicht aber nicht ernst gemeintes. Verbleiben in der Wohnung ohne Gründe anzugeben nicht ausreichend. Notw. Bestreiten durch den eigenberechtigten Inhaber oder seinen Vertreter, nicht durch Kinder, Dienstboten. Nur ausreichend Bestreiten während der Entsetzung.

3. Beteiligt an der Räumung: Die Bewohner, auch der die Räumung Betreibende, auch das Räumungspersonal.

4. Sachlich zuständig: Die OrtsPolBeh. (§ 16 ZustVO.), in München die PolÄmter (§ 2B 12 Bek. v. 25. Juni 1898, GVBl. 347).

5. Anordnungen: PolVerfügungen. Nur hins. der Art. des Vollzugs; das Benützungsrecht selbst kann nicht erweitert w.

6. Unabhängig von der Strafverfolgung: Vgl. Art. 20 Anm. 4. Wegen der Zwangsmittel s. Art. 34 A. 7.

Art. 39.

Wer außer dem Falle des Strafgesetzbuches für das Deutsche Reich § 367 Ziff. 9 den Verordnungen zuwiderhandelt, wodurch zur Verhütung von Gefahren für die Sicherheit der Personen die Führung bestimmter gemeingefährlicher Waffen

---

*) Sonderschrifttum zu Art. 38: Steinbach GZ. 1907, 631.

bestimmten Klassen von Personen oder in bestimmten Landesteilen untersagt ist, wird an Geld bis zu fünfzehn Talern oder mit Haft bis zu acht Tagen bestraft, wobei auf Einziehung der verbotenen Waffen erkannt werden kann, ohne Unterschied, ob sie dem Verurteilten gehören oder nicht.

1. Höchstgeldstr nun 450 ℳ (§ 1 GG). Art. 39 wirksam; durch das StGB. keine erschöpf Regelung (RG 36, 248; 42, 303)

2. Für die Sicherheit der Personen: Das ist der einzelnen Personen; nicht der Allgemeinheit; nicht von Sachen. Zu prüfen im Strafverf., ob die VO. diesen Zweck verfolgt.

3. Führung von Waffen: Bei sich haben in der Absicht, sie allenf. zu gebrauchen (OGHSt. 5, 38); nicht der bloße Besitz oder der Verkauf. Nur bestimmter Waffengattungen. Nur gemeingefährlicher Waffen: Solcher, die der Allgemeinheit Schaden verursachen können. Waffen: Nicht bloß solcher im techn. Sinn; also auch, wenn zunächst nicht zum Angriff oder zur Verteidigung, sondern als Gebrauchsgegenstände hergestellt (ObSt. 12, 221).

4. Hinsichtlich ders. Waffen nur Beschränkung in bezug auf die Personenklasse oder den Landesteil.

5. Einziehung im objektiven Verfahren: Art. 18.

6. Weitere Bestimmungen über den Verkehr mit Waffen: Ges. über die Entwaffnung der Bevölkerung v. 7. Aug. 1920 (RGBl. 1553); Verlängerung der Geltungsdauer bis 1. Juli 1921, Ges. v. 1. März 1921 (RGBl. 195). AusführBest. v. 22. Aug. 1920 (RGBl. 1595), 4. Sept. 1920 (RGBl. 1636) u. 5. Sept. 1920 (RGBl. 1637). VO über Waffenbesitz v. 13. Jan. 1919 (RGBl. 31) mit IInnMinB. v. 14. Juni 1919 (GVBl. 297), geänd. durch IInnReichswBefehlst. B. v. 29. Sept. 1919 (GVBl. 687). Hiezu VO. über Aufhebung des Kriegszustands v. 4. Nov. 1919 (GVBl. 791) A a 5 mit VO. v. 6. Okt. 1921 (GVBl. 487). Ferner: StGB. §§ 84, 127 Abs. 1, 201, 360 Abs. 1 Nr. 2, 367 Abs. 1 Nr. 9 u. 10; 123 Abs. 2; 223 a, 243 Abs. 1 Nr 5, 250 Nr. 1, 362 Abs. 2.

Art. 40.

An Geld bis zu dreißig Talern wird gestraft, wer ein neugeborenes lebendes Kind findet und hievon nicht sogleich Anzeige bei der nächsten Obrigkeit macht.

1. Gegenstandslos gew. durch § 24 Abs. 1 S. 1 u. § 68 PerſStG.

Art. 41.

Wer fremde Kinder unter acht Jahren ohne Bewilligung der Polizeibehörde gegen Bezahlung in Pflege oder Erziehung nimmt oder nach entzogener Bewilligung behält, wird an Geld bis zu fünfzehn Talern bestraft.

1. Höchstgeldstr. nun 450 ℳ (§ 1 GG.). Gegenüber dem Reichsrecht wirksam: § 6 Abs. 1 GewO.

2. Fremde Kinder: Solche, die für die Regel nur gegen Bezahlung aufgenommen werden (nach ObSt. 8, 90 solche, die nicht zur Familie im weiteren Sinne gerechnet werden). Also nicht Abkömmlinge, gleichv. welchen Grades, gleichv. ob Unterhaltungspfl. besteht oder nicht; nicht an Kindes Statt angenommene; wohl aber unehel. Kinder gegenüber dem Vater; auch Geschwister untereinander; nicht Stiefkinder; wohl aber Mündel gegenüber dem Vormund (a. A. Weinschenk BlAPr. 1907, 76). Bestrafung auch, wenn das Kind während des Bestehens des Pflege- oder ErziehVerh. ein fremdes wird (Weinschenk BlAPr. 1907, 76).

3. Polizeibehörde: Sachl. Zuständ. § 17 ZustVO.; für München die PolÄmter, Bek. v. 12 Jan. 1900 (GVBl. 25) Nr. 5.

4. Gegen Bezahlung: Auch andere Gegenleistung als Geld, aber nicht rein ideale Vorteile; genügend, die sichere Aussicht einer Vergütung; ausreichend nur eine im wesentl. wertentsprechende Vergütung (teilw. a. A. Weinschenk BlAPr. 1907, 69 u. 70).

5. In Pflege oder Erziehung: Nicht, wenn das Kind nur für einige Stunden im Tage genommen wird (ObSt. 6, 56). Behalten: Auch dieses muß gegen Bezahlung erfolgen. Fortsetzung des Delikts, solange die Pflege oder Erziehung dauert, auch hins. der ersten Alternative. Neue Bestrafung, wenn nach früherer Bestrafung die Pflege oder Entziehung fortges. wird (a. A. aber unrichtig OSt. 1, 359).

6. VollzBest.: InnMB. v. 6. Febr. 1906 (AMBl. 56); JMB. v. 4. März 1906 (JMBl. 37). Verwandte Strafbest.: Art. 59 PStGB.

Art. 42.

An Geld bis zu fünfzehn Talern oder mit Haft bis zu acht Tagen wird gestraft, wer verirrte Kinder, wahnsinnige oder sonst hilflose Personen, welche er in Verwahrung genommen hat, ohne genügenden Entschuldigungsgrund länger als vierundzwanzig Stunden in seiner Gewalt behält, ohne hievon der Obigkeit Anzeige zu machen oder nach Beschaffenheit der Umstände den Beteiligten Angehörigen Nachricht zu geben.

1. Höchstgeldstr. nun 450 ℳ (§ 1 GG.). Kinder: Nur, solange sie wegen ihres Alters hilfslos sind. Verirrt müssen auch die Wahnsinnigen u. sonst Hilflosen sein. Genügende Entschuldigung: Gegeben in Fällen, in denen ein verständig Urteilender die Mitteilung unterlassen wird. Obrigkeit: Nur die PolBeh., nicht auch das VormundschGericht. Angehörige: Die Personen, die die Obhut ausüben, auch wenn nicht verwandt. Weitere Bestimm. über Geisteskranke: Art. 80 u. 81 PStGB.; § 234 StGB. Unzeitige Lösung des Schutzverhältnisses unter Umständen Aussetzung (§ 221 StGB.).

Art. 43.

1. An Geld bis zu dreißig Talern werden Totenbeschauer und Personen, welche aus dem Reinigen und Ankleiden der Leichen ein Gewerbe machen, bestraft, wenn sie bei Ausübung ihres Berufes von Todesfällen, welche den Verdacht eines gewaltsamen Todes erregen, Kenntnis erlangen und hievon nicht sogleich der Polizeibehörde Anzeige machen.

2. An Geld bis zu fünfzig Talern wird gestraft, wer, nachdem er bei der Öffnung einer Leiche die Spuren eines an dem Verstorbenen verübten Verbrechens entdeckt hat, nicht sogleich mit der Öffnung der Leiche einhält und der Polizeibehörde oder dem Staatsanwalte Anzeige macht.

1. Höchstgeldstr. nun 900 ℳ bei Abs. 1, 1500 ℳ bei Abs. 2 (§ 1 GG.). Gewaltsamer Tod: Auf anderer Ursache, als dem natürl. Verlauf der Dinge beruhend, s. „nicht natürl. Tod" in § 157 StPO.; auch durch Selbstmord, Unglücksfall; nicht Vollzug der Todesstrafe. Verbrechen: Im Sinne des § 1 Abs. 1 StGB. Einhaltung mit der LeichÖffn. auch, wenn der Tod nicht auf dem Verbrechen beruht. Weitere Strafbest. über LeichÖffn. u. Totenschau: Art. 60. Verw. Strafbestimm.: § 367 Nr. 1 u 2 StGB.

Art. 44.

1. An Geld bis zu zwanzig Talern oder mit Haft bis zu vierzehn Tagen wird bestraft, wer außer den Fällen des § 366 Ziff. 10 des Strafgesetzbuches für das Deutsche Reich den besonders bekannt gemachten polizeilichen Anordnungen zur Aufrechthaltung der öffentlichen Ruhe, Ordnung und Sicherheit bei Volksfesten, religiösen Feierlichkeiten, Truppenbewegungen, Eisenbahnbauten und sonstigen außergewöhnlichen Ansammlungen größerer Menschenmassen zuwiderhandelt.

2. Die in Absatz 1 bezeichneten Anordnungen werden durch ober- oder distriktspolizeiliche Vorschrift, in dringenden Fällen durch Verfügung der Distrikts- oder Ortspolizeibehörde erlassen.

1. Höchstgeldstr. nun 600 ℳ (§ 1 GG.).

2. Form der poliz. Anordnungen: Abs. 2; daneben noch besondere dh. für den besonderen Ansammlungsfall (nicht für jede einzelne Ansammlung) erfolgende Veröffentl. (KdAbg. 1859/61 StA. Beil. 2, 220); nicht genügend hierbei bloße Verweisung auf eine frühere Bekanntm. (Schlusser-Müller zu § 59); Bek. an jeden einzelnen nicht notw.; auch nicht Kenntnis des Täters von der bes. Bekanntm.

3. Notw. zur Gültigkeit, daß die Vorschrift zu den im Ges. angegebenen Zwecken erlassen wurde; nicht notw., daß sie ihnen wirklich förderlich ist; dies auch im Strafverf. zu prüfen

(s. Art. 15 A. 2d); maßgebend der wirkliche, nicht der etwa vorgetäuschte Zweck. Nicht notwendig, daß die einzelne Handlung wirklich die öff. Ruhe usw. gefährdet (unrichtig OGHSt. 4, 304); notw. u. im Strafverf. zu prüfen auch, daß die bestimmte einzelne Ansammlung, für die eine Anordn. ergeht, eine solche im Sinne des Art. 44 ist (a. A. Kobler BlAPr. 1896, 249 mit der unzutreff. Begründung, daß die tatsächl. Voraussetz. für die Erlassung der Vorschr. nicht zu prüfen seien; s. Art. 15 A. 2e). Zulässig auch sittenpol. Anordnungen (KassH. in Stenglein Z. 6, 3 u. Stenglein ZB. 16, 17); nicht aber gewpol., weil mit den zuläss. gesetzl. Zwecken nicht vereinbar (vgl. OSt. 8, 335).*) Soweit der gesetzl. Zweck gewahrt ist, auch zulässig, das Feilbieten von Waren im Umherziehen ganz zu verbieten (ObSt. 4, 391; OSt. 8, 262).

4. Nicht notw., daß die Anordnung sich auf öff. Wege, Straßen oder Plätze bezieht (KdAbg. 1871/72 GGA. Verh. 22 u. 23; ObSt. 6, 33; 10, 36); anders bei § 366 Nr. 10 StGB.**) Auch die Volksfeste usw. müssen so sein, daß eine außergew. Ansammlung v. Menschen stattfindet.

5. Die Anordnungen können auch das Verhalten der schon vorhandenen Bevölk. regeln (Kobler BlAPr. 1896, 249); sie können auch Anordn. für die Zeit vor der Ansamml. und für das Abziehen der Menschenmassen treffen.

6. Verfügungen: Keine besond. Formvorschr. für die Erlassung, nur besondere Bekanntm. (Abs. 1) notw.; auch sie können nur allg. Anordn. geben (keine PolVerfüg. im techn. Sinn); denn „dring. Fälle" können wohl formlosen Erlaß aber nicht Einzelverfüg. notw. erscheinen lassen. Keine Verfüg. in Fällen, die dem § 366 Nr. 10 StGB. sich unterordnen.

7. Verwandte Strafbest.: Art. 32, 88, 94.

Drittes Hauptstück. Übertretungen in bezug auf Reisen und Fremdenpolizei.

Art. 45.

Mit Haft bis zu drei Tagen wird gestraft, wer ohne genügende Entschuldigung die ihm von der zuständigen Polizeibehörde zwangsweise vorgeschriebene Reiseroute oder Reisezeit nicht einhält.

1. Wirksam gegenüber dem Reichsrecht gemäß § 10 Abs. 3 RPaßG. v. 12. Okt. 1867.

2. Genügende Entschuld.: Wenn nach billigem Ermessen die Nichteinhaltung erklärlich ist.

---

*) Unwirksam wäre eine nach den Ratschlägen Keibels BlAPr. 1901, 103 erlass. Vorschrift, weil in fraudem legis.

**) Über PolVorschr. für Eisenbahnbauten s. Kobler BlAPr. 1896, 425.

3. Zust. PolBeh.: § 18 ZustVO.; dieser unwirksam, soweit er Vorstände der Zuchth., GefAnst u. Arbeitsh. für zust. erklärt; denn diese sind keine PolBeh.; a. A. KassH. Stenglein Z. 6, 18.

4. Keine Ermächtigung aus Art. 45 abzuleiten, beliebige Reisen vorzuschreiben; sondern nur, eine kraft anderweiter gesetzlicher Vorschr. besteh Reisepflicht (z. B. zufolge Ausweisung) oder eine freiw. vorgenommene Reise näher zu regeln.

5. Nichteinhaltung von AufenthBeschränk.: Art. 28 PStGB.

6. Vollzug der Ausweisung von Ausländern aus dem Reich: §§ 8—10 Bek. v. 10. Dez. 1890 (ZBl. 378; AMBl. 570), geänd. nach Bek. v. 15. Juli 1902 (AMBl. 340)

Art. 46.*)

1. Gastwirte und Herberggeber, welche den oberpolizeilichen Vorschriften über Aufzeichnung und Anzeige der Ankunft und Abreise der von ihnen aufgenommenen Fremden und beherbergten Personen zuwiderhandeln, die vorgeschriebenen Aufzeichnungen der Polizeibehörde oder den obrigkeitlichen Dienern auf Verlangen nicht vorzeigen oder dieselben nicht zu der vorgeschriebenen Zeit vorlegen, werden an Geld bis zu fünf Talern gestraft.

2. Andere Personen, welche die durch ortspolizeiliche Vorschrift gebotene Anzeige über Beherbergung von Fremden verabsäumen, unterliegen einer Geldstrafe bis zu fünf Talern.

1. Wirksam gegenüber dem Reichsrecht: § 10 Abs 3 RPaßG. v. 12. Okt. 1867; s. aber § 10 Abs. 4 dieses G. Höchstgeldstr. bei Abs. 1 wie 2 150 ℳ (§ 1 GG.).

2. Wirt: Wer gewerbsmäßig gegen Vergütung Essen, Getränke oder Unterkunft gewährt. Gastwirt: Wer alle die Leistungen gewährt (ObSt. in AMBl. 1911, 248 rechnet auch den hierher, der keine Verpflegung gewährt; s. zum Begr. auch Müller BlAPr. 1901, 178). Schankwirt: Wer in der Hauptf. nur Getränke gewährt. Speisewirt: Wer in der Hauptf. nur Speisen gewährt (Hamm GArch. 52, 262). Bierwirt: Wer in der Hauptf. nur Bier gewährt; s. auch Art. 143 A. 2. Weinwirt: Wer in der Hauptf. nur Wein gewährt. Herberggeber: Wer geschäftsmäßig (nicht notwendig gewerbsmäß.; a. A. ObSt. 1, 417) Personen, zu denen er keine näheren Bezieh. hat, Unterkommen auch während der Nacht gewährt. Also auch „Pensionen", „Hospize", Zimmervermieter. Grenze zw. Herberggeber u. Gastwirt fließend. Eisenbahnschlafwagen keine Gastwirtschaft (Jena GArch. 59, 385). Strafbar nach Abs. 1 nur der Betriebsinhaber; nicht das Personal, auch nicht der gesetzl. Vertreter (s. auch Allg. Bem. vor Art. 1 Nr. IX).

*) S. hierzu Art. 475 Nr. 2 Code pénal.

3. Art u. Weise der Aufzeichnung u. Anzeige kann näher geregelt w.; deshalb auch zulässig, die Vorlegung von Auszügen aus den Fremdenbüchern zu verlangen (ObSt. 13, 265). Ob der richtige Name aufzuzeichnen ist („Inkognito" Reisende), ob Vorname, Stand usw. anzugeben ist, entscheidet der Inhalt der Vorschrift. Angabe von inkognito gebr. Namen u. von Pseudonymen erachtet schlechthin für strafbar Schneickert BlAPr. 1904, 212.

4. Fremde: Nicht einheimische, dh. solche, welche nicht regelm. am Orte wohnen oder sich aufhalten; Verwandtschaft gleichgültig (ObSt. 1, 417). Beherbergte: über Nacht Behaltene (ObSt. 1, 417).

5. Beherbergen (Abs. 2): Auch wenn nicht gewmäßig (ObSt. 1, 417).

6. Falscheintragung gemäß Art. 46 u. 47 keine Urk.-Fälschung (Schneickert BlAPr. 1904, 208).

7. Nähere Weisungen über die zuläss. obpol. Vorschr.: InnME. v. 28. Febr. 1862 (Web. 9, 343).

8. Verwandte Strafbest.: Art. 47—50 PStGB.; Art. 2 AufenthG. v. 2. Aug. 1914; § 12 Nr. 2 des Ges. gegen den Verrat milit. Geheimnisse v. 3. Juni 1914; § 360 Nr. 8, § 363 StGB.

Art. 47.

Wer, um die Polizeibehörde zu täuschen, bei Gelegenheit der im Art. 46 vorgeschriebenen Aufzeichnung oder Anzeige eine falsche Namensangabe oder andere unwahre Angaben macht, wird an Geld bis zu fünfzehn Talern bestraft.

1. Wirksam gegenüber dem Reichsrecht: S. Art. 46 A. 1. Höchstgeldstr. nun 450 ℳ (§ 1 GG.).

2. Die Falschmeldung kann auch begangen werden vom Wirt u. einem Dritten, nicht bloß vom Fremden (KdAbg. 1859/61 Beil. 2, 222).

3. Nur strafbar, wenn der Zweck verfolgt wird, die PolBeh. zu täuschen; nicht strafbar, wer nur Nachforsch. Privater entgehen will; Bewußtsein der Möglichkeit der Täuschung nicht genügend (a. A. Schneickert BlAPr. 1904, 214). Strafbar nur vorsätzl. Begehung.

4. Verwandte Strafbest.: Art. 46 A. 8.

Art. 48.

Unbefugte, gewerbsmäßige Beherbergung von Landstreichern, Bettlern oder sicherheitsgefährlichen Personen wird mit Haft oder an Geld bis zu fünfzig Talern bestraft.

1. Höchstgeldstr. nun 1500 ℳ (§ 1 GG.).

2. Unbefugt: Erforderlich besondere gesetzl., reichs- oder landesgesetzl. Bestimmung pol. Charakters, die das Beherbergen verbietet; eine solche z. B. nur § 33 GewO., auf den aber schon § 147 Nr. 1 GewO. zutrifft. Ob landesges. Bestimmung überh. zulässig, zweifelhaft (s. Bem. VIIb vor Art. 1). Bloße zivilrechtliche oder

dienstrechtl. Widerrechtlichkeit (Verletzung fremden Eigentums) fällt nicht hierher; s. auch KdAbg. 1871/72 GSA. Beil. 1, 106.

3. Gewerbsmäßig: In der Absicht, die Tätigkeit fortgesetzt (nicht notwendig, dauernd) auszuüben u. damit einen Gewinn zu erzielen; einmalige Beherbergung kann genügen: ObSt. 6, 310; 4, 123; 10, 372; 1, 331.

4. Landstreicher, Bettler: Maßgebend für die Begriffe die jeweilige Strafgesetzg., also jetzt § 361 Nr. 3, 4 StGB.; nicht genügend aber einmalige Bestrafung hiewegen; erford. der Charakter als Landstr. oder Bettler. Sicherheitsgef.: Gefährlich für Personen oder Eigentum.

Art. 49.

Wer von der Aufnahme oder Entlassung von Handlungsdienern, Gewerbsgehilfen, Gesellen oder Lehrlingen, von Fabrikarbeitern oder Taglöhnern, welche am Orte keinen festen Wohnsitz haben, die durch Verordnung oder ortspolizeiliche Vorschrift geforderte Anzeige nicht erstattet, wird an Geld bis zu fünf Talern gestraft.

1. Höchstgeldstr. nur 150 ℳ (§ 1 GG.). Handlungsdiener: So viel wie Handlungsgehilfe im Sinne des § 59 HGB. (s. Staub HGB. § 59 A. 8). Lehrlinge: Jugendl. Arbeiter, die auf Grund Vertrags in einem Gewbetrieb tätig sind, um das Gewerbe zu erlernen; nicht Kopisten, Laufburschen (RG. GArch. 45, 68). Fabrikarbeiter: Arbeiter: Der, dessen Tätigkeit in Zusammenhang mit der Herstellung der Fabrikate steht. Nicht der bloß Beaufsichtigende oder der kaufm Dienste Leistende (RG. GArch. 52, 383; 46, 30). Taglöhner: Personen, die in Abhängigkeit von dem Arbeitgeber für ihre Leistung (Dienstmiete) einen Taglohn erhalten (ObSt. 14, 232) oder für ähnliche kurze Zeiträume entlohnt w. (vgl. OGHSt. 5, 553).

2. Wohnsitz: Maßgebend der zivilrechtl Begriff; „fest": überflüssige Zutat.

Art. 50.

Personen, welche Wohnungsräume in Miete oder Aftermiete geben, unterliegen einer Geldstrafe bis zu fünf Talern, wenn sie die durch ortspolizeiliche Vorschrift gebotene Anzeige über Ein- und Auszug ihrer Mieter verabsäumen.

1. Höchstgeldstr. nun 150 ℳ (§ 1 GG.). Personen: Auch die Vertreter jurist. u. natürl. Personen. Wohnungsräume: Nicht Stallungen, Keller, Niederlagen (KdAbg. 1859/60 Beil. 2, 222). Keine Anzeigepflicht bei Pachtverhältnissen, dingl. Wohnungsrechten, unentgeltlicher Aufnahme. Anzuzeigen nur der tatsächl. Ein- u. Auszug, nicht die Schließung oder Aufhebung des Mietvertrags. Mieter: Die Anzeigepfl. kann auch inhaltlich näher geregelt w., desh. können auch Angaben über die vom Mieter mit aufgenommenen Personen (Dienstpersonal, Angehörige) verlangt werden. Verwandte Strafbest.: Art. 46 u. 73 Abs. 2 PStGB.; Art. 2 AufenthG. v. 21. Aug. 1914 (GVBl. 1915, 590).

Viertes Hauptstück. Übertretungen in bezug auf unerlaubte Sammlungen, Gaukelei, Sittenpolizei und Glücksspiele.

Art. 50a.

Personen, welche durch fortgesetztes häusliches Zusammenleben in außerehelicher Geschlechtsverbindung zu öffentlichem Ärgernisse Veranlassung geben, werden an Geld bis zu 45 Mark oder mit Haft bis zu acht Tagen, im Wiederholungsfalle an Geld bis zu 150 Mark oder mit Haft bestraft, und sind durch die Polizeibehörde von einander zu trennen.

1. „Konkubinat". Eingefügt durch die Nov. v. 20. März 1882 (GVBl. 105). Höchstgeldstr. nun 450 bezw. 1500 ℳ. Wirksam gegenüber dem Reichsrecht, weil kein Sittlichkeitsdelikt (KdAbg. 1881/82 StenB. 1, 339; ObSt. 6, 154; Stuttg. WürttJ. 21, 346; Karlsr. BadRpr 1899, 355).

2. Fortgesetztes häusl. Zusammenleben: Erford., daß die Personen in dems. Hause wohnen, gleichgültig, zu welchem Zwecke sie sich dort aufhalten, welche Räume sie bewohnen, wo sich ihr Schlafraum befindet, u. ob sie gemeinschaftlich die Mahlzeiten einnehmen oder nicht (OSt. 2, 538), gleichgültig auch, ob eine von ihnen regelm. außerhalb der Wohnung übernachtet (OSt. 4, 339; 3, 238). Geschlechtsverbindung: Geschlechtsverk. muß nachgewiesen sein, Feststellung bestimmter Beiwohnungsakte nicht nötig (ObSt. 6, 154).

3. Veranlassung zu öff. Ärgernis: Öff. Ärgernis: Sittl. Entrüstung (Schicker zu Art. 15) einer unbestimmten Anzahl v. Menschen. Veranlassung: Notw. nur jener Grad von Gemeinkundigkeit des anstöß. Verhältnisses, vermöge deren eine unbestimmte Anzahl Anlaß zum Ärgernisnehmen finden kann (KdAbg. 1881/82 StenB. 2, 106; KdRR. Beil. 1, 540; JME. v. 3. Febr. 1883, Web. 16, 113). Nicht notw., daß jemand Ärg. genommen hat; wohl aber muß das Zusammenleben einer unbestimmten Anzahl bekannt gew. sein (ObSt. 10, 323; 6, 154) u. zwar solchen Personen, bei denen nach ihrer Art nicht ein ÄrgNehmen von vorneherein ausgeschlossen ist. Keine Bestraf., wenn die Zusammenleb. für verheir. gehalten werden. Gemeinkundigkeit in diesem Sinn auch erford. hins. der Geschlechtsverbind. Sie kann auch durch Mitteilungen Dritter entstehen (ObSt. 5, 269).

4. Subjektiv: Erforderlich nur Kenntnis, daß das häusl. Zusammenleben gemeinkundig ist oder werden kann u. zwar in einer Weise, daß jemand daraus Anlaß zum Ärgernis nehmen kann (ObSt. 5, 269; 10, 323) oder auf Fahrlässigkeit beruhende Nichtkenntnis dessen. Auch dolus event. genügend.

5. Wiederholungsfall (= Rückfall): Einfache Wiederholung ohne Rücksicht auf früher erlittene Bestrafungen u. die Zwischenzeit

(KdAbg. 1871/72 GGA. Beil. 2, 92; Verh. S. 31). Rechtskräftige frühere Bestrafung fordert Meister BayZ. 1913, 244 N. 8; bloße Verkündung des früheren Urteils genügt nach Schlusser-Müller zu Art. 68; dieser auch gegen Rückfallverjährung. Weil nur die einfache Begehung entscheidet, § 5 Abs. 2 des Ges. über die beschr. Ausk. aus dem Strafreg. v 9 April 1920 (RGBl. 507) unerheblich.

6. Trennungsbefugnis: Maßgebend hiefür Art. 20 u. 16.

Art. 51.*)

Wer gegen ortspolizeiliches Verbot zu Weihnachten, Neujahr oder zu anderen Festzeiten zum Zwecke der Erlangung herkömmlicher Geschenke in Wirts- oder Privathäusern oder auf öffentlichen Straßen oder Plätzen herumzieht, ist an Geld bis zu fünf Talern oder mit Haft bis zu drei Tagen zu bestrafen.

1. Höchstgeldstr. nun 150 M. Verbot: Erford. ortspol. Vorschr.; s. hierzu Art. 1 Anh. A. 12 u. Stenglein ZfGR. 8, 345. Zu Festzeiten: Auch an den herkömmlich dazu gerechneten vorherg. u. nachfolg. Tagen. Im Auge hatte man für die Anwendung des Art 51 Stadttürmer, Nachtwächter, Zettelträger, Dienstboten von Gewerbetreibenden, die in den Häusern der Kunden ihres Meisters, und Dienstboten der Kunden, die bei den Gewerbetreibenden um Gaben anhielten (KdAbg. 1859/61 Beil. 2, 223). GesKonkurr. gegenüber § 361 Nr. 4 StGB.

Art. 52.

1. Wer ohne die erforderliche polizeiliche Bewilligung eine Sammlung von Geld oder sonstigen Beiträgen oder von Unterschriften hiezu unternimmt oder die erwirkte Bewilligung überschreitet, wird, vorbehaltlich dessen, was in Ansehung von Sammlungen für besondere Zwecke gesetzlich bestimmt ist, an Geld bis zu fünfzehn Talern gestraft.

2. Die Bestimmungen des vorstehenden Absatzes erstrecken sich nicht auf Sammlungen zu erlaubten Zwecken, welche jemand bei Gelegenheit einer geselligen Zusammenkunft oder in einem Vereine, welchem er angehört, oder im Kreise von Personen veranstaltet, mit welchen er in geselliger oder in Geschäftsberührung, in freundschaftlichen oder verwandschaftlichen Verhältnissen steht.

3. Das unbefugt Gesammelte wird zum Besten der Armenkasse des Ortes der Betretung eingezogen. War jedoch der

*) Entnommen ebenso wie Art. 52 dem Württ. PolGes. v. 1839 (KdAbg. 1851/52 Beil. 2, 244).

Zweck der Sammlung ein angemessener, so ist der Richter berechtigt, die Verwendung für diesen Zweck vorbehaltlich der Zustimmung jener Behörde oder Stelle, deren Erlaubnis für die Vornahme der Sammlung erforderlich gewesen wäre, als zulässig zu erklären

1. Höchstgeldstr. nun 450 ℳ (§ 1 GG.).

2. Erforderlich: Wann Bewilligung notw. ist, durch Ges. zu bestimmen; aufrecht erhalten aber wohl die bis zum Inkrafttreten des Ges. erfolgte sonstige Regelung; s auch Art. 159 u. Teil III zu Art. 52.

3. Sammlung*) (= Kollekte): Jedes Zusammenbringen von Sachen, die freiwillig von einer Mehrzahl von Personen zu einem bestimmten Zweck geleistet w. (ObSt. 7, 389). Nicht Einhebung von Pflichtleistungen (ObSt. 7, 389; OSt. 10, 218). Erford. Einwirkung von Person zu Person; nicht ausreichend öff. Aufford. (RG. Reg. EBd. 2, 174; a. A. anscheinend OSt. 6, 217; hier allenfalls Art. 53; genügend bloße Entgegennahme. Kein Sammeln, wenn ausschließl. pers. Interessen verfolgt werden (so auch Zoellner SeuffBl. 72, 717); auch nicht, wenn nach außen andere Zwecke vorgeschoben werden; hier allenf. Betrug (ObSt. 5, 6). Sammeln auch, wenn zur Förderung einer Zeitung (OGHSt. 6, 441); desgl., wenn die Kosten der Veranstaltung einer Versammlung von den Teilnehmern eingehoben w. (OGHSt. 7, 62; OSt. 4, 67; a. A. OGHSt. 2, 134); anders, wenn ein Eintrittsgeld erhoben w. (RG. Reg. 13, 341). Sammeln kann auch in die Form eines Gegengeschäfts gekleidet w. (ObSt. 7, 389; OSt. 7, 190), z. B. Zusage der Verrichtung von Gebeten, Lesen von Messen (OSt. 7, 66); nicht ausschlaggebend hierbei, ob ein entsprechender Gegenwert gewährt wird, sondern, ob der Opfersinn in Anspruch genommen wird (Zoellner S. 718). Sammeln auch in Form einer verschleierten Vereinsgründung (ObSt. 11, 19).

4. Unternimmt: Der Auffordernde, wie der Gaben Entgegennehmende (OSt. 7, 66); auch, wenn die Aufford. erfolglos blieb (OSt. 5, 454).

5. Gesetze über Sammlungen für bes. Zwecke: §§ 15 u 16 PreßG. v. 7. Mai 1874.

6. Erlaubte Zwecke: Nicht solche, die obrigkeitlich besonders gestattet sind; sondern alle Zwecke, denen kein absolutes gesetzl. Verbot entgegensteht; also insbesondere nicht strafbare Zwecke. Anstandswidrigkeit nicht ausreichend.

7. Verein: Maßgebend die jeweilige Vereinsgesetzgebung, nun das RVereinsges. v. 19. April 1908. AA. ObSt. 10, 23; darnach maßgebend das Bay. VereinsG. v. 26. Febr. 1850. Geschäftsberührung: Besteht zw. Personen, die miteinander Geschäfte machen (OSt. 6, 537). Freundschaftl. Verhältnis: Gegenseitige Zuneigung beruhend auf der Übereinstimmung der Lebensauffassung, der Gesinnung, der Bestrebungen (ObSt. 12, 254). Kein Verhältnis im

*) Vgl. Zoellner, Zum Begriff der Sammlung (SeuffBl. 72, 717); Regelung des Kollektenwesens in Preußen: Lohmann VerwArch. 21, 297

Sinne des Abs. 2: Zwischen Arbeitern ders. Fabrik (OSt 6, 537); zwischen Personen ders Gemeinde; zwischen Pers., die sich häufig treffen; bei Gesinnungsgleichheit auf polit., wissensch., wirtsch. Gebiet (ObSt. 12, 254). Wegen der Sammlungen für wohltätige Zwecke s. auch Lehmayer BayZ. 1915, 120

8. Angehen mehrerer Personen: Für die Regel nur ein Delikt (ObSt 11, 296).

9. Ort der Betretung: Der Tatort, an dem der Täter zuerst ermittelt wird; Tatort jeder Ort, an dem ein Teil der Sammlungstätigkeit verwirklicht w (unklar ObSt 11, 296).

10. Einziehung: An sich obligatorisch. Auch in den Fällen des S. 2; nur kann hier der Vorbehalt beigefügt werden; Ausnahme nur, wenn die Ermächtigung beim Urteil schon vorliegt. Ohne richterlichen Vorbehalt nachträgl Genehmigung wirkungslos Eigentum des Täters Voraussetzung der Einziehung s Art 17 A 2 Einziehung im obj. Verf.: Art. 18.

11. Recht Zusammenh. zw. Art 52 u 53 möglich

Art. 53.

1. Die Bestimmungen des Art. 52 finden auch dann Anwendung, wenn ohne polizeiliche Bewilligung ein Aufruf zu Gaben oder Geldbeiträgen für andere als wohltätige Zwecke mit dem Erbieten zur Empfangnahme in öffentlichen Blättern oder Anschlägen erlassen wird.

2. In diesem Falle trifft die gesetzliche Strafe den Verfasser des Aufrufs.

3. Ist die Verfolgung oder Verurteilung des Verfassers nicht ausführbar, so trifft die Strafe den Redakteur, oder, soferne dieser für Ankündigungen nicht verantwortlich ist, den Verleger des Blattes, in welchem der Aufruf veröffentlicht worden ist.

1. Anwendbar von Art 52 trotz der allg. Fassung nur Abs. 1 (ObSt. 10, 23). Abs. 2 u. 3 nach der Rechtspr. aufgehoben durch §§ 20, 21 PreßG. (ObSt. 10, 23; 4, 109; OGHSt. 9, 15; 8, 314); zweifelhaft ist es, ob dieses schlechthin zutrifft. Zweifelh., ob Abs. 1 ein „allg. Ges" im Sinne des Art. 118 RVerf; desh möglicherw. unwirksam.

2. Polizeil. Bewill.: Im Sinne des Art 52; also gleich „erford. pol. Bewilligung".

3. Aufruf: Soviel wie Aufford., nicht notw. eine unmittelb. oder ausdrückl. (ObSt 4, 109); Gebrauch des Wortes Aufruf nicht notw. (OSt. 7, 261).

4. Wohltätiger Zweck: Wenn anderen in Not Befindl. geholfen werden soll Bestrafung auch, wenn daneben andere Zwecke verfolgt w. (ObSt. 4, 109; OSt. 5, 425). Die unmittelb. Anwendung des Art 52 dagegen hat auch bei Verfolg. wohltät. Zwecke einzutreten.

5. Als in Empfang Nehmender kann auch ein Dritter bezeichnet werden: ObSt 4, 109; OSt. 5, 425; OGHSt. 9, 15; 6, 226. Strafbarkeit tritt auch ein bei Bezeichnung einer außerbayr. Sammelstelle (OGHSt. 6, 226).

6. Öff. Blätter: Jedem zugängliche. Auch die Anschläge müssen öff. sein. Nur durch die Presse hergestellte Anschl. (folgt aus Abs. 2 u. 3). Im übrigen s. Art. 37 A. 6 u. 7.

7. Rechtl Zusammenhang zwischen Art. 53 u 52.

Art. 54.*)

1. Wer gegen Lohn oder zur Erreichung eines sonstigen Vorteils sich mit angeblichen Zaubereien oder Geisterbeschwörungen, mit Wahrsagen, Kartenschlagen, Schatzgraben, Zeichen- und Traumdeuten oder anderen dergleichen Gaukeleien abgibt, wird an Geld bis zu fünfzig Talern oder mit Haft bestraft.

2. Außerdem kann auf die Einziehung der zur Verübung solcher Übertretungen bestimmten besonderen Werkzeuge, Anzüge und Gerätschaften erkannt werden, ohne Unterschied, ob sie dem Verurteilten gehören oder nicht.

1. Höchstgeldstr. nun 1500 M (§ 1 GG.).

2. Vorteil: Jeder materielle Nutzen, auch Abwendung von Schaden; auch Erzielung anderer als Vermögensvorteile; gleichgültig, ob der Vorteil unmittelbar durch die übernatürlichen Kräfte oder von einem Dritten, in dessen Interesse die Kunst angewendet wird, erwartet wird (OSt. 7, 298); gleichgültig, ob ein Vorteil wirklich erreicht wird (OSt. 1, 485).

3. Wahrsagen: Sowohl das Vorauskünden der Zukunft wie das Offenbaren von Dingen der Vergangenheit u. Gegenwart, die dem natürlichen Erkenntnisvermögen unter den gegebenen Umständen verschlossen sind (ObSt. 20, 55; 11, 183); stets strafbar, wenn es aus der Stellung der Sterne erfolgt ohne Rücksicht auf eine etwaige haltbare Grundlage (ObSt. 20, 55). Schatzgraben: Nicht bloß Graben im e. S. sondern jedes Suchen unter Überwindung von Hindernissen; nicht strafbar, wenn historische Forschungen, oder physik. oder chemische Untersuchungen die Grundlage des Suchens bilden. Zeichendeuten: Auch das Lesen vergangener Menschenschicksale aus den Handlinien (ObSt 15, 123). Gaukelei: Alle Handlungen, die mit Kräften wirken wollen, über die nach dem menschl. Können z. B. eine Herrschaft nicht möglich ist; die besonders beispielsweise angeführten Handlungen sind aber auf jeden Fall strafbar; so insbes. das Wahrsagen auch bei Personen mit prophetischer Gabe (OSt. 5, 305); nicht ganz richtig ObSt. 11, 183; OSt. 7, 298 u. 5, 186; RG. GArch. 59, 134. Gaukelei darnach unter Umständen auch die Tätigkeit der sog. Rutengänger. Desgl. die Zusage „zu beten", wenn der Zusagende für sich eine besondere Kraft in Anspruch nimmt (RG. GArch. 59, 134).

*) S hierzu Art 484 Nr 7 Code pénal

4. Sich abgibt: Nicht schon, wer sich im allg. bereit erklärt; aber auch nicht notw., daß eine Gaukeleihandlung verübt wird. Genügend das Anbieten zur Vornahme gegenüber einer bestimmten Person (RG. GArch. 59, 134; ObSt. 15, 121); nicht ausreichend, das Auffordern zu Gaukeleihandlungen, also nicht das Verbreiten eines Buches mit Anleitungen hiezu (ObSt. 9, 152). Vorhanden muß sein eine sich fortsetzende zur Übung gewordene Tätigkeit; Gewerbsmäßigkeit aber nicht notwendig (a. A. Schlusser-Müller zu § 68). Nur vorsätzliche Begehung strafbar (ObSt. 9, 152); nicht notwendig aber Täuschungsabsicht; strafbar auch der Täter, der an seine Kunst glaubt (ObSt. 11, 183; 71, 298); straffrei aber, wer in Wahrheit mit natürlichen Kräften wirken will.

5. Einziehung nur bei Gegenständen, die zur Tat bestimmt u. verwendet waren (KdAbg. 1859/61 GGA. Beil. 2, 224); die einschränkende Auslegung ist nötig, da sonst zwar die bloße Bestimmung, nicht über die tatsächliche Verwendung die Einziehung nach sich zöge Einziehung auch im objektiven Verfahren möglich s. Art. 18.

6. Wahrsagen kann auch grober Unfug sein nach § 360 Nr 11 (PrOVG DJZ. 1915, 799).

Art. 55.

1. Betrunkene, welche öffentliches Ärgernis erregen oder Unfug treiben und Störungen verursachen, können von öffentlichen Wegen, Plätzen und Versammlungsorten, sowie aus Wirtschafts-Lokalitäten entfernt werden.

2. Gefährden dieselben die Sicherheit dritter Personen oder fremden Eigentums oder verüben sie Störungen der öffentlichen Ruhe, so können sie, soweit es zur Verhütung weiteren Unfuges erforderlich ist, bis auf höchstens vierundzwanzig Stunden in polizeilichen Gewahrsam genommen werden.

3. Wer binnen Jahresfrist zum dritten oder öfteren Male gemäß Abs. 2 betreten wird, ist mit Haft bis zu vierzehn Tagen zu bestrafen.

1. Grad u. Ursache der Trunkenheit gleichgültig; doch müssen die in Abs. 1 bezeichneten Folgen auf der Trunkenheit beruhen.

2. Öffentl. Ärgernis: Das Publikum als solches muß Ärgernis genommen haben; anders bei § 183 StGB., wo nur die Handlung öffentl. sein muß u. Ärgernisnehmen einer Person genügt. Personen, welche „einen gemütlichen Rausch“ haben, fallen nicht hierher (KdAbg. 1859/61 GGA. Beil. 2, 339).

3. Entfernungsbefugnis hat nur die PolBeh. (s. Abs. 2).

4. Dieselben in Abs. 2: Nur Betrunkene im Sinne des Abs. 1, nicht solche schlechthin.

5. Zuständig zur Festnahme die Gendarmerie: § 43 Dienstvorschr. v. 19. Juni 1913 (AMBl. 521); daneben jedes pol. Vollzugsorgan.

6. Festnahmebefugnis auch gegenüber Militärpersonen (Erhard BlAPr. 1915, 99).

7. Bestrafung nach Abs. 3 erfordert nur das mindestens dreimalige Eintreten des Zustands des Abs. 2; nicht notwendig, daß der Betrunkene jedesmal von der Polizei betroffen („betreten") wurde. Auch nicht notw., daß Festnahme zur Verhütung weiteren Unfugs notw. war.

8. Zurechnungsfähigk. des Betrunkenen für Anwendung v. Abs. 1 u. 2 nicht notw. Bestrafung nach Abs. 3 auch möglich, wenn die Zurechnungsfähigk. bei der Gefährdung oder Ruhestörung nicht mehr gegeben war (s. Schlusser-Müller zu § 76).

9. Art. 55 schließt weitergehende Eingriffe der Pol. auf Grund anderweiter gesetzl. Ermächtigung nicht aus (KdAbg. 1859/61 GGA. Beil. 3, 141).

Art. 56.

1. Eltern, Pflegeeltern, Vormünder, Dienst- und Lehrherren, welche ihren schulpflichtigen Kindern, Pflegekindern, Mündeln, Dienstboten oder Lehrlingen den Besuch von Wirtshäusern ohne gehörige Aufsicht oder den Besuch öffentlicher Tanzunterhaltungen gestatten, werden an Geld bis zu zehn Talern oder mit Haft bis zu acht Tagen gestraft.

2. Mit Haft bis zu sechs Tagen sind Sonntagsschulpflichtige zu bestrafen, welche öffentlichen Tanzunterhaltungen anwohnen oder ohne Erlaubnis der Eltern, der Pflegeeltern, Vormünder, Dienst- oder Lehrherren Wirtshäuser besuchen.

1. Höchstgeldstr. nun 300 ℳ (§ 1 GG.). Eltern: Nicht entferntere Vorverfahren. Pflegeeltern: Vorausgesetzt ein Verhältnis, das dem zwischen natürl. Eltern u. Kindern ähnlich, so gestaltet ist, daß es ein dauerndes sittl. Band herstellt (vgl. Olsh. StGB. § 52 A. 21). Vormund: Nun im Sinne des BGB.; nicht der Pfleger. Dienstherrn: Die Arbeitgeber der Dienstboten (Art. 107 A. 2); Lehrherrn: Die Arbeitgeber der Lehrlinge (Art. 49 A. 1). Nicht auch deren Familienmitgl. Nicht Gutsverw. u. andere Aufsichtsorgane (a. A. KassH. Stengl. ZB. 9, 423; Pr. OVG. GArch. 44, 433). Auch nicht die gesetzl. Vertreter (s. auch Bem. IX vor Art. 1). Lehrherr auch der Fabrikherr (KdAbg. 1859/61 GGA. Beil. 3, 392).

2. Schulpflichtig u. Sonntagsschulpflichtig: S. Art. 58 A. 4; erstere umfaßt bei Abs. 1 Werktags- u. Sonntagsschulpflicht, dagegen nicht die sog. Christenlehre (KdAbg. 1859/61 Beil. 2, 226; KME. v. 8. Jan. 1866, KMBl. 13).

3. Wirtshäuser: Auch die sog. Automatenrestaurants. Nur öff. Wirtshäuser (Hümmer BayZ. 1908, 163).

4. Besuch: Anwesenheit als Gast oder Tanzlustiger, gleichgültig die Teilnahme am Tanz; nicht als Inhaber des Lokals, als Familienmitgl. des Inhabers, als Hilfskraft bei der Veranstaltung.

(Sprachgebrauch; KGJ 37 C 61); a A ObSt 1, 105; OSt. 9, 308, wonach auch das Bedienen der Gäste u das Aufspielen ein Besuchen wäre Anders Anwohnen: S. A. 6.

5. Tanzunterhalt: Bezweckt muß sein, die eigene Beteiligung am Tanz, nicht etwa nur die Betrachtung des Tanzes (Künstlertanz) Nicht bloße Kindertänze (KdAbg. 1859/61 GGA. Beil. 3, 146) Öffentl: Zutritt muß der Allgemeinheit möglich sein; s weiter Art 42 A 4

6. Anwohnen: Bloße Anwesenheit ausreichend, auch als Musikant (OSt 10, 308). Zwischen den beiden Möglichkeiten des Abs 2 GesKonkurrenz (Hümmer BayZ. 1908, 163).

7. Erlaubnis auch stillschw; nicht ausreichend ein bloß passives Verhalten der Eltern usw (OGHSt 8, 505)

8. §§ 56 u. 57 StGB anwendbar auch in den Fällen des Art 56 Abs 2 (u. des Art 58 Abs. 2) (Art 4 AG StPO.). Gegen die Anwendung des § 57 Weber BayZ. 1905, 176 u für dessen teilweise Nichtanwendung Lersch BayZ. 1909, 421, wobei verkannt ist, daß sich § 56 Abs. 2 nicht notw, sondern nur nach der derzeitigen verordn.mäßigen Regelung der Schulpfl auf Jugendliche beschränkt; für die Anwendung Tosenheimer BayZ 1905, 79

9. Schuldform: Auch Fahrlässigkeit (ObSt. 5, 33)

10. Mitteilung von Verurteil nach Art 56 an die BezPolBeh: Lit. B 16 JMB. v. 29 Nov 1913 (JMBl. 694). VollzBest.: KMB. v. 8. Jan 1866 (KMBl 13) Verwandte Strafb: Art 31 PStGB. u § 365 StGB

Art. 57.

Art. 57 ist aufgehoben durch Art 16 des Gesetzes über das Lotteriespiel v 11 Okt 1912 (GVBl 983)

Art. 57a.

Art 57a, der durch die Novelle v. 28. Febr. 1880 (GVBl 97) eingefügt worden war, ist aufgehoben durch Art 16 des Ges über das Lotteriespiel v 11. Okt 1912 (GVBl. 983)

Fünftes Hauptstück. Übertretungen in bezug auf religiöse Einrichtungen, Erziehung und Bildung.

Art. 58.

1. Mit Haft bis zu acht Tagen oder an Geld bis zu fünfzehn Talern werden auf Anzeige der Schulbehörde Eltern, Pflegeeltern, Vormünder, Dienst- und Lehrherrn gestraft, welche ohne genügende Entschuldigung unterlassen, ihre schulpflichtigen Kinder, Pflegekinder, Mündel, Dienstboten oder Lehrlinge zum Schulbesuche anzuhalten, ungeachtet sie von der Ortsschulbehörde wegen schuldhafter Schulversäumnisse auf Grund der bestehenden

Schulordnung mit Geld gestraft und zugleich vor weiteren Schulversäumnissen verwarnt worden sind.

2. Haft bis zu drei Tagen kann auf Anzeige der Schulbehörden gegen diejenigen Schulpflichtigen erkannt werden, welche aus eigenem Verschulden den Besuch der Sonntagsschule oder der dieselbe vertretenden Fortbildungsschule oder während ihrer allgemeinen Sonntagsschulpflicht den vorgeschriebenen Besuch des öffentlichen Religionsunterrichtes fortgesetzt versäumen, ungeachtet sie von der Ortsschulbehörde wegen schuldhafter Versäumnis auf Grund der bestehenden Schulordnung gestraft oder vor weiteren Versäumnissen verwarnt worden sind.

3. Die Dauer der Schulpflicht wird bis zur Erlassung eines Schulgesetzes durch Verordnung bestimmt.

1. Höchstgeldstr. anstatt 15 Talern nun 450 ℳ (§ 1 GG.).

2. Anzeige der Schulbehörde (Abs. 1 u. 2): Von Amts wegen kann das Verfahren nicht eingeleitet werden; Nachholung der Anzeige aber zulässig; Anzeige wirksam, auch wenn die instruktionellen Bestimmungen der VO v. 2. September 1886 (s. A. 9) nicht eingehalten wurden (ObSt. 8, 173). Die Anzeige ist wie der Strafantrag Strafbarkeitsbedingung, keine Prozeßvoraussetzung (a. A. OSt. 4, 33; ObSt 20, 461); Prozeßvoraussetzungen könnte die Landesgesetzgebung gar nicht aufstellen, das Prozeßrecht ist reichsrechtlich erschöpfend geregelt. Schulbehörden: Auch solche höherer Art (KdAbg. 1871/72 GGA. 1, 24). Eltern, Pflegeeltern, Vormünder, Dienstherrn, Lehrherrn: Art. 56 A. 1

3. Genügende Entschuld.: Wenn ein verständig Denkender das Kind von der Schule zurückhalten wird; für die Regel zur genüg. Entschuld. auch Verständigung der Schule notw. Nähere Regelung durch die Schulaufsichtsbehörde oder die Lehrer nicht möglich; im Strafverf. unmittelbar nach dem Gesetz zu prüfen. Zu würdigen unter diesem Gesichtspunkt auch die sog. Schulstrike.

4. Schulpflichtige (Abs. 1 u. 2): Gemeint nach der Entwicklung des bayer. Schulwesens nur die Pflicht zum Besuche der Volkshauptschule (Werktagsschule) und der Sonntagsschule einschließlich der letztere vertretenden FortbildSchule (s. Abs. 2 des Art. 58 u. OGHSt. 8, 530; Grazm. 2, 571; BayZ. 1914, 79). Nicht hieher fällt und zwar auch bei Werktagsschülern der Besuch des (selbständigen) öff. Religionsunterrichts (s. die Gegenüberstellungen in Art. 58 Abs. 2), wohl aber der als Bestandteil des sonstigen Schulunterrichts sich darstellende Religionsunterricht. Wegen der israel. ReligSchulen s. OSt. 8, 366. Sonntagsschule: Auch ein in gesetzmäß. Weise angeordneter Sonderunterricht z. B. für schwangere sonntagsschulpfl. Mädchen (Grill GZ. 1899, 449; OSt. 10, 206); s. KMB. vom 12. Nov. 1910 (KMBl. 621). Öffentl. Religionsunterricht (in Abs. 2): Gemeint damit rein kirchl. Einrichtungen (wohl gemäß Conc. Trid. sess., XXIV c. 4 de ref.; Krick Pfarramt 1903 S. 247), nicht der im Rahmen des Schulunterrichts erteilte ReligUnterricht. Insoweit ist Art. 58 gemäß Art. 136 Abs. 4 RVerf. unwirksam geworden. Zum Schulbesuch gehört auch der Besuch von Schulfeiern zu erzieh. Zwecken, z. B. einer Sedanfeier (KG. GArch. 44, 187). Der Pflicht zum Schulbesuch muß an dem nach den organisatorischen Bestimmungen zuständ. Ort genügt werden (a. A. OGHSt. 2, 264; ein BezG. BlAPr. 1878, 295). Nichterfüllung der Schulpflicht gegenüber höheren Lehranstalten oder sonstigen Unterrichtsanstalten, die die Volkshauptschulen und FortbildSchulen ersetzen, oder bei Privatunterricht fällt nicht unter Art. 58; denn in solchen Fällen besteht keine Schulpflicht im Sinne des Art. 58 (s. Edel S. 134; OSt. 10, 206; Renner BayZ. 1915, 366; a. A. Hümmer BayZ. 1906, 378; s. auch §§ 21 u. 19 der SchulpflVO.en vom 22. Dez. 1913 und § 19 der früheren SchulpflVO. vom 4. Juni 1903, GVBl. 459).

Die Erfüllung der Schulpfl. kann nicht unter Berufung auf den Grundsatz der Gewissensfreiheit (Art. 135 RVerf.) abgelehnt w.; desh. müssen Adventisten v. 7. Tage auch am Samstag die Schule besuchen (ObSt. 20, 259; 19, 124; s. hierzu auch unten). Wegen der Pflichten der Erzieher zur Anhaltung der Schulpfl. zum Schulbesuch s. § 21 Abs. 2 BayVerfUrk.; Art. 58 ist dadurch nicht berührt.

Regelung der Schulpflicht nun durch die VO.en v. 22. Dez. 1913 (GVBl. 957) über die Schulpflicht u. v. gl. Tage (GVBl. 966) über die Berufsfortbildungsschulen mit vorläuf. VollzBek. v. 31. März 1914 (KMBl. 75), weitere VollzBest. v. 3. Okt. 1916 (KMBl. 341 u. 343) u. VollzBest. zu § 18 der beiden VO.en v. 26. Nov. 1917 (KMBl. 224); s. zu diesen Erlassen nun auch Art. 145 RVerf. Es läßt sich mit Grund bezweifeln, ob die durch die VO. v. 22. Dez. 1913 über die BerufsfortbildSchulen begründete Schulpfl. nun ihrem ganze Umfange noch eine Schulpflicht im Sinne des Art. 58 ist; soweit diese Schulen nicht mehr als „Sonntagsschulen" oder „sie vertretende" FortbildSchulen angesehen w. können, Bestrafung nach Art. 58 nicht möglich. Einschränkung der Schulpfl. nun hins. des Besuchs des ReligUnterrichts u. der Teilnahme der Schüler an religiösen Übungen durch VO. v. 25. Jan. 1919 (GVBl. 25; s. hierzu VGH. 1919, 116) mit Änd. v. 6. Mai 1920 (GVBl. 260); hierzu auch § 2 Abs. 2 Ges. über die relig. Kindererziehung v. 15. Juli 1921 (RGBl. 939). Jedenf. bleibt die Teilnahme an den religiösen Unterrichtsfächern u. kirchl. Feiern u. Handlungen der Willenserkl. dessen überlassen, der über die religiöse Erziehung des Kindes zu bestimmen hat (Art. 149 Abs. 2 RVerf.); die Erklärung kann jederzeit geändert w. Befreiung der Israeliten- u. Adventistenkinder v Schulbesuch KMB. v. 7. Jan. 1921 (KMBl. 13).

Prüfung der Schulpfl. im Strafverf. erford. (Fassung des Ges.!); selbstverst. nur, soweit die Schulpfl. nach obj. Merkmalen u. nicht nach Verfügungen einer Behörde bemessen ist; desh. z. B. nicht, ob das nach § 4 Abs. 3 VO. v. 22. Dez. 1913 (§ 4 Abs. 2 VO. v. 4. Juni 1903) eingeräumte Ermessen zur Verlängerung richtig gehandhabt. Die Rechtspr. teilweise unklar, s. OSt. 6, 238; ObSt. 6, 284.

5. Anhalten: Das Herbeiführen des Schulbesuchs; unter Umständen Pflicht zur gewaltsamen Zuführung des Kindes (vgl. OSt. 10, 99; OGHSt. 4, 207). Tatbestand für die Regel erfüllt, wenn die Schule durch die Kinder versäumt wird (KassH. Stenglein ZB. 14, 7). Mehrere

vorsätzl. Unterlassungen können ein fortges. Delikt sein, maßgebend die allg. Grundsätze; entsprechendes gilt für mehrere fahrläss. Unterlassungen. Bestrafung auch, wenn die Unterlassung z. Tl. in guter Absicht, aus Renitenz. weil ein Dispensgesuch abschlägig verbeschieden wurde, erfolgt (KdAbg. 1859/61 GGA. Beil. 3, 115). Die unter Abs. 1 bezeichneten Personen können auch Teilnehmer an der Tat des Abs. 2 sein (ObSt. 16, 116).

6. Ortsschulbehörden (Abs. 1 u. 2): VO. v. 28. Aug. 1919 über Schulpflege, Schulleitung u. Schulaufsicht (GVBl. 519) mit Vollz.-Vorschr. v. 30. Okt. 1919 (KMBl. 209) u. v. gl. Tage (KMBl. 236) mit Dienstanw. für die Bezirksschulräte v. 30. Dez. 1919 (KMBl. 16); s. auch Art. 100 VolksSchLehrerG. v. 14. Aug. 1919.

Errichtung der Volksschulen u. Bildung der Schulsprengel: VO. v. 26. Aug. 1883 (GVBl. 407), geänd. durch VO. v. 1. Aug. 1919 (GVBl. 391, die sog. SimultanschulVO.) mit AusführBek. v. 20. Aug. 1919 (KMBl. 123); zur VO. v. 1. Aug. 1919 s. nun MB. v. 22. Juni 1920 (KMBl. 281). VO. v. 20. Juli 1920, betr. die Aufsicht über das Volksschulwesen an den Kreisregierungen (KMBl. 363).

7. Bestrafung u. Verwarnung wegen schuldh. Versäumnisse (Abs. 1 u. 2): Gleichgültig, ob die Bestrafung u. Verwarnung zu Recht erfolgten; denn erford. nur Bestrafung u. Verwarnung (im Ergebnis so auch ObSt. 18, 129; 8, 173; Recht 1914, 44). Bei Abs. 1: Bestrafung u. Verw. wegen mehrerer Versäumnisse; bei Abs. 2: Genügend ein Versäumnis; nicht erford. aber, auch bei Abs. 1, mehrere Strafverfügungen. Bei Abs. 1: Bestraf. u. Verw.; bei Abs. 2: Bestraf. oder Verw. Bestraf. u. Verw. müssen vollzogen sein. Bestraf. u. Verw. Tatbestandsmerkmal (ObSt. 8, 173), also insoweit Schuld nötig (ObSt. 16, 116).

8. Eine wiederholte Bestrafung nach Abs. 1 oder 2 erfordert auch Wiederholung der Bestrafung u. Verwarnung durch die Ortsschulbehörde; denn, soll ein Delikt zweimal vorliegen, so müssen auch die Tatbestandsmerkmale doppelt vorliegen; a. A. ObSt. 20, 461; 6, 284; 3, 134, wonach auch vor einer früheren Bestrafung liegende, jedoch noch im inneren Zusammenhang mit der neuen Tat stehende Bestrafungen u. Verwarnungen genügen sollen.

9. Bestehende Schulordnung: VO. v. 2. Sept. 1886, die Behandl. der Versäumnisse der Schule u. des öff. Religionsunterrichts betr. (GVBl. 585), ergänzt durch § 21 der SchulpflVO. v. 22. Dez. 1913 u. § 19 der VO. v. 22. Dez. 1913 über die BerufsfortbildSchulen, weiter geänd. durch KMB. v. 23. Dez. 1918 (KMBl. 348). Bestrafung u. Verwarnung „auf Grund" dieser schon, wenn im allg. ein Verfahren auf ihrer Grundlage durchgeführt w.; nicht notw. Einhaltung aller Vorschr. Desh. trotz § 2 Abs. 6 der VO. auch, wenn der Strafbeschluß dem nicht Erschienenen nur mündlich eröffnet wurde (a. A. ObSt. 4, 166; 3, 134); genügend auch Eröffn. an einen Vertreter (ObSt. 20, 461).

10. Aus eigenem Verschulden: Gleich ohne genüg. Entschuld. in Abs. 1. Eigenes Verschulden entfällt bei Abhaltung durch den Lehrherrn (a. A. ObSt. 16, 116).

11. Fortgesetztes Versäumen auch ein einmaliges Wegbleiben (OGHSt. 7, 419; ObSt. 18, 129).

12. Anwendung der §§ 56, 57 StGB. in den Fällen des Abs. 2: Art. 56 A. 8.

13. Mitt. durch den AmtsAnw. an die BezVerwBeh. von Verurt. nach Art. 58: lit. B 16 JMB. v 29. Nov 1913 (JMBl. 694).

14. § 150 Abs. 1 Nr. 4 GewO. anwendbar bei Zuwiderhandl. gegen eine nach § 120 Abs. 3 GewO. begründete Schulpfl.

15. Vorführung wiederholt säumiger Schulpflichtiger: § 5 VO. v. 2. Dez. 1886 (GVBl. 585) u. KME. v. 17. Juli 1863 (Web. 18, 204); Grundlage nur Art. 20 PStGB.; desh nur in dessen Rahmen zulässig

Art. 59.

1. An Geld bis zu dreißig Talern wird bestraft, wer ohne die nach Verordnung erforderliche polizeiliche Bewilligung eine Erziehungs- oder Unterrichtsanstalt gründet oder leitet.

2. Zugleich ist im Strafurteile die Zulässigkeit der Schließung solcher Anstalten auszusprechen.

1. Höchstgeldstr. nun 900 ℳ (§ 1 GG.). Reichsrechtl. Grenzen für die Anwendung des Art. 59 im allg. keine (Art. 6 Abs. 1 GewO.). Ausnahmen für die gewerbl. Fach- u. FortbildSchulen: So § 81 b Nr. 1 u. 2 GewO. (Innungsschulen), § 103 c Abs. 3 GewO. (Einrichtungen der Handwerkskammern), § 104 Abs. 2 GewO. (Fachschulen der Innungsverbände). Besondere Bestimm. für die Erteilung von Tanz-, Turn- u. Schwimmunterricht: § 35 Abs. 1 GewO Art. 142 ff. insbes. Art. 147 RVerf. ohne Einfluß.

2. Erziehungsanstalten: Der Erziehung dienende Anstalten, d. h. mit einem gewissen äußeren Bestand ausgestattete, auf eine gewisse Dauer angelegte Einrichtungen, die die Entwicklung der Jugend in allen wesentlichen Beziehungen fördern sollen.

3. Unterrichtsanstalt: Eine dem Unterricht dienende Anstalt, also eine mit einem gewissen äußeren Bestand ausgestattete Einrichtung von gewisser Dauer, die dazu dient, Kenntnisse auf einem Gebiet zu vermitteln; nicht fällt hieher der einfache Privatunterricht, der nur den öff. Unterricht ergänzen soll (ObSt. 6, 43; 1, 84 u. 181). Die VO. kann den Begriff der Unterrichts- (u. Erziehungs)anstalt nur einschränken, nicht schlechthin abgrenzen; unrichtig ObSt. 11, 438; 15, 40; ein schulähnl. Betrieb an sich nicht erfordert (unrichtig ObSt. 13, 365), sondern nur, weil die VO. nur für solche Unterrichtsanstalten Genehmigung fordert. Zulässigkeit des freireligiösen Sittenunterrichts nach früherem Recht: Krazeisen BlAPr 1915, 1; ObSt. 15, 35 (BlAPr. 1915, 145), jetzt Art. 135 ff. RVerf., §§ 17 ff. BayVerf

4. Pol. Bewilligung schon zur Eröffnung der Anstalt („Gründung") notw., Betrieb nicht erford., dagegen nicht zu vorbereitender Tätigkeit (OSt. 9, 222). Die poliz. Bewilligung kann auch mit Maßgaben erfolgen. Die Erteilung einer bloß widerrufl. Genehmigung wird als nicht ausdrücklich gesetzlich zugelassen unzulässig sein; es bestimmt sich nach den Umständen des Falls, ob eine solche als unbeschränkte gilt, oder überhaupt unwirksam ist.

5. Nicht strafbar die bloße Erteilung von Unterricht an nicht genehmigten Anstalten (KdAbg. 1859/61 GSA. Beil. 2, 214); doch können mehrere Leiter vorhanden sein. Änderungen im Betrieb können die Anstalt zu einer anderen u. daher nicht genehmigten machen.

6. Fahrlässigkeit zur Bestrafung ausreichend (ObSt. 6, 43).

7. Keine Schließung, wenn wenigstens ein Leiter die Genehmigung besitzt. Schließung im obj. Verfahren (Art. 18); keine bloß pol. Schließung (Art. 17 Abs. 1). Vollzug der Schließungsverfügung (Art. 17 Abs. 2).

8. Verwandte Strafbestimm.: Art. 41 PStGB.

Sechstes Hauptstück. Übertretungen in bezug auf Leben und Gesundheit.*)

Art. 60.

1. An Geld bis zu dreißig Talern oder mit Haft bis zu dreißig Tagen wird bestraft, wer zu einer Leichenöffnung schreitet, ehe die vorgeschriebene erste Leichenschau stattgefunden hat und Kennzeichen des erfolgten Todes eingetreten sind.

2. An Geld bis zu fünfzehn Talern wird gestraft, wer über die Zeit oder Art des eingetretenen Todes bei der Totenschau wissentlich falsche Angaben macht.

1. Höchstgeldstr nun anstatt 30 Talern 900 ℳ; anstatt 15 Talern 450 ℳ (§ **1** GG.). Keine Anwendung des Art., auch nicht des Abs. 2, auf die richterl. Leichenöffn. nach §§ 87ff. StPO. (reichsrechtl. Regelung!). Wirksamkeit des Art. auch eingeschränkt bei einer etwaigen nach § 10 SeuchenGes. v. 30. Juni 1900 angeordn. Leichenöffn. Vorgeschr. erste Leichenschau: Obpol. Vorschr. v. 20. Nov. 1885 (s. Teil III). Kennzeichen des erfolgten Todes: Nicht schon dann, wenn eines oder das andere der von der Wissenschaft als Todeszeichen bezeichneten Zeichen eintrat; erford. vielmehr soviele Zeichen, daß die Wissenschaft mit Sicherheit den Schluß auf den Tod zieht (KdAbg. 1859/61 GSA Beil. 2, 109). Bei Abs. 1 auch fahrl. Begeh. strafbar

2. Abs. 2 hat nur mehr Bedeutung als Ausfüllung des Blanketts des § 367 Nr 2 StGB.; denn er ist sachlich eine Anordn. über vorzeitige Beerdigung. Falsche Angaben: Nur solche gegenüber dem Totenschauer, nicht solche des letzteren (s Entw. v 1861 u. KdAbg. 1859/61 GSA. Beil. 2, 75 u. 230).

3. Weitere Strafbestimmungen über Leichenöffnungen: Art 43 Abs 2 PStGB u. § 367 Nr 2 StGB.

---

*) Sonderschrifttum: Gebhardt, Hilfsbuch für den bayer. Bezirksarzt 1912; Keidel, Mediz. Polizei 1905 mit ErgBden 1910 u. 1913; Huber, Kostentragung bei Bekämpfung übertragbarer Krankheiten, BlAPr. 1916, 145.

Art. 61.

1. An Geld bis zu dreißig Talern oder mit Haft bis zu dreißig Tagen wird gestraft:

1. Wer ohne Bewilligung der zuständigen Behörde eine Leiche von dem Sterbeorte an einen andern, als den ordnungsgemäßen Ort der Beerdigung verbringt oder verbringen läßt oder den bei Erteilung der Bewilligung getroffenen polizeilichen Anordnungen zuwiderhandelt;
2. wer ohne Bewilligung der zuständigen Behörde eine Leiche an einem andern Orte, als auf einem öffentlichen Kirchhofe oder in einer besonderen gesetzlich zulässigen oder polizeilich genehmigten Gruft oder Begräbnisstätte beerdigt oder beerdigen läßt;
3. wer den ortspolizeilichen Vorschriften oder in Ermanglung solcher den distriktspolizeilichen Anordnungen in bezug auf die Leichenordnung oder Beisetzung der Leichen in Leichenhäusern oder den oberpolizeilichen Vorschriften über Zeit, Ort und Art der Beerdigung, sowie über Verbringung von Leichen vom Sterbeort an den außerhalb desselben befindlichen ordnungsmäßigen Begräbnisplatz zuwiderhandelt.

2. Totengräber, welche eine solche Übertretung ausführen oder dazu Beihilfe leisten, oder welche den gesetzlichen Vorschriften oder den ihnen besonders bekannt gemachten Anordnungen der Polizeibehörde über Anlage, Tiefe, Ordnung und Öffnung der Gräber zuwiderhandeln, sind an Geld bis zu fünfzehn Talern oder mit Haft bis zu acht Tagen zu bestrafen.

3. Bei wiederholten Verfehlungen kann der Richter aussprechen, daß der Verurteilte für die Verrichtungen eines Totengräbers nicht mehr verwendet werden darf.

1. Höchstgeldstr. anstatt 30 Talern nun 900 ℳ, anstatt 15 Talern 450 ℳ (§ 1 GG.). Einschränkung des Art. 61 durch etwaige gemäß §§ 21 mit 46 Nr. 2 Reichsseuchenges. v. 30. Juni 1900 erlassene Anordnungen. Weitere Einschränkung auf Grund des Grundsatzes der Gewerbefreiheit (s. Bem. vor Art. 1 Nr. VII c; ferner RG. Reg. 32, 194; RGZ. 1, 189, dieses betr. Beschränk. in der Herstellung u. Pflege von Gräbern u. Grabdenkmälern). S. weiter auch wegen des Einfl. des VereinsGes. Bem. vor Art. 1 Nr. VII d u. §§ 168 u. 367 Nr. 1 u. 2 StGB. Nunmehr steht dem Reich hinsichtl. des „Bestattungswesens" die Normativgesetzgebung zu (RVerf. Art. 10 Nr. 5); s. auch § 19 Bay. VUrk.*)

*) Sonderschrifttum zu Art. 61: Grill, Leichen- u. Begräbnispolizei 1909 mit Nachtr. 1910; Aufhauser, Feuerbestattung 1911; Geiger, Arch. f. kath. Kirchenrecht 1914, 35. Entwickl. der Feuerbestattung in Deutschland Mager GZ. 1908, 34.

2. Zuständ. Behörde: § 1 der Bek. v. 17. Febr. 1888 (s. Teil III).

3. Leichen: Nur menschliche; Leiche wird die Frucht schon dann, wenn sie den Grad von Reife erlangt hat, der zum Leben außerh. des Mutterleibs befähigt, wenn auch nur auf kurze Zeit, Totgeburt gleichgültig (ObSt. 19, 88). Nach dem Tode hört die Eigenschaft als Leiche auf, wenn der Verwesungsprozeß abgeschlossen ist; keine Leichen Knochenreste. Keine Leiche: Leichenasche, amputierte Teile eines lebenden Körpers, kleinere Leichenteile.

4. Beerdigung: Nur die Erdbestattung; darüber läßt der gemeine Sprachgebrauch keinen Zweifel; so auch Bittner DJZ. 1912, 750; ferner die bayer. Regierung in wiederholten Erklärungen (s. die Nachweise bei Aufhauser S. 11 ff.; BGH. 1913, 79; Reg. 32, 183; Fischer GZ. 1913, 82); nicht überzeugend ObSt. 13, 318, wonach darunter das „ganze Bestattungswesen" zu verstehen sein soll (s. hierzu BlAPr. 1913, 53).

5. Sterbeort (Nr. 1 u. 3): Der VerwBezirk, in dem der Tod erfolgt (KdReichsr. 1871/72 GGA. S. 7), u. zwar im Sinne des Beerdigungsrechts, also je nachdem polit. Gem., Pfarrbez.; nach Fischer GZ. 1913, 140 schlechthin die Ortschaft. Ort der Beerdig. (Nr. 1) gleichbedeutend mit Sterbeort. Ort (Nr. 2), Ort der Beerdigung (Nr. 3) u. Begräbnisplatz (Nr. 3): Tatsächliche Beerdigungsstelle (Zusammenhang!; Fischer a. a. O.).

6. Verbringung: Nur zum Zwecke der Beerd., nicht zu anderen Zwecken (Anatomie, Feuerbestattung); a. A. Fischer, Leichenverbr S. 35.

7. Anordn. in Nr. 1: Pol. Verfügungen.

8. Gesetzlich zulässig: Eingefügt im Hinblick auf Ziff. 13 (richtig wohl Art. 14) des Dekr. v. 23. Prairial XII (s. Web. 6, 97); vgl. KdAbg. 1859/61 Beil. 2, 230. Allg. pol. Genehmigung: VO. v. 3. Okt. 1826 u. ME. v. 23. Nov. 1826 (Web. 2, 352) für Erzbischöfe u. Bischöfe. Im übrigen s. die VO. v. 14. Okt. 1862 (Teil III).

9. Distr.- (nun bez.) pol. Anordnungen: Art. 5 PStGB.

10. Leichenordnung: Vorschr. über das Verfahren mit den Leichen u. unmittelbar damit zusammenhängende Verhältnisse. Anwendungsfälle: KdAbg. 1871/72 GGA. Beil. 1, 108; Wr. GZ. 1892, 615; Grill § 6; Fischer, Leichenverbr. S. 32; sämtlich z. Tl. zu weitgehend; nicht über Leichenschmäuse oder Leichentrünke: BlAPr. 1873, 11. Regelung der Verhältnisse der Leichenbitter nach Art. 61 u. 152 Abs. 3: Meyer BlAPr. 1898, 96. Grundsätze für die Anlage von Friedhöfen, Leichenhäusern, Gruften: InnMB. v. 8. Juli 1911 (AMBl. 447).

11. Art der Beerd.: Sonstige nähere Maßgaben als Ort u. Zeit der Beerd.; kein Verbot, keine Einschränkung der Beerd. ObSt. 13, 335 u. 337 versteht darunter die Art der Leichenbeseitigung überh., wobei aber die Pol. die Bestattung nicht allg. erschweren oder unmöglich machen dürfe.

12. Ausführen: Die Tat eines andern. Bei Begehung animo auctoris auch die Totengräber nach Abs. 1 strafbar.

13. Gesetzl. Vorschr.: Für die Pfalz Dekr. v. 23. Prair. XII; s. Geib Bd. II S. 649 § 229. Besonders bekanntgemachte Anordn.: Dienstanweisungen, allg. u. besondere

14. Abs 3 wohl nun unwirksam: § 143 GewO. Wiederholte Verfehlung: Art. 50a A 5.

15. Verw Strafbestimm: §§ 168, 367 Nr 1 u. 2 StGB; Art. 24, 43, 60, 61, 95, 152 Abs 3 PStGB.

Art. 62.

Einer Geldstrafe bis zu zehn Talern unterliegt, wer gegen ortspolizeiliches Verbot Leichen öffentlich zur Schau stellt.

1. Höchstgeldstr. nun 300 ℳ (§ 1 GG.). Ortspol. Verbot: Ortspol. Vorschr. oder PolVerfüg. (letzteres ergibt sich aus KdAbg 1859/61 GGA. Beil. 2, 75; 3, 148; s. auch Stengel ZfGR. 8, 355 u. 356). Für allg. Erlasse nur der erstere Weg; a. A. Stengel a. a O Leichen: Art. 61 A 3. Öffentlich: So, daß die Allgemeinheit Zutritt oder Besichtigungsmöglichkeit hat.

Art. 63.

Eltern, Pflegeeltern und Vormünder, welche weder ihre impfpflichtigen Kinder, Pflegekinder oder Mündel auf ergangene obrigkeitliche Bekanntmachung zur öffentlichen Impfung und Impfkontrolle bringen, noch innerhalb der von der Polizeibehörde festgesetzten Frist die gänzliche oder zeitliche Befreiung der betreffenden Kinder von der Impfpflichtigkeit durch Zeugnis eines approbierten Arztes nachweisen, werden beim ersten Übertretungsfalle an Geld bis zu fünf Talern und bei fortgesetzter Säumnis an Geld bis zu fünfzehn Talern gestraft.

1. Art. 63 u. 64 gegenstandslos gew. durch §§ 12—15 Impfges v 8. April 1874.

Art. 64.

An Geld bis zu fünf Talern werden Vorsteher von Privatunterrichts- oder Erziehungsanstalten gestraft, welche Kinder aufnehmen, ohne durch vorschriftsmäßige Zeugnisse versichert zu sein, daß dieselben den Verordnungen über die Schutzpockenimpfung Genüge geleistet haben.

1. Gegenstandslos gew.: Art. 63 A. 1.

Art. 65.

Familienhäupter und deren Stellvertreter, in deren Wohnung die Blattern ausgebrochen sind und welche nicht innerhalb 12 Stunden, nachdem sie von der Natur der Krankheit Kenntnis erlangt haben, der Polizeibehörde Anzeige machen oder einen approbierten Arzt zu Hilfe rufen, werden an Geld bis zu fünf Talern bestraft.

1. Höchstgeldstr. nun 150 Mk. (§ 1 GG.). Voll wirksam nur mehr hinsichtlich der Blattern, die nicht unter § 1 des SeuchGes. v. 30. Juni 1900 fallen (s. dessen § 48), also wohl nur hins. anderer als der variola vera (Fränkel, HandwBuch der Staatsw. 8, 15). Im übrigen nur mehr nach Maßgabe des § 5 SeuchGes. (vgl. hierzu dessen § 45 Nr. 1 u. §§ 2 u. 3). Durch das Impfges. nicht berührt. S. Art. 67 A. 1.

2. Familienhaupt: Vorstand der Hausgemeinschaft, nicht notw. auf verwandtschaftl. Grundlage.

3. Blattern: Blattern in allen Formen insbes. auch der Varioliden oder Varizellen (KdAbg. 1859/61 GGA. Beil. 2, 76 u. 232).

4. Polizeibehörde: Die OrtsPolBeh. (§ 19 ZustVO.).

5. Zu Hilfe rufen: Der Arzt muß auch innerhalb der Frist erschienen sein.

6. Fahrlässige Nichtkenntnis der Krankh. zur Bestrafung nicht ausreichend; hins. der sonstigen Merkmale Fahrläss. ausreichend.

7. Anzeigepfl. der MedizPersonen: Art. 72.

Art. 66.

1. Wer wissentlich an einem ansteckenden Übel leidet und mit Verheimlichung desselben sich als Dienstbote, Amme, Geselle, Gewerbsgehilfe, Lehrling oder Fabrikarbeiter verdingt, desgleichen, wer im Dienste von einem solchen Übel befallen wird und solches der Dienstherrschaft, dem Meister oder dem Fabrikherrn verheimlicht, wird mit Haft bis zu acht Tagen oder an Geld bis zu fünfzehn Talern gestraft.

2. Die Befugnis der Polizeibehörde, die erforderlichen Maßregeln wegen Absonderung und Heilung solcher Personen zu treffen, bleibt vorbehalten.

1. Höchstgeldstr. nur 450 Mk. (§ 1 GG.).

2. Ansteckendes Übel: Gleich ansteck. Krankheit s. Art. 67 A. 3.*) Dienstbote: Art. 107 A. 2. Amme: Auch wenn sie eigenen Haushalt führt. Lehrling: Art. 49 A. 1. Fabrikarbeiter: Art. 49 A. 1.

3. Abs. 2 gibt keine selbständige Ermächtigung, er enthält nur einen Vorbehalt; daß eine solche auf Grund anderer gesetzl. Vorschr. bestehe, nicht nachweisbar; § 23 der Bek. v. 9. Mai 1911 (Teil III zu Art. 67) hat wohl keine gesetzl. Grundlage. A. A. LG. München I BayZ. 1908, 435. A. A. auch BayZ. 1919, 62.

4. Zuständige PolBeh.: § 20 ZustVO.

Art. 67.

1. Wer Kleidungsstücke, Leinenzeug, Betten oder andere zur Verbreitung von Ansteckung geeignete Gegenstände, welche

*) S. auch die VO. v. 11. Dez. 1918 (RGBl. 1431) zur Bekämpfung der Geschlechtskrankheiten, hierzu v. d. Pfordten GZ. 1919, 122; Altenberg JW. 1919, 87; BayZ. 1919, 87.

von einem an einer ansteckenden Krankheit Leidenden während derselben gebraucht worden sind, bei polizeilicher Nachfrage verheimlicht oder nicht in der von der Polizeibehörde vorgeschriebenen Weise reinigt oder der polizeilich angeordneten Vernichtung entzieht, desgleichen wer wissentlich solche zur Vernichtung geeignete Gegenstände verkauft, in Umlauf setzt oder an sich bringt, wird an Geld bis zu dreißig Talern oder mit Haft bis zu vier Wochen gestraft.

2. Der gleichen Strafe unterliegt, wer außer den Fällen des § 327 und 328 des Strafgesetzbuches für das Deutsche Reich den von der zuständigen Behörde zum Schutze gegen den Eintritt oder die Verbreitung einer ansteckenden oder epidemisch auftretenden Krankheit oder Viehseuche angeordneten Sicherheitsmaßregeln zuwiderhandelt.

3. Die zur Vernichtung bestimmten Gegenstände werden eingezogen.

1. Nur mehr beschränkt wirksam gegenüber dem Reichsrecht. Hins der Krankh von Menschen von Bedeutung einmal das Impfges. v. 8. April 1874, das aber nur die Impfung regelt u. auch insoweit einen Vorbehalt zugunsten des Landesrechts enthält (§ 18 Abs. 3); s. hierzu § 9 der VO. v. 17. Dez. 1899 (GVBl. 1049). Ferner von Bedeutung das RSeuchG. v. 30. Juni 1900. Dieses schließt landesrechtl. Vorschr hins der sechs gemgefährl. Krankh. schlechthin aus (a. A Bad. InnME. v. 13. Nov. 1900, Schlusser-Müller S. 116), nur läßt es eine weitergehende Anzeigepflicht zu (§ 48, § 5); hins. anderer Krankheiten ist das Landesrecht frei u. geht auch einer etwa nach § 5 Abs 2 erfolgenden Ausdehnung der Anzeigepfl. vor (Stenglein Nebenges § 5 A. 2 Bd. 1 S. 674). S. auch Dresd. Reg. 30, 537; ObSt 18, 3 u. Huber BlAPr 1916, 166. Wegen Wirks. des Abs 2, soweit er Viehseuchen betr, s Art 68 A 1

VollzBest. z. RSeuchenGes: Anzeigepfl. bei Milzbrand, Bek. v 28. Sept. 1909 (RGBl. 933); Desinfektionsanweisung, Bek. v. 11. April 1907 (RGBl. 95); Abwehr der Cholera- u. Pestgefahr, Bek. v. 4. Juli 1900 (RGBl. 553), hierzu wegen der russischen Durchwanderer InnMB. v 13. Nov. 1905 (GVBl. 667), geänd. durch Bek. v. 22. Okt. 1911 (GVBl. 1075); Fleckfieber, Durchwanderer aus den Balkanländern, InnVMB. v. 18. Mai 1913 (GVBl. 195); Zust. Behörden, VO. v. 8. Nov 1904 (GVBl. 563), geänd. durch VO. v. 8. Mai 1911 (GVBl. 425); Inn.-KrMB. v. 4. Dez. 1909 (AMBl. 1075); Wechselseit. Benachricht. zwischen Zivil- u. Militärbeh., Bek. v. 24. Febr. 1920 (RGBl. 281) Nr. III mit InnMB. v. 26. Mai 1911 (AMBl. 317), v. 25. Aug. 1912 (AMBl. 922) u. v 5. Nov. 1920 (AMBl. 409); Bekämpfung der Cholera, der Pocken, des Fleckfiebers u. des Aussatzes, Bek. v. 21. Febr. 1904 (RGBl. 67), geänd. durch Bek. v. 5. April 1907 (RGBl. 91), v. 11. April 1907 (RGBl. 95), v. 10. Juli 1913 (RGBl. 572), v. 12. Jan. 1916 (RGBl. 29, hiezu InnMB v 21 Febr. 1916, AMBl 37), v 24. Febr. 1920 (RGBl.

281) Nr. I; Bekämpfung der Pest, Bek. v. 6. Okt. 1900 (RGBl. 849), geänd. durch Bek. v. 11. April 1907 (RGBl. 95) u. die nachfolgend angeführte Bek. v. 21. Nov. 1917; Vorschriften über Krankheitserreger, Bek. v. 21. Nov. 1917 (RGBl. 1069), geänd. durch Bek. v. 17. Dez. 1921 (RGBl. 1608); allg. erheblich, InnMB. v. 9. Nov. 1904 (KMBl. 502), geänd. durch Bek. v. 6. Sept. 1910 (KMBl. 613) u. v. 4. Sept 1920 (KMBl. 311) betr. Krankheitserreger; AusführBest. zu letzterer: InnMB. v. 4. Sept. 1920 (KMBl. 313) betr. Krankheitserreger u. InnMB. v. 4. Sept. 1920 (KMBl. 315) betr. Wassermannsche Reaktion, diese geänd durch InnMB v 10. Okt. 1921 (KMBl. 182)

2. Höchstgeldstr. nunmehr 900 ℳ (§ 1 GG.).

3. Krankheit: Die Abweichung aller oder einzelner Organe des Körpers vom normalen physiologischen Verhalten (KGJ. 19 C 341); nicht kleinere Störungen (KGJ. 23 C 56; ObSt. 13, 194). Keine Krankheit: Warzen (KGJ. 23 C 56), Hühneraugen (KGJ. 12, 265), Kahlköpfigkeit, Schwangerschaft (KGJ. 19 C 341); möglicherweise aber Verstopfung (KG. GArch. 52, 99), Behaftung mit Filzläusen (RG. 22, 197), Trunksucht (KGJ. 11, 333). Ansteckende Krankheit: Jede vom Menschen auf den Menschen übertragbare (ObSt. 7, 326); gleichgültig, ob durch Infektion mittels der Haut, durch Einatmung, durch den Genuß gew. Gegenstände; der Begr. ist unabhängig von den wechselnden doktrinären Meinungen über den eigentl. kontagiösen, miasmatischen oder sonst gearteten Charakter des Krankheitsträgers (RG. 21, 121). Epidemisch auftretende Krankh.: Die innerh. kürzerer Zeit besonders viele gleichartige Erkrankungen innerh. eines bestimmten BevölkKreises herbeiführen, gleichgültig, ob die Ursache Ansteckung ist oder nicht.

4. Strafbar nur Verkauf von dem Leidenden gebrauchter Gegenstände.

5. Sachl. Zust. der PolBeh. zur Bestimmung der Art u Weise der Reinigung u. zur Anordn der Vernichtung: § 21 Abs 1 ZustVO. Zulässig allg. Anordn u PolVerfügungen; ersterenfalls Art 1 Abs 1 PStGB. einzuhalten.

6. Abs. 2 läßt SichMaßregeln zu auch gegen noch nicht unmittelbar drohende Krankh. u. auch solche anderer Art als Aufsichts- u. Absperrungsmaßregeln u. Einfuhrverbote; anders § 327 StGB. (ObSt 13, 498). Zulässig auch die Anordnung von Desinfektionen (Steinbach BlAPr. 1907, 131); auch Verbot der Ausübung des Hebammenberufs (InnME. v 15. Dez. 1875, Web. 11, 260). Kein Rauchverbot für Jugendl. (LG Zweibr. BayZ. 1916, 117). Notwendig nur Erlassung zu dem angegebenen Zwecke, nicht Zweckdienlichkeit. Wohl mit Unrecht fordert ObSt. 13, 498, daß der gesetzliche Zweck in der Anordnung selbst bestimmt gekennzeichnet wird. Sicherheitsmaßregeln: Allg. verbindliche u. Einzelanordn. (ObSt. 7, 326); ersterenfalls aber Form der PolVorschr. einzuhalten (Art. 1 Abs. 1). Sachl. Zuständigk. für die Maßregeln: § 21 Abs 2 ZustVO. (ObSt. 13, 498), s auch ObSt 18, 3

7. Bei Abs. 1 Vorsätzlichkeit erforderlich, soweit Verheimlichen oder Entziehung vorliegt; Fahrlässigkeit ausreichend bei Unterlassung der Reinigung u bei Abs 2

8. Form der Einziehung: Art. 17; vorläufiges Vorgehen: Art. 20 Abs. 1 u. 2; Einziehung im obj. Verfahren: Art. 18; verwandte Bestimmungen: Art. 68 u. 69.

Art. 68.

An Geld bis zu fünf Talern wird gestraft, wer Schafe oder andere Haustiere der zur Verhütung der Schafräude oder sonstiger Viehseuchen oberpolizeilich angeordneten Beschau entzieht oder nicht rechtzeitig unterstellt.

1. Art. 67 Abs. 2, soweit er Viehseuchen betr., Art. 68, 69, 72 eingeschr. durch das Reichsrecht. a) Vorgeht zunächst allg. § 328 StGB., zu dem auch eine Zuständ Best. in Art. 2 Nr. 1 PStGB. besteht; Art. 67 Abs. 2, Art. 68, 69 u. 72 aber für ihn insoweit von Bedeutung, als sie den Inhalt der nach § 328 zuläss. Anordn. begrenzen. b) Für die Rinderpest auch hins. der Angelegenh. der genannten Art. nun maßgeb. das Rinderpestges. v. 7. April 1869 (BGBl. 105) mit Ges. v. 2. Nov. 1871 (RGBl. 372; GVBl. Beil. S. 2); geänd. durch Ges. v. 25. Febr. 1876 (RGBl 163); Instr. v. 9. Juni 1873 (RGBl. 147); VollzBek. zu letzterer v. 8. Aug. 1873 (RegBl. 1257), geänd durch InnMB. v. 10. Febr. 1917 (GVBl. 27). Ergänzung RG. v. 21. Mai 1878, betr. Zuwiderhandl. gegen die zur Abwehr der Rinderpest erlass. Vieheinfuhrverbote (RGBl. 95). Landesrechtl. Regelung darnach nur mehr im Rahmen des § 7 RinderpestG. c) Hins. der unter das Viehseuchenges. v. 26. Juni 1909 (RGBl. 519) fallenden Seuchen nun dieses maßgebend (s. hierzu Zahn BayZ. 1913, 252). Unanwendbar deshalb Art. 68 insbes. hins. der Schafräude. Reichsrechtl. Ausführ.-Vorschr. v. 25. Dez. 1911 (RGBl. 1912, 3), geänd. durch Bek. v. 28. Febr. 1918 (RGBl. 129); zu § 17 Nr. 16 s. die Vorschr. über Krankheitserreger v. 21. Nov 1917 (bei Art. 67 A. 1). Bay. AusführBest.: Bay. AG. v. 13. Aug. 1910 (GVBl. 615); Bay. AusfVO. v. 21. April 1912 (GVBl. 401); Bay. AusfB. v. 27. April 1912 (GVBl. 403), geänd. durch InnMB. v. 27. Juli 1914 (AMBl. 404), v. 12. Dez. 1914 (GVBl. 659), InnFLMB. v. 16. Juli 1919 (GVBl. 378), InnFMB. v. 11. März 1920 (GVBl. 78), InnMB. v. 15. Mai 1920 (GVBl. 263), v. 23. Juli 1920 (AMBl. 215), InnKFMB. v 4. Sept. 1920 (GVBl. 425), InnMB. v. 28. Febr. 1921 (GVBl. 64), C 1 der Bek. v 25. Febr. 1922 (GVBl. 197). AusfBest. zu §§ 150, 155, 156 der VO. v. 21. April 1912 in der Fassung v. 11. März 1920: InnMB. v. 11 März 1920, Bekämpfung des Rotzes (AMBl. 109)

2. Höchstgeldstr. nun 150 ℳ (§ 1 GG.).

3. Oberpol. angeordnet: Durch obpol. Vorschr. angeordnet, also pol Verfüg. nicht zulässig; dies ergibt sich daraus, daß man bei Erlaß des Art. eine Anordnung allg. Charakters, nämlich ein Min-Ausschr. v 1835 im Auge hatte (KdAbg 1859/61 Beil. 3, 151); a A. Stengel in ZfGR. 8, 354.

4. Weitere Bestimm über Viehseuchen: Art. 67 Abs. 2, Art. 69, 72, 83.

Art. 69.

1. An Geld bis zu fünfzehn Talern wird gestraft, wer, nachdem er Kennzeichen einer ansteckenden Krankheit an einem ihm zugehörigen oder seiner Hut oder Aufsicht anvertrauten Tiere wahrgenommen hat, nicht sofort das Tier von Orten wo die Gefahr der Ansteckung anderer Tiere besteht, fernehält und der Ortspolizeibehörde Anzeige macht, oder einen approbierten Tierarzt zur Behandlung des erkrankten Tieres beizieht.

2. Erscheinen an einem Tiere Kennzeichen der Wut, so muß dasselbe sogleich getötet oder auf andere Weise unschädlich gemacht werden, widrigenfalls die Eingangs bestimmte Strafe einzutreten hat.

1. Höchstgeldstr. nun 450 ℳ (§ 1 GG). Wirksamk gegenüber dem Reichsrecht: Art. 68 A. 1.

2. Ansteckende Krankheiten: Solche, die von einem Tier auf das andere übertragbar sind; vgl. Art. 67 A. 3.

3. Auch die Pflicht des Abs. 2 obliegt nur dem, dem das Tier gehört oder dessen Hut oder Aufsicht es anvertraut ist.

4. Weitere Bestimmungen über Viehseuchen: Art 67 Abs 2, Art 68, 72 u. 83.

Art. 70.*)

Zuwiderhandlungen gegen die oberpolizeilichen Vorschriften über das Wegschaffen, den Transport und das Vergraben gefallener oder getöteter Tiere, sowie über das Ausgraben verscharrter Tiere und Tierknochen, werden an Geld bis zu fünf Talern, und wenn dieselben wissentlich in Ansehung eines an einer ansteckenden Krankheit gefallenen oder wegen derselben getöteten Tieres begangen werden, an Geld bis zu fünfzehn Talern gestraft.

1. Art. 70 (u. 71) durch das Reichsrecht großenteils (vollständ. Ungültigkeit nimmt an Ob. RggsE. v. 6. Juni 1919, KrBl. 62) gegenstandslos geworden: a) Aus der GewO. schlagen ein §§ 16, 7 u. 8; s. hierzu aber § 3 des Tierkadaverges. v. 17. Juni 1911. b) Einschlägige Bestimmungen enthält ferner das RinderpestG. v. 7. April 1869 (BGBl. 372) mit VollzInstr. v. 9. Juni 1873 (RGBl. 147), insbes. §§ 26—29 der letzteren. c) Aus dem Viehseuchenges. v. 26. Juni 1909 kommen in Betracht § 9 Abs. 3 mit § 74 Abs. 1 Nr. 2, § 75; § 16 Abs. 3 mit § 78 u. § 76; § 17 Nr. 14 mit § 76. d) Aus dem Fleischbeschauges. v. 3. Juni 1900 schlagen ein § 11 Abs. 5 mit

*) Sonderschrifttum: Reuter GZ. 1899, 8; Her BlAPr 1876, 65 u. 320.

§ 10 Abs. 3 e) Hauptsächlich enthält aber Beschränkungen das Tierkadavergesetz v. 17. Juni 1911 (RGBl. 248), das in § 6 die unter b—d bezeichneten Ges. ausdrücklich aufrecht erhält, mit seinen VollzBest.: AusfBest. zu § 1 Abs. 2 v. 29. März 1912 (RGBl. 230); geänd. durch Bek. v 5. Mai 1916 (RGBl. 361). BayAG. v. 31. März 1917 (GVBl. 70). Zuständigkeitsregelung zum Vollz. des RG.: VO. v. 1. April 1919 (GVBl. 141). Allg. VollzBest.: Obpol. Vorschriften v. 1. April 1919 (GVBl. 141) mit VollzV. v. 1. April 1919 (GVBl. 152), diese geänd. d. A III der Bek. v. 25. Febr. 1922 (GVBl. 197). S. auch VO. betr. die Vergütung für die an Abdeckereien abzuliefernden Tiere, Tierkörper u. Tierkörperteile v 4. Mai 1920 (RGBl. 891) mit InnMB. v. 29. Juli 1920 (ÄMBl. 219) u. v. gl. Tage (ÄMBl. 220).

2. Höchstgeldstr nun 150 ℳ bzw. 450 ℳ (§ 1 GG.).

3. Wegschaffen: Nur die negative Tätigkeit des Entfernens von einem Ort. Vergraben: Nur das Bergen unter der Erde. Tiere: Wohl auch Tierteile; hinsichtlich der Art der Tiere keine Einschränkung, auch Wild umfassend. Ausgraben: Auch nur für kurze Zeit. Ansteckende Krankheit: Art. 69 A. 2.

4. Auch fahrl Begehung strafbar, wenn nicht die Fassung der obpol Vorschr entgegensteht.

Art. 71.

1. Wasenmeister, welche den ihre Verrichtungen betreffenden oberpolizeilichen Vorschriften zuwiderhandeln, unterliegen einer Geldstrafe bis zu dreißig Talern.

2. Der gleichen Strafe unterliegen die im Geschäftsbetrieb des Wasenmeisters verwendeten Personen, welche jenen Vorschriften zuwiderhandeln.

1. Gegenstandslos gew. durch § 3 des Tierkadavergeś. v. 3. Juni 1911 u. das Bay. AG. v. 31 März 1917 (ſ Art 70 A 1)

Art. 72.

Approbierte Ärzte, Wundärzte, Bader, Hebammen und Tierärzte, welche die ihnen nach Verordnung obliegende Anzeige von dem Ausbruche einer ansteckenden Krankheit unter Menschen oder Tieren nicht sofort der Polizeibehörde erstatten, werden an Geld bis zu dreißig Talern gestraft.

1. Höchstgeldstr. nun 900 ℳ (§ 1 GG.). Wirksamkeit hins. menschl. Krankh. eingeschränkt durch das RSeuchG. nach Maßgabe des Art. 67 A. 1 Bemerkten; hins. der Krankh. von Tieren durch das RindPestG. u. das ViehSeuchG nach näherer Maßg. des bei Art 68 A. 1 Bemerkten.

2. Approbierte Ärzte usw.: Maßgebend der Stand der jeweiligen Gesetzgeb. Demnach auch approb. Ärzte, Wundärzte u Tierärzte nur, wenn sie auch diese „Titel" führen oder staatl oder gemeindl. als solche behandelt werden wollen (§ 29 GewO.) Zahnärzte werden nicht hieher zu rechnen sein; s. Art. 128 A. 2. Hebammen dagegen alle weibl. Pers., welche die Geburtshilfe gewerbsmäß. ausüben (§ 30 Abs. 3 GewO.). Bader alle, welche den Badertitel mit Recht führen (§ 6 GewO., Art. 127 PStGB). Gleichgültig, ob amtl. oder nicht amtl. Arzt usw.

3. VO. im Sinne des Art. 72: § 6b Baderordn v 31. März 1899 (s. Tl III zu Art. 49 PStGB.).

4. Ansteckende Krankheit: Art. 67 A. 3 u. Art. 69 A 2. Die Frage des Ausbruchs u. ob es sich um eine ansteckende Krankh. handelt, selbständig im Strafverf. zu prüfen; nicht maßgebend die Anschauung der VO. (ObSt. 7, 367 gegenstandslos)

5. Anzeigepfl. der Familienhäupter: Art 65

Art. 72 a.

Mit Geldstrafe bis zu 150 ℳ oder mit Haft wird außer dem Falle des § 367 Abs. 1 Ziff. 5 des Strafgesetzbuches für das Deutsche Reich bestraft, wer den Verordnungen in bezug auf den Verkehr mit Arznei- oder Geheimmitteln, welche zur Heilung oder Verhütung von Krankheiten der Menschen oder Tiere bestimmt sind, zuwiderhandelt.

1. Eingestellt durch die Nov v 22. Juni 1900 (GVBl. 483); s. auch Art 115 PStGB. v 1861 u KdAbg. 1899/00 Beil. 2, 463; StenB. 3, 806.

2. Wirksamkeit der nach Art. 72a ergehenden Vorschriften gegenüber dem Reichsrecht: a) Aus § 6 Abs. 2 GewO. folgt, daß für Apothekerwaren, die durch die dort vorgesehenen kais. VO.en freigegeben sind, landesrechtl. Beschränk. nicht zulässig sind, insbes. auch nicht für Geheimmittel, die freigegebene Arzneimittel im Sinne der kais. VO.en sind (KGJ. 23 C 56; RG. 16, 359; 23, 428; ObSt. 11, 188 u. 193 insbes. unzulässig auch die Auflage des Bezugs aus Apotheken) b) § 367 Nr. 3 StGB. enthält keine erschöpf. Regelung; desh. zulässig für nicht freigegeb Apothekerwaren auch zu anderen als den dort vorgeseh. Tätigkeiten Genehm. zu fordern, z. B. für Anpreisen (Karlsr. Bad.-Rpr. 1904, 27). c) Zufolge § 367 Nr 5 StGB. kann landesrechtl die Ausübung der Zubereitung u. Feilhaltung von Arzneien nur darnach geregelt werden, u. zwar auch von Geheimmitteln, die Arzneimittel sind (KGJ. 23 C 56); dagegen kann (ObSt. 3, 35; 6, 58) die Ausübung der sonstigen in § 367 Nr. 3 aufgef. Tätigkeiten u. der nach Landesrecht genehmigungspfl. Tätigkeiten (s. b) geregelt werden; gilt auch für Geheimm., die Arzneimittel sind d) Geheimmittel, die keine Arzneimittel, unterstehen der Gewerbefreiheit, weil sie nicht in § 6 GewO. ausgenommen sind (ObSt. 11, 193); maßgebend also hier Bem VIIb von Art. 1 (s. auch ObSt 6, 58); aber auch § 6 Abs. 2 GewO gilt zu ihren Gunsten nicht.

3. Höchstgeldstr nun 1500 ℳ (§ 1 GG)

4. Arzneimittel soviel wie Arznei s. § 367 Nr 3 StGB. A 3 Geheimmittel: Mittel, deren Natur, Beschaffenheit und Bestandteile aus ihrer Bezeichnung nicht erkennbar u auch sonst nicht öff. u. gemeinverständl. publiziert ist (Schicker Art. 28 PStGB. A 9). Weitere Begriffsbest.: RG 16, 359 u. KGJ. 21 C 109. Zusammens. aus mehreren Stoffen nicht notw.; Geheimmittel auch, wenn die Bezeichn in wissensch., techn u. Interessentenkreisen geläufig ist (KGJ 20 C 49). Nicht Gegenstände mit nur dynamischer Wirkung z. B. Gehörapparate, Voltakreuze, Gichtketten (KGJ 20 C 49) Geheimmittel-Eigenschaft entfällt, wenn im Einzelfall geeignete Angaben erfolgen (Stuttg. WürttJ. 11, 313). Nur Bestimmung zur Heilung u. Verhütung notw., wirkl. Wirkung gleichgültig Stärkungsmittel, kosmet. Mittel fallen nicht hierher; nicht der Regensburger Karmelitengeist (KdAbg. 1899/00, StenB. 4, 756). Zu prüfen im Strafverf, ob ein Arznei- oder Geheimmittel im Sinne des Art. 72a vorliegt; eine Bindung an die Entsch. der Landeszentralmediz-Beh. (KdAbg 1899/00 StenB 4, 757) für den Richter unwirksam.

5. Krankheit: Art. 67 A. 2.

6. Zulässig auch die vollständ Untersagung des Verbrauchs (s auch KdAbg. 1899/1900 Beil 2, 463); doch muß es sich um Rücksichten auf Leben u Gesundheit handeln (s Überschr des 6 Hauptst); nicht zu Konkurrenzzwecken

7. Auch Fahrlässigkeit genügend (ObSt 3, 35).

8. Weitere Bestimm über den Verkehr mit Arzneimitteln: § 357 Nr 3 u 5 StGB

Art. 73.

1. Wer den Verordnungen, ober- oder ortspolizeilichen Vorschriften oder in Ermangelung der letzteren den distriktspolizeilichen Anordnungen über Anlage, Einrichtung oder Abänderung, sowie über Entleerung und bauliche Instandhaltung von Abtritten, Dung- und Versitzgruben in Wohngebäuden oder in unmittelbarer Nähe von Wohnungen, Brunnen oder Brunnquellen zuwiderhandelt, wird an Geld bis zu fünfzehn Talern gestraft.

2. Gleicher Strafe unterliegt, wer den Verordnungen, ober- oder ortspolizeilichen Vorschriften zuwiderhandelt, welche aus Rücksichten auf die Gesundheit oder Sittlichkeit über das Beziehen neuhergestellter Wohnungen oder Wohnungsräume, über die Beschaffenheit und die Belegung von Wohnungen oder Wohnungsräumen und über die polizeiliche Beaufsichtigung des Wohnungswesens erlassen sind.

3. In den Fällen des Absatzes 1 und 2 hat der Richter zu erkennen, daß die Polizeibehörde berechtigt ist, die Beseitigung des vorschriftswidrigen Zustandes, beziehungsweise die Räumung der vorschriftswidrigen Wohnung, zu verfügen.

4. Die nach Maßgabe des gegenwärtigen Artikels erkannten Geldstrafen fließen zu zwei Dritteilen in die Armenkasse des Ortes der Übertretung.

1. Jetzige Fassung der Abs. 2 u. 3 beruhend auf der Nov. v. 22. Juni 1900 (GVBl. 483). Zweck der Änderung s. KdAbg. 1899/1900 StenB. 4, 766. Zu berücksichtigen aus dem Reichsrecht: § 33 Hausarbeitsges. v. 20. Dez. 1911 (RGBl. 976) u §§ 120a—120e GewO. (hierzu PrOVG. GArch. 56, 337).*)

2. Höchstgeldstr. nun 150 ℳ (§ 1 GG.).

3. Ortspol. Vorschr.: Für München s Mayr BayZ. 1918, 346; distr.-pol. Anordnungen: S. Art. 5. Zulässig Vorschr. u Anordn. für bestehende wie für neuanzulegende Aborte usw (ObSt. 5, 215; OSt. 9, 111). Zulässig auch Einführung eines Monopols der Gem. (OSt. 8, 409). Zulässig auch das Verbot der Verbindung der Aborte mit öff. Abzugskanälen, wie umgekehrt das Gebot, daß die Entleerung in solche erfolgen müsse (ObSt. 15, 191). Nicht zulässig nach Abs 1 die Neuanlage von Aborten usw. vorzuschreiben (vgl. BlAPr. 1888, 331), wohl aber z. Tl. nach Abs. 2 möglich (Beschaffenheit der Wohnung) Nicht zulässig Anordn über Benützung der Aborte usw. insbes. über die einzuwerfenden Gegenst. (a. A. ObSt. 7, 409). Möglich auch Begründung einer strafrechtl. Haftung für Maßnahmen des Vorbesitzers (ObSt. 7, 2) Dunggruben: Bodenvertiefungen für Abfälle zur Fruchtbarmachung des Bodens, nicht Dungstätten ohne Bodenvertiefung (a. A. ObSt. 12, 260). Versitzgruben: Bodenvertiefungen, die bezwecken Flüssigkeiten versickern zu lassen.

4. Wohngebäude u. Wohnungen: Nur Orte, die Menschen zum ständigen Aufenthalt bei Tag u. Nacht dienen sollen, aber auch deren Nebenräume; nicht Werkstätten oder Fabriken (a. O. OSt. 5, 464; Mayr BayZ. 1918, 343), Lagerräume, Schulen, Turnanstalten, Sommerhäuschen. Wohnungen im Gegens zu Wohngebäuden auch Wohnwägen, Höhlen, Teile von anderen Zwecken dienenden Gebäuden. Wohnungen: Gleichgültig, ob gemietete oder dem Inhaber eigentümlich zustehende, oder Dienstwohnungen; gleichgültig, ob neu hergestellte oder schon bestehende. Wohnungsräume: Räumlich selbständige Teile von Wohnungen.

5. Sittlichkeit: Im engeren Sinn, beschränkt auf geschlechtl. Verhältnisse. Zu prüfen im Strafverf, ob der Zweck verfolgt, nicht, ob er zweckdienlich verfolgt ist.

6. Neu hergestellt: Auch wenn schon bisher, aber für andere Zwecke vorhanden; nicht Neuinstandsetzung. Beschaffenheit der Wohnung: Nicht der Wohnungseinrichtung; Vorgehende Sonderbest.: Art. 76 Abs. 1 Nr. 2. Belegung: Nicht über Besuche Dritter; nicht über die Art der Benützung. Zulässig Gebote u. Verbote an den Vermieter u. Mieter (ObSt. 7, 13) u. auch an Dritte (Handwerker). Polizeiliche Beaufsichtigung: Formelles WohnungsPolRecht,

*) Über Wohnungspolizei im allg s Mayr BayZ. 1918, 340.

Überwachung des Zustands vom gesundh. u. sicherheitspol. Standp., nicht umfassend: Anordn. über die Beschaffenh. oder Benützung, oder eine Aufsicht über die Bewohner oder die dort befindl. Gegenst oder eine Aufsicht zu steuerl., polit. Zwecken.

7. Beseitigung des vorschrwidr. Zustands: S. das zu „ordnwidr.“ bei Art. 105 A. 3 Bemerkte. Beziehungsweise: d. h. in den Fällen des Abs. 1 Beseitigung des vorschrwidr. Zustands schlechthin, in den Fällen des Abs. 2 nur Räumung der vorschrwidr. Wohnung; also in den Fällen des Abs 2 keine in andere Weise erfolgende Abstellung des vorschrwidr. Zustands (vgl. hierzu die frühere Fassung des Art.; a. A. ObSt 15, 65, das bei Abs. 2 beide Maßregeln zuläßt). Räumungsbefugnis nur für Wohnungen d. h. Wohnungsgebäude, nicht aber für Wohnungsräume Die Vorschr. des Abs. 3 ist für den Richter zwingend (ObSt. 5, 424). Ermächtigung zur Beseitigung u Räumung auch, wenn bei Idealkonk. die Strafe aus einem anderen Art. bemessen wird, weil pol. Straffolge; a. A wohl ObSt. 15, 192 Verwirklichung des Abs. 3 im obj. Verf.: Art 18 Abs. 2. Im Strafverf keine Entscheid. über die Pflicht zur Tragung der Kosten des VerwVerf (ObSt. 15, 66).

8. Teilung der Geldstr bei Erstreckung der Übertretung auf die Bez. mehrerer Armenkassen

9. Auch fahrläss. Begehung strafbar, soweit nicht die Fassung der PolVorschr. entgegensteht. Nicht notw. Bewußtsein der Rechtswidrigk. (ObSt 12, 265). Idealkonk. mit § 367 Nr. 15 möglich (ObSt. 11, 386). Art. 94 durch Art. 73 wegen GesKonk. als lex specialis ausgeschl (ObSt. 15, 191).

10. Verwandte Strafbest.: Art. 92, 94, 95, 50 PStGB; § 366 Nr. 10 StGB. (Reinlichkeit). Grundsätze für Anlage u Einrichtung von Aborten usw: InnME. v 22 März 1870 (NB KrBl 1872, 952).

Art. 74.

1. An Geld bis zu fünfzehn Talern wird gestraft:

1. wer den ober- oder ortspolizeilichen Vorschriften über Beschau des zur menschlichen Nahrung bestimmten Viehes vor oder nach der Schlachtung zuwiderhandelt;
2. wer andere verkäufliche Nahrungsmittel, Eßwaren oder Getränke der durch ober- oder ortspolizeiliche Vorschrift angeordneten Beschau entzieht.

2. Die nach Maßgabe des gegenwärtigen Artikels erkannten Geldstrafen fließen zu zwei Dritteilen in die Armenkasse des Ortes der Übertretung.

1. Fleischbeschau im allg. nun geregelt durch das RG, betr die Schlachtvieh- u. Fleischbeschau v 3. Juni 1900 (RGBl. 547). Hierzu: VollzBest. zu § 1 Abs 1, § 12 Abs 2 Nr 1, § 14 Abs. 1, § 15,

§ 18 Abs. 5 v 10 Juli 1902 (GVBl. 295) mit Änd. v. 14. Juni 1906 (RGBl. 737), 4 Juli 1908 (GVBl. 362), 21. Juni 1912 (GVBl. 675); u. zu § 21 Bek., betr. gesundheitsschädl. u. täuschende Zusätze zu Fleisch u. dessen Zubereitungen v. 18. Febr. 1902 (GVBl. 294), geänd. durch Bek. v 4. Juli 1908 (GVBl. 361), v. 14. Dez. 1916 (GVBl. 1917, 1); Kohlndorfer BlAPr. 1904, 327. Hiedurch erschöpfende Regelung, welche Untersuch. des Schlachtviehs u. Fleisches notw. u. zulässig sind; landesrechtl. Vorschr. nur mehr wirksam, soweit ausdrücklich aufrecht erhalten oder soweit Vorbehalte zu ihren Gunsten bestehen (KGJ. 33 C 78); solches ist geschehen in den §§ 20 Abs. 2 u. 24 des Ges. Wegen des näheren Umfangs dieses Vorbehaltes s. ObSt. 13, 455; 14, 36; LG. Freib. Bad. Rpr. 1914, 127. Insbes. ist es ausgeschl., auf Grund des § 20 Abs. 1 FleischbeschG. eine nochmalige allg. Untersuchung bereits amtlich untersuchten Fleisches anzuordnen (KGJ. 33 C 78; ObSt. 15, 133; a. A. RG. 48, 261); unzulässig ist es auch, den Vorbehalt des § 9 des FleischbeschGes. über die Behandlung des zum Genusse von Menschen untaugl. Fleisches näher zu regeln (ObSt. 14, 196); zulässig landesrechtl. Vorschriften über Trichinenschau ObSt. 14, 149; zulässig die Einführung des Schlachthauszwangs zum Zwecke der Fleischbeschau auch für Schlachtungen für den eigenen Haushalt (ObSt. 14, 320); wegen der Beschränkungen bei Herkunft aus inländ. Schlachtorten s. auch KGJ. 42 C 431. Die GewO schließt Auflagen an die GewTreibenden nicht aus (OSt. 4, 192).

Höchstgeldstrafe nun 450 ℳ (§ 1 GG.).

2. Vieh: Nur dem Menschen nutzbar gemachte u. im Hause gehaltene Tiere u. wohl auch nur Säugetiere u. Vögel (Geflügel); insbes. auch Schafe, Ziegen, Gänse (KdAbg. 1859/61 GGA. Beil. 2, 182; 3, 162: OSt 3, 338). Nur eine auf die Schlachtung bezügliche Beschau, nicht für verunglücktes Vieh.

3. Nahrungsmittel im allg.:*) § 370 Nr. 5 StGB. A. 1 Beschau auch vorgesehen in §§ 2 u. 3 NahrMittGes. v. 14. Mai 1879. Im Hinblick auf § 4 Abs. 2 dieses Ges. wird jedoch dadurch Art. 74 Nr 2 nicht berührt.

4. Zulässig bei Nr. 1 wie 2 nicht nur Bestimmungen, daß das Vieh einer Beschau zu unterstellen sei, sondern alle zur Durchführung der Beschau dienlichen Anordnungen (ObSt. 14, 146); auch Anordnungen auf Zuführung an eine Untersuchungsstelle; auch die Anordnung, daß die Beteiligten die Zusammensetzung der NahrMittel anzugeben haben; zulässig auch Anordnungen, die einen teilw Verbrauch der Gegenstände verlangen.

5. Beseitigt sind die Vorschriften des älteren bayer Rechts über die Biervisitationen in den Lagerkellern, insbes. LdtgsAbsch. v 1. Juli 1856 III. Abschn. § 29 Nr. 5; maßgebend auch insoweit nun Art. 74 Nr. 2 u. das NahrMittG.; s. BlAPr. 1881, 253. Vollz.-Best.: InnMB. v. 2 Dez. 1873 (ÄMBl. 599), 29. Nov. 1876 (ÄMBl. 517), 17. Juni 1877 (ÄMBl 233), 9. Juli 1879 (ÄMBl 287), 18. Okt. 1912 (ÄMBl. 1019)

6. Beschau des Viehs aus seuchenpolizeilichen Gründen: Art. 68.

*) Wegen der poliz. Regelung des Verkehrs mit Milch s Schreiber BlAPr. 1912, 164

Art. 75.

1. Wer außer den Fällen des § 367 Ziff. 7 des Strafgesetzbuches für das Deutsche Reich den zur Verhütung von Gefahren für die Gesundheit in bezug auf die Beschaffenheit, Zubereitung und Aufbewahrung oder das Ausmessen und Auswägen verkäuflicher Nahrungsmittel, Eßwaren und Getränke ergangenen ober- oder ortspolizeilichen Vorschriften zuwiderhandelt, wird an Geld bis zu fünfzehn Talern gestraft, womit, im Falle die Übertretung innerhalb zwei Jahren wiederholt wird, Haft bis zu acht Tagen verbunden werden kann.

2. An Geld bis zu fünf Talern wird gestraft, wer die ortspolizeilichen Anordnungen über Reinlichkeit in Mühlen, Schlachthäusern, Fleischbänken und auf Märkten übertritt.

3. Im Strafurteile ist zugleich die Zulässigkeit der Einziehung der in Abs. 1 als schädlich bezeichneten Gegenstände auszusprechen.

1. Vorgeht die Regelung durch das NahrMittG. v. 14. Mai 1879 (RGBl. 145) mit Änd. durch Ges. v. 29. Juni 1887 (RGBl. 276), das Bleiges. v. 25. Juni 1887 (RGBl. 273), das Farbenges. v. 5. Juli 1887 (RGBl. 277), das Margarineges. v. 15. Juni 1897 (RGBl. 475), das Süßstoffges. v. 7. Juli 1902 (RGBl. 253) mit Änd. d. Ges. v. 30. März 1916 (RGBl. 213), das Weinges. v. 7. April 1909 (RGBl. 393). Doch will keines dieser Ges. die „Materie" regeln. Für das Bleiges. s. OSt. 7, 404; das NahrMittG. KG. DIZ. 1912, 1134; das FarbenG. KGJ. 38 C 51. Höchstgeldstr. nun bei Abs. 1 450 ℳ, bei Abs. 2 150 ℳ (§ 1 GG.).

2. Gesundheit: Der normale physiolog. Zustand; auch die geistige Gesundheit. Zu anderen Zwecken Vorschr. nicht zulässig (ObSt. 11, 96); deshalb nicht zulässig die Anordnung, daß die Verwendung von Margarine usw. ausdrücklich angegeben wird (ObSt. 6, 226). Die konkrete Gefahr, der begegnet w. soll, muß tatsächlich eine solche für die Gesundheit sein; zu prüfen im Strafverf. (nur teilw. richtig OGHSt. 5, 452); Zweckdienlichkeit aber nicht notw.; genügend die Absicht, den Zweck zu verfolgen (ObSt. 14, 218).

3. Zulässig auch Vorschr. hins. der Orte des Zubereitens usw. u. der verwendeten Geräte, auch der unbenützten u. leeren (zweifelnd ObSt. 10, 441), auch Verbot der Bierpressionen (ObSt. 7, 50). Anordn über die Gassenschänken: BlAPr 1906, 123

4. Nahrungsmittel: § 370 Nr 5 StGB. A. 1; auch lebende Tiere (a. A. OGHSt. 4, 114).

5. Wiederholte Begehung: Art. 50a A 5; nur hier Frist bestimmt; Beginn der letzteren mit der Begehung

6. Ortspol Anordn.: S. Art. 93 A. 2.

7. Mühlen: Es müssen in ihnen Menschen verkehren können, nicht bewegliche Handmühlen. Märkte: Art 146 A 2

8. Der Art. bezieht sich auch auf nicht gewmäßige Betriebe (ObSt. 14, 199). Fahrläss. Begehung strafbar.

9. Nicht einziehbar die zur Zubereitung usw. dienenden Gegenstände: ObSt. 9, 372. „Zulässigkeit der Einziehung" soviel wie Einziehung. Einziehung zwingend. Einzieh. im obj. Verfahren: Art. 18.

10. Verfügung über die Geldstr. u. die eingezogenen Gegenst.: Art. 77. VollzBestimm.: Art. 74 A. 5. Verwandte Strafbest.: Art. 94 u. 76 PStGB., § 367 Nr. 3 StGB.

Art. 76.

1. An Geld bis zu fünfzehn Talern oder mit Haft bis zu acht Tagen wird gestraft, wer den oberpolizeilichen Vorschriften zur Verhütung von Gefahren für die Gesundheit

1. bei Verfertigung, Aufbewahrung oder Verpackung von Tabak oder bei Verfertigung von Koch-, Eß- oder Trinkgeschirren, Kleidungsstoffen, Kinderspielwaren, Tapeten oder sonstigen Gegenständen des menschlichen Gebrauches oder
2. beim Anstreichen oder Bemalen von Wohnungsräumen zuwiderhandelt.

2. Gleicher Strafe unterliegt, wer gegen oberpolizeiliches Verbot solche für die Gesundheit gefährliche Gegenstände feilbietet oder verkauft.

3. Zugleich kann auf Einziehung solcher Gegenstände erkannt werden.

1. Einschlägiges Reichsrecht: Art. 75 A. 1. Höchstgeldstr. nun 450 ℳ (§ 1 GG.).

2. Kinderspielwaren: Auch wenn der Gegenstand beim Spiel verbraucht w. (Hamb. Reg. 13, 206).

3. Aufbewahrung: § 367 Nr. 5 A. 1. Gegenstände des Gebrauchs, nicht des Verbrauchs (für diese Art. 75). Wohnungsräume: Art. 73 A. 4.

4. Gefahren für die Gesundheit: Art. 75 A. 2. Wegen der Rücksichten auf die Reinlichkeit s. Art. 94 (vgl. OSt. 10, 221).

5. Feilbieten: § 367 Nr. 3 A. 6. Verkaufen: § 367 Nr. 3 A. 7.

6. Fahrlässigkeit ausreichend bei Abs. 1, soweit nicht die Fassung der obpol. Vorschr. entgegensteht; Abs. 2 erford. Vorsatz.

7. Verfügung über die erkannten Geldstrafen und den Erlös der eingezogenen Gegenstände: Art. 77.

Art. 77.

Die in Gemäßheit der Art. 75 und 76 erkannten Geldstrafen, sowie der Erlös der gemäß Art. 75 und 76 eingezogenen und nicht zur Vernichtung bestimmten Gegenstände fließen zu zwei Dritteilen in die Armenkasse des Ortes der Betretung.

1. Ausnahme von Art. 29 AG StPO. Ort der Betretung: S. Art 52 A. 9; absichtlich gewählt an Stelle des sonst gebrauchten Ausdrucks Ort der Übertretung (KdAbg. 1859/61 GGA Beil 2, 236).

Art. 78.

1. Mit Geldstrafe bis zu fünfzehn Talern wird bestraft, wer ohne polizeiliche Bewilligung eine Schießstätte oder einen Schießstand errichtet oder den in bezug auf die Einrichtung und Benützung einer solchen Vorrichtung von der Polizei im Interesse der öffentlichen Sicherheit getroffenen Anordnungen zuwiderhandelt.

2. Die Polizeibehörde ist berechtigt, zu jeder Zeit derartige Anordnungen zu erlassen und im Falle der Zuwiderhandlung die fernere Benützung der Anlage zu verbieten.

1. Höchstgeldstr nun 450 ℳ (§ 1 GG.).

2. Schießstätten: Anlagen zur Übung im Schießen. Schießstände: Standplätze zum Übungsschießen ohne bleib Einrichtungen (im wesentl. so KdAbg. 1859/61 Beil. 3, 156), aber auch die Standplätze innerh. der Schießstätten oder der Schießstände im vorigen Sinn. Art des Schießens gleichgültig (Bogenschießen). Nicht: Jagdlicher Schießstand Gilt auch für Militärschießplätze; a. A. mit unzureichender Begr. InnME. v. 17. Juli 1863 (Web 6, 195). Strafbar schon bloße Errichtung, auch wenn noch nicht benützt (KdAbg. 1871/72 GGA Beil. 1, 110).

3. Zuständige PolBeh.: § 22 ZustVO. Neben der Genehm. zur Errichtung besondere Bewillig. nach § 367 Nr. 8 StGB. nötig (KdAbg. 1871/72 GGA. Beil. 1, 110; a. A. Karlsr. BadRspr. 1901, 238). Bewillig. zur Errichtung verleiht ein Recht (Abs. 2 Halbs. 2). Anordnungen: Einzelverfüg. nach Art. 1 Abs. 3. Erford unter Umständen auch baupol. Bewillig. (Art. 101 PStGB., § 367 Nr 15 StGB.). Ebenso unter Umst. einschläg. § 27 GewO. u. Art. 32 PStGB.

4. Öff. Sicherheit. Verhütung der Gefährdung von Pers. u. Sachen im allg.; Zweckdienlichkeit im Strafverf nicht prüfen, wohl aber, ob der Zweck verfolgt wurde.

5. Verw. Strafbest: § 368 Nr 7, § 367 Nr 8 StGB

Art. 79.

An Geld bis zu drei Talern wird gestraft, wer an einem durch ortspolizeiliche Vorschrift verbotenen Orte badet oder gegen ortspolizeiliches Verbot sich auf eine Eisdecke begibt.

1. Höchstgeldstr nun 90 ℳ (§ 1 GG.).

2. Ortspol. Vorschr.: Nur örtl. Beschränkung des Badens im allg. zulässig; nicht Abgrenzung nach PersKlassen (Männer, Schwimmer) oder sonstige Beschränkungen

3. Baden: Nur Bad nehmen, nicht im transf. Sinn.

4. Ortspol. Verbot: Als allg. u. als PolVerfügung; ersterenfalls ortspol. Vorschr. nötig (a. A. Stengel ZfGR. 8, 353). Auch die PolVerfüg. kann nur von der PolBeh., nicht einem Organ (Schutzmann) ausgehen. VollzBest.: JnnMB. v. 3. Jan. 1889 (AMBl. 2).

5. Verw. Strafbest.: Art. 26 mit 206 Abs. 2 WassG. Art. 79 dadurch nicht berührt; a. A. Steinbach GZ. 1909, 107.

Art. 80.*)

1. **Wer mit Gefahr für Personen oder Eigentum oder für die öffentliche Sittlichkeit Blödsinnige oder Geisteskranke, deren Aufsicht ihm obliegt, frei auf Straßen oder an öffentlichen Orten herumgehen läßt, wird an Geld bis zu fünfzehn Talern bestraft.**

2. **Hat eine solche Person einen Angriff gegen Personen oder fremdes Eigentum verübt oder die öffentliche Sittlichkeit verletzt und ist wegen Unzurechnungsfähigkeit des Beschädigten entweder ein Strafverfahren gar nicht eingeleitet worden oder ein das Strafverfahren einstellendes Erkenntnis erfolgt, oder ist die Gemeingefährlichkeit einer solchen Person in sonstiger Weise festgestellt, so ist die Polizeibehörde berechtigt, auf Grund bezirksärztlichen Gutachtens deren Unterbringung in einer Irrenanstalt oder deren sonstige genügende Verwahrung anzuordnen.**

1. Höchstgeldstr. nun 450 ℳ (§ 1 GG.).

2. Gefahr: Die nahe Möglichkeit der Verletzung; u. U. schon begründet durch den allg. Zustand des Kranken. Eigentum: Vermögen schlechthin. Sittlichkeit: Im eng. Sinn, beschränkt auf geschlecht. Verhältn. Öff.: Gefährdung der Allgemeinh. notw.

3. Blödsinnige oder Geisteskranke: Furiosi vel mente capti (Gem. Recht); „Blöd- u. Unsinnige", „formierte ganze Narren, nicht bloße Simplen, Melancholici oder solche Leut', welche nur in sensu morali für närrisch u. unverständig passieren" (LR. Anm. zu Tl. I c 7 § 37 Nr. 3).

4. Einstellendes Erkenntnis: Auch des StAnw.; auch Erkenntnisse auf Außerverfolgsetzung oder Nichteröffnung.

5. Gemeingefährlichkeit: Erford. gemeine Gefahr. Gefahr: Der Zustand naher Möglichkeit einer Verletzung, gleichgültig welchen Rechtsguts. Gemeine Gefahr: Wenn sie sich auf einen unbeschränkten Kreis von Rechtsgütern erstreckt; nicht, wenn sie sich bloß auf eine Familie beschränkt. Hierzu weiter erford., daß sich der Bezirksarzt für die Verwahrung ausspricht (Farmberger GZ. 1904, 736); dieses auch maßgebend dafür, ob Unterbring. in einer Irrenanstalt oder sonstige

*) S. hierzu Art. 475 Nr. 7 Code pénal u. Farmberger GZ. 1904, 733.

Verwahrung erfolgen soll. Ablehnung möglich trotz befürwortenden Gutachtens des BezArzts. BeschwInstanz an das Gutachten des BezArzts nicht gebunden

6. Pol Beh.: Die BezPolBeh. des Wohnsitzes, bei dessen Mangel des Aufenthalts, in München die PolDir.; soweit darnach BezÄmter in Frage kommen, an deren Stelle nun der BezAussch.; Beschl. Ausfertigung aber auch hier durch das BezAmt, s. Braunwart zu Art 23 SG A. 2 (§ 23 ZustVO.; Art. 23 Abs. 1 b SG.). Auch vorläuf. Maßnahmen zum Vollzug der Einweisung werden zulässig sein; auch Nr 3 der Bek. v. 1. Jan. 1895 nimmt dies an. Insoweit wird das BezAmt zuständig sein (s. Roesch SG. S. 80). Für Zwangsmaßregeln zur Festst., ob die Voraussetz. des Art. 80 vorliegen, besteht keine gesetzl Grundlage. Verfahrensvorschriften für die Anordnung der Unterbringung: InnMB. v 1. Jan. 1895 (JMBl 72; ÄMBl. 2); sie hat nur die rechtl. Natur einer Dienstanweisung. Transport der Kranken: InnMB. v. 21. Jan. 1899 (ÄMBl. 43). Kosten: Art. 58 Armenges. v. 21. Aug. 1914 (GVBl. 551); jedoch Anwendbarkeit bestritten s. Pöll UnterstWohnsG. § 1 A. e cc S. 155 u. ArmenG. Art. 58 A. 8 S 534. Pflicht der StAnw. u. AmtsAnw. zur Mitteilung von Fällen, in denen Maßregeln nach Art. 80 Abs. 2 in Frage kommen. JMB. v 29 Nov 1913 (JMBl. 694) III C 2. Verhältnisse der Privatirrenanstalten: InnMB v. 3. Dez. 1895 (ÄMBl 635; JMBl 1896, 37).

7. Weitere Bestimm über Geisteskranke: Art 42 u 81

Art. 81.

1. Wer ihm angehörige oder anvertraute Kinder, Kranke, Gebrechliche, Blödsinnige oder andere dergleichen hilflose Personen in bezug auf Schutz, Aufsicht, Verpflegung oder ärztlichen Beistand verwahrlost, wird an Geld bis zu dreißig Talern oder mit Haft bis zu vier Wochen bestraft.

2. Im Strafurteile kann ausgesprochen werden, daß die Polizeibehörde ermächtigt sei, in anderer Weise für die Unterbringung der betreffenden Person auf Kosten des Pflichtigen zu sorgen. Die Ermächtigung ist, wenn es sich um eine Maßregel handelt, zu der eine Anordnung des Vormundschaftsgerichts erforderlich ist, von der Erlassung dieser Anordnung abhängig zu machen.

1. Abs. 2 S. 2 beigefügt durch Art. 162 AG. BGB.*) Höchstgeldstr. nun 900 ℳ (§ 1 GG.).

2. Angehörige: Solche, hins. derer ein zivilrechtl. Schutzverh. besteht (BGB. §§ 1627, 1634, 1635, 1707, 1757, 1793, 1901, 1909, 1910); aber auch bloß tats. Pflegeverh., die zu einem dauernden sittl. Band wurden (ObSt. 3, 195 gegen OSt. 6, 213). § 52 StGB. nicht anwendbar.

*) Sonderschrifttum zu Abs. 2: BlAPr. 1879, 294.

Anvertraut: übergeben zur Beaufsicht. u. Erziehung auf Grund Vertrags (ObSt. 6, 169), aber auch auf Grund eines rein tatsächl. Verhältn. (ObSt. 3, 195), auch gesetzl. begründete Überweisung durch öff. Organe (OGHSt. 5, 488). Nicht ausreichend öffrechtl. Fürsorgepflicht (OSt. 6, 212). Auch die Kranken usw. müssen angehörig oder anvertraut sein. Kinder: Hilfsbedürftige wegen jugendl. Alters. Blödsinnig: Gleich „Blödſ. u. Geisteskrank" bei Art. 80 A. 3.

3. Verwahrlost: Herbeiführung des Zustands der Gefährdung der körp. u. geistigen Entwicklung oder der Gesundheit: ObSt. SeuffBl. 73, 639. Nicht notw. Gesundheitsbeschäd. (ObSt. 6, 169). Nicht, wenn ein anderer (Armenpflege) sich rechtzeitig angenommen hat (OSt. 2, 474).

4. Auch Fahrlässigkeit ausreichend (ObSt. 6, 169).

5. Entscheid. nach Abs. 2 Ermessen des Gerichts (OGHSt. 9, 22). Nicht im Strafbefehl. Sie regelt nur das Verhältnis zu dem, bei dem sich das Kind usw. befindet, u. hinsichtl. der Kostenfrage auch zu dem Pflichtigen, nicht zu der verwahrlosten Person selbst, oder zu den Obsorgeberechtigten. Zustimmung des handlungsfähigen Kranken oder des Vormunds also zum Vollzug notwendig. S. 2 eine selbstverständliche Folge dessen; deshalb Anordn. des VormGerichts auch notw., wenn S. 2 vom Strafrichter nicht beachtet.

6. Pflichtiger: Wer nach sonstigen zivilrechtl. (familienrechtl. oder vertragl.) oder öffrechtl. Bestimmungen (z. B. armenrechtl.) zur Kostenbestreitung verpflichtet ist. Entscheid. hierüber weder durch den Strafrichter noch durch die unterbringende VerwBeh., sondern in dem Verf., in dem über die Grundlage bildende Rechtspflicht allg. zu entscheiden ist; a. A. BlAPr. 1879, 295 (Vorläuf. Anordn. Recht der Verw.-Beh.).

7. Sachl. u. örtl. Zust. zur Unterbringung: § 24 ZustVO.; für München teilw. die PolÄmter: § 2 B 5 der Bek. v. 25. Juni 1898 (GVBl. 347). Transport der Personen, deren Unterbringung nach Abs. 2 angeordn. wurde: InnMB. v. 21. Jan. 1899 (AMBl. 43).

8. Verw. Strafbestimm.: Art. 42 u. 80 PStGB.; § 361 Nr. 10 StGB.

Art. 82.

Wer bei Verrichtungen, welche zur Verhütung von Gefahr für Leben und Gesundheit Dritter besondere Vorsicht erfordern, sich betrinkt, wer betrunken solche Verrichtungen außer Notfällen vornimmt, wird an Geld bis zu fünfzehn Talern oder mit Haft bis zu acht Tagen gestraft.

1. Höchstgeldstr. nun 450 M (§ 1 GG.). Verrichtungen: Beispiele: Ärzte, Hebammen, Bahnbeamte, Bergführer. Gesundheit: Abs. 75 A. 2. Strafbar nach Halbs. 1 auch, wer, nachdem er sich betrunken hat, keine Verrichtung mehr vornimmt. Betrinkt: In solchem Grade, daß Gefahr unsachgemäßer Tätigkeit besteht. Notfall: Art. 89 A. 2. Weitere Strafbest. gegen Trunksucht: § 361 Nr. 5 StGB. S. auch Art. 55 PStGB.

Art. 83.

1. An Geld bis fünf Talern wird gestraft:

1. Wer Hunde der durch ober- oder ortspolizeiliche Vorschrift angeordneten und öffentlich bekannt gemachten Visitation entzieht oder nicht rechtzeitig unterstellt oder die ober- oder ortspolizeilich vorgeschriebenen Zeichen für dieselben nicht löst;
2. wer Hunde in Kirchen oder zu Pferderennen mitnimmt;
3. wer gegen ortspolizeiliches Verbot oder in Ermangelung eines solchen gegen distriktspolizeiliche Anordnung Hunde auf Leichenhöfe, in öffentliche Wirtschaftslokale, in Theater, Fleischbänke, auf Märkte oder zu öffentlichen Feierlichkeiten mitnimmt, solche während der Nachtzeit auf öffentlichen Straßen frei herumlaufen läßt, läufige Hündinnen nicht gehörig verwahrt oder freilaufende Hunde größerer Gattung nicht mit einem wohlbefestigten Maulkorbe versieht.

2. Unabhängig von der Strafverfolgung steht der Polizeibehörde die Befugnis zu, die ohne vorgeschriebenes Zeichen oder gegen Verbot frei oder ohne Maulkorb herumlaufenden Hunde einfangen und nach Ablauf eines festgesetzten, öffentlich bekannt gemachten Zeitraumes töten zu lassen, wenn sich der Besitzer innerhalb dieses Zeitraumes nicht gemeldet hat.

3. Desgleichen ist die Polizeibehörde berechtigt, Hunde, welche mit ansteckenden oder ekelerregenden Krankheiten behaftet sind, auf Gutachten eines approbierten Tierarztes töten zu lassen.

4. Zuwiderhandlungen gegen die oberpolizeilichen Vorschriften, welche gegen den Ausbruch oder die Verbreitung der Wutkrankheit unter den Hunden gerichtet und aus Anlaß vorkommender wutkranker oder wutverdächtiger Hunde besonders bekannt gemacht oder den Hundebesitzern eröffnet worden sind, werden mit Geldstrafe bis zu fünfzig Talern oder Haft bestraft.

5. Die nach Maßgabe des gegenwärtigen Artikels erkannten Geldstrafen fließen zu zwei Dritteilen in die Armenkasse des Ortes der Übertretung.

1. Höchstgeldstr. nun bei Abs. 1 150 ℳ (§ 1 GG.). Abs. 4 unwirksam gew. durch § 10 Abs. 1 Nr. 2, §§ 36—41 ViehseuchG. v. 26. Juni 1909.

2. Besondere Bekanntm. der Visitation (neben der Verkünd. der pol. Vorschr.) notw. Aufzunehmen alle zur Erfüllung der Vorschrift zu beachtenden Umstände, insbes. Art u. Zeit der Visitation.

3. Rechtzeitig: Maßgebend der Inhalt der pol. Vorschr. Die Pflicht zur Herbeiführung der Besichtigung kann auch für andere Personen als den Eigentümer begründet w. (OSt. 3, 191).

4. Löst: Nicht bloß der Erwerb des Zeichens notwendig, sondern Bestrafung auch, wenn der Hund damit nicht versehen ist (folgt aus Abs. 2).

5. Mitnimmt: Auch wer als Gast einer Wirtsch. den Hund, der aus freien Stücken nachlief, bei sich behält. Nicht mitgenommen der im Wirtschaftsraum sich aufhaltende Hund des Wirtes oder der Hund des Metzgers in dem Metzgerladen, weil aus einem anderen Anlaß schon dort befindlich (vgl. auch OSt. 10, 250, ObSt. BayZ. 1909, 302).

6. Ortspol. Verbot: Durch ortspol. Vorschr. erlassen. Distr.-pol. Anordnung: S. Art. 5. Das Verbot kann auch beschränkt erlassen werden (für gewisse Hundearten, für gewisse Wirtschaften). Art der Befestigung des Maulkorbs nicht näher abgrenzbar; ebensowenig der Begr. des Hundes größerer Gattung, doch auch hier Beschränkung auf einen Teil der Hunde dieser Art zulässig. Weitere Beschränk. des Verkehrs der Hunde zulässig gemäß Art. 95 PStGB. (OSt. 4, 221).

7. Auch Bahnhofrestauration öff. Wirtschaftslokal, wenn allg. zugänglich (OSt. 6, 559); Markt: S. Art. 146 A. 2. Nachtzeit: Zeit der nächtl. Dunkelheit (Zweck des Ges.!); a. A. Schicker Art. 22 A. 1 (Zeit der Nachtruhe). Öff. Straße: S. § 366 Nr. 10 A. 4; hier aber auch öff. Wege, nicht aber Plätze umfassend.

8. Freilaufend: Gegensatz eingesperrte, angekettete, an der Leine geführte; nicht notw., daß sie Zugang zu öff. Plätzen oder Straßen haben (ObSt. 4, 182; 2, 409). Größere Gattung: Soviel wie größere Hunde; also nicht junge Hunde einer Gattung mit größ. Körperbau (vgl. OSt. 7, 38; ObSt. 9, 190; 2, 409).

9. Entziehen u. Mitnehmen erford. Vorsätzlichkeit; im übrigen Fahrlässigkeit ausreichend; Schuld aber erford. Die Rechtspr. schwankt: OSt. 3, 75; 5, 543; OGHSt. 4, 601.

10. Vorgeschriebenes Zeichen: Gemäß Abs. 1 Nr. 1. Gegen Verbot: Nach Maßgabe des Abs. 1 Nr. 3. Abs. 2 nur anwendbar auf herumlauf. Hunde.

11. Abs. 5: Ausnahme von Art. 29 AG. StPO.

12. Ergänzung zu Art. 83: § 367 Nr. 11 StGB. Allg. Tötungsbefugnis der PolBeh. gegenüber Tieren: Art. 19.

Art. 84.

Wer an Orten, wo Personen oder fremdes Eigentum beschädigt werden können, Tiere geflissentlich reizt, scheu oder wild macht, wird an Geld bis zu zwanzig Talern oder mit Haft bis vierzehn Tagen gestraft.

1. Höchstgeldstr. nun 600 ℳ (§ 1 GG.). Gefahr für den Reizenden oder scheu u. wild Machenden allein nicht ausreichend. Fremdes Eigentum: Fremdes Vermögen. Nur Tiere, die beschädigen können (sinngemäße Auslegung). Geflissentlich: Vorsätzlich. Verw. Strafbestimm.: § 366 Nr. 6 u. § 367 Nr. 11 StGB. u. Art. 83 PStGB.

Art. 85.

An Geld bis zu fünf Talern oder mit Haft bis zu drei Tagen wird gestraft, wer scheue oder mit gefährlichen Fehlern behaftete Pferde mit Kenntnis dieses Umstandes einem andern ohne Warnung und Belehrung zum Gebrauche überläßt oder an bestellte Fuhren spannt.

1. Höchstgeldstr. nun 600 ℳ (§ 1 GG.). Nicht strafbar Übereignung. Bestellte Fuhr: Für einen andern mit dessen Willen ausgeführt, wenn auch mit dem Wagen des Anspannenden. Verw. Strafbestimm.: § 366 Nr. 5 StGB.

Art. 86.

Wer ohne Beachtung der erforderlichen Vorsichtsmaßregeln mit Gefahr für Personen oder fremdes Eigentum Sprengungen durch explodierende Stoffe vornimmt, wird an Geld bis zu fünfzehn Talern gestraft.

1. Besteht neben dem SprengstoffG. v. 9. Juni 1884 zu Recht; dieses trifft keine erschöpf. Regelung (RG. 34, 440). Höchstgeldstr. nun 450 ℳ (§ 1 GG.).

2. Erforderlich: Nach technischen Grundsätzen (ObSt. 10, 197); durch PolVorschr. nicht näher abgrenzbar.

3. Gefahr: Nahe Möglichkeit einer Verletzung. Fremdes Eigentum: Fremdes Vermögen. Personen: Gefahr für den Täter allein nicht ausreichend.

4. Explod. Stoffe: Solche, die bei der Entzündung eine gewaltsame u. plötzliche Ausdehnung dehnbarer Flüssigkeiten oder Gase hervorrufen; RG. LZ. 1914, 780 (Beispiele § 56 Abs. 1 Nr. 6 GewO.). Sprengstoffe: Eine bes. Art der explod. Stoffe, nämlich jene, welche als Sprengmittel wirken, d. h. den Erfolg einer Zerstörung hervorrufen (RG. LZ. 1914, 780 u. 399; RG. GArch. 46, 203).

5. Bestrafung auch dann, wenn nach Lage der Sache ohne Gefahr die Sprengung unausführbar ist; sie hätte solchenfalls ganz zu unterbleiben (ObSt. 6, 327; 3, 343; OSt. 1, 523).

6. Fahrlässigkeit ausreichend (vgl. ObSt. 6, 327). Merkmale derselben (ObSt. 10, 197).

7. Verwandte Strafbest.: StGB. § 367 Nr. 5, § 367 Nr. 8, § 368 Nr. 7; SprengstG. v. 9. Juni 1884 (RGBl. 61).

Art. 87.

1. Mit Haft bis zu vierzehn Tagen oder an Geld bis zu zwanzig Talern wird gestraft, wer vorsätzlich und unbefugt

1. die zur Verhütung von Unglücksfällen angebrachten Schutzmittel, Sperrungs- oder Warnungszeichen entfernt oder für ihren Zweck unbrauchbar macht oder

2. die zur öffentlichen Beleuchtung bestimmten Laternen von ihrer Stelle entfernt oder auslöscht oder
3. die zur Hilfe bei öffentlichen Notfällen bestimmten Gerätschaften entfernt, für ihren Zweck unbrauchbar macht oder deren Gebrauch verhindert.

2. Wer Gegenstände der in Ziff. 1—3 bezeichneten Art aus Fahrlässigkeit beschädigt, oder für ihren Zweck unbrauchbar gemacht hat und nicht sofort für angemessene Wiederherstellung Sorge trägt, wird an Geld bis zu fünf Talern gestraft.

1. Höchstgeldstr. nun 600 ℳ, bei Abs. 2 150 ℳ (§ 1 GG.).

2. Unbefugt: Unter Verletzung zivilrechtl. oder öffrechtl. Pflichten, aber auch Gegenstände, die der Allgemeinheit widerruflich zur Verfügung gestellt w., dürfen nicht willkürlich, sondern nur unter Wahrung der Interessen der Allgemeinheit zurückgenommen werden.

3. Abs. 1 Nr. 1: Randsteine, Laternen an Baustellen, Drahtseile an Abhängen, Wegweiser auf Bergen; auch die Warnungstafeln nach dem Internat. Abkommen über den Kraftwagenverkehr (InnME. v. 26. Nov. 1921, AMBl. 205). Unglücksfälle: Auch solche einzelner. Abs. 1 Nr. 2: Laternen: Nicht elektr. Bogenlampen. Abs. 1 Nr. 3: Öff. Notfälle: Die die Allgemeinheit berühren; Gerätschaften: Feuerlöschgeräte, Rettungsringe. Gleichgültig bei Nr 1—3, ob öff. oder von Privaten aufgestellt.

4. Gesetzeskonk. gegenüber §§ 303 ff. StGB. (Sachbeschädigung); Idealkonk. mit §§ 242 ff. StGB. (Diebstahl). Verwandte Strafbestimm.: § 307 Nr 3, §§ 315, 316, 321, 322, 360 Nr 10 StGB.; Art 27 PStGB

Art. 88.

1. An Geld bis zu zwanzig Talern oder mit Haft bis zu vierzehn Tagen wird gestraft, wer den oberpolizeilichen Vorschriften über Schutz der Eisenbahnen und des Bahnbetriebes zuwiderhandelt.

2. Übertretungen der oberpolizeilichen Vorschriften über Aufrechthaltung der Ordnung auf der Bahn, in den Bahnhöfen und auf Dampfschiffen unterliegen einer Geldstrafe bis zu zehn Talern.

1. Höchstgeldstr. nun 600 ℳ, bei Abs. 2 300 ℳ (§ 1 GG.).

2. Eisenbahn: An sich jede zum Transport von Gütern oder Menschen bestimmte Anlage, deren Transportmittel sich auf eisernen Schienengleisen bewegen. Der Zusammenhang kann eine Einschränkung dieses Begr. für die Auslegung eines bestimmten Ges. notwendig machen (RG. 12, 205 u. 371); bewegende Kraft gleichgültig, deshalb auch Menschenkraft, auch Eigengewicht des talabwärts fahrenden Wagens (vgl. RG. 35, 12); auch Straßenbahnen u. Rollbahnen, nicht aber Schwebe-

bahnen (sie sind keine Bahn); gleichgültig, ob private oder öff. Bahn (AA. für Art. 88 ein KreisRgg. BlAPr. 1895, 248, darnach Art. 88 nur anwendbar für öff. Bahnen); im Bau begriffene Anlagen fallen nicht hierher (Kobler BlAPr. 1906, 246), auch nicht aufgelassene Anlagen, wohl aber vorübergehend nicht betriebene. Eisenbahn hier nur die Anlage als solche (s. die Gegenüberstellung mit „Bahnbetrieb"), dazu aber auch zu rechnen außer Ober- u Unterbau die Hochbauten, Signalzeichen, das bewegliche Material.

3. Bahnbetrieb: Die Entfaltung der bestimmungsgemäßen Tätigkeit der fertigen Eisenbahn; keine Regelung der Benützung der Bahn während des Baus z. B. durch Materialzüge (Kobler in BlAPr 1906, 247).

4. Ordnung in den Bahnhöfen: Auf dem ganzen dem Bahnhof rechtswirksam zugewiesenen (nicht bloß der vom Bahnhofsgebäude umschlossene) Raum. Nicht mehr Zugänge zum Bahnhof. Eigenmächtig kann das Eigentum Dritter, z. B. einer Gemeinde, nicht zum Bahnhof herangezogen w.; ebensowenig können eigenmächtig Wege Dritter aufgehoben w. (a. A. wohl ObSt. 20, 49).

5. Dampfschiffe: Nicht Schiffe mit anderer Triebkraft als Dampf.

6. Polizeilicher Charakter der Vorschriften notwendig: Deshalb nicht möglich Sicherung privater (so vertragsmäßiger) Beziehungen, oder gegen die Konkurrenz von Fuhrwerksbetrieben (RGZ. 25 C 75)

7. Schuld notw. (ObSt. 20, 359); doch jedes Verschulden ausreichend (ObSt. 7, 360 u. 384).

8. Aufrechterhaltung der Ruhe, Ordnung und Sicherheit bei Eisenbahnbauten: Art. 44 PStGB.

9. Durch den Übergang der Bay. Staatseisenbahnen auf das Reich ist Art. 88 auch, soweit er die Staatseisenbahnen betr., jedenf. vorerst nicht berührt (§ 10 des Staatsvertr., Ges v 30 März 1920, GVBl. 173).

Siebentes Hauptstück. Übertretungen in bezug auf Straßen-, Reinlichkeits- und Wasserpolizei.

Art. 89.

1. An Geld bis zu zwanzig Talern oder mit Haft bis zu vierzehn Tagen wird gestraft, wer außer Notfällen

1. in den Gräben öffentlicher Straßen reitet oder fährt oder
2. in die Gräben, auf den Böschungen oder Dämmen einer Staats-, Distrikts- oder kunstmäßig gebauten Gemeindestraße Vieh treibt oder absichtlich weiden läßt, insoferne nicht von Seite der Oberpolizei Ausnahmen zugelassen werden.

2. Wer Vieh über die Straße und deren Zugehörungen treibt, um auf Grundstücke zu gelangen, auf welchen er Trieb- und Weiderecht hat und bei welchen besondere Übergänge nicht vorhanden sind, unterliegt keiner Strafe.

1. Höchstgeldstr nun 600 ℳ (§ 1 GG.).

2. Notfall: Eine nicht vorherzusehende unmittelbar drohende Gefahr, die so erheblich ist, daß eine Ausnahme von den allg. Regeln gerechtfertigt ist (KG. PrVerwBl. 34, 398).

3. Graben: Sich lang hinziehende, in die Erde gegrabene Vertiefung, nicht notw. ein Wasserlauf (ObSt. 14, 65); Öff. Straßen: § 366 Nr. 10 A. 3 u. 4; auch Wege, nicht aber Plätze. Fährt: Im transitiven Sinne.

4. Distriktsstraßen: Nun Bezirksstraßen. Gemeindestraßen: Auch Ortsstraßen u. Feldwege; Kunstmäßig gebaut: Nach technischen Grundsätzen angelegt. Vieh: Art. 74 A. 2. Treibt: Auch Führen an einer Kette. Oberpolizei: Regierung oder Ministerium; Ausnahme: Durch PolVorschr. oder PolVerfüg.

5. Abs. 2 anwendbar, auch wenn die Grundstücke nicht an der Straße liegen (KdAbg. 1859/61 Beil. 2, 346).

6. Keine Strafe, wenn zu den in Art. 89 bezeichneten Handlungen ein dingl. oder persönl. Recht besteht; Strafgesetze heben bestehende Rechte nicht auf; sondern schützen sie (Unrichtig ObSt. 10, 77; OGHSt. 5, 536). Wer auf einem Grundst. das Recht zum Weiden oder Viehtreiben hat, verliert es nicht dadurch, daß auf ihm eine Straße errichtet wird (a. A. OSt. 3, 338).

7. Nur vorsätzliche Begehung strafbar (s. die Worte reiten, fahren u. treiben).

8. Verfügung über die Geldstr.: Art. 91. MittPflicht der Amtsanw. JMB. v 29 Nov 1913 (JMBl. 694) B 15

Art. 90.

1. Wer außer den durch das Gesetz besonders vorgesehenen Fällen den Anordnungen zuwiderhandelt, welche über die Sicherstellung der öffentlichen Straßen, Wege, Plätze, Brücken und Stege gegen Beschädigungen erlassen sind, wird an Geld bis zu zwanzig Talern oder mit Haft bis zu vierzehn Tagen gestraft.

2. Diese Anordnungen werden in bezug auf Staatsstraßen und deren Zugehörungen durch oberpolizeiliche, in bezug auf Distriktsstraßen und deren Zugehörungen durch distriktspolizeiliche, in den übrigen Fällen durch ortspolizeiliche Vorschriften erlassen.

1. Höchstgeldstr nun 600 ℳ (§ 1 GG.).

2. Öff. Straßen, Wege u. Plätze: § 366 Nr. 10 A 3 u 4 Brücken u. Stege: Auch, wenn die Bodenvertiefung kein Wasser hat

3. Erford. nur der Zweck der Sicherstellung; nicht notw., daß die einzelne verbotene Handlung eine Beschädigung herbeiführen würde (OGHSt. 6, 561).

4. Von Bedeutung für die Anwendung des Art. 90 auch die HMB. 28. April 1863 (RegBl. 691), VO. v. 16. Aug. 1805 (RegBl. 897), InnME v 19 Mai 1875 (AMBl. 237) u. 26. Okt. 1876 (AMBl. 425), regelnd insbes auch das sog. Auslichten von Straßen. S. hierzu

ObLGSt 6, 41; 6, 398; 5, 42; BGH. 13, 345; Henle ZwEGes. S. 59; Laforet ZwEG S. 238; Luthardt BlAPr. 1889, 114.

5. Auch Fahrlässigkeit ausreichend (ObSt. 12, 333). Inwiefern Rechtswidrigkeit zur Bestraf. erforderlich, bemißt sich nach allg. strafrechtl. Grundsätzen; unhaltbare Ausführungen bei OSt. 6, 250.

6. Verfügung über die Geldstrafen: Art. 91.

7. Art. 90 nur anwendbar, soweit nicht § 366 Nr. 10 StGB. einschlägt; näheres Verhältnis zu diesem: ObLGSt 4, 70.

Art. 91.

Die auf Grund des § 366 Ziff. 9 des Strafgesetz-Buches für das Deutsche Reich, sowie der Art. 89 und 90 des gegenwärtigen Gesetzes erkannten Geldstrafen werden zur Bildung eines Unterstützungsfondes für das zur Beaufsichtigung der Staats- und Distriktsstraßen verpflichtete Unterpersonal verwendet, wenn die Übertretung in bezug auf eine Staats- oder Distriktsstraße oder deren Zugehörungen verübt worden ist, in den übrigen Fällen fließen sie zu zwei Dritteilen in die Armenkasse des Ortes der Übertretung.

1. Ausnahme von Art 29 AG StPO.: Verteilung unter die mehreren Armenkassen, wenn die Übertretung in mehreren Gemeinden begangen. Mitteilungspfl der Amtsanwälte zur Sicherung des Vollzugs des Art 91: JMB v 29 Nov 1913 (JMBl 694) B 15.

Art. 92.

Wer das zum Genusse für Menschen oder Tiere bestimmte Wasser in Brunnen, Zisternen, Leitungen oder in den zum öffentlichen Gebrauche bestimmten Quellen oder Bächen unbefugt verunreinigt oder verdirbt, wird an Geld bis zu fünfzehn Talern oder mit Haft bis zu acht Tagen gestraft.

1. Höchstgeldstr. nun 450 ℳ (§ 1 GG.)

2. Bestimmt: Genügend das rein tats. Verhältnis der Benützung (ObLGSt. 4, 229).

3. Quelle: Wasser, das aus unterird. Läufen oder Ausbreitungen als ein nicht bloß vorübergehender Wasserabfluß an die Oberfläche tritt (RG. Reg. EBd. 4, 172). Bach: In einem natürl. Bette fließendes kleineres Gewässer; nicht auch Flüsse u. Ströme (a A. OSt. 6, 531).

4. Unbefugt: Maßgebend insbesond. Art. 16, 37—41 WassG.

5. Verunreinigung: Vermengung mit anderen Bestandteilen. Schädlicher Einfluß nicht notw. (OSt. 3, 234); auch die bloße Färbung; auch eine vorübergehende Verunreinigung (ObLGSt. 4, 229). Verdorben: Nicht mehr bestimmungsgemäß verwendbar.

6. Fahrlässigkeit ausreichend: OSt. 6, 530; 3, 232.

7. Rechtl. Zusammentreffen mit Art. 202 Nr. 1 (Art. 38 bis 40) WassG; auch mit Sachbeschäd. (§§ 303 ff. StGB.). Verwandte Strafbest.: Art. 73, 95; §§ 324, 326 StGB.

8. Verfügung über die Geldstrafen: Art. 96

Art. 93.

An Geld bis zu fünf Talern wird gestraft, wer außer den in § 366 Ziff. 10 des Strafgesetzbuchs für das Deutsche Reich erwähnten Fällen den Anordnungen der Ortspolizeibehörde über das Abladen von Unrat, Bauschutt, Schnee oder Eis zuwiderhandelt oder solche Gegenstände an fremde Gebäude, in oder auf solche oder auf fremde Grundstücke unbefugt ableert.

1. Höchstgeldstr. nun 150 ℳ (§ 1 GG.).

2. Anordnungen: Allgemeine (diese nur in Form ortspol Vorschr., s. Art. 1 Abs. 1; a. A vielleicht OSt. 5, 221) u. PolVerfügungen (Gerstle S. 575).

3. Abladen: Auch über die Art der sich anschließ. Lagerung, nicht über das Abführen selbst, hier § 366 Nr 10 StGB. Unrat: § 366 Nr. 7 A. 1.

4. Fremd: Art. 115 A. 4. Ableeren: Nicht jedes Hinbringen, nur zum Zweck, sich der Gegenstände zu entledigen.

5. Ableeren: Nur vorsätzlich (Begriff des Ableerens), sonst Fahrlässigk. ausreichend Ohne Grund fordert OGHSt. 2, 112, daß außer der Verwirklichung des Tatbestands noch „öff. Rücksichten" für die Bestrafung sprechen.

6. Verfügung über die Geldstr.: Art. 96

Art. 94.

Wer außer den Fällen des § 366 Ziff. 10 des Strafgesetzbuches für das Deutsche Reich den ortspolizeilichen Vorschriften oder in Ermangelung von solchen den distriktspolizeilichen Anordnungen über öffentliche Reinlichkeit in Städten, Märkten, Dörfern und sonstigen Ortschaften zuwiderhandelt, wird mit Geld bis zu zwanzig Talern oder mit Haft bis zu vierzehn Tagen gestraft.

1. Höchstgeldstr nun 600 ℳ (§ 1 GG.).

2. Distrpol. Anordn.: Art. 5; nicht PolVerfüg. (ObSt. 9, 24) Öff Reinlichkeit: Reinlichkeit in Verhältn., die eine unmittelb. Beziehung zur Allgemeinheit haben, nicht in Privaträumen, Privatflüssen (vgl ObSt. 7, 106); zulässig Vorschr. aber auch für private Räume im Interesse der öff. Reinlichkeit. Vorschr. für Kanäle, Höfe, Wohnstätten, Gebäude u. den Luftraum: ObSt. 8, 333; 4, 23; 1, 7. Reinlichkeit in privaten Verhältnissen: Art. 75 Abs 2, Art 73, 93 Nur Reinlichkeit

in Ortschaften (zusammenhängend bebauten Flächen) nicht in Flurbezirken (OSt 10, 253); in Ortschaften aber auch für die Grundstücke zwischen den Anwesen (OSt. 5, 221). Die Rechtspr. (ObSt. 12, 209; 8, 335, 1, 7; OSt 6, 425) fordert weiter, daß die zu bekämpfende Unreinlichkeit Gefahr für die öff. Gesundheit u. Belästigungen für das Publikum nach sich zieht; eine gesetzl. Grundlage besteht hiefür nicht. Zulässig auch Vorschr. zur Gesundheitspfl., soweit sie zugleich Reinlichkeitszwecken dienen (ObSt. 15, 188)

3. Zulässig auch Vorschriften für Gewerbe (OSt. 9, 216); auch Einführung einer Genehmigungspfl für Niederlagen bei einer Anlage nach § 16 GewO. (InnMB v 25. März 1873, AMBl 493; BGH. 14, 148; ObSt. 4, 23).

4. Anwendungsfälle des Art. 94: Anlage von Seitenkanälen durch die Grundbesitzer: ObSt. 4, 118; Anlage von Vorgärten, Verbot des Gewerbebetr. in solchen: ObSt. 4, 335; Anbringung von Gittern an Fenstern, die in Winkel gehen: OSt. 8, 168; Zwangspfl. zur Benützung städtischer Müllbeseitigungsanlagen: ObSt. 12, 209; Genehmigungspflicht für Ställe: ObSt. 10, 362; Vorschriften zur Verhütung einer Verunreinigung des Bodens, namentlich durch Fäkalien u Abwasser; zulässig auch Auflagen, die Geldausgaben verursachen (ObSt 15, 188 u. 16, 64).

5. Ausreichend auch Fahrlässigkeit (ObSt. 4, 316) Zum Bewußtsein der Rechtswidrigkeit: ObSt 12, 209.

6. Verfügung über die Geldstrafen: Art 96

Art. 95.

Wer öffentliche Denkmale, Statuen, Gemälde oder andere öffentlich aufgestellte Kunstgegenstände, wer öffentliche Spaziergänge oder Anlagen, Friedhöfe, Stadttore, öffentliche oder Privatgebäude, öffentliche Brunnen oder Wasserleitungen, im Freien befindliche und für den öffentlichen Gebrauch bestimmte Sitzbänke, Tische oder dergleichen Gegenstände aus Bosheit oder Mutwillen besudelt, oder den zur Sicherstellung der hier aufgeführten Gegenstände erlassenen ober-, distrikts- oder ortspolizeilichen Vorschriften und Anordnungen zuwiderhandelt, wird an Geld bis zu zwanzig Talern oder mit Haft bis zu vierzehn Tagen gestraft.

1. Höchstgeldstr. nun 600 ℳ (§ 1 SG.). Anstatt „Distr.-pol" nun zu lesen „Bez.-pol." (Art. 1 Abs. 2 SG.) Zuständigk. des Bez-Aussch.: Art. 23 Abs. 1d SG.

2. Öffentlich: Sie müssen der Allgemeinheit dienen; in wessen Eigentum stehend, gleichgültig; öff. müssen auch die Anlagen, Friedhöfe, Stadttore u. Wasserleitungen sein; straffrei aber der Täter, der nicht fremdes Eigentum verletzt (ergibt die EntstehGeschichte ObSt. 20, 146). Denkmale:*) Erinnerungszeichen, die zu dem Zweck errichtet sind, das

*) Zur Denkmalpflege in Bayern im allg s. Kahr BlAPr. 1909, 1 u. Art. 22b Note.

Andenken an gewisse Personen oder Begebenheiten zu erhalten (RG. 43, 240); der weitere Begriff, umfassend auch Werte, die als kennzeichnende Reste eines früheren Kulturabschnitts von geschichtl., wissenschaftl. oder künstler. Bedeutung sind, hier nicht anwendbar, s. die Worte: „andere öff. aufgestellte". Spaziergänge: Benützung zum Lustwandeln nötig (ObSt. 20, 150). Anlagen: Der Benützung durch das Publikum, seiner Erholung u. seinem Vergnügen gewidmete, durch Menschenhand geschaffene oder diesen Zwecken angepaßte Pflanzungen (ObSt. 20, 146; 4, 97); nicht ein nur forstl. oder jagdl. Zwecken dienender Wald (ObSt. 8, 151). Wasserleitungen: Nur die Leitungseinrichtungen, nicht auch das der Speisung der Leitung dienende u. sie durchfließende Wasser (ObSt. 7, 239; 13, 270). Öff. Brunnen: Nur die Brunnenanlagen, nicht das Wasser.

3. Anordnungen: Die in Art. 5 Abs. 2 bezeichneten bezpol. Anordnungen. PolVorschr. u. Anordn. sind zulässig gegen Beschädigungen jeder Art, nicht bloß gegen Besudelungen (OSt. 4, 221), überhaupt gegen Gefahren jeder Art (Fischer BlAPr. 1916, 134).*) Möglich die Sicherstellung von Bäumen, Sträuchern, Kapellen, Bildstöcken, Wegkreuzen (JnnME. v. 2. Juni 1912, NB. KrBl. 63). Muster zu ortspol. Vorschr. für öff. Wasserleitungen Hirsch GZ. 1908, 319; Nürnberger FriedhofPolOrdnung: Fischer BlAPr. 1916, 130.

4. Bosheit u. Mutwillen: Art. 37 A. 8; die PolVorschr. u. Anordnungen können auch Handlungen unter Strafe stellen, die ohne Bosheit u. Mutwillen erfolgen (JnnME. v. 2. Juni 1912, NB. KrBl. 63); dagegen unzulässig, durch solche Besudelungen schlechthin unter Strafe zu stellen (Regelung der „Materie" durch das Ges. selbst). Besudlung muß vorsätzlich sein; Zuwiderhandl. gegen PolVorschr. u. Anordn. können auch bei Fahrläss strafbar sein.

5. Verfügung über die Geldstrafe: Art. 96.

6. Verw. Strafbest.: Art. 73 u. 92 PStGB.; §§ 304, 324, 326 StGB.: s. auch Art. 22b A. 10 u. 11.

Art. 96.

Die nach Maßgabe der Art. 92—95 erkannten Geldstrafen fließen zu zwei Dritteilen in die Armenkasse des Ortes der Übertretung.

1. Ausnahme v. Art. 29 AG. StPO. Teilung, wenn sich die Übertretung auf mehrere Kassenbezirke erstreckt.

---

*) Unhaltbar sind aber die Ausführ. Fischers a. a. O., daß unter dem Gesichtsp. der Sicherstellung auch Vorschriften zur geschmackvollen Gestaltung der Friedhöfe aus Gründen der Ästhetik sollen getroffen w. können; ebenso unrichtig sind dessen Ausführ., daß die Prüfung dieser Frage unter Art. 15 falle.

Art. 97.

1. Die Übertretung der verordnungsmäßigen Bestimmungen über die Schiff- und Floßfahrt auf dem Ludwigskanale und über die sonstige Benützung der Anlagen dieses Kanals, sowie über Eichung der denselben befahrenden Schiffe wird mit Geld bis zu zwanzig Talern oder mit Haft bis zu vierzehn Tagen bestraft.

2. Die Geldstrafe fließt in die für das Kanal-Unterpersonal errichtete Unterstützungskasse.

3. Die Übertretung der oberpolizeilichen Vorschriften über die Schiffahrt auf dem Frankentaler Kanale und über die sonstige Benützung der Anlagen dieses Kanales unterliegt gleicher Geldstrafe oder Haft.

4. Die Geldstrafe wird zugunsten des Kanal-Unterpersonals verwendet.

5. Die Übertretung der durch oberpolizeiliche Vorschrift erlassenen Ordnungen für andere Kanäle wird an Geld bis zu zwanzig Talern oder mit Haft bis zu vierzehn Tagen gestraft.

6. Die Verwendung der Geldstrafe zugunsten des aufgestellten Kanal-Unterpersonales kann durch Verordnung bestimmt werden.

1. Höchstgeldstr nun 600 ℳ (§ 1 GG)

2. Noch wirksam gegenüber dem Wasserges. (jus singulare für Kanalordnungen); s. Eymann WassG. S. 642 zu Art. 206; a A. Harster WassG. Art 206 A. 1. Vgl. auch § 7 der VollzVO. zum WassG. v. 23. März 1907 (GVBl. 873) u. hierzu Schiedermair Nebenges. S. 529 A. 2 u. S. 530 A. 8. Gegenstandslos ist aber Art. 97, soweit Art. IV des Ges. betr. den Ausbau der deutschen Wasserstr. usw v 24. Dez. 1911 (RGBl. 1137) reicht. Maß- u. Gewichtsordn. v 30. Mai 1908 (RGBl. 349) berührt den Art. 97 nicht. Hinsichtl. der Wirksamkeit des Art. 97 ist aus dem am 1. April 1921 in Kraft getretenen Ges. über den Staatsvertrag betr. den Übergang der Wasserstraßen von den Ländern auf das Reich v 29. Juli 1921 (RGBl. 961) mit Bayr. Ges. v. 23. Sept. 1921 (GVBl. 489) u. aus diesem Vertr. selbst hervorzuheben: Übergegangen auf das Reich sind nachsteh. Wasserstraßen: Vom Rhein die bayer. Strecke längs der Pfalz, vom Main die Strecke von Bamberg bis zur Landesgrenze, von der Donau die Strecke von Kelheim bis zur Reichsgrenze u. endl der Ludwigs-Donau-Main-Kanal nebst den dazu gehörigen Teilen der Regnitz u. der Altmühl von Bamberg bis Kelheim u. zwar alles mit allen Bestandteilen u. allem für die Verw. erford. Zubehör, einschließl. der Schutz- u. Sicherheitshäfen. Die Verw. geht auf das Reich über nach näherer Maßgabe des § 11 des Vertr.; die Ges. u. VO.en der Länder bleiben unbeschadet der Bestimmungen der RVerf bis zur anderweiten reichsges. Regelung in Kraft (§ 15 des Vertr.).

3. Benützung: Nicht zulässig Vorschriften über die Unterhaltung oder über die Aufrechterhaltung der Ordnung, soweit diese nicht mit der Benützung zusammenhängt Floßfahrt auf dem Frankenthaler Kanal kann nicht geregelt werden; auch nicht die Eichung der ihn befahrenden Schiffe

4. Ordnungen für andere Kanäle: Alle polizeil Verhältnisse können geregelt w. Kanäle: Künstl ·Wege zur Weiterleitung des Wassers (s. auch ObSt 12, 352).

Art. 98.

Einer Geldstrafe bis zu fünfzehn Talern unterliegt die Übertretung der durch ober- oder ortspolizeiliche Vorschriften erlassenen Hafen- und Länderordnungen, soweit nicht nach Maßgabe der Gesetze über die Benützung des Wassers eine höhere Strafe zulässig ist.

1. Höchstgeldstr nun 450 ℳ (§ 1 GG.). Ges. über die Benützung des Wassers: Nun Wassergeſ. v. 23. März 1907 (GVBl 157). Letzteres geht aber als spät. Ges. dem Art. 98 ohne Rücks. auf den Vorbehalt vor. Gemäß Art. 206 Abs. 1 WassG. hat demnach Art. 98 nur mehr Bedeutung, soweit es sich nicht um die Regelung der Schiff- u. Floßfahrt handelt (ObSt. 11, 260; hierzu Schierlinger BayZ. 1912, 4) Durch Art. 206 Abs. 2 (s zu diesem Schiedermair Nebengeſ. S. 529 A. 3 u. S. 533 A. 22) ist Art. 89 nicht berührt. Für gänzlich aufgeh erachtet ihn Harster WassG Art. 206 A. 1, für vollständig unberührt Eymann WassG. S 641. Wegen des Einflusses des Staatsvertrags über den Übergang der Wasserstraßen auf das Reich s. Art. 97 A. 2

Achtes Hauptstück. Übertretungen in bezug auf Brandversicherung.

Art. 99.

Aufgehoben durch Art. 9 Abs. 2 des Ges. betr. die Vereinigung der BrandVersAnstalt der Pfalz usw v 5 Mai 1890 (GVBl 223).

Art. 100.

1. Überversicherungen von Mobilien, welche durch wissentlich unrichtige Wertsangabe in der Art herbeigeführt werden, daß die in demselben Vertrage versicherte Gesamtsumme den wahren Wert der Versicherungsgegenstände mindestens um den vierten Teil übersteigt, werden an den Mobilienbesitzern, sowie an den beteiligten Schätzern und Agenten an Geld bis zu einhundertundfünfundsiebenzig Talern gestraft.

2. Gleicher Strafe unterliegen Doppelversicherungen, mittels deren der bei einer Gesellschaft der Anstalt bereits versicherte Wert einzelner oder mehrerer Mobilien auch noch bei einer anderen Gesellschaft oder Anstalt versichert wird.

1. Versichrechtl Bestimmungen auch Art 134 PStGB.; Wirksamkeit der Art 100 u. 134 in Frage gestellt durch das VersichAufsGes v 12 Mai 1901 (RGBl 139) mit Änderung durch Ges. v 24 Okt. 1917 (RGBl. 973) u VO v 29 April 1920 (RGBl. 1433), ferner durch das VersichVertragsGes v 30 Mai 1908 (RGBl. 263) u. das EG. hierzu v 30 Mai 1918 (RGBl 305) In Betracht kommen §§ 1, 108, 121 u 125 Abs 4 VAG, §§ 1 u 55 betr die Überversich u §§ 58—61 betr. die Doppelvers VVG, Art 2 EG VVG. Hieraus ergibt sich: Art 100 Abs. 1 (Überversicherungen) nicht berührt durch das VAG (s RG JW 1907, 374); wohl aber unwirksam geworden durch das VVG, da dieses die Überversich. grundsätzlich als wirksam anerkennt; damit ist unvereinbar, landesrechtl. solche Verträge als strafbar zu behandeln (s RG 45, 119; Conrad LZ 1914, 1009; Gerhard VVG. § 51 A. 4 S 233) Art. 100 Abs 2 (Doppelversicherung) unwirksam geworden, weil unvereinbar mit Art. 58—60 VVG (KGJ 40 C 1 auch DJZ. 1910, 1237). Art. 134 Abs 1 u. 2 durch das VAG. nicht berührt, weil nach Art. 134 A. 5 überh. nur auf Versicherungen anwendbar, die nicht unter das VAG fallen; auch nicht berührt durch das VVG.: Landm GewO. erklärt sie für aufgehoben durch § 108 Abs. 2 VAG Art 134 Abs. 3 noch wirksam (KGJ 27 C 3; KGJ 40 C 396; Rehm VVG 3 Aufl. S. 21)

2. Weitere versichpol. Bestimm: § 360 Nr 9 StGB; Art 134 PStGB

Neuntes Hauptstück. Übertretung baupolizeilicher Bestimmungen.

Art. 101.

1. An Geld bis zu 150 Mk. oder mit Haft werden Bauherrn, Baumeister und Bauhandwerker gestraft, wenn sie den baupolizeilichen Vorschriften zuwiderhandeln.

2. Baupolizeiliche Vorschriften können in bezug auf Festsetzung und Einhaltung der Bau- und Vorgartenlinien, dann zum Zwecke der Feuersicherheit und Festigkeit der Bauführung, sowie der Gesundheit durch Verordnung, ober- oder ortspolizeiliche Vorschrift erlassen werden.

3. Im Interesse der Verschönerung können baupolizeiliche Vorschriften durch Verordnung, distrikts- oder ortspolizeiliche Vorschriften getroffen werden. Die hierauf gegründeten Abänderungen des Bauplanes dürfen jedoch die Kosten der Bauführung nicht wesentlich vermehren.

1. Abs 1 zuerst neu gefaßt durch Art. 8 Ges. v. 5 Mai 1890 (GVBl. 223); dann der ganze Art. neu gefaßt durch die Nov. 22. Juni 1900 (GVBl. 483); Abs. 3 wurde neu gefaßt durch § 3 der Nov. v. 6. Juli 1908 (GVBl. 353). Seit 1. Mai 1901 gilt Art. 100 auch in der Pfalz (§ 4 der Nov v. 22. Juni 1900 mit § 81 Bauordn. v. 17. Febr. 1901, GVBl 87). S. auch Art 2 A. 9. Früherer Rechtszust in der

Pfalz: KdAbg. 1889/90 Beil. 7, 706; 1899/00 Beil. 2, 464). Höchstgeldstr. nun 1500 ℳ (§ 1 GG.).

2. Art. 101 nicht anwendbar, wo § 367 Nr. 15 StGB. einschlägt, also nicht hinsichtl. der Frage, inwieweit Bauen ohne Genehm. strafbar. Dagegen nicht § 367 Nr. 15 (OSt. 9, 112), sondern Art. 101 anwendbar bei einer Genehmigung zu einem zeitlich beschränkten oder einem widerrufl. Bau, wenn nach Ablauf der Zeit oder trotz Widerrufs das Bauwerk belassen wird. S. weiter § 367 Nr. 15 A. 10. Unwirksam im Hinblick auf die GewO. §§ 1 u. 16 bauliche Beschränkungen bloß für gewerbl. Anlagen, allgemein baupol. Vorschr. aber auch für gewerbl. Betriebe zulässig (PrOVG. GArch. 59, 166); so für Feldziegelöfen (PrOVG. GArch. 59, 162); besonderer hier erheblicher Vorbehalt zugunsten des Landesrechts: § 23 Abs. 3 GewO. (vgl. auch Bittinger BlAPr. 1901, 60). Weitere Einschränkung des Art. 101 durch das FestungsrayonGes. v. 21. Dez. 1871 (RGBl. 459); geht auch dem § 367 Nr. 15 StGB. vor.

3. Bauherr: Wer auf seine Rechnung oder Verantw. eine bauliche Maßnahme veranlaßt (selber ausführt oder durch andere ausführen läßt); Eigentum am Baugrund nicht erford. (ObSt. 4, 355; 7, 2; 8, 69; 9, 254; Knözinger BlAPr. 1898, 49); Eigentümer als solcher allein nicht Bauherr (ObSt. 4, 355). Im Laufe des Baus Wechsel in der Person des Bauherrn möglich (OSt. 9, 154). Art. 101 Abs. 1 nicht anwendbar bei Bauaufführung durch den Vorbesitzer (ObSt. 7, 2). Bauherr nur, solange der Bau dauert (Karlsr. BadRspr. 1912, 255). Ist eine jurist. Person oder ein Handlungsunfäh. Bauherr, so sollen die gesetzl. Vertreter strafbar sein; ebenso der Verwalter eines fremden Vermögens (ObSt. 3, 13; 2, 406; Edel 1861 S. 415); die Richtigkeit dieser Ansicht zweifelh.; s. auch Bem. IX b vor Art. 1.

4. Baumeister: Wer die Errichtung des Baues dergestalt leitet, daß nach seinen techn. Anordn. die Herstellung durch die Bauhandwerker u. Arbeiter erfolgt; ob er Gewtreibender ist oder den Meistertitel führt, gleichgültig (ObSt. 8, 69); notwendig Führung des Baues als Ganzes, unmittelbar u. in seinen wesentl. Bezieh.; der Baumeister kann zugleich Bauherr u. -Unternehmer sein (KGJ. 23 C 101). Ist eine jurist. Person Baumeister, so gilt A. 3 entsprechend.

5. Bauhandwerker: Nur Personen, die den Bau durch planmäßige Verwendung der eigenen Arbeitskräfte u. Kenntnisse oder durch Leitung mechanisch arbeitender Gehilfen zu vollenden suchen; nicht, wer untergeordnete Arbeit verrichtet (Karlsr. BadRspr. 1912, 4; ähnlich ObSt. 8, 69; 3, 69; Schanz, Baugenehmigung S. 51).

6. Zulässig nur bauoliz. Vorschr.: Also auf eine Bauvornahme, d. h. die Herstellung, Ausbess. oder den Abbruch eines Bauwerks (§ 367 Nr. 15 A. 2) bezügliche, und auch insoweit nur auf das eigentl. Gebäude, nicht auf bewegl. Beigaben bezügliche (ObSt. 11, 386); nicht in bezug auf nicht eingefügte Reklametafeln (ObSt. 9, 254); wohl aber in bezug auf ein in die Mauer eingefügtes Wappen (ObSt. 14, 70); nicht das Verbot der Beseitigung von Hauszierraten (ObSt. 11, 340); nicht das Verbot der Aufstellung eines Benzinmotors (ObSt. 13, 265); nicht Anordn. hins. des Heizmaterials (Karlsr. BadRpr. 1912, 255); keine

Anordnung, daß nur einzelne bewohnbare Dachräume als Zubehörräume zu anderen Räumen eingerichtet w. dürfte (ObSt. 15, 74); keine Anordnungen in bezug auf bestehende Gebäude (ObSt 15, 192); kein Schutz von Denkmälern gegen Abbruch (Mayer GZ. 1919, 98); kein allg. Bauverbot; dieses nur im Rahmen des Abs. 2 (ObSt. 13, 7): weitergehende Vorschr. unter Umständen haltbar nach Art. 94 (ObSt. 4, 355) oder nach Art. 22 b. Nicht das Gebot der Abtretung von Grund u. Boden; s. hierzu Art. 1 Anh. A. 4 u. § 367 Nr. 15 A. 10. Keine Einführung einer GenehmPflicht durch bez.- oder ortspol. Vorschriften, weil erschöpfende Regelung durch die BauO. (Art. 10 PStGB.; ObSt 10, 364). Polizeiverfügungen unzulässig (ObSt. 14, 306). Zuständ. des Bezirksaussch. in bezug auf Festsetz. von Baulinien: Art. 23 Abs. 1 c SG.

7. Wesentlich vermehrt: Die durch die Änderung verurs. Kosten dürfen zu den ohne sie erwachsenden Kosten nicht in einem Verhältnis stehen, das einen entscheid. Einfluß auf den Bau ausübt. Die persönl. Verh. des Bauführenden kommen nicht in Betracht. „Authentische Interpretation" des Begr. durch die Regg.: KdAbg. 1899/00 StenB. 4, 771 u. 772; aber nicht formell bindend u. auch kaum richtig; s. auch KdReichsr. 1899/00 StenB. 1, 274. Die Frage ist im Strafverf zu prüfen.

8. Fahrlässigkeit ausreichend: ObSt. 6, 17.

9. Verjährung: Entscheid. der Inhalt der baupol. Vorschr.; wenn darnach der Tatbestand eine Handlung (Unterlassung), so Beginn mit deren Vornahme ohne Rücksicht auf den Erfolg (§ 67 Abs. 3 StGB.); wenn aber der Tatbestand ein rechtswidr. Zustand, so Beginn erst mit dessen Aufgabe (ObSt. 2, 3; 8, 298). In Einzelfällen führt die Rechtspr. diesen Grundsatz nicht folgerichtig durch. Verjährung in den Fällen des § 8 der Bauordn.: ObSt. 11, 12; des § 40 Abs. 1: ObSt. 15, 30. S. auch § 367 Nr. 15 A. 8.

10. Erlassung baupol. Vorschr. für Waren- u. Geschäftshäuser: InnMB. v. 7. Okt. 1903 (KMBl. 425); Richtpunkte für Bebauungsvorschr.: Seubelt BlAPr. 1916, 333.

11. Beseitigungsbefugnis: Art. 105.

12. Art. 73 Abs. 1 geht Art. 101 kraft GesKonk. vor. Idealkonk. zwischen Art. 101 u. § 367 Nr. 15 möglich; dann, weil gleiche Strafen, Wahlrecht des Richters (OSt. 2, 21). S. weiter § 367 Nr 15 A. 11.

13. Baupol. Vorschr. des StGB.: §§ 330, 367 Nr. 13—15, § 368 Nr. 3, 4 u. 8, § 369 Nr. 3.

Art. 102.

Mit Wirksamkeit v. 1. Mai 1901 an aufgehoben durch § 4 der Nov. v. 22. Juni 1900 (GVBl. 483) und § 81 der Bauordnung v 17. Febr. 1901 (GBl. 87).

Art. 103.

Baumeister und Bauhandwerker, welche die durch ortspolizeiliche Vorschriften festgesetzten besonderen Verpflichtungen ihres

Berufes über Anzeige unternommener Bauten und Bauarbeiten vernachlässigen, unterliegen einer Geldstrafe bis zu fünfzehn Talern.

1. Baumeister, Bauhandwerker: Art. 101 A. 4 u. 5. Bauten: § 367 Nr. 15 A. 2. Bauarbeiten: Arbeiten baulichen Charakters: S. Art. 101 A. 6. Fahrläss. Begehung strafbar. Höchstgeldstr. nun 450 *M* (§ 1 GG.).

Art. 104.

1. Obrigkeitlich aufgestellte Sachverständige, welche die ihnen obliegende Untersuchung eines Baues mit Gefahr für Personen oder fremdes Eigentum fahrlässigerweise versäumen, werden, insoferne nicht disziplinäre Ahndung stattfindet, an Geld bis zu dreißig Talern gestraft.

2. Gleicher Strafe unterliegen andere Sachverständige, welche nach übernommenem obrigkeitlichen Auftrage die Untersuchung eines Baues mit Gefahr für Personen oder fremdes Eigentum fahrlässiger Weise versäumen.

1. Höchstgeldstr. nun 900 *M* (§ 1 GG.). Obrigkeitl. aufgestellte Sachverständ.: § 66 Abs. 1 BauO. Untersuch. eines Baues: Eingeschlossen die daran sich schließende Gutachtenserstattung. Bau: § 367 Nr. 15 A. 2. Stattfindet: d. h. wenn ein diszipl. Verf. zulässig ist; gleichgültig, ob in concreto eingeleitet.

Art. 105.

1. In den Fällen des § 367 Ziff. 13—15 und § 368 Ziff. 3 und 4 des StGB. für das Deutsche Reich und der Art. 101 und 102 des gegenwärtigen Gesetzes hat der Richter im Strafurteile auszusprechen, daß die Polizeibehörde berechtigt ist, die Beseitigung des ordnungswidrigen Zustandes anzuordnen und zu diesem Zwecke die Sicherstellung, Abänderung, den gänzlichen oder teilweisen Abbruch des betreffenden Bauwerkes oder der betreffenden Vorrichtung zu verfügen.

2. Besteht Gefahr auf dem Verzuge, so ist die Polizeibehörde berechtigt, die im vorstehenden Absatze bezeichneten Maßregeln, vorbehaltlich der Strafverfolgung, sofort vorzusehen.

1. Art. 105 ist gegenstandslos hinsichtlich des Art. 102; reichsrechtl. Zulässigkeit der Bestimmung: Schiedermair, Nebengesetze EG. StGB. § 6 Anm. 4 S. 5. Sachliche Zuständigkeit der PolBeh. auch für die Fälle des Abs. 2: § 25 ZustVO.; s. auch Reiner BlAPr. 1919, 262; die Vorschrift des Art. 105 ist zwingend (KdAbg. 1859/61 GGA. Beil. 2, 113).

2. Keine Ermächtigung, wenn die Straftat überhaupt nicht in einem Zustand besteht; die Ermächtigung entfällt, wenn z. B. des urt der ordnwidrige Zustand bereits beseitigt ist; denn es ist widersinnig, etwas nicht mehr ausführbares anzuordnen; a. A. OSt. 5, 76; ObSt. 18, 86. Aus der gleichen Erwägung entfällt der Ausspr., wenn die Beseitigung unmöglich ist.

3. Ordnungswidrig: Wenn u. soweit er den angeführten Strafbestimm. widerspr; bedeutungslos, ob technisch in Ordnung (ObSt 2, 263; OSt. 2, 527); bedeutungslos, ob anderen gesetz. Bestimm. widersprechend: ein gefahrdrohender Zust. nicht nötig (ObSt. 4, 366). Keine positive Bestimmung, was an die Stelle zu treten habe. Nur zu erteilen, soweit der Zust. ordnungswidr. ist (ObSt. 18, 86). Für die PolBeh ist die Entscheid bindend, auch wenn sie die Ermächtigung mit Unrecht einschränkt oder erweitert; a. A. aber unrichtig OSt. 4, 12 u. Koch BlAPr 68, 30. Besteht die Ordnwidrigkeit in der ungenehm. Vornahme einer genehmpflichtigen Handlung, so beseitigt nachträgl. Genehmigung zwar nicht die Strafbarkeit aber die Anwendung der Art. 105 u 18 (ObSt. 16, 8).

4. Wirksam nur gegen die Personen, gegen die das Strafverf. durchgeführt wurde; deshalb kein Vollzug gegen den Eigentümer wider dessen Willen, wenn die Ermächtigung nur gegen den Baumeister ausgespr. wurde; gleiches gilt, wenn sie nur gegen einen Miteigentümer ausgespr. wurde. Bei Verurt. der Vertreter jur. Personen wirkt die Ermächtigung sinngemäß gegen letztere; bei Kollektivvertretung muß sie aber gegen alle Vertreter ausgespr. sein. Die Anordnung kann, wenn sie rechtskräftig wurde, auch gegen den Nachlaß des Verurteilten vollstreckt w. (entsprech. Anwendung des § 30 StGB.; OGHSt. 6, 99). Keine Wirksamk. gegen sonstige Rechtsnachfolger in dem Gegenstand, in bezug auf den die Anordn. erging (a. A. aber unrichtig Koch BlAPr 68, 31).

5. Bei Idealkonk. kann auf die Folgen des Art. 105 auch erkannt werden, wenn die Strafe einer anderen Strafbestimmung zu entnehmen ist, da Art. 105 nur poliz. Straffolge (bestr. ObSt. 3, 310, gegen ObSt. 2, 406 u. OGHSt. 6, 130).

6. Entscheid. nach Art. 105 können nicht in einem Strafbefehl erfolgen, denn Strafe im Sinne des § 447 StPO. ist jede im Strafges. begründete Folge der Tat (Löwe StPO. § 447 A. 2a); da die Entsch. nach Abs. 1 zwingend, ist desh. in den Fällen des Art. 105 das Strafbefehlsverf. ausgeschl.; es kann nicht etwa ein Strafbefehl ergehen u. die Entsch. nach Art. 105 unterbleiben (OSt. 3, 15; ein LG. in BayZ. 1905, 280; Pramberger BayZ. 1908, 83 u. 1909, 331); a. A. Steinbach BayZ. 1908, 15 u. 1909, 206; Thoma BayZ. 1910, 55.

7. Objekt. Verfahren in den Fällen des Abs. 1: Art. 18 Abs. 2.

8. Vorbehaltlich der Strafverfolgung: Entspricht dem Wort vorläufig des Art. 20; es gilt deshalb Art. 20 A. 4.

9. Vollzug der rechtskräft. BeseitAnordn.: Art. 16 (Koch BlAPr. 68, 29). Erhebung der Kosten des Vollzugs einer vorläuf. Anordn. im Sinne des Abs. 2 des Art. 105: Art. 20 Abs. 4. Im Strafurteil keine Entscheid. über die Kosten des Vollzugs des Art. 105: ObSt. 15, 66.

10. Entsprechende Anwendung des Art. 105 gemäß Art. 22b Abs. 3; hieraus ergibt sich auch hinsichtl. der sachl. Zust. der PolBeh. zu den Maßnahmen des Art. 22b die Anwendung des § 25 ZustVO. Verwandte Strafbestimm.: Art 73 Abs. 3 PStGB. u. Art. 205 WassG.

Zehntes Hauptstück. Übertretungen in bezug auf das Dienstbotenwesen.

Zur Gültigkeit der Art. 106—110. Im Hinblick auf Nr. 8 des Aufrufs des Rats der Volksbeauftr. v. 12. Nov. 1918 (RGBl. 1303) u. §§ 1 u. 2 des auf die VdsRatsVO. v. 7. Nov. 1918 über die wirtschaftl Demobilmachung (RGBl. 1292) gegründeten Erl. des bayr. Staatskommissärs für Demobilmachung v. 13. Dez. 1918 (StAnz. Nr 295), aufrecht erhalten durch Bek. v. 27. Mai 1919 (GVBl. 286; StAnz. Nr. 141), sind von den Vorschriften der Art. 106—110 alle die, die das Verhältnis zwischen Dienstherrschaft u. Dienstboten regeln, nämlich die, die sich als „Gesindeordnungen" oder „Gesinderecht" bezeichnen lassen, aufgehoben (ObSt 20, 222); s. auch die Richtlinien zum Erl. v. 13. Nov. 1918, v. 31. Dez. 1918 (StAnz. 1919 Nr. 4); demgemäß sind außer Kraft getreten: Art. 106, auch soweit er die Taglöhner betrifft (s. § 8 des Aufrufs der Volksbeauftr.), Art. 108 u. 109; dagegen gilt noch weiter Art 107 Abs. 1, außer, soweit er sich mit der Vorlage u. Aufbewahrung der Dienstbücher befaßt (ObSt. a. a. O.), u. wohl auch Art. 107 Abs. 2, u., soweit es sich um den Art. 107 handelt, auch Art. 110.

Wegen der Fortdauer der zivilrechtl. Bestimmungen der Art. 15—31 AG. BGB. über das Gesinderecht (bestr.) s. Keidel BayZ. 1921, 66, 121, 173, 283; Buckel BayZ. 1921, 121; Meyer BayZ. 1921, 172; v Braunmühl BayZ. 1921, 161.

Art. 106.

1. Mit Haft bis zu acht Tagen oder Geld bis zu fünf Talern werden Dienstboten bestraft, welche:

1. im Falle sie sich weiter verdingen, ihrer Dienstherrschaft nicht rechtzeitig aufkündigen;
2. sich an mehrere Dienstherrschaften zugleich verdingen;
3. ohne genügenden Rechtfertigungsgrund zur bedungenen oder gesetzlichen Zeit nicht in den Dienst eintreten;
4. ohne genügenden Rechtfertigungsgrund vor Ablauf der bedungenen oder gesetzlichen Dienstzeit den Dienst verlassen;
5. an abgeschafften Feiertagen oder anderen Werktagen das Arbeiten verweigern oder an Sonn- und wirklichen Feiertagen die ihnen obliegenden Geschäfte nicht verrichten;
6. zur Arbeitszeit sich in Wirtschaften, auf Spielplätzen oder in Winkelkneipen herumtreiben;
7. hartnäckigen Ungehorsam oder Widerspenstigkeit gegen die Befehle der Dienstherrschaft oder deren Stellvertreter sich

zu Schulden kommen lassen oder gegen dieselbe die Pflicht der schuldigen Achtung gröblich verletzen;

8. ohne Erlaubnis der Dienstherrschaft oder deren Stellvertreter jemand beherbergen oder zur Nachtzeit die Behausung ordnungswidrig verlassen.

2. Landwirtschaftliche Dienstboten oder auf längere Zeit in Beschäftigung genommene Taglöhner, welche ohne genügenden Rechtfertigungsgrund zur Erntezeit oder zur Saat- und Ausbauzeit den Dienst verlassen, können mit Haft bis zu vierzehn Tagen bestraft werden.

3. Die unter Abs. 1 Ziff. 3, 4, 5, 7 und Abs. 2 bezeichneten Übertretungen werden nur auf Antrag der Dienstherrschaft oder ihres Stellvertreters bestraft.

4. Unabhängig von der Strafverfolgung steht der Polizeibehörde die Befugnis zu, Dienstboten, welche widerrechtlich den Antritt oder die Fortsetzung des Dienstes verweigern, der Dienstherrschaft auf deren oder ihres Stellvertreters Antrag zwangsweise vorzuführen.

5. Gleiche Befugnis hat die Polizeibehörde gegen landwirtschaftliche auf längere Zeit in Beschäftigung genommene Taglöhner, welche zu der in Abs. 2 angegebenen Zeit ohne genügenden Rechtfertigungsgrund die Arbeit verlassen.

6. Hat eine solche Vorführung stattgefunden, und entzieht sich hierauf der Vorgeführte nochmals widerrechtlich demselben Dienste oder Arbeitsverhältnisse, so ist er mit Haft bis zu drei Wochen zu bestrafen.

1. Unwirksam gew. (s. Vorbem. vor Art. 106).

Art. 107.

1. An Geld bis zu fünf Talern werden Dienstherrschaften gestraft, welche den distrikts- oder ortspolizeilichen Vorschriften über die Anzeige des Ein- und Austrittes von Dienstboten, sowie über die Vorlage und Aufbewahrung der Dienstbücher zuwiderhandeln.

2. Einer Geldstrafe bis zu fünf Talern unterliegen Dienstboten, welche von ihrer Dienstherrschaft den Auftrag erhalten haben, anstatt derselben ihren Dienst-Eintritt oder -Austritt bei der Ortspolizeibehörde zur Anzeige zu bringen und diese Anzeige verabsäumen.

1. Wegen der teilw. Wirksamkeit des Art. s. die Vorbem. vor Art. 106; Höchstgeldstr. nun 150 ℳ (§ 1 GG.).

2. Dienstherrschaft: Art. 56 A. 1. Dienstboten (Gesinde): Personen, die ihre Arbeitskraft zu häuslichen oder niederen landwirtschaftl Verrichtungen auf längere Zeit vermieten (OGHSt. 7, 113; 7, 171; 1, 283; ObSt. 2, 292); Entlohnung erford. (RG. GArch. 45, 439). Nicht notwendig, daß der Dienstbote die Wohnung des Dienstherrn teilt u. an dessen Tisch verköstigt w. (ObSt. 3, 244); keine Gesinde ländliche Arbeiterfamilien mit selbständ Haushalt (KGJ. 29 C 43); das Verhältnis muß die ganze Arbeitskraft für einen Dienstherrn in Anspr. nehmen (OGHSt. 2, 270); auch tageweise Entlohnung möglich (OGHSt. 7, 171); Einräumung einer leitenden Stellung schließt die Dienstboteneigensch. nicht aus, wohl aber die Stellvertretereigenschaft als Verwalter, Wirtschaftsführer (ObSt. 3, 244). Ausscheiden die nicht für die Hauswirtschaft angestellten Personen (Gouvernanten, Gesellschafterinnen, „Stützen" mit Familienanschluß, Ammen), ferner das kaufmännische Personal (Geßler, Dienstbotenrecht S. 4) und insbes. die gewerbl. Arbeiter (ObSt. 1, 236). Bei „gemischter Beschäftigung" entscheidend die überwiegende Tätigkeit (ObSt. 1, 236; OSt. 10, 41; 4, 349), s. aber RG. 47, 84. Kein Dienstbote der Pfleger einer Irrenanstalt (OGHSt. 7, 113), oder ein Führer beim Ausgehen (OGHSt. 2, 270); Tatfrage beim Schäfer (OGHSt. 5, 553)

3. Verabsäumt ist die Anzeige, wenn sie innerh. der in dem Auftrag ausdrücklich oder stillschweigend gesetzten Frist nicht erstattet wird. Ob die Dienstherrsch. durch den Auftrag von der Anzeigepfl frei wird, bestimmt der Inhalt der PolVorschr.

4. Verfügung über die erkannte Geldstrafe: Art. 110. Anzeigepfl. hins gewerbl. Arbeiter: Art. 49

Art. 108.

An Geld bis zu fünf Talern wird gestraft, wer wissentlich einen bereits verdungenen Dienstboten für die nämliche Zeit für sich dingt oder einem Dienstboten bei Auflösung des Dienstverhältnisses polizeilicher Aufforderung ungeachtet die Ausstellung des Zeugnisses im Dienstbotenbuche verweigert.

1. Unwirksam gew. (s. Vorbem. vor Art. 106)

Art. 109.

1. Mit Haft bis zu acht Tagen oder an Geld bis zu fünfzehn Talern werden Dienstherrschaften und Dienstboten bestraft, welche bei Eingehung eines Dienstvertrages unsittliche Bedingungen festsetzen.

2. Gleicher Strafe unterliegen Diejenigen, welche in einen Scheindienst treten oder einen solchen gestatten.

1. Unwirksam gew. (s. Vorbem. vor Art. 106).

Art. 110.

Die nach Maßgabe der Art. 106—109 erkannten Geldstrafen fließen zu zwei Dritteilen in die Armenkasse des Ortes der Übertretung.

1. Wegen teilw. Wirksamkeit des Art. s. die Vorbem vor Art. 106. Das dritte Drittel fließt in die Staatskasse: Art 29 AG StPO. Erstreckt sich die Übertr auf mehrere Orte: Art. 96 A 1

Elftes Hauptstück. Übertretungen in bezug auf Landwirtschaft, Jagd und Fischerei.*)

Art. 111.

1. An Geld bis zu zehn Talern wird gestraft, wer, ohne den durch Verordnung vorgeschriebenen Erlaubnisschein erlangt zu haben, Zuchtstiere, welche zur Benützung für die Viehzucht einer Gemeinde bestimmt sind, zur Zucht verwendet, verwenden läßt oder auf Gemeindeweiden treibt.

2. Gleicher Strafe unterliegt, wer innerhalb einer Ortschaft das Belegen von Pferden oder Rindvieh auf öffentlichen Plätzen oder Straßen vornehmen läßt.

1. Abs. 1 außer Kraft ges. durch Art. 14 des (nun aufgehob.) Körges. v. 5. April 1888 (GVBl. 235). Ergänzung zu Abs. 2 Körordn. v. 26. März 1881 (GVBl. 166) mit § 51 Abs. 2 VO. v. 8. Juni 1890 (GVBl. 425); s. Schiedermair Nebenges. S. 433. Höchstgeldstr nun 300 ℳ (§ 1 GG.).

2. Ortschaft: Art. 94 A. 2. Öff. Straßen u. Plätze: § 366 Nr. 10 A. 3 u. 4; Straßen auch die Wege.

3. Vornehmen läßt: Nur wer eine leitende Tätigkeit zu entfalten hat; nicht der Dienstknecht.

Art. 112.

An Geld bis zu zwanzig Talern wird bestraft, wer unbefugterweise

1. aus Gärten, Weinbergen, Obstanlagen oder Alleen oder von Feldern, Äckern oder Wiesen Gartenfrüchte, Feldfrüchte oder andere Bodenerzeugnisse von unbedeutendem Werte oder in geringer Quantität entwendet;
2. Bäume oder Sträucher, welche in Gärten, Obstanlagen, Alleen, auf Äckern, oder sonst außerhalb eines Forstes

*) Art. 112 u. 113 nachgebildet dem Pr. Ges. v. 13. April 1856 (KdAbg. 1871/72 GGA. Beil. 1, 115). Im übr. s. Preuß. Feld- u. Forst-PolGes. v. 1. April 1880 (GS. 230). Aus dem StGB. s. § 368 Nr. 1, 2, 9; § 370 Nr 1, 2. Reformvorschläge: Kujawa GArch 52, 315.

stehen, oder Hecken und andere zur Einfassung von Grundstücken dienende Anpflanzungen abhaut, abbricht, ausreißt, ausrodet oder beschädigt.

1. Höchstgeldstr. nun 600 ℳ (§ 1 GG.). Unbefugt: Art. 115 A. 2.

2. In Nr 1 erschöpfende Aufzählung; a. A. OGHSt. 8, 289, 4, 83; ObSt 13, 275; darnach soll Nr. 1 alle in Feld u. Flur gelegenen Bodenflächen erfassen, auch „höhere unkultivierte Alpengegenden" u. „Ödflächen". Gärten: Alle dem Anbau dienenden Anlagen, die der Sprachgebr. als Gärten bezeichnet (Rspr. 6, 497). Nicht sog. Wintergärten Auch Friedhöfe, wenn obige BegrBest. zutrifft (RG. GArch. 50, 130). Äcker: Bestimmt zur Gewinnung von Bodenerzeugnissen (RG. 36, 395; RG. GArch. 50, 130). Wiesen: Mit Gras bewachsen. Auch eingezäunte Gärten usw. (KdAbg. 1871/72 GGA Verh. 42). Wegnahme aus anderen Orten: Art. 113 Nr. 2.

3. Bodenerzeugnisse: Hier nur pflanzliche; insoweit aber alles, was vom Boden mit oder ohne menschl. Zutun hervorgebracht oder weiter entwickelt wird, Sträucher, Bäume, auch die Früchte (RG. 45, 200). Nicht Bestandteile des Grundstücks (OSt. 8, 422). Nicht Torf (RG. GArch. 58, 245). Gewisse Selbständigkeit aber notw., nicht ein einzelnes Blatt. Natürliche Verbindung mit dem Boden nicht mehr notw (KdAbg. 1871/72 GGA. Verh. 22; OSt. 3, 380; OGHSt. 5, 17); sie müssen aber sich noch auf dem Erzeugergrundst. befinden (a. A. OSt 3, 380). Nicht mehr bereits bearbeitete Erzeugnisse (Rspr. 10, 521); auch nicht bereits aufgeschichtete oder vergrabene Erzeugnisse (RG. 23, 386). Unbedeutender Wert oder geringe Qualität s. § 370 Nr 5 A. 5

4. Entwendet: Alle Merkmale des Diebstahls nach § 242 StGB. notw. (ObSt. 9, 165; ObSt. SeuffBl. 76, 740; OGHSt. 5, 548; 8, 81).

5. Art. 112 Nr. 1 geht §§ 242ff. StGB. kraft GesKonk. vor (OSt. 7, 534); bei zweifelhafter Beweislage nur Verurt. nach Art. 112 Nr. 1 (RG. BayZ. 1905, 512). Idealkonk. mit § 242, wenn die Absicht des Täters im Laufe der Tat sich auf Feldfrüchte von erhebl Werte erweitert (RG. GArch. 49, 142; ObSt. 13, 111); § 370 Nr. 5 durch Art. 112 Nr. 1 wegen GesKonk. ausgeschlossen (OGHSt. 7, 109)

6. In Nr. 2 erschöpfende Aufzählung der Gegenstände (RG. 18, 128); a. A. OGHSt. 4, 83 (nur beispielsw. Aufzählung, auch Baumstützen umfassend). Natürliche Verbindung der Bäume usw. mit dem Boden notw. (OGHSt. 3, 242). Der Baum usw. als solcher muß abgehauen usw. werden; Teile genügen nicht. Standort muß der natürliche Boden sein, nicht anwendbar bei Entwendung aus Töpfen (ObSt. 14, 177). Wert der Bäume usw. gleichgültig (OSt. 4, 574; OGHSt. 3, 237). Fremdes Eigentum an den Bäumen usw. nicht notw., ausreichend Verletzung dingl. Rechte, oder der §§ 921, 922 (ObSt. BayZ. 1911, 488 gegen OSt. 4, 289), nicht ausreichend Verletzung von FordRechten. Außerhalb eines Forstes: Andernfalls Forstges anwendbar; Begr. des Forstes: Schiedermair Nebenges. S. 221 Hecken: Nur zur Einlassung dienende

7. Beschädigung: Auch volle Zerstörung (OSt. 3, 500). Diebische Absicht nicht notw. (ObSt. 14, 177).

8. Art. 112 Nr. 2 schließt §§ 303ff. w. GesKonk. aus; a. A. OSt 2, 442; auch §§ 242ff. (OGHSt. 3, 237; 2, 187; 4, 83; OSt 2, 442; Rspr. 6, 497).

9. Bei Nr. 1 wie 2 Vorsätzlichkeit notw. Idealkonk. zwischen Nr 1 u. 2 möglich (a. A. wohl OSt 4, 574). Die Tat kann auch in Städten begangen w. (a. A. Schlusser-Müller S. 395 im Hinblick auf § 2 EG. StGB.). Besonderheiten: Art. 114, 122—124. Feststellung der Verpflichtung zum Schadenersatz: Art. 13 FeldschG

Art. 113.

An Geld bis zu drei Talern ist zu bestrafen, wer unbefugterweise
1. fremde auf dem Felde zurückgelassene Ackergeräte gebraucht;
2. das auf Grenzrainen, Gräben, Wegen oder Triften wachsende Gras oder sonstige Viehfutter abschneidet oder abzupft;
3. Dünger von Äckern, Wiesen oder Weiden aufsammelt.

1. Höchstgeldstr. nun 90 ℳ (§ 1 GG.). Unbefugterweise: Art. 115 A. 2. Fremd: Art. 115 A. 4. Ackergeräte: Nicht bloß die zum Ackern (Pflügen), sondern schlechthin zum Bestellen der Äcker bestimmten.

2. Graben: Art. 89 A. 3. Gras: In solcher Menge, daß es zum Viehfutter sich eignet. Vieh: Art. 74 A. 2

3. Dünger: Nur solche Dungstoffe, welche einzeln und zerstreut, nicht in kompakten Massen gefunden werden und unabhängig von dem Willen des Eigentümers auf dessen Grund und Boden kamen, nicht aber solche Stoffe, die der Eigentümer zum Zwecke der Düngung hinbringen ließ (RG. GArch. 45, 430). Äcker u. Wiesen: Art. 112 A. 2.

4. Diebische Absicht nicht notw., auch Schädigungsabsicht ausreichend; a. A OGHSt. 2, 189. Vorsatz notw.

5. Entwendung von anderen Plätzen: Art. 112 Nr. 1. Verhältnis der Nrn 1 u. 2 zu Diebst. u. Sachbeschäd.: Wie bei Art. 112 A. 8 Besonderheiten: Art. 114, 122—124. Feststellung der Verpflichtung zum Schadensersatz: Art 13 FeldschG.

Art. 114.

Ist in den Fällen der Artikel 112 und 113 eine Beschädigung fremden Eigentums aus Rache oder Bosheit verübt wurden, so kommen die Bestimmungen des Strafgesetzbuches zur Anwendung.

1. Beschädigung: Auch die vollst. Zerstörung u. die Entwendung. Eigentum: Nicht andere Rechte. Rache: Absicht, für eine als übel empfundene Tat ein übel zuzufügen. Bosheit: Art 37 A 8 Festst d Verpfl z Schadensersatz: Art. 13 FeldschG.

Art. 115.

Wer unbefugt Vieh auf fremden Grundstücken weidet, die Grenzen fremder Grundstücke durch Mähen oder Ernten überschreitet, fremde Gräben verschüttet oder über die Einfriedungen fremder Gärten steigt, wird an Geld bis zu fünfzehn Talern gestraft.

1. Ein Teil aus Art. 345 StGB. v. 10. Nov 1861 Höchstgeldstr. nun 450 ℳ (§ 1 GG.).

2. Unbefugt: Maßgebend das Zivilrecht (ObSt. 3, 340; OSt 7, 72) u. das öff. Recht; auch bloße Überschreitung der Befugnisse ausreichend (OSt. 7, 303). Von Bedeutung besonders Art. 1—5 des Weidegeſ. v. 28. Mai 1852 (GVBl. 601). Zu letzterem s. ObSt. 5, 375; 3, 165; OGHSt. 3, 471; BlAPr. 1879, 129. Gemeindliches Weiderecht: OSt. 7, 303; 3, 170.

3. Vieh: Art. 74 A. 2.

4. Fremde Grundstücke, Gräben, Gärten: Im Eigentum eines andern stehend (allg. Bedeutung des Wertes; s. auch Art. 119 die Worte „fremd" u. „eigenen"; ObSt. 5, 380; BlAPr. 1878, 85; a. A. ObSt. 8, 358, maßgebend soll Art. 1 Abs. 4 FeldSchGes. sein). Fremd: Auch GemEigentum für die NutzBerechtigten (ObSt. 5, 374). Gräben: Art. 89 A 3.

5. Steigen: Auch Einkriechen, entsprech. § 243 Nr. 2 StGB. Gärten: Art. 112 A. 2.

6. Vorsatz notw., auch Bewußtsein der Rechtswidr. (ObSt. 8, 358; 5, 374; 3, 165; OGHSt. 7, 43); dolus event. ausreichend (ObSt 3, 340).

7. Besonderheiten: Art. 122—124. Feststellung der Schadensersatzverpfl. Art. 13 FeldSchG. (Schiedermair Nebengeſ. S. 46) Idealkonk. mit § 368 Nr. 8: ObSt. 3, 165; OGHSt. 3, 471. Verw Strafbestimm.: Art. 89 PStG.; § 368 Nr. 9 u. § 370 Nr. 11 StGB.

Art. 116.

Wer gegen ortspolizeiliches Verbot sein Vieh außerhalb geschlossener Höfe oder anderer umfriedeter Räume ohne gehörige Aufsicht umherlaufen läßt, wird an Geld bis zu drei Talern gestraft.

1. Höchstgeldstr. nun 90 ℳ (§ 1 GG.). Ortspol. Verbot: Nur als allg. Verbot nicht als PolVerfüg. zulässig (anzunehmende Absicht des Geſ.); also nur Weg der ortspol. Vorschr.; s. auch Art. 3 Abs. 2 Vieh: Art. 74 Abs. 2; Hühner will ausgenommen haben Tisch BayZ. 1915, 234. Umfriedete Räume: Der Art, daß das Vieh nicht austreten kann. Gehörige Aufsicht: Durch die PolVorschr. nicht abgrenzbar. Besonderheiten: Art. 122—124. Festst. der Verpfl zum Schadensersatz: Art 13 FeldschG Verw. Strafbestimm: Art. 118.

Art. 117.

1. An Geld bis zu fünf Talern wird gestraft:*)

1. wer die Viehweide zur Nachtzeit ausübt;
2. wer das während der Nachtzeit im Freien, in Hürden oder anderen geschlossenen Räumen bleibende Vieh vor Sonnenaufgang auf die Weide bringt oder später als eine Stunde nach Sonnenuntergang wieder eintreibt;
3. wer Weidevieh, welches nicht während der Nachtzeit im Freien, in Hürden oder anderen geschlossenen Räumen verbleibt, später als eine Stunde nach Sonnenuntergang zu Stalle bringt oder früher als eine Stunde vor Sonnenaufgang zur Hut wieder austreibt.

2. Eine Ausnahme von dem Verbote der Nachtweide tritt bei der Alpenweide und bei der Weide auf jenen Grundstücken ein, welche von allen Seiten so umschlossen sind, daß dadurch das Austreten des Viehes verhindert wird.

3. Weitere Ausnahmen von dem Verbote der Nachtweide sind von der Kreisverwaltungsstelle für solche Gegenden zu machen, in welchen die Nachtweide auf nicht umschlossenen Grundstücken bisher üblich gewesen ist oder nach den eigentümlichen wirtschaftlichen Verhältnissen nicht entbehrt werden kann. Hiebei hat die Kreisverwaltungsstelle zugleich die Befugnis, die zum Schutze gegen Beschädigungen und Mißbräuche erforderlichen Vorschriften zu erlassen, deren Übertretung die in dem gegenwärtigem Artikel bestimmte Strafe nach sich zieht.

1. Höchstgeldstr. nun 150 M (§ 1 GG.). Vieh: Art. 74 A 2 Nachtzeit: Zeit von Sonnenuntergang bis -Aufgang. Nr. 1 straft die vollständ., Nr. 2 u. 3 die teilw. Nachtweide. Alpenweide: Weide in den Alpen (ObSt. 3, 157); Hoch- u. Heimweide (Min. des Innern KdAbg. 1859/61 GGA. Beil. 2, 232). Strafbar nach Nr. 1—3 nur der Betriebsleiter. KreisVerwStelle, Form der Anordn. u. Vorschr.: Art. 1 Abs. 1 mit Art. 7. Zum Schutze gegen .... erforderlichen: Im Strafverfahren zu prüfen (Art. 15 2d). Besonderheiten: Art 122—124 Festst der Verpflichtung zum Schadenserf.: Art 13 FeldSchG.

Art. 118.**)

1. An Geld bis zu fünf Talern wird gestraft, wer Vieh, welches weder durch genügende Umfriedung des Weideplatzes

*) Abs. 1 Nr. 2 und 3 entnommen dem Preuß Ges. v 5. Juli 1844 (GS 1844, 263).

**) Entspr dem § 1 PreußG. v 5. Juli 1844 (GS 1844, 263)

noch durch Anbinden an dem Austreten in fremde Grundstücke gehindert ist, ohne tauglichen Hirten weiden läßt oder die seiner Hut anvertrauten Tiere an dem Austreten in fremde Grundstücke nicht hindert.

2. Gleicher Strafe unterliegt, wer zur Hut schulpflichtige Kinder mit Versäumung ihrer Schulpflicht verwendet.

1. Höchstgeldstr. nun 150 *M* (§ 1 GG.). Vieh: Art. 74 A 2 Weideplatz: Auch die Straßenböschungen (OSt. 7, 377). Anbinden: Jede Befestigung. Grundstücke: Nicht bloß landwirtschaftl. (ObSt 10, 77, OSt 2, 330; OGHSt. 7, 59). Fremd: Art. 115 A. 4. Weiden lassen: Bloßer Aufenthalt der Tiere nicht genügend, es muß beabsichtigt sein, daß sie die Erträgnisse des Grundstücks fressen (OSt. 7, 377) Nicht notw., daß das Vieh schon austrat (OGHSt. 7, 59). Tiere: Weidendes Vieh. Straflosigkeit, wenn der allein betroffene Eigentümer der fremden Grundst. damit einverstanden ist oder ein Privatrecht zum Übertreten besteht; bloße örtliche Übung allerd. bedeutungslos (ObSt. 16, 9), a. A. OGHSt. 9, 336; ObSt. 10, 77 Schulpflicht. Kinder: Art. 58 A. 4. Besonderheiten: Art. 122 bis 124. Feststellung der Verpflichtung zum Schadensersatz: Art 13 FeldschG

Art. 119.

Einer Geldstrafe bis zu fünf Talern unterliegt, wer den ober- oder ortspolizeilichen Vorschriften zuwiderhandelt, welche zur Vermeidung von Mißbräuchen bei der Ausübung der Einzelnhut auf ungeschlossenen, eigenen oder fremden Grundstücken erlassen werden.

1. Höchstgeldstr. nun 150 *M* (§ 1 GG.). Einzelhut: Gegensatz zur Gemeinweide, also auch die gemeinsame Weide zweier oder mehrerer Eigentümer Geschloss. Grundstücke: So daß das Austreten unmöglich ist. Eigene: Art. 115 A. 4. Ortspol. Vorschr.: Unzulässig Vorschriften, die ein offenes oder verstecktes Verbot der Hut enthalten, auch die Bindung an pol. Bewilligung (KdAbg. 1859/61 GGA. Beil. 3, 194; ObSt. 4, 311; OSt. 10, 310); auch nur zulässig Beschränkungen weidepol. Art, nicht z. B. im erzieherischen Interesse der Hirten; a A. OFrRgg. v. 2. Aug. 1873 (KrBl. 885); Formvorschrift Art. 5 Abs. 2. Fahrläss. strafbar. Aufhebung älterer Bestimm.: InnHMB. v. 4. Mai 1863 (RegBl. 721). Besonderheiten: Art. 122 bis 124. Feststellung der Verpflichtung zum Schadensersatz: Art 13 FeldschG

Art. 120.

1. Einer Geldstrafe bis zu fünf Talern unterliegt:

1. Wer Hausgeflügel während der durch ortspolizeiliche Vorschrift verbotenen Zeit auf die Felder auslaufen läßt oder Feldtauben zur Saat- und Erntezeit innerhalb des durch

die Ortspolizeibehörde bestimmten und öffentlich bekannt gemachten Termines nicht eingeschlossen hält;

2. wer abgesehen von den Fällen des § 368 Nr. 2 des Strafgesetzbuches für das Deutsche Reich den hinsichtlich der Abwehr und Vertilgung schädlicher Tiere oder Pflanzen erlassenen ober-, distrikts- oder ortspolizeilichen Vorschriften zuwiderhandelt.

Bei Zuwiderhandlungen gegen Vorschriften zur Abwehr und Vertilgung der Reblaus ist Geldstrafe bis zu einhundertfünfzig Mark oder Haft zulässig. Reben, welche gegen ein auf Grund solcher Vorschriften erlassenes Verbot versendet, eingeführt oder sonst in Verkehr gebracht werden, sind einzuziehen.

2. Vor Erlassung der in Ziff. 2 Abs. 1 und 2 bezeichneten Vorschriften und der auf Grund derselben ergehenden allgemeinen Anordnungen sind entweder die zur Vertretung der landwirtschaftlichen Interessen berufenen Organe oder Sachverständige zu vernehmen.

1. Abs. 1 Nr. 2 neu gefaßt, Abs. 2 beigefügt durch die Nov. v 12 Mai 1898 (GVBl. 223). Höchstgeldstr. nun 150 ℳ (§ 1 GG.)

2. Zu Abs. 1 Nr. 1: Ortspol. Vorschr.: Formvorschrift Art. 3 Abs. 2. Wer: Strafbar nicht der Eigentümer als solcher (ObSt. 15, 164), sondern jeder, der die Pflicht zur Überwachung hat. Auslaufen: Nicht das Hinfliegen (besond Anführung der Tauben!) oder Hintreiben oder Hintragen. Feldtauben: Jene Art, welche die Gewohnheit hat, „zu feldern", auch Brieftauben einschließlich der Militärbrieftauben jedoch zu beachten § 2 des Brieftaubenschutzges. v. 28. Mai 1914 (RGBl. 46), s. InnMB. v. 24. Juni 1915 (AMBl. KrBeilage 591). Terminsbestimmung (sprachlich richtiger: Frist): Nur wirksam, wenn sie sich innerhalb der Saat- u. Erntezeit hält, zu prüfen im Strafverf.; ortspol. Vorschr. nicht notw Fahrlässigkeit strafbar (vgl. ObSt. 9, 329; 15, 164).

3. Zu Abs. 1 Nr. 2: Schädl. Tiere: Maikäfer. Schädliche Pflanzen: Beabsichtigt Schutz gegen infektiöse Krankheiten u. gegen Verunkrautung; auch Forstschutz, Nonne (KdAbg. 1897/98 Beil. 15, 212; Reichsr. Beil. 7, 504). Abs. 2 gegenstandslos durch das neue Reblausges. v. 6. Juli 1904 §§ 2, 10 u. 11. Fahrläss. ausreichend zur Bestrafung, wenn nicht der Inhalt der Vorschr. entgegensteht.

4. Zu Abs. 2: Zur Vertretung der landw. Interessen berufene Organe: Früher der Landwirtschaftsrat, die landw. Kreisausschüsse u. BezAusschüsse (KdAbg. 1897/98 Teil 15, 212), jetzt wohl die Bauernkammern (Art. 5 des Ges v. 20. März 1920, GVBl 67). Notw. nur Vernehmung, nicht Zustimmung. Keine Vorschr. über die Art der Vernehmung. Notw. aber Vernehmung über die Vorschriften, es muß also der ganze endgültige Inhalt mitgeteilt werden. Ob die Vernehmung erfolgte, im Strafverf. zu prüfen; aus der Vorschr. selbst braucht aber dieses nicht ersichtlich zu sein (ObSt. 6, 122). Sachverständige: Auch, wenn sie geringe oder keine Sachkunde haben; notw. nur Vernehmung wegen ihrer (wenn auch vielleicht nicht vorhandenen) Sachkunde. Art. 3 Abs. 2 PStGB. durch Abs. 2 für die Fälle des Abs. 1 Nr. 2 ersetzt.

5. Besonderheiten: Art. 122–124; Festst. der Verpflichtung zum Schadensersatz: Art 13 FeldschG. Verw Strafbestimm.: Art. 77 Abs 1 mit Art 46 ForstG

Art. 121.

1. Zuwiderhandlungen gegen ortspolizeiliche Vorschriften über die Nachlese in Feldern, Obstbaumpflanzungen und Weinbergen oder gegen sonstige von der Ortspolizeibehörde zum Schutze des landwirtschaftlichen Eigentums, der Feldwege und der auf der Flurmarkung befindlichen Abzugsgräben erlassene feldpolizeiliche Vorschriften werden an Geld bis zu fünf Talern bestraft.

2. Unterläßt die Ortspolizeibehörde, die nötigen Vorschriften zu treffen, so ist die vorgesetzte Distriktspolizeibehörde zur Erlassung von Anordnungen für den Ortspolizeibezirk befugt.

1. Höchstgeldstr. nun 150 ℳ (§ 1 GG.) Nur Vorschriften über die Nachlese, kein vollst. Verbot. Poliz. Vorschriften (einschließl. der über die Nachlese, Schicker Art 34 A. 6) zulässig nur zum Schutz gegen Dritte, nicht aber Anweisungen an den Eigentümer zur Beseitigung von Hindernissen der Bodenwirtschaft u. Viehzucht oder zum Schutze seines Eigentums (ObSt. 7, 157; 16, 9; a. A. OGHSt. 8, 537; BlAPr. 1879, 125), auch nicht zur Ausrottung der Mistelpflanzen; a. A. Grill GZ. 1898, 9; hier Art. 120 Abs. 1 Nr. 2 anwendbar. Feldwege: Diejen. Wege, welche dazu bestimmt sind, vorwiegend zur Bewirtschaftung der Grundstücke zu dienen (Kahr GemO. S. 386); öffentl. brauchen die Wege hier nicht zu sein. Flurmarkung: der landwirtschftl. benutzte Teil der Gemeindeflur. Abzugsgräben: Gräben: Art. 89 A. 3; auch die Schutzgräben an den Feldwegen (KdAbg 1859/61 GGA. Beil. 3, 195); ohne schlüssige Begr. verlangt ObSt. 16, 120 zur Wirksamkeit der Vorschr. über Abzugsgräben, daß vorher nach Art. 55 Abs. 2 GemO (Art 40 Abs. 2 Pfälz. GemO) vorgegangen wurde, wenn unter den Beteiligten keine Einigung über die Deckung der Kosten der Gräben erfolgt Formvorschr. für die Erlass. der poliz. Vorschr.: Art. 3 Abs. 2. Zulässig auch Vorschr. zum Schutze der Hege- u. Wehrzeichen (Strohwische) vgl. BlAPr. 1882, 94 u. § 368 Nr. 9 StGB.; Art. 87 Abs. 1 Nr. 1 PStGB.; Art. 92 Nr. 2 ForstG.; Art. 30 Nr. 2 ForstG. Zu Abs. 2: S. Art. 5 PStGB. Besonderheiten: Art. 122 bis 124. Festst. der Verpflichtung zum Schadensersatz: Art 13 FeldschGes

Art. 122.*)

1. Sind Feldpolizeiübertretungen durch Familienangehörige, Dienstboten, Taglöhner, Hirten oder in ähnlichen Verhältnissen stehende Personen auf Befehl oder Anordnung des Familienhauptes, Dienstherrn oder Arbeitgebers vorgenommen worden, so ist nur derjenige nach den Bestimmungen dieses Gesetzes strafbar, auf dessen Befehl oder Anordnung die Handlung vorgenommen wurde.

2. Außerdem haften Eltern, Pflegeeltern und Dienstherrschaften, soferne die von ihren im elterlichen Hause sich aufhaltenden Kindern oder Pflegekindern oder von ihren Dienstleuten begangenen, in den Art. 112, 113 Ziff. 2, 3 und 115 erwähnten Feldfrevel zu ihrem Vorteile gereichen, für die Kosten, Geldbußen und Entschädigungen.

3. Kann die Geldstrafe gegen den Täter nicht vollstreckt werden, so ist sie von den gemäß Abs. 2 hiefür haftbaren Personen einzuziehen; sind auch diese unvermögend, so wird die Geldstrafe gegenüber dem Verurteilten in Haft umgewandelt.

1. Geänd. durch Art. 162 AG. BGB. (KdAbg. 1898/99 GGA. Beil. 20 S. 108). Reichsrechtl. zulässig: Abs. 1 u. 3 gemäß § 2 Abs 2 EG. StGB.; Abs. 2 gemäß Art 107 EG. BGB.**)

2. Zu Abs. 1: Feldpol. Übertretungen: Art. 112, 113, 115 bis 121 PStGB.; Bestimm. d. StGB fallen nicht hierher. Dienstboten: Art 107 A. 2. Taglöhner: Art. 49 A. 1. Familienhaupt: Art. 65 A 2. Familienangehörige: Die im Familienverband in diesem Sinne Stehenden. Dienstherrn: Art. 56 A. 1; Dienstherrschaft u. Dienstherr gleichbedeutend. Abs. 1 nur negative Bedeutung, insoferne die Untergebenen nicht bestraft werden sollen; die bloße Befehlgebung oder Anordnung (ohne Mittäterschaft oder Anstiftung) begründet aber keine Bestrafung. Der Angekl braucht sich auf Abs. 1 nicht ausdrücklich zu berufen (ObSt. 8, 358).

1. Zu Abs. 2: Eltern: Nicht die Großeltern. Pflegeeltern: Art 56 A. 1. Alter gleichgültig. Abs. 2 nur anwendbar, wenn die Kinder usw strafbar sind (also auch nicht in den Fällen der Straffreiheit nach Abs. 1); eine weitergehende Anwendung wäre auch nicht durch Art. 107 EG. BGB. gedeckt. Kosten: Nur des Verf., nicht des Strafvollz. (Weis StGB. zu Art. 288 Abs. 2). Prozessuale Verwirklichung des Abs. 2: Art. 14 FeldschG.; soweit dieser nicht einschlägig, für Entschädigungen ZPWeg, im übrigen StPO u. die strafproz. Vollstr.Vorschriften entsprechend anwendbar Die Haftung des Täters nach Art. 13 FeldschG besteht weiter.

---

*) Entnommen den Art. 345 u. 288 StGB. v. 1861.

**) Sonderlit: Reuß, Die Haftung nach bayer., preuß. u. Reichsstrafgesetz 1900.

4. Zu Abs. 3: Nicht vollstr werden: Soweit Vollstreckung an sich möglich, ist sie auch zu versuchen; § 6 Abs. 2 EG. nicht anwendbar. Unvermögend: Ebenso auszulegen wie „nicht vollstr. werden" (s. das Wort „auch" in Halbsatz 2) Eventualumwandlung der Geldstr. hat in den Fällen des Abs. 2 im Urteil nicht zu erfolgen, sondern immer nach § 491 StPO. Verfügung über die Geldstr.: Art. 124.

Art. 123.

Bei der Verfolgung und Aburteilung der in § 368 Ziff. 1, 2 und 9 und § 370 Ziff. 1 und 2 des Strafgesetzbuches für das Deutsche Reich, dann in Art. 112, 113 und 115 bis 121 gegenwärtigen Gesetzes erwähnten Übertretungen sind Bedienstete der Distriktsgemeinden, sowie Privatpersonen, welche von der Distriktsverwaltungsbehörde als Organe des Feldschutzes verpflichtet und anerkannt sind, in bezug auf den amtlichen Glauben ihrer Aussagen, sowie hinsichtlich der Befugnis zur Vornahme zu Pfändungen den von den Gemeinden aufgestellten Flurschutzbediensteten gleichzuachten.

1. Art. 123 wirkungslos, weil strafprozessualer Natur. Auch nicht gedeckt durch § 3 Abs. 3 EG. StPO (Art. 1 AG. StPO.), weil nur vereinzelte Bestimmungen, kein „besonderes Verfahren".

Art. 124.

Die auf Grund des § 368 Ziff. 1, 2 und 9 und § 370 Ziff. 1 und 2 des Strafgesetzbuches für das Deutsche Reich, sowie der Art. 112, 113 und 115 bis 122 erkannten Geldstrafen fließen in die Kasse derjenigen Gemeinden, in deren Bezirk die Übertretung verübt wurde oder, insoferne eine Ortschaft auf eigene Kosten Flurwächter aufgestellt hat, in die Kasse dieser Ortschaft und sind für Zwecke des Flurschutzes zu verwenden.

1. Bei Begehung in mehreren Gem. Teilung notw.

Art. 125.

1. Die Übertretung der gesetzlichen Bestimmungen über Ausübung der Jagd und der nach Maßgabe des Gesetzes im Verordnungswege erlassenen jagdpolizeilichen Vorschriften wird nach den hierüber bestehenden Gesetzen bestraft.

2. Auf Personen, welche bei Ausübung des Jagdrechtes eine gemäß § 367 Ziff. 9 des Strafgesetzbuches für das Deutsche Reich verbotene Waffe führen, sind die Bestimmungen jenes Gesetzes anwendbar.

3. Unbeschadet der nach Maßgabe des Abs. 1 verwirkten Strafe unterliegt Wild, welches mit Übertretung der die Hege oder Hegezeit betreffenden Bestimmungen erlegt wird, desgleichen Wild, welches während der für die betreffende Wildgattung festgesetzten Hegezeit und nachdem seit deren Eintritt vierzehn Tage verstrichen sind, ohne von der Distriktspolizeibehörde bewilligte Terminsverlängerung zum Verkaufe gebracht wird, der Einziehung. Der Erlös daraus fließt in die Armenkasse des Ortes der Übertretung.

4. An Geld bis zu zehn Talern oder mit Haft bis zu sechs Tagen wird gestraft, wer Vögel, deren Einfangen, Töten oder Verkauf durch Verordnung verboten ist, einfängt, tötet oder verkauft oder wer den Verordnungen oder oberpolizeilichen Vorschriften über das Einsammeln oder den Verkauf von Ameiseneiern zuwiderhandelt.

1. Wegen der Bestimmungen über die Ausübung der Jagd u. der jagdpol. Vorschr. s. Schiedermair Nebenges. S. 391.

2. Abs 2 stellt klar, daß Bayern von seinem Recht (§ 2 Abs. 2 EG. StGB.), von § 367 Nr. 9 abweich. Bestimm. zu treffen, keinen Gebrauch macht.

3. Abs. 3 ist Ergänzung der jagdpol. Strafges. Einziehbar nur Wild oder Teile von Wild; nicht Gegenstände des Jagdrechts, die kein Wild sind (z. B. Eier). Desgl. nur erlegtes (nicht sonst okkupiertes) u. verkauftes (nicht sonst veräußertes). Auch nicht der Erlös von Wild, außer wenn die Veräußerung erst nach der Besitzergreifung erfolgte (ObSt. 8, 384). Einziehung nur zulässig im Anschluß an einen strafrechtl. Tatbestand, nicht bei sonstigem Verstoß gegen die JagdPolVO. v. 6. Juni 1909 (ObSt. 16, 150). Bestimm. über die Hegezeit: Art. 23 Abs. 1 Nr. 5 Jagdges. u. §§ 2—8. JagdPolVO. v. 6. Juni 1909 (GVBl. 409), geänd. durch VO. v. 13. Febr. 1911 (GVBl. 81) u. v. 5. Mai 1913 (GVBl. 189) § 13. Auch obj. Verf. zulässig (Art 18). Einziehbar nur dem Täter gehöriges Wild (ObSt. 8, 384; 9, 204; K. in BayZ. 1905, 408; a. A. OSt. 2, 372; einschränkend mit unschlüss. Begründung ObSt. 16, 150; s. auch Art. 17 A. 2); gilt auch für das obj. Verf (Art. 18 A. 3b). Einziehung im Ermessen des Gerichts; auch im obj. Verf. (Art. 18 A. 3c). Erlös zur Staatskasse, wenn ÜbertretOrt im ausmärk. Gebiet (Berolzheimer BlAPr. 1894, 284).

4. Entstehung u. Zweck des Abs. 4: KdRR. 1871/72 GGA. Beil. 1, 10; KdAbg. GGA. 2, 217. Gegenüber dem VogelschutzG. v. 30. Mai 1908 (RGBl. 317), soweit unter dieses Ges. fallende Vögel in Betracht kommen, nur mehr wirksam nach Maßg. des § 9 dieses Ges. Hinsichtlich anderer Vögel voll wirksam (§ 8 d. Ges.), außer hins. des Fangens mit Schlingen, insoweit § 2 Abs. 1 lit. b u. § 6 des VogelSchG. maßgebend. Einfangen: Nicht bloß Besitzergreifung, sondern alle Handlungen, die geeignet sind, die sof. Besitzergreif. herbeizuführen, Aufstellen von Leimruten, Netzen usw. (OSt. 1, 71; ObSt. 4, 97). Verkauf: Maßgebend das bürg. Recht; nicht schon das bloße Anbieten, a. A. OSt. 2, 546. Höchstgeldstr nun 300 ℳ (§ 1 GG.).

Art. 126.

Aufgehoben durch Art. 111 FischG. v. 15. Aug. 1908 (GVBl. 527).

Zwölftes Hauptstück. Erwerbs- und Gewerbs-Polizei.

Vorbemerk.: Die strafbaren Handl. des XII. Hauptst. erfordern grundsätzl. (s. die Überschrift) eine gewerbemäß. Tätigkeit, vorbehaltlich besonderer anderweiter Bestimmung der einzelnen Art. Maßgebend hierbei für den Begriff Gew. die RGewO., weil man bei der Revision des PStGB. im Jahre 1871 das XII. Hauptst. mit dem Gewerberecht des übrigen Deutschl. in Einklang bringen wollte (KdAbg. 1871/72 Beil. 1, 21; StenB. 1, 19). Eine falsche Vorstellung von der Bedeutung der Einführung der GewO. für den Nordd. Bund in Bayern hatte der Minister des Innern (KdAbg. 1871/72 StenB. 1, 19).

Art. 127.

1. An Geld bis zu fünfzig Talern wird bestraft, wer, ohne hierzu approbiert zu sein, sich als Arzt, Wundarzt, Landarzt, Chirurg, Augenarzt, Geburtshelfer, Zahnarzt, Bader, Tierarzt bezeichnet oder sich einen ähnlichen Titel beilegt, durch den der Glaube erweckt wird, der Inhaber derselben sei eine geprüfte Medizinalperson.

2. Derselben Strafe unterliegen Personen, welche ohne hiezu approbiert zu sein, außer Notfällen eine geburtshilfliche Handlung vornehmen, sowie approbierte Hebammen, wenn sie außer Notfällen ihre durch Verordnung oder Ministerialvorschrift bestimmten Befugnisse überschreiten.

3. Die Bezahlung der approbierten Ärzte, Wundärzte, Bader, Hebammen und Tierärzte bleibt der Vereinbarung vorbehalten. Als Norm für streitige Fälle im Mangel einer Vereinbarung können jedoch für dieselben Taxen durch Verordnung festgesetzt werden.

1. Art. 127 an sich grundsätzlich noch wirksam (§ 6 Abs. 1 GewO.); jedoch Abs. 1 gemäß §§ 29 u. 147 Abs. 1 Nr. 3 GewO. nur mehr von Bedeutung hinsichtlich des Badertitels oder eines diesem ähnlichen Titel. Abs. 2 unwirksam in seinem ersten Teil, denn die Vornahme geburtshilfl. Handl. durch weibl. Personen nun durch die GewO. geregelt (§ 30 Abs. 2, § 147 Abs. 1 Nr. 1; RG. 15, 181); für Männer gilt aber insoweit der Grundsatz der GewFreiheit. Auch nicht wirksam hins. nicht gewerbl. Tätigkeit; denn solche erfaßt Art. 127 überhaupt nicht. Teil 2 des Abs. 2 voll wirksam (§§ 6 u. 144 GewO.; ObSt. 1, 306). Abs. 3 unwirksam hinsichtlich der Ärzte, Wundärzte u. Tierärzte (Art. 80 Abs. 2 GewO.), im übrigen wirksam, jedoch nur mit den aus Art. 55 EG. BGB., § 612 Abs. 2, § 632 Abs. 2 BGB. sich ergebenden Einschränkungen (RGRKomm. § 612 A. 3; RGZ. 68, 202); auch stillschweig. Vereinb. geht der Taxe vor.

Abs 1 ist dem § 147 Abs. 1 Nr. 3 GewO. nachgebildet (KdAbg. 1871/72 GSA. 1, 126); demnach auszulegen wie dieser. Höchstgeldstr nun 1500 ℳ (§ 1 GG.).

2. Die Vorschriften über die Approbation der Bader sind enthalten in der Baderordnung v. 31. März 1899 (s. hierw. Teil III bei Art. 49). Entziehung der Berechtigung zur Führung des Badertitels nach § 9 dieser Ordnung: OSt. 4, 383.

3. Titel: Bezeichnung, die eine von jemand ausgeübte berufliche Tätigkeit erkennbar machen soll (ObSt. 11, 109); nicht die Annahme einer unpersönlichen Bezeichnung (Baderei, Badergeschäft), sie ist nicht strafbar (RG. 31, 164; Darmst. GArch. 47, 386; KG. Reg. 33, 70; ObSt. SeuffBl. 67, 313; a. A. ObSt. 11, 325). Beilegung soviel wie Gebrauch (Marienw. 46, 226). Ausübung des Gew. nicht notw. Titelbeilegung auch außerh. des geschäftl. Verkehrs ausreichend, sie muß aber nach außen hervortreten. Zeitdauer gleichgültig. Ausübung des Gew. selbst nicht strafbar (OGHSt. 5, 401).

4. Keine Bestrafung, wenn bei der Bezeichnung als Bader auf die Tats. einer außerbayer. Approbation hingewiesen wird; denn nur die inländ. Approb. soll geschützt werden (RG. 48, 2; ObSt. 11, 359; 14, 279; a A. Cöln GArch. 39, 193; KGJ. 21 C 10; 43 C 366; Reg. 33, 424).

5. Dem Titel Bader ähnlicher Titel: Jeder, der ihm nach Inhalt und Bedeutung nahekommt (Marienw GArch. 49, 341 zu § 147 Nr 3 GewO.). Z. B. Badereibesitzer (OSt. 4, 383); „Vertreter des Baders" (Marienw. GArch. 49, 341); auch Baderin bei einer weibl. Person, wenn es nicht Frau eines Baders bedeuten soll. Nicht aber der Titel Friseur oder Haarkünstler. Der baderähnliche Titel braucht nur geeignet zu sein, den Glauben zu erwecken, der Inhaber sei eine geprüfte Medizinalperson; daß tatsächlich in einer bestimmten Person der Glaube erweckt wurde, nicht notwendig (Hamb. in Reg. 12, 11); notw. aber die Erweckung des Glaubens, der Inhaber sei ein geprüfter Bader. Bei Gebrauch des Badertitels Erregung des Glaubens, der Inhaber sei gepr. MedizPerson nicht notwendig.

6. Nicht strafbar die bloße Überschreitung der ihnen verordn.mäßig eingeräumten Befugnisse (auch nicht nach der GewO.); das ergibt die Entstehung des Art. 127 (RG. 13, 259).

7. Nur die Nichteinhaltung der Grenzen der Berechtigungen der Hebammen strafbar, nicht jede Zuwiderhandlung gegen eine ihnen auferlegte Pflicht; darüber lassen Fassung und Entstehung des Art. keinen Zweifel (OSt. 3, 80; ObSt. in BayZ. 1905, 28; Graßm.-Pil 2, 277 Anm. 8; zweifelnd ObSt. 1, 306). Strafbar aus diesem Grunde insbes. auch nicht ein ungebührliches Verhalten gegenüber dem Arzte (ObSt. in SeuffBl. 70, 103). Nur die Befugnisse hins. der Hebammentätigkeit können geregelt w.; dazu wohl auch die sich an die Tätigkeit bei der Entbindung anschließ. Sorge für Mutter u. Kind zu rechnen (Stuttg. in WürttJ. 20, 178), u. auch die Sorge für die Zeit vorher. Die Befugnis zur GewAusübung kann Hebammen durch Landesges nicht entzogen werden; maßgebend nur § 30 Abs. 2 u. § 53 Abs. 2 GewO. (PrOVG GArch. 54, 427)

8. Bezeichnung als Geburtshelferin nach § 147 Nr. 3 GewO. strafbar (KG. GArch. 41, 306); dagegen Führung des Hebammentitels selbst nicht.

9. Auch fahrläss. Zuwiderhandl. gegen Abs. 1 u. 2 strafbar, soweit nicht der Inhalt der VO oder MinVorschr. entgegensteht (Marienw. GArch. 49, 341).

10. Pflicht der Ärzte, Wundärzte, Bader, Hebammen und Tierärzte zur Anzeige ansteckender Krankheiten: Art. 72; Pflicht zur Anzeige von der Wahl und den Veränderungen des Wohnorts: Art. 128; Pflicht zur Wahrung des Berufsgeheimnisses durch Ärzte, Wundärzte, Hebammen, Apotheker und die Gehilfen dieser Personen: § 300 StGB.

11. Zu Abs. 3 für Bader: § 8 der BaderOrdn. v. 8. März 1899 (Tl. III bei Art. 49); für Hebammen HebammenOrdn. v. 4. Juni 1899 (Tl. III bei Art. 127). Fests v Taxen für andere als die in Abs. 3 bezeichn. Personen: Art 142.

Art. 128.

Ärzte, Wundärzte, Bader, Hebammen und Tierärzte werden an Geld bis zu fünfzehn Talern gestraft, wenn sie bei der Wahl oder Veränderung ihres Wohnortes den durch Verordnung festgesetzten Verpflichtungen zuwiderhandeln.

1. Wirksam gegenüber Gew. (s. deren § 144; ObSt. 1, 381). Höchstgeldstr nun 450 ℳ (§ 1 GG.).

2. Bezieht sich nur auf geprüfte (approb.) Ärzte usw. (ObSt. 7, 167). Weiter einschlägig das bei Art. 72 A. 2 Bemerkte. Zahnärzte wohl keine Ärzte im Sinne des Art. 128 (s. § 1 gegenüber § 12 der VO v. 29. Jan. 1865, RegBl. 137; anders erst die VO v. 11. Aug. 1873, RegBl. 1313).

3. Keine Pflichten in der Wahl oder Veränderung, nur bei der Wahl oder Veränd ; und auch insoweit nur innerlich damit zusammenhängende.

4. Wohnort: Der Ort, wo jemand wohnt; nicht der Wohnsitz (unklar ObSt. 1, 381); auch nicht die Wohnung; maßgebend die polizeiliche Einheit, für die Regel also die Gemeinde (s. auch Fischer BayZ. 1913, 40).

5. VO.en im Sinne des Art. 128: VO. v. 9. Jan. 1912 über die Meldepfl. der Ärzte u. Zahnärzte (GVBl. 15); § 6 der Baderordn. v. 31. März 1899 (GVBl. 111), § 2 der HebammenVO. v. 4. Juni 1899 (s. Teil III); § 1 der VO. v. 21. Dez. 1908, die Tierärzte betr. (GVBl. 1141), geänd durch VO. v. 9. Aug. 1920 (GVBl. 396).

6. Die durch § 14 GewO geregelte Anzeigepflicht findet auf die in Art 128 genannten Personen keine Anwendung (§ 6 GewO.).

Art. 129.

1. Wer ohne Genehmigung der zuständigen Behörde eine Privatheil- oder Entbindungsanstalt oder eine Badeanstalt er-

öffnet oder den Betrieb nach Einziehung dieser Genehmigung fortsetzt oder den bezüglich der Einrichtung und des Betriebs einer solchen Anstalt von der zuständigen Behörde im Interesse der Gesundheitspflege, der Sittlichkeit und der persönlichen Sicherheit festgesetzten Bedingungen zuwiderhandelt, wird an Geld bis zu fünfzig Talern bestraft.

2. In dem Straferkenntnisse ist die Zulässigkeit der Schließung solcher ohne Genehmigung betriebenen Anstalten auszusprechen. Im Falle des Zuwiderhandelns gegen die für die Einrichtung und den Betrieb polizeilich festgesetzten Bedingungen kann bis zur Abänderung der ordnungswidrigen Einrichtung oder des ordnungswidrigen Betriebes auf Zulässigkeit der Schließung erkannt werden.

1. Abs. 1 u. 2 hins der Heil- u. EntbindAnstalten aufgehoben durch §§ 30, 53, 147 Abs. 1 Nr. 1 GewO.; hins. der Badeanstalten Abs 1 in seinem ersten Teil durch §§ 35, 148 Abs. 1 Nr 4, § 1 GewO aufgehoben, wirksam aber noch in seinem zweiten Teil (§ 144 GewO.); Abs. 2 für sie aufgehoben durch § 35 GewO Für vollständ Aufhebung Schmitt Justizges S. 749; Seuffert SeuffBl 1873, 427. Höchstgeldstr nun 1500 ℳ (§ 1 GG.).

2. Zust. PolBeh.: § 27 ZustVO Sittlichkeit: Art 73 A 5. Bedingungen: Nur für den Inhaber der Anstalt

Art. 130.

1. An Geld bis zu fünfzig Talern wird gestraft, wer Fabriken, Werkstätten oder sonstige gewerbliche Anlagen, welche eine schädliche oder belästigende Ausdünstung verbreiten oder sonst für die Nachbarn oder das Publikum erhebliche Gefahren, Nachteile oder Belästigungen herbeiführen können, ohne Genehmigung der zuständigen Behörde errichtet oder wesentlich verändert oder den bei Erteilung dieser Genehmigung bezüglich der Lage, Einrichtung und des Betriebes solcher Fabriken, Werkstätten oder sonstiger gewerblicher Anlagen erlassenen polizeilichen Anordnungen zuwiderhandelt.

2. Das Verzeichnis der unter Abs. 1 begriffenen Fabriken, Werkstätten und sonstigen gewerblichen Anlagen wird durch Verordnung festgesetzt.

3. Im Strafurteile ist die Zulässigkeit der Schließung der unbefugt errichteten oder veränderten Fabrik oder Werkstätte auszusprechen. Bei eigenmächtiger Abweichung von den bei Erteilung der Genehmigung erlassenen polizeilichen Anordnungen

kann die Schließung bis zur Abänderung der vorschriftswidrigen Einrichtungen für zulässig erklärt werden.

4. Überdies hat der Richter auszusprechen, daß die Polizeibehörde befugt ist, die Abänderung, den Abbruch oder die Entfernung der ordnungswidrigen Vorrichtungen zu verfügen.

1. Der Art. ist jetzt wohl unwirksam; denn er sollte nur einen Ersatz für die z. Z. der Erlassung des PStGB. noch nicht geltenden §§ 16ff., 49 u. 147 GewO. bilden u. ist deshalb mit deren Inkrafttreten bedeutungslos gew. (KdAbg. 1871/72 GGA. Beil. 1, 27); bestr.; für Unwirksamkeit: OGHSt. 6, 216; 4, 14; OSt. in Reg. 15, 249; Web. 6, 172; für Wirksamk.: VGH. 14, 150; 18, 243; ObSt. 13, 369; 19, 251 (teilw.); Koch BlAPr. 1918, 16; weiteres Schrifttum BlAPr. 1901, 63. Höchstgeldstr. nun 1500 ℳ (§ 1 GG.).

2. Fabrik: Die Vereinigung einer größeren Anzahl von Arbeitern zu Produktionszwecken in einem Gebäude, die unter vorzugsweiser Anwendung von Maschinen und Motoren sich gegenseitig in die Hand arbeiten, so daß alle an der Herstellung eines und desselben Gegenstands mit bestimmten Leistungen beteiligt sind (Stieda, HandwBuch der Staatsw.). Werkstätten: Räume, in welchen bestimmungsgemäß die in einen Gewerbebetrieb einschlagenden Arbeiten ausschließlich oder doch überwiegend verrichtet werden (RG. GArch. 51, 349).

3. Genügend auch schädliche Einwirkungen auf Sachen der Nachbarn oder des Publikums. Nachträgl. Anordnungen nicht zulässig; unzulässig; auch der Vorbehalt nachträgl. Anordnungen, oder des Widerrufs, oder befristete oder bedingte Genehmigung. Prüfung dessen auch im Strafverf.; ferner, ob die Anordn. sich auf Lage, Einrichtung u. Betrieb bezieht. Die Anordn. sind PolVerfügungen.

4. Das Verzeichnis des Abs. 2: VO. v. 16. Mai 1863 (RegBl. 993); bestimmt auch die zur Genehm. zust. Beh.; für München s. OGHSt. 9, 234. Es stellt bindend, auch für das Strafverfahren, fest, daß die Voraussetzungen des Abs. 1 vorliegen.

5. Schließung nicht zulässig bei „**sonst**. gewerbl. Anlagen"; gilt auch für Abs. 4. Vollzug der Entscheid. des Abs. 3: Art. 17 Abs. 2; Obj. Verf. in den Fällen des Abs. 4: Art. 18 Abs. 2.

6. Verjährung: Beginnt erst mit Aufg. des gesetzwidr. Betriebs (ObSt. 19, 251).

Art. 131.

1. Wer den Verordnungen über Prüfung, Aufstellung und Gebrauch von Dampf- und anderen sicherheitsgefährlichen Maschinen und dazu gehörigen Vorrichtungen und Leitungsröhren zuwiderhandelt, wird an Geld bis zu fünfzig Talern gestraft.

2. Die Polizeibehörde ist berechtigt, den Gebrauch der in Abs. 1 bezeichneten Gegenstände bis zur erfolgten Prüfung oder Herstellung des entsprechenden Zustandes zu untersagen.

1. Voll wirksam hins anderer sicherh.gefährl. Maschinen als Dampfkessel; hins. der letzteren wirksam nur soweit, als nicht §§ 24, 25 u 147 Abs 1 Nr 2, Abs. 3 GewO. eingreifen, also namentlich hins. des Gebrauchs u. der wiederholten Prüfung (OSt 8, 36; VGH 2, 291; a. A Seuffert SeuffBl. 1873, 430). Höchstgeldstr nun 1500 ℳ (§ 1 GG.). Maschine: Entscheidend nicht der techn. Begr., sondern die Auffassung des tägl Lebens. Zum Umfang der Sorgfaltspflicht s. ObSt 18, 68 u OSt. 10, 19. Vollzug der Untersagung: Art. 20

Art. 132.

An Geld bis zu fünfzig Talern wird gestraft, wer ohne polizeiliche Bewilligung Tanzunterricht, an welchem Personen männlichen und weiblichen Geschlechts gleichzeitig teilnehmen, oder eine Anstalt für Fecht-, Turn- oder Schwimmunterricht eröffnet. Zugleich ist in dem Strafurteile die Zulässigkeit der Schließung solcher Anstalten auszusprechen.

1. Unwirksam, weil er in Widerspr mit § 1 GewO die Zulassung zum Gewbetr regelt; Unterrichtserteilung im Sinne des § 6 GewO. liegt in den Fällen des Art 132 nicht vor (RG. 44, 20); teilw überdies auch ersetzt durch §§ 35 mit 148 Abs 1 Nr 4 GewO

Art. 133.

1. An Geld bis zu fünfzig Talern wird gestraft, wer ohne die nach Verordnung erforderliche polizeiliche Bewilligung Auswanderungsgeschäfte betreibt oder eine Auswanderungs-Agentur errichtet oder nach entzogener Bewilligung die Geschäfte einer solchen fortsetzt.

2. Gleicher Strafe unterliegt, wer unbefugt als Zwischenhändler (Unteragent) solche Geschäfte abschließt oder vermittelt.

3. In dem Strafurteile ist zugleich die Zulässigkeit der Schließung solcher unberechtigter Agenturen auszusprechen

4. Geldstrafe bis zu zwanzig Talern trifft berechtigte Agenten, welche den für die Geschäftsführung erlassenen Verordnungen oder oberpolizeilichen Vorschriften zuwiderhandeln.

1. Unwirksam gew. durch das die gleiche Materie regelnde Ges. über das AuswandWesen v. 9. Juni 1897 (RGBl. 463); die VollzVO. v. 7. Juni 1862 (RegBl. 1191), wurde ausdrückl. aufgehoben durch Nr. 2 der VO. v. 28. März 1898 (GVBl. 171).

Art. 134.

1. An Geld bis zu 150 ℳ wird bestraft, wer für eine auswärtige Kasse, Anstalt oder Gesellschaft der im § 360 Ziff. 9 des Strafgesetzbuches für das Deutsche Reich bezeichneten Art,

welche die zur Ausdehnung ihres Geschäftes auf das Königreich Bayern nach Verordnung erforderliche Genehmigung nicht besitzt, Beitritts- oder Versicherungsverträge abschließt oder vermittelt oder seine Vermittlung zur Abschließung solcher Verträge oder zur Erteilung von Auskunft über dieselben gewerbsmäßig anbietet.

2. Wer wegen Zuwiderhandlung gegen die Bestimmungen des Absatzes 1 rechtskräftig zu einer Strafe verurteilt worden ist und innerhalb zwei Jahren vom Tage der Rechtskraft des verurteilenden Erkenntnisses an sich der abermaligen Zuwiderhandlung gegen die Bestimmungen des Absatzes 1 schuldig macht, wird mit Haft bestraft.

3. Agenten für Mobiliarbrandversicherung, welche den in bezug auf ihre Geschäftsführung erlassenen Verordnungen oder oberpolizeilichen Vorschriften zuwiderhandeln, werden an Geld bis zu 60 ℳ bestraft.

1. Jetzige Fassung beruht auf der Nov. v. 9. Febr. 1892 (GVBl. 29); gegenstandslos damit OSt. 3, 385. Art 134 in seiner Wirksamkeit weder durch § 360 Nr. 9 StGB. (OSt. 9, 269; RG. GArch. 46, 350) noch durch die GewO. berührt (OSt. 9, 74; KdReichsr. 1891/92 Beil. 7, 172). Wegen des Einflusses des VersichAG. u. des VVG. s. Art. 100 A 1. Höchstgeldstr nun 1500 ℳ (§ 1 GG), bei Abs. 3 600 ℳ

2. Kassen, Anstalten oder Gesellschaften der in § 360 Nr. 9 StGB. bezeichneten Art: S. § 360 Nr. 9 StGB.; auswärtige Kasse usw.: Eine solche, die nicht in Bayern errichtet ist. Zur Ausübung des Geschäftsbetr. einer in Bayern mit Genehmigung errichteten Gesellschaft ist eine besondere Genehmigung überhaupt nicht erforderlich. Erfordernis der Genehm. u. Zuständigkeit hierzu: § 4 Abs. 2 ZustVO., der schon vor der Neufassung des Art. 134 bestand; man nahm an, er sei durch die Neufassung nachträglich wirksam geworden (KdAbg. 1891/92 Beil. 13, 317); ob das richtig ist, ist zweifelhaft (s. Anh. zu Art. 1 A. 15); eine nichtige Rechtshandlung wird nur durch Neuvornahme (oder formgerechte Genehmigung) wirksam.

3. Strafbar nur, wer für die Kasse usw., wenn auch nicht gerade als offener Vertreter, abschließt oder vermittelt; nicht, wer mit ihr handelt; ebenso strafbar auch nur, wer sich zur Abschlußvermittelung für die Kasse erbietet. Abschluß u. Vermittlung auch strafbar, wenn nicht gewerbemäßig. Abschluß braucht nicht rechtsgültig zu sein; die Vermittlung muß zu einem (wenn auch nicht rechtswirksamen) Vertrag geführt haben. Nicht strafbar, wer selber Auskunft erteilt oder sich zur Auskunfterteilung anbietet; die Vermittlung zur Auskunftserteilung kann aber auch der Direktor der Anstalt anbieten (OSt. 9, 269). Eine andere Förderung der Kasse usw., als sie in Abs. 1 vorsieht, nicht strafbar, also nicht die Einhebung der Prämien, die Auszahlung der

VersichSumme (AA. KdRR. 1891/92 StenB. 5, 238). Mitwirkung zur Änderung eines bestehenden VersichVerh. nur strafbar, wenn ein vollständig neuer Vertrag entsteht (s. hierzu KdRR. 1891/92 StenB. 5, 229).

4. Abs 2 schon dann anwendbar, wenn die erste Strafe z. z. der wiederholten Übertretung rechtskräftig ist; Vollzug oder Begnadigung nicht notwendig (KdAbg. 1891/92 StenB. 7, 30). Wirkung der Tilgung des Vermerks der Bestrafung im StrafReg.: § 5 Abs. 2 des Ges. v 9 April 1920 (RGBl. 507).

5. Weil Abs 1 u. 2 eine Erweiterung des § 360 Nr. 9 StGB. sein wollen, passen sie sich diesem in seiner jeweiligen Gestalt an; deshalb gilt die Einschränkung, die § 360 Nr. 9 durch das VersichAG erfuhr, auch für Art. 134; wegen dieser Einschränkung s § 360 Nr. 9 StGB. A 1

6. Agenten: § 84 HGB. Nicht Prokuristen, HandlBevollm; auch nicht Mäkler (keine dauernde Geschäftsverbindung).

7. Abs. 1 u 2 erfordern Vorsätzlichkeit; bei Abs. 3 kann Fahrlässigkeit ausreichen, wenn nicht der Inhalt der VO.en oder PolVorschr. entgegensteht. Weitere versichrechtl Bestimm: Art. 100 PStGB u. § 360 Nr 9 StGB

Art. 135.

Gewerbsleute, welche Gold- oder Silberwaren feilhalten oder verkaufen, die den Verordnungen über Feingehalt und Probe solcher Waren nicht entsprechen, werden an Geld bis zu dreißig Talern gestraft, womit die Einziehung der vorschriftswidrigen Waren verbunden werden kann.

1. Wirkungslos gew. durch § 10 des RG. v. 16. Juli 1884 über den Feingehalt von Gold- u. Silberwaren (RGBl. 120).

Art. 136.

Wer den Verordnungen über den Verkauf geschwefelten Hopfens zuwiderhandelt, wird an Geld bis zu fünfzig Talern gestraft.

1. Voll wirksam (Seuffert SeuffBl. 1873, 434). Höchstgeldstr nun 1500 ℳ (§ 1 GG.). Verkauf: Nicht aber sonstige Veräuß. Auch nur gewerbemäß. Verkauf: Vorbem. vor Art. 127. Hopfenschwefelbörren fallen unter § 16 GewO.

Art. 137.

Trödler und Inhaber von Versteigerungsbureaus, welche den durch ober- oder ortspolizeiliche Vorschriften zur Überwachung ihres Geschäftsbetriebes erlassenen Anordnungen zuwiderhandeln, werden an Geld bis zu dreißig Talern gestraft.

1. Hinsichtlich der Trödler gehen nun dem Art. 137 § 35 Abs. 2, 6 u. 7 mit 1, § 38 Abs. 4 mit § 35 Abs. 2 u. § 148 Abs. 1 Nr. 4 u. 4a GewO. vor; soweit diese nicht unmittelbar einschlagen, bleibt er wirksam (§ 144 GewO.; ObSt. 1, 286; SächsOAG. StengleinZ. 17, 230). Hinsichtl. der Inhaber der VersteigBureaus gehen dem Art. 137 vor § 367 Nr. 16 StGB., § 35 Abs. 3 mit 1, Abs. 6 u. 7, § 36, § 53, § 38 Abs. 1 u. 4, § 56c, § 148 Abs. 1 Nr. 4, § 147 Abs. 1 Nr. 1, § 148 Abs. 1 Nr. 4a, § 148 Abs. 1 Nr. 7b GewO.; soweit diese nicht unmittelbar einschlagen, bleibt er wirksam (ObSt. 1, 286) Höchstgeldstr. nun 900 ℳ (§ 1 GG.).

2. Trödler: Personen, die mit Gegenst. handeln, deren Wert infolge ihres Alters oder ihrer Abnützung gemindert ist; s auch die Begr.-Bestimm. in § 35 GewO. Antiquitätenhändler fallen nicht hierher (KGJ. 18, 228); s. auch JnnME. v 17 Juli 1878 (BlAPr. 1879, 300). Trödler ist auch, wer nur kommissionsweise handelt (Oldenb. Reg. 34, 265).

3. Versteigerer: Wer eine Anzahl von Personen aufford., ihm Kaufangebote für eine bestimmte Sache zu machen, gleichgültig ob für eine eigene oder eine fremde (Celle GArch. 52, 433; enger Cöln GArch. 51, 378); auch wer „Abwärtsversteig." vornimmt (Cöln GArch. 51, 379), wenn er an das erste Gebot, das an ihn herantritt, gebunden sein will (Cassel GArch. 51, 415). Gerichtsvollz. fallen nicht hierher, sie sind keine GewTreibenden (KG. GArch 45, 446).

4. Zur Überwachung des Geschäftsbetr.: Zur Ermöglichung des behördl Einblicks in den Geschäftsbetr ; a A ObSt 1, 286; darnach soviel wie Ausübung des Gew

Art. 138.

Wer gegen gesetzliches Verbot Versteigerungen von Mobilien oder unbeweglichen Gütern vornimmt, wird an Geld bis zu dreißig Talern gestraft.

1. Art. 138 unwirksam geworden durch die GewO., soweit gewerbl. Tätigkeit in Frage steht; es bestehen nur die in Art. 137 A. 1 erwähnten Beschränkungen von Versteigerungen; im übrigen besteht GewFreiheit. Wirksam aber hinsichtlich privater Tätigkeit, da, wie die EntstehGeschichte (KdAbg. 1859/61 GGA. Beil. 2, 88, 144 u. 249; 3, 175) ergibt, Art. 138 ausnahmsw (s. Vorbem. vor Art. 127) auch solche im Auge hat Da aber z. B. eine „gesetzliche Bestimmung" nicht besteht (Art. 2 Nr. 3 NotGes schafft keine ausschließl. Zuständ. der Notare), ist Art 138 z. B bedeutungslos Höchstgeldstr nun 900 ℳ (§ 1 GG.).

Art. 139.

1. Wer ohne Berechtigung eine Leihanstalt unterhält oder gewerbsmäßig auf Pfänder leiht, unterliegt einer Geldstrafe bis zu fünfzig Talern.

2. Zugleich ist die Zulässigkeit der Schließung der Anstalt im Straferkenntnisse auszusprechen.

1. Wirkungslos gew. durch Art. 1 GewO. S. übrigens auch §§ 34, 147 Abs. 1 Nr 1 GewO. u. § 360 Nr 12 StGB

Art. 140.

Wer ohne die nach Verordnung erforderliche polizeiliche Bewilligung Sparkassen errichtet oder den bei der Bewilligung auferlegten Bedingungen zuwiderhandelt, wird an Geld bis zu fünfzig Talern bestraft.

1. Unwirksam gew. durch die GewO. § 1; denn er beschränkt die Zulassung zum GewBetrieb (KGJ 5, 243); für teilw Wirksamkeit Seuffert (SeuffBl 1873, 435).

Art. 141.

In bezug auf die Vorschriften der Maß- und Gewichtspolizei werden alle Personen, welche auf öffentlichen Märkten oder sonst im öffentlichen Verkehr nach Maß und Gewicht verkaufen, den Gewerbetreibenden gleichgeachtet.

1. Wirkungslos gew. mit Einführ der GewO. in Bayern, weil er nur beabsichtigte, die frühere bayer. GewGesetzgebung für die Anwendung des § 369 Abs. 1 Nr. 2 StGB mit der norddeutschen in Einklang zu bringen (KdAbg. 1871/72 GGA Beil 1, 27).

Art. 142.

1. Soweit nicht für einzelne Fälle etwas anderes gesetzlich bestimmt ist, werden Gewerbetreibende, welche der für bestimmte Waren oder Arbeiten von der zuständigen Behörde festgesetzten Taxordnung durch Überforderung zuwiderhandeln, an Geld bis zu fünfzig Talern bestraft.

2. Die Taxierung von Waren oder Arbeiten kann nur in denjenigen Fällen vorgeschrieben werden, in denen sie auf Grund von Gesetzen oder Verordnungen bisher zulässig war.

3. Soferne die Bestimmungen des Strafgesetzbuches für das Deutsche Reich § 263 nicht anwendbar sind, werden Bäcker und Brothändler, welche Brotwaren von bestimmtem Gewichte feilbieten, desgleichen Personen, welche Lebensmittel von bestimmtem Gewichte auf öffentlichen Märkten verkaufen, an Geld bis zu 15 Talern bestraft, wenn die feilgebotenen Brotwaren oder Lebensmittel das erforderliche Gewicht nicht haben. Zugleich kann auf Einziehung der nicht vollwichtigen Brotwaren oder Lebensmittel erkannt werden.

1. Abs. 1 u. 2 unwirksam durch §§ 72, 76—80 GewO.; Abs. 3 im allg. noch wirksam (§ 144 GewO., OSt. 9, 30; a. A. SeuffBl. 1873, 436); unwirksam nur, soweit er Bestimm. über den Verkauf auf öff.

Märkten, abgesehen v. Spezialmärkten (§ 70 GewO.), trifft; Regelung insoweit durch § 69 mit § 149 Nr. 6 GewO. Höchstgeldstr. bei Abs. 3 nun 450 ℳ (§ 1 GG.).

2. Bäcker u. Brothändler: Nur die Betriebsinhaber; deshalb auch nur die Inhaber strafbar, soweit Personen in Frage stehen, welche Lebensm. auf Märkten verkaufen. Von bestimmtem Gewicht: Wenn in irgend einer Weise allg. zum Ausdr. gebracht wird, welches das Gewicht der Ware ist (Wahl einer bestimmten Verpackung, Anschlag).

3. Feilbieten: Gleich feilhalten (s. § 367 Nr. 3 A. 6). Öffentl. Märkte: nur mehr Spezialmärkte (s. A. 1 u. Art. 146 A. 1 u. 2). Verkaufen: S. § 367 Nr. 3 A. 7. Erforderliches Gewicht: Das bestimmte Gewicht; muß vorhanden sein z. Z. des Feilbietens; Bestrafung auch, wenn Mindergewicht durch Austrocknung veranlaßt (OSt. 6, 475; 3, 321). Höheres Gewicht zieht keine Bestrafung nach sich (s. „vollwichtig").

4. Fahrlässigkeit ausreichend. Verfügung über die eingezogenen Gegenstände: Art. 147. Verwandte Strafbestimm.: Art. 145 Nr. 1; Art. 146. S. auch die bei Art. 74 A. 5 angeführten VollzBek.

Art. 143.

Bäcker, Brot- und Mehlhändler, schenkberechtigte Brauer und Bierwirte, Metzger und andere zum Feilbieten von Fleisch berechtigte Personen werden:

1. an Geld bis zu zehn Talern gestraft, wenn sie gegen ortspolizeiliche Vorschrift es unterlassen, die Preise ihrer Verkaufsgegenstände an oder in ihren Gewerbslokalitäten auf eine für die Käufer sichtbare Weise anzuschlagen,

2. an Geld bis zu zwanzig Talern, wenn sie die von ihnen angezeigten Preise überschreiten oder gegen ortspolizeiliche Vorschrift eine Erhöhung ihrer Preise eintreten lassen, ohne wenigstens drei Tage vorher der Ortspolizeibehörde davon Anzeige gemacht oder deren Bewilligung zur früheren Änderung ihrer Preise erlangt zu haben.

1. Nach der bayer. Rechtspr. noch wirksam (§ 144 GewO.; ObSt. 9, 137; 7, 206; OGHSt. 6, 454; 5, 255); folgerichtiger die nicht bayer., nach der die GewO. das gewerbl. Taxwesen erschöpf. regelt (Dresden GArch. 58, 253; KGJ. 15, 236; KG. Reg. 29, 25; 15, 257); danach ist Art. 143 unwirksam. Jedenfalls ist dessen Anwendung (auch nach der bayer. Rechtspr.) eingeschränkt durch § 148 Nr. 8 GewO. (Preisüberschreitung durch Bäcker u. Verkäufer von Backwaren, OGHSt. 6, 454), durch § 75, § 148 Nr. 8 u. 149 Nr. 7a für Gastwirte (s. BlAPr. 1877, 266). Höchstgeldstr. bei Nr. 1 nun 300 ℳ, bei Nr. 2 nun 600 ℳ (§ 1 GG.).

2. Bierwirt: Wer Bier mit Verdienst in der Absicht dauernden Erwerbs zum Genusse an Ort u. Stelle abgibt (Jena Reg. 34, 18); auch an Stehgäste (BGH 13, 169); nicht der Kleinhandel mit Bier, also auch nicht die Gassenschenke (Düsseld. GArch. 58, 498; BlAPr. 1906, 123); auch nicht die Abgabe an Arbeiter einer Fabrik zum Genusse in der Fabrik (ObSt. Reg. 32, 9); ausreichend Abgabe an eine Personenvereinigung, Korps (Jena Reg 34, 18); Umfang des Ausschanks gleichgültig (Müller BlAPr. 1901, 181); s auch Art 46 A. 2 Andere zum Feilhalten von Fleisch berechtigte Personen: Nun alle tatsächlich Feilhaltenden Strafbar nur die Inhaber der Betriebe, nicht Vertreter, gesetzl. oder bevollmächtigte, Bedienstete u. Geschäftsgehilfen (a A. OGHSt 6, 589)

3. Ortspol. Vorschr: Kann nur bestimmen, daß anzuschlagen sei, nicht die Art des Anschlags regeln; a A ObSt. 9, 137. Preise: Die regelmäß. Verkaufspreise; sind sie unter gewissen Voraussetz. verschieden, so ist dieses zum Ausdruck zu bringen (nur Angabe des Höchstsatzes verlangt; ObSt 3, 213). Es genügt auch eine Angabe, aus der der tats. Preis erst zu berechnen ist, z B der Anschlag des Preises von einem Pfd. (a. A OSt. 6, 58). Ungenügend aber der Anschlag bloß in ungewöhnlichen Maßgrößen (ObSt. 14, 248). Ihrer Verkaufsgegenstände: Der regelmäßig geführten Gegenstände. Anschlagen: Auch anschreiben, anmalen

4. Angezeigte Preise: Durch Anschlag nach Nr 1 oder auf andere Weise; auch ohne, daß es eine ortspol. Vorschr. gefordert hat. Überschreiten: Auch verschleiert etwa durch Nebenforderungen Drei Tage: Drei volle Kalendertage.

5. Anschläge der Bierpreise mit Rücksicht auf das erhöhte Schaummaß: Im MB. v. 20. Mai 1913 (AMBl. 456). S. auch die bei Art. 74 A. 5 angeführten weiteren VollzBek. Verwandte Strafbestimmung: Art. 142, 144, 145, 75

Art. 144.

1. Die im vorhergehenden Artikel genannten Gewerbetreibende unterliegen einer Geldstrafe bis zu fünfzehn Talern, wenn sie ohne genügenden Entschuldigungsgrund, solange ihre Vorräte reichen, einem Käufer die Abgabe ihrer Verbrauchs-Gegenstände gegen Zahlung verweigern.

2. Bäcker, Metzger, Müller und Bierwirte, welche den Betrieb ihres Gewerbes ohne genügende Entschuldigung einstellen, ohne solches wenigstens vierzehn Tage zuvor der Ortspolizeibehörde angezeigt zu haben, werden an Geld bis zu dreißig Talern gestraft.

1. Wirksam auch gegenüber der GewO.: OGHSt. 3, 376; OSt. 10, 122; ObSt. 5, 47; 17, 9; RG. JW. 1916, 1016; a. A. Seuffert SeuffBl. 1873, 439; Höchstgeldstr. nun 450 ℳ, bei Abs. 2 900 ℳ (§ 1 GG.).

2. Gewerbetreibende: S. Art. 143 A. 2. Genüg. EntschuldGrund: Jeder Umstand, der die Verweig. als gerechtfert. erscheinen läßt; so anerkannt Beschimpfung des Wirtes oder andere Gäste

durch einen Gast (ObSt. 5, 192); die begründ. Annahme des Wirtes, daß Skandalsucht der Anlaß zum Besuche der Wirtschaft sei (ObSt. 5, 231); frühere Äußerung, die Wirtsch. nicht mehr zu besuchen (ObSt. 3, 255); die Absicht, Geschlechtsverkehr mit der Wirtstochter zu suchen (OSt. 7, 505); jedoch Pflicht, geringe wirtschaftl. Nachteile zu übernehmen (ObSt. 17, 9); keine Bevorzugung der ständ. Kunden (ObSt. 16, 114). Verkaufsgegenstände: Solche, die der GewTreibende im regelmäß. Geschäftsgang, wenn auch nebenbei, so Speisen durch den Wirt (s. BlAPr. 1877, 261), verkauft. Gefordert Abgabe zu jeder Zeit, in jeder Menge (Bier in Schoppen, ObSt. 14, 248; OSt. 10, 122), an jeden in jedem Raum, solange Vorräte vorhanden sind; auch keine verschleierte Zurückhaltung (Ford. höherer Preise von einzelnen Kunden); alles dies aber nur, soweit nicht genüg. EntschGründe vorhanden sind. Zahlung: In inländischem Geld.

3. Müller: Nur solche, die Getreide mahlen. Bierwirt: Art. 143 A. 2. Einstellen: Auch vorübergehend (ObSt. 17, 9); zulässig aber Einschränkung. Volle vierzehn Tage.

4. VollzBest.: Art. 74 A. 5.

Art. 145.

An Geld bis zu fünf Talern werden gestraft:

1. Bäcker, welche den ortspolizeilichen Vorschriften über Bezeichnung bestimmter Brotwaren mit auf denselben aufgedruckten Zeichen und das Ausbacken bestimmter Brotwaren nach den herkömmlichen oder polizeilich festgestellten Gewichtsgrößen zuwiderhandeln,

2. Metzger und andere zum Feilbieten von Fleisch berechtigte oder für ihren Gewerbebetrieb schlachtende Personen, welche den ortspolizeilichen Vorschriften über das Schlachten von Vieh außer den öffentlichen Schlachthäusern, die Schlachtordnung in den letzteren, den Verkauf des Fleisches außer den öffentlichen Fleischbänken und die Ordnung des Verkaufes in den letzteren, sowie über Güte und Gewicht der Zuwagen zuwiderhandeln;

3. Personen, welche den oberpolizeilichen Vorschriften über den Transport von Schlachtvieh zuwiderhandeln.

1. Nr. 1 wirksam gegenüber der GewO. (OGHSt. 4, 614; OSt. 9, 30; Dresden GArch. 49, 365). Nr. 2 im allg. wirksam (§ 144 GewO.), vorbehaltlich der allg. Grundsätze der GewO., also kein mittelb. oder unmittelbares Verbot der Fleischeinfuhr (OGHSt. 9, 307; OSt. 1, 1); s. auch Vorbem. VIIb vor Art. 1. Zum Teil ausdrückl. Vorbehalt in § 20 Abs. 2 FleischbeschG. v. 3. Juni 1900 (RGBl. 547) u. § 23 Abs. 2 GewO. Zulässig auch ortspol. Vorschr. über Güte u. Gewicht der Zuwagen; a. A. Seuffert SeuffBl. 1873, 440. Nr. 3 wirksam, vorbehaltlich der Regelung im Rahmen des ViehseuchGes. Höchstgeldstr. nun 150 ℳ (§ 1 GG.).

2. Bäcker: Nur die Betriebsinhaber (s auch Art. 143 A 2). Bestimmte Brotwaren: Nicht Brotwaren schlechthin. Nicht alle Backwaren, sondern nur aus Mehl und Wasser hergestellte (Württ. ME. v. 31. März 1885, Reg 6, 182), wenn auch mit Zusätzen: nicht Erzeugnisse der Feinbäckerei. Polizeil. festgestellt: Nicht notw. in ortspol Vorschr Wegen des Verkaufs s Art. 142 Abs. 3.

3. Zum Feilbieten von Fleisch berechtigt: Nun alle tatsächlich Fleisch Feilhaltenden (Gastwirte, Garköche). Strafbar nur die Inhaber der Betriebe („für ihren Gewerbebetrieb"). Nicht betroffen Private, die für eigenen Bedarf schlachten Schlachten außer den Schlachthäusern:*) Zulässig sowohl gänzliches Verbot wie Regelung der Schlachtung. Vieh: Art. 74 A. 2. Fleisch: Nur von Vieh in diesem Sinne. Schlachtordnung: Auch über alle das Schlachten vorbereitenden, ihm nachfolgenden u. sonst damit zusammenhängenden Vorgänge (ObSt 8, 147). Nicht über die Weiterverarbeitung, Räuchern, Fleischfabrikate (BlAPr. 1890, 71). Verkauf außer den öff Fleischbänken: Kein gänzliches Verbot zulässig (folgt e contrario aus § 23 GewO.; a A OGHSt 8, 326; einschränkend zu dieser Entsch. BlAPr 1879, 126).

4. Transport von Schlachtvieh: Auch Be- u. Entladen (Kiel, Reg 34, 485).

5. Errichtung von Schlächtereien: § 16 GewO. Reinlichkeit in den Schlachthäusern: Art. 75 Abs. 2. Verfügung über die Geldstrafen: Art 147 VollzBest: Art 74 A. 5.

Art. 146.

1. Zuwiderhandlungen gegen die durch ortspolizeiliche Vorschriften festgesetzten Ordnungen für den Verkehr mit Getreide auf öffentlichen Schrannen, sowie für den Verkehr auf Messen und Jahrmärkten, auf Vieh-, Holz- und Viktualienmärkten, dann auf Märkten für Rohstoffe oder Waren irgend einer Art werden an Geld bis zu zehn Talern gestraft.

2. Zuwiderhandlungen gegen ortspolizeiliche Vorschriften über das Herumtragen verkäuflicher Lebensmittel und sonstiger Gegenstände des gewöhnlichen Marktverkehrs auf der Straße und das Hausieren mit denselben werden an Geld bis zu fünf Talern gestraft.

3. Durch die ortspolizeilich festgesetzten Schrannen- oder Marktordnungen kann weder der Handel mit Gegenständen des Marktverkehrs, welche noch nicht in die Markung des Marktorts gebracht sind, noch der Einkauf auf dem Markte während eines Teiles der Marktzeit für bestimmte Klassen von Personen

---

*) Wegen der gemeindl Schlachthäuser im allg. s. Reuter GZ. 1900, 530.

untersagt, noch die freie Abfuhr der am Markte oder Schrannentage unverkauft gebliebenen Vorräte verboten oder beschränkt werden.

4. Personen, welche auf Viehmärkten gewerbsmäßig Geschäfte vermitteln (Unterhändler, Viehschaffner, Agenten, Schmuser, Makler usw.) oder Hilfsdienste verrichten (Lader, Wäger, Viehtreiber usw.) werden an Geld bis zu dreißig Mark bestraft, wenn sie den ortspolizeilichen Vorschriften über ihre Geschäftsführung und Dienstleistung zuwiderhandeln. Die Bestimmung in Abs. 3 findet auf diese Personen keine Anwendung.*)

1. Abs. 4 eingefügt durch die Nov. 12. Mai 1898 (GVBl. 223); OSt. 5, 170 damit gegenstandslos; er ist gedeckt durch § 144 GewO; Abs. 2 außer Kraft getreten durch § 69 GewO.; Abs. 1 u. 3 haben nur mehr Bedeutung für Spezialmärkte (s. A. 2; § 70 GewO.); Abs. 3 aber weiter auch insoweit außer Kraft, als er Vorschr. über die freie Abfuhr der am Markte unverkauft geblieb Vorräte enthält (§ 71 GewO.); die Strafbestimm. des Abs. 1 ersetzt durch § 149 Abs. 1 Nr. 6 GewO. (KdAbg. 1897/98 Beil. 15, 212; ObSt. 12, 172; 9, 75; OSt. 8, 335, 7, 264; OGHSt. 9, 111; 4, 386). Mit dieser Beschränk. aber auch neue Vorschr. zulässig (OGHSt. 8, 335; Dresd. RegE. Bd. 1, 240) Weitere Einschränkungen durch das RG., betr. die Preisfeststellung beim Markthandel mit Schlachtvieh v. 8. Febr. 1909 (RGBl. 269) §§ 1 u. 2; ferner durch das ViehseuchG. v. 26. Juni 1909 (RGBl. 519) § 17 Nr. 2, 3 u. 17 mit § 76 Nr. 1 u. endlich durch § 8 InnMB. v. 27. Mai 1906 (GVBl. 40), ergangen auf Grund des Reblausges. v. 6. Juli 1904 § 10 Nr. 2 u. § 11 Nr 1 mit § 2 dieses Ges. Höchstgeldstr. nun bei Abs. 4 300 ℳ (§ 1 GG.).

2. Messen: Im Gegens. zu Jahrmärkten die längere Zeit dauernden, hauptsächl. für den Großhandel bestimmten Märkte. Markt: Eine Veranstaltung zu dem Zweck, den Kauf oder Verkauf bewegl. Sachen auf eine gewisse Zeit u. auf einen bestimmten, dem Publikum zugängl. Ort zu vereinigen (OSt. 8, 355). Notw. Konkurrenz von Verkäufern (ObSt. BayZ. 1905, 224). Spezialmärkte (s. A. 1): Märkte bei bes. Gelegenheit oder für bestimmte Arten von Gegenständen; s. § 30 BO. v. 29. März 1892 (GVBl. 61). Nur Vorschriften über den Verkehr, nicht organisat. Bestimm. über die Gestaltung des Marktes selbst; auch nicht über den Inhalt der Marktgeschäfte selbst (Preise, Massenaufkauf); s. ObSt. bei Reg. 34, 473; a. A. Wetzel GZ. 1921, 702. Zulässig aber auch Vorschr. über die Ordnung u. den ungestörten Verkehr auf dem Marktplatz (ObSt. 3, 247). Keine Vorschr. über den Verkehr außerhalb des Marktes, also nicht Verbot des Viehverkaufs im stehenden GewBetr. außerh. des Marktes (ObSt. 2, 129); auch keine Beschränkung des Verkehrs in Gasthäusern u. Privathäusern (OSt. 7,

*) Regelung des Marktverkehrs in Bayern: Neupert GZ. 1905, 457. Hausierhandel u. Jahrmärkte bei kirchl. Feierlichkeiten (Missionen): Krick GZ. 1896, 594 Marktordnungen für Viehmärkte: Wetzel GZ. 1921, 697.

265; a A OSt. 5, 406); auch nicht für Waren, die für den Markt bestimmt sind (Wetzel GZ. 1921, 702); auch nur Bestimmungen für die Marktzeit, nicht für die Tage vorher oder nachher (ObSt. 9, 75) S. auch Art. 1 A. 7.

3. Grundlage der Regelung der Verhältnisse der Spezialmärkte für Bayern gemäß § 70 GewO: Art. 146 Abs 1 PStGB, Art. 24 GewG. v. 30. Jan. 1868, VO v 25. Juni 1868, den Marktverkehr betr (RegBl. 1029), §§ 3, 4 u. 7 (OSt. 7, 264) Man nimmt an, daß für sie die Landesgesetzgebung völlig freie Hand habe (OGHSt. 9, 111; Keidel BlAPr 1901, 105; ObSt 11, 413) Zulässig Verbot des Zwischenhandels (Dresd GArch. 54, 325; ObSt. 13, 54); Verbot, die gekauften Tiere geschlachtet wieder auf den Markt zu bringen (ObSt. 12, 172). S aber wegen Veranstaltung von Privatmärkten auf Privatgrundst: Dresd. Reg. 33, 56 gegen Landm. GewO. § 65 A 1. Einführung von SpezMärkten: § 30 VollzVO. zur GewO. v. 29. März 1892; Art. 24 GewG. v. 30. Jan. 1868; Aufhebung bedarf keiner Genehm. (Kobler GZ. 1897, 226).

4. Viehmärkte: Vieh s. Art 74 A. 2; Märkte s. A. 2

5. Verfügung über die Geldstrafen: Art. 147 Weitere Bestimm über den Marktverkehr: Art. 142 Abs. 3 PStBG Reinlichkeit auf den Märkten: Art. 75 Abs. 2. Mitteilungen von Veränderungen im Stande der Märkte: InnMB v 11. März 1913 (AMBl. 244).

Art. 147.

1. Die nach Maßgabe der Art. 145 und 146 erkannten Geldstrafen fließen zu zwei Dritteilen in die Armenkasse des Ortes der Betretung.

2. Die auf Grund des Art. 142 eingezogenen Brotwaren und Lebensmittel sind der Armenpflege desselben Ortes zu überlassen.

1. Abs. 1: Ausnahme v. Art 29 AG. StPO Ort der Betretung: S. Art. 77 A. 1.

Art. 148.

Wer das Privatbeschälgeschäft, ohne einen durch Verordnung vorgeschriebenen Erlaubnisschein erlangt zu haben, gegen Bezahlung oder sonstige Vergütung ausübt oder den ihm angewiesenen Bezirk überschreitet, unterliegt einer Geldstrafe bis zu dreißig Talern, welche zur Belohnung für das zur Beaufsichtigung des Beschälwesens aufgestellte Unterpersonal verwendet wird.

1. Wirksam gegenüber der GewO., weil es sich um Viehzucht handelt (§ 6 GewO.); das Gegenteil läßt sich nicht aus § 56b Abs. 3 GewO. ableiten, s. Landmann GewO. § 6 A. 17. Gegenstandslos aber, soweit die beiden Körges. v. 13. Aug. 1910 (GVBl. 609) betr. Hengste u. v. 26. März 1881 (GVBl. 166), betr. Bullen, Eber, Ziegenböcke,

Schafböcke u. Hengste einschlagen; doch keine erschöpf. Regelung durch diese. In Art. 148 keine Beschränkung auf gewisse Tierarten. Höchstgeldstr. nun 900 ℳ (§ 1 GG.). Verwandte Strafbestimmung: Art. 111 Abs. 2.

Art. 149.

1. Unberechtigte Hausierer werden, insoferne das Gesetz in bezug auf das Hausieren mit besonderen Arten von Gegenständen nichts Anderes verordnet, an Geld bis zu fünfzig Talern gestraft.

2. In gleicher Weise werden Handlungsreisende und ständige Handelsagenten gestraft, wenn sie den Verordnungen über die Berechtigung zum Aufsuchen von Warenbestellungen zuwiderhandlen.

1. Unwirksam geworden durch die GewO., die sowohl den Gewerbebetr. im Umhergehen, wie die Verhältnisse der Handlungsreisenden u. Handlungsagenten regelt (§§ 55—63 u. §§ 44 u. 44a GewO.).

Art. 150.

An Geld bis zu zehn Talern sind berechtigte Inhaber solcher Gewerbe oder Erwerbsarten, welche herumziehend betrieben werden, zu bestrafen, wenn sie ohne genügende Entschuldigung bei Besuch der Märkte oder bei ihrem Umherziehen auf Verdienst mit den nach Verordnungen oder oberpolizeilichen Vorschriften erforderlichen Nachweisungen nicht versehen sind, oder den in ihren Beglaubigungsurkunden enthaltenen, auf Verordnungen oder oberpolizeiliche Vorschriften gegründeten besonderen Anweisungen zuwiderhandeln.

1. Unwirksam gew., weil GewBetr. im Umherziehen nun durch die GewO. geregelt (§§ 55—63 GewO.); s. auch Schmidt BayZ. 1907, 225.

Art. 151.

1. Die Übertretung der durch oberpolizeiliche Vorschrift erlassenen Ordnungen für Lohnkutscher, Stellwagen-Unternehmer, Land- und Wasserboten, wird an Geld bis zu fünfzehn Talern oder mit Haft bis zu acht Tagen bestraft.

2. Die zurzeit bestehenden Beschränkungen der Gewerbsbefugnisse der in Abs. 1 bezeichneten Personen können durch oberpolizeiliche Vorschrift aufgehoben, neue Beschränkungen solcher Befugnisse aber in Zukunft nur durch Gesetz eingeführt werden.

1. Abs. 1 nurmehr wirksam im Rahmen des § 144 GewO., unbeschränkbar also die Zulassung zu den bezeichneten Berufen; eingeschränkt weiter, soweit darnach noch wirksam, durch die Bestimm. des

Postges v 28. Okt 1871 (RGBl 347). Abs 2 wirkungslos, weil Gew-Beschränk mit der GewO unvereinbar Höchstgeldstr. nun 450 ℳ (§ 1 GG.) Stellwagen: Omnibus. Ordnungen: Auch Vorschr über die verwendeten Bediensteten zulässig. Verw Strafbestimm: Art 152

Art. 152.

1. An Geld bis zu fünfzehn Talern oder mit Haft bis zu acht Tagen werden Personen gestraft, welche den von der Ortspolizeibehörde erlassenen Vorschriften und Anordnungen über die Unterhaltung des öffentlichen Verkehrs innerhalb der Orte durch Wagen aller Art, Sänften, Pferde und andere Transportmittel, sowie über das Gewerbe derjenigen Personen, welche auf öffentlichen Straßen oder Plätzen ihre Dienste anbieten, zuwiderhandeln.

2. Einer Geldstrafe bis zu fünfzehn Talern oder Haft bis acht Tagen unterliegen Personen, welche sich mit den Verrichtungen von Güterschaffnern, Schrötern, Güterladern, Gepäck- oder Lastträgern, mit dem Messen oder Abwägen von Gegenständen, mit dem Reinigen oder Ankleiden von Leichen oder mit Dienstleistungen bei Leichenfeierlichkeiten unbefugt und gewerbsmäßig befassen, insoferne für die betreffende Dienstleistung von der Gemeindebehörde oder einer sonstigen hierzu befugten Behörde oder Anstalt Personen mit ausschließlicher Berechtigung aufgestellt sind.

3. An Geld bis zu fünfzehn Talern oder mit Haft bis zu acht Tagen werden Personen gestraft, welche von der Gemeindebehörde für die in Abs. 2 genannten Verrichtungen aufgestellt sind, wenn sie den durch ortspolizeiliche Vorschriften erlassenen Ordnungen für die betreffenden Verrichtungen zuwiderhandeln.

1. Abs. 1: Im allg. noch wirksam (§ 37 GewO.; ObSt. 4, 100; 14, 340); soweit jedoch Anordn. getroffen werden, die den Tatbestand des § 147 Nr. 1 GewO. erfüllen, Bestrafung nach diesem (RG. Reg. 12, 144; s. aber auch Stuttg. WürttJ. 21, 234); gleiches gilt im Verhältnis zu § 148 Nr. 8 mit § 76 GewO. Im übrigen findet § 37 GewO. in Art. 152 seinen strafrechtl. Schutz (ObSt. 14, 336). Wegen des Verhältn. zum KraftfahrzGes. v. 30. Mai 1909 s. PrOVG. Reg. 32, 223. Abs. 2: Unwirksam, weil in Widerspr. mit dem Grunds. der GewFreiheit (VGH 1903, 271; Meyer BlAPr. 1898, 99); zudem z. Tl. Sonderregelung durch § 36 GewO. (OSt. 4, 158). Abs. 3: Wirksam (§ 144 GewO.); auch § 36 GewO. steht nicht entgegen, weil er nur die Zulassung regelt; nur § 47 GewO. bringt eine unerhebliche Beschränkung des Abs. 3. Höchstgeldstr bei Abs. 1 u. 3 nun 450 ℳ (§ 1 GG.).

2. Vorschriften u Anordnungen: Weg der ortspol Vorschr. (Art. 1 mit 3 PStGB). PolVerfügungen (Art 1 Abs. 3 PStGB.) unzulässig (PrOVG. Reg 3, 239; 34, 460; ObSt. 15, 23). Da § 37 GewO ein subj. Recht der OrtsPolBeh. begründet (BayVGH Reg. 27, 42), sind bei den ortspol. Vorschr die aufsichtl Befugnisse (Art 5, 6 Abs 3, Art. 12, 13, 14 PStGB) nicht anwendbar

3. Unterhaltung des öff. Verkehrs: Auch die vorbereitende Tätigkeit; auch die Beschaffenheit der Transportmittel. öff.: Der jedem zur Verfügung steht, keine Beschränkung auf öff aufgestellte Verkehrsmittel (ObSt. 15, 24) Zulässig nur die Regelung der Verhältnisse der Transportmittel, nicht des Verkehrs (des Gehens, Fahrens) als solchen (ObSt 3, 247); nicht von Verhältnissen, durch die der Verkehr nur mitbetroffen wird, z B des Abfuhrgewerbes (KGJ. 17, 337; GArch. 44, 70); zulässig Rauchverbot für die Droschkenführer (KG Recht 1907, 77): desgl. das Gebot anständigen Benehmens (KG Recht 1908, 496); keine Weisungen an das Publikum zulässig; desh. nicht ein Verbot, die Dienste auf öff Straßen nicht anzunehmen; kein Verbot, sich der für das Straßengew. vorgeschrieb Bezeichnungen zu bedienen (ObSt Reg 29, 351) Zulässig auch Einführung eines Konzessizwangs u eines Untersagungsrechts (VGH Reg. 27, 42; KG. GArch. 44, 70; ObSt 15, 23); auch KraftfahrzG hat daran nichts geändert (BadVGH BadRspr 1912, 224); zulässig auch die Regelung der Stellvertr u. der Verwendung von Hilfspersonen (Schlusser-Müller zu § 134 a). Eingriffe in das gewpol Gebiet hält dagegen für unzulässig ObSt. 4, 100; unzutreffend, denn § 37 GewO will eine Ausnahme schaffen Wegen der Bestrafung von Zuwiderhandlungen gegen Anordnungen der PolBeamten s ObSt 4, 100 u Art 1 Anh A 12

4. Ort: Die bebauten Teile des Landes, im Gegensatz zum unbebauten oder einödweisen besiedelten (KGJ 25 C 77; Landm GewO. § 37 A. 3; a. A. ObSt. 8, 194 darnach „jeder nach außen abgegrenzter Bezirk"); auch auf dem Wasser, soweit es zum Orte gehört; der Strom, an dem ein Ort liegt, fällt aber nicht hierher (PrOVG GArch 56, 333) Verkehr innerh. der Orte: Nicht von Ort zu Ort (a A. KGJ 15, 291; 13, 294; PrOVG GArch 56, 333).

5. Auf öff Straßen oder Plätzen ihre Dienste anbieten: Träger, Führer, Dienstmänner;*) nicht Droschkenkutscher, Führer von Booten, diese bieten ihre Fahrzeuge an (KGJ. 25 C 77 mit PrOVG.). Ort der Verrichtung der Dienste gleichgültig. Öff Straßen u Plätze: § 366 Nr 10 A 3 u 4.

6. Schuld erford (ObSt 11, 16); Fahrläss. ausweichend (ObSt 9, 396).

7. Schröter: Verlader. Die allg. Grunds der GewO gelten auch für die Ordnungen nach Abs. 3, also keine Beschränkung der Zulassung, keine örtl. Abgrenzung der Tätigkeit auf gew Bezirke (so für Leichenbitter Meyer BlAPr 1898, 96)

8. Verw Strafbest: Art 151, 61 PStGB

---

*) Entwürfe zu Dienstmännerordnungen: BlAPr 1876, 237 1878, 154

Art. 153.

Wer ohne die nach ortspolizeilicher Vorschrift erforderliche Bewilligung sich mit der Verdingung von Dienstboten oder mit der Vermittlung oder Nachweisung von Lehrer- oder Erzieherstellen, Verwalterstellen oder ähnlichen höheren Diensten gewerbsmäßig befaßt oder den für dieses Geschäft gegebenen ortspolizeilichen Vorschriften zuwiderhandelt, wird an Geld bis zu fünfzig Talern bestraft.

1. Gegenstandslos durch das StellenvermittlG v 2 Juni 1910 (RGBl. 860).

Art. 154.

1. Wer außer den im gegenwärtigen Gesetze besonders vorgesehenen Fällen ein Gewerbe, zu dessen Betrieb eine besondere Konzession, amtliche Bestellung oder polizeiliche Bewilligung erforderlich ist, ohne eine solche erlangt zu haben, unternimmt oder wer ein solches Gewerbe auszuüben fortfährt, nachdem die Berechtigung hiezu erloschen, oder die Ausübung von der zuständigen Behörde auf bestimmte Zeit eingestellt oder gänzlich eingezogen worden ist, wird an Geld bis zu fünfzig Talern gestraft.

2. Der Handel mit Vieh und Getreide, mit inländischen Bodenerzeugnissen und Rohstoffen, sowie mit den gewöhnlichen, den Gegenstand des Wochenmarktverkehrs bildenden Lebensmitteln ist freigegeben und soll im Verordnungswege weiteren Beschränkungen, als im gegenwärtigen Gesetze vorgesehen sind, nicht unterworfen werden.

1. Abs 1 nur mehr wirksam für solche Gew, auf die die GewO gemäß § 6 keine Anwendung findet Abs 2 unwirksam (§ 1 GewO.); s Seuffert SeuffBl. 1873, 446; BlAPr 1872, 352 Höchstgeldstr nun 1500 ℳ (§ 1 GG)

2. Besonders vorgesehene, gegenüber der GewO noch wirksame Fälle: Art. 41, 59, 134 PStGB

3. Anwendungsfälle des Art 154: Betrieb einer Apotheke ohne Konzession durch einen approbierten Apotheker (§ 6 GewO.): § 147 Nr. 1 GewO betrifft nur die Fälle, in denen jemand als Apotheker nicht approbiert ist; die Frage der KonzessErteilung ist durch Landesrecht geregelt (Art. 8 GewG Schiedermair S. 352; OSt. 10, 208) Betrieb einer Privateisenbahnunternehmung ohne Konzession oder nach Entziehung ders (Art. 8, 12 GewG.; Schiedermair a a O 352 ff.). Strittig die Anwendung auf Kaminkehrer; s hierzu Schiedermair a. a. O. S 359; Landm. GewO § 39 A 2; Riedel PStGB. zu Art 154; Schmitt PStGB. A 1

Art. 155.

1. Handwerksgesellen, Gewerbsgehilfen, Lehrlinge und Fabrikarbeiter, welche den sogenannten blauen Montag feiern, werden an Geld bis zu fünfzehn Talern oder mit Haft bis zu acht Tagen bestraft.

2. Gleicher Strafe unterliegen auf Antrag des Fabrikherrn oder Meisters oder dessen Stellvertreters, insoferne ein solcher Antrag binnen vierzehn Tagen nach der Übertretung gestellt wird, die genannten Personen:

1. wenn sie hartnäckigen Ungehorsam oder Widerspenstigkeit gegen berechtigte Anordnungen oder Aufträge ihrer Arbeitgeber oder deren Stellvertreter sich zu Schulden kommen lassen oder gegen dieselben die Pflicht der schuldigen Achtung gröblich verletzen;
2. wenn sie ohne genügenden Rechtfertigungsgrund zur bedungenen Zeit nicht in Arbeit oder vor Ablauf der bedungenen Zeit aus der Arbeit treten oder sich der Arbeit an den dazu bestimmten Tagen oder Stunden entziehen.

3. Unabhängig von der Strafverfolgung ist die Polizeibehörde berechtigt, die Übertreter im Falle der Zuwiderhandlung gegen Abs. 2 Ziff. 2 auf Antrag des Gewerb- oder Fabrikherrn oder dessen Stellvertreters, im Falle der Zuwiderhandlung gegen Abs. 1 auch ohne solchen Antrag zur Arbeit zwangsweise vorführen zu lassen.

4. Hat eine solche Vorführung stattgefunden und entzieht sich hierauf der Vorgeführte nochmals widerrechtlich denselben Arbeitsverhältnissen, so ist er mit Haft bis zu drei Wochen zu bestrafen.

1. Abs 1 gegenüber der GewO wirksam, weil der öff. Ordnung u der Sittenpolizei dienend (OSt 5, 119; OGHSt. 5, 204 u. 531; a. A Seuffert SeuffBl. 1873, 447) Abs 2—4 durch sie unwirksam geworden (OSt. 1, 236; 5, 119; OGHSt 5, 531; 3, 219; BlAPr. 1875, 286), insbes. auch hins. der Bergarbeiter (Landm. GewO § 154 A. 1). Höchstgeldstr. bei Abs. 1 nun 450 ℳ (§ 1 GG.). Gewerbegehilfe im Sinne des Abs. 1 auch die Bergarbeiter (OSt. 5, 119). Lehrling: Art. 49 A 1 Fabrikarbeiter: Art. 49 A. 1 Blauer Montag: Kann auch ein anderer Tag als der Montag sein (OGHSt. 5, 204) Nicht notw, daß der Müßiggang sich auf den ganzen Tag erstreckt

Art. 156.

An Geld bis zu fünfzig Talern werden bestraft:

1. Fabrik- und Gewerbeunternehmer, wenn sie ungeachtet der Aufforderung der zuständigen Behörde unterlassen, die-

jenigen Einrichtungen herzustellen und zu unterhalten, welche mit Rücksicht auf die besondere Beschaffenheit des Fabrik- oder Gewerbebetriebes und der Betriebsstätte zu tunlichster Sicherung der Arbeiter gegen Gefahr für Leben und Gesundheit notwendig sind;

2. Personen, welche den in sonstiger Hinsicht zur Verhütung von Gefahren für die Gesundheit bei dem Arbeitsbetriebe und bei Gewerben erlassenen oberpolizeilichen Vorschriften zuwiderhandeln.

1. Nr 1 unwirksam gemäß §§ 120a ff. GewO Nr 2 teilw wirksam nämlich, soweit Bestimmungen zum Schutze Dritter (nicht der Arbeiter) ergehen; für vollst. Unwirksamkeit SeuffBl. 1873, 447; BlAPr 1872, 352; für teilw Wirksamkeit Schmitt S 754 Höchstgeldstr nun 1500 ℳ (§ 1 GG.). Sonstige Hinsicht: In anderen Fällen als denen des Abs. 1. Arbeitsbetrieb: Nur eine gewerbl Tätigkeit (ObSt 7, 130); s auch vor Art 127

Art. 157.

An Geld bis zu fünfzehn Talern oder mit Haft bis zu acht Tagen wird gestraft, wer es unterläßt, die in bezug auf die Annahme und Beschäftigung von jugendlichen Personen unter 16 Jahre durch Verordnung vorgeschriebenen Anzeigen zu erstatten und Listen zu führen.

1. Art. 157 u 158 außer Kraft getreten durch die GewO. insbes. deren Tit. VII §§ 105—139m u das Kinderschutzges. v 30 März 1903 (RGBl 113).

Art. 158.

1. Wer außer den Fällen des Art. 157 den bestehenden Verordnungen über die Annahme und Beschäftigung von Arbeitern, welche das 16. Lebensjahr noch nicht erreicht haben, zuwiderhandelt, wird an Geld bis zu fünfzig Talern gestraft.

2. Wird ein Arbeitgeber innerhalb der letzten fünf Jahre drei verschiedene Male auf Grund der in Abs. 1 enthaltenen Bestimmungen bestraft, so kann der Richter beim dritten Straffalle es für zulässig erklären, daß die Polizeibehörde dem Straffälligen die Befugnis zur Beschäftigung jugendlicher Arbeiter für eine bestimmte Zeit oder für immer untersagt.

3. Die Untersagung und zwar für mindestens drei Monate muß stattfinden, wenn der betreffende Arbeitgeber innerhalb der letzten fünf Jahre bereits sechs verschiedene Male bestraft war.

4. Zuwiderhandlungen gegen solche Erkenntnisse werden an Geld bis zu fünfzig Talern oder mit Haft bestraft.

5. Die auf Grund dieses Artikels erkannten Geldstrafen fließen zu zwei Dritteilen in die für die Arbeiter des betreffenden industriellen oder gewerblichen Unternehmens etwa bestehende Kranken-, Unterstützungs-, Sterbe- oder Sparkasse und in Ermangelung einer solchen Kasse in die Armenkasse des Ortes der Übertretung.

1. Unwirksam gew.: Art 157 A 1

Schlußbestimmung.

Art. 159.

1. Gegenwärtiges Gesetz tritt am 1. Januar 1872 im ganzen Umfange des Königreichs in Wirksamkeit.

2. Die bis zu diesem Tage bestehenden Verordnungen und Polizeivorschriften bleiben in Kraft bis zu ihrer in legaler Weise bewirkten Abänderung, wenn und soweit über den Gegenstand, welchen sie betreffen, nach Maßgabe des gegenwärtigen Gesetzes Vorschriften derselben Art erlassen werden können.

3. In allen Fällen, in welchen gemäß vorstehender Bestimmung die dermal geltenden polizeilichen Vorschriften auch nach dem 1. Januar 1872 in Kraft bleiben, sind an der Stelle der in denselben angedrohten Strafen bei Aburteilung der betreffenden Zuwiderhandlungen die Strafbestimmungen des Strafgesetzbuches, beziehungsweise des gegenwärtigen Gesetzes anzuwenden.

Gegeben München, den 26. Dezember 1871.

1. PStGB. v 10 Nov. 1861 aufgehoben durch Art. 2 Nr 2 Ges. v. 26. Dez. 1871 (GVBl. 81).

2. Wenn u. soweit Vorschriften derselben Art erlassen werden können. Das PStGB. braucht nicht die Blankettbest. zu enthalten; notw. nur, daß Art. 1 ff. PStGB. anwendbar sind. Abs. 2 gilt aber nicht im Verhältnis von Nov. zum PStGB. zu diesem, oder von Nov. zum StGB zu diesem. Wegen der Wirkung der Aufhebung des Blankettges. zu den ausfüllenden Bestimm. im allg. s Art. 1 Anh. A. 15; RG ZollBl. 1913, 683. Vorschr. derselben Art: Auch solche niederer Ordnung. Hinsichtlich der Bestimm. aus der Zeit vor dem PStGB. v. 10 Nov. 1861 s. dessen Art. 45. Veröff. landesherrl. VO.en in früherer Zeit s. OGHSt. 6, 41; VO. v. 1. Jan. 1806 (RegBl. 4), v. 29. Dez. 1817 (GBl. 1818, 5), v. 30. Dez. 1820 (Döll 19, 28), v. 29. Okt. 1873 (RegBl. 1553); ObSt. BayZ. 1912, 314. Für die Pfalz: VO v 23 Mai 1816 (KrBl. 1816, 30), E. v. 24. Nov. 1853 (KrBl 871), VO v 24 Jan 1872 (RegBl. 191), BlAPr 7, 107.

II. Teil. Die Übertretungen des Strafgesetzbuchs. §§ 360—370.

§ 360.

1. Mit Geldstrafe bis zu einhundertfunfzig*) Mark oder mit Haft wird bestraft:

1. [Ist aufgehoben].
2. wer außerhalb seines Gewerbebetriebes heimlich oder wider das Verbot der Behörde Vorräte von Waffen oder Schießbedarf aufsammelt;
3. wer als beurlaubter Reservist oder Wehrmann der Land- oder Seewehr ohne Erlaubnis auswandert, ebenso wer als Ersatzreservist erster Klasse auswandert, ohne von seiner bevorstehenden Auswanderung der Militärbehörde Anzeige erstattet zu haben;
4. wer ohne schriftlichen Auftrag einer Behörde Stempel, Siegel, Stiche, Platten oder andere Formen, welche zur Anfertigung von Metall- oder Papiergeld, oder von solchen Papieren, welche nach § 149 dem Papiergelde gleich geachtet werden, oder von Stempelpapier, Stempelmarken, Stempelblanketten, Stempelabdrücken, Post- oder Telegraphenwertzeichen, öffentlichen Bescheinigungen oder Beglaubigungen dienen können, anfertigt oder an einen anderen als die Behörde verabfolgt;
5. wer ohne schriftlichen Auftrag einer Behörde den Abdruck der in Nr. 4 genannten Stempel, Siegel, Stiche, Platten oder Formen, oder einen Druck von Formularen zu den daselbst bezeichneten öffentlichen Papieren, Beglaubigungen oder Bescheinigungen unternimmt, oder Abdrücke an einen anderen als die Behörde verabfolgt;
6. wer Waren-Empfehlungskarten, Ankündigungen oder andere Drucksachen oder Abbildungen, welche in der Form oder Verzierung dem Papiergelde oder den dem Papiergelde nach

*) Höchstgeldstr. nun 1500 ℳ (§ 1 GG.).

§ 149 gleich geachteten Papieren ähnlich sind, anfertigt oder verbreitet, oder wer Stempel, Stiche, Platten oder andere Formen, welche zur Anfertigung von solchen Drucksachen oder Abbildungen dienen können, anfertigt;

7. wer unbefugt die Abbildung des Kaiserlichen Wappens oder von Wappen eines Bundesfürsten oder von Landeswappen gebraucht;

8. wer unbefugt eine Uniform, eine Amtskleidung, ein Amtszeichen, einen Orden oder ein Ehrenzeichen trägt, oder Titel, Würden, oder Adelsprädikate annimmt, ingleichen wer sich eines ihm nicht zukommenden Namens einem zuständigen Beamten gegenüber bedient;

9. wer gesetzlichen Bestimmungen zuwider ohne Genehmigung der Staatsbehörde Aussteuer-, Sterbe- oder Witwenkassen, Versicherungsanstalten oder andere dergleichen Gesellschaften oder Anstalten errichtet, welche bestimmt sind, gegen Zahlung eines Einkaufsgeldes oder gegen Leistung von Geldbeiträgen beim Eintritte gewisser Bedingungen oder Fristen, Zahlungen an Kapital oder Rente zu leisten;

10. wer bei Unglücksfällen oder gemeiner Gefahr oder Not von der Polizeibehörde oder deren Stellvertreter zur Hilfe aufgefordert, keine Folge leistet, obgleich er der Aufforderung ohne erhebliche eigene Gefahr genügen konnte;

11. wer ungebührlicherweise ruhestörenden Lärm erregt oder wer groben Unfug verübt;

12. wer als Pfandleiher oder Rückkaufshändler bei Ausübung seines Gewerbes den darüber erlassenen Anordnungen zuwiderhandelt, insbesondere den durch Landesgesetz oder Anordnung der zuständigen Behörde bestimmten Zinsfuß überschreitet;

13. wer öffentlich oder in Ärgernis erregender Weise Tiere boshaft quält oder roh mißhandelt;

14. [Ist aufgehoben].

2. In den Fällen der Nummern 2, 4, 5, 6 kann neben der Geldstrafe oder der Haft auf Einziehung der Vorräte von Waffen oder Schießbedarf, der Stempel, Siegel, Stiche, Platten oder anderen Formen, der Abdrücke oder Abbildungen erkannt werden, ohne Unterschied, ob sie dem Verurteilten gehören oder nicht.

Zu § 360 Nr. 1:

1. Aufgehoben durch § 19 des Ges. gegen den Verrat militärischer Geheimnisse v. 3. Juni 1914 (RGBl. 195).

Zu § 360 Nr. 2.

1. Auch, wer einen GewBetr. überhaupt nicht hat. Heimlich: Besondere Veranstaltungen nicht notw. (RG. GArch. 54, 476). Verbot: Möglich als allgemeines u. als PolVerfüg.; Zuständ. für letztere (§ 3 ZustVO.); für erstere fehlt es an einer ZustBestimm.; erford. hierzu Beachtung des Art. 1 Abs. 3 PStGB. Vorräte: Eine solche Menge, die die Bewaffn. einer milit. erheblichen Menge ermöglicht. Waffen: Gebrauchsfertige Angr.- u. Verteid.-Mittel (RG. GArch. 54, 476). Aufsammeln: Vereinigung in einer Hand (RG. GArch. 54, 476). Weitere Bestimm. über Waffenverkehr: Art. 39 PStGB. A. 6. Einziehung s. Abs. 2.

Zu § 360 Nr. 3.

1. Gegenstandslos durch das Ges. über Abschaffung der allg. Wehrpflicht usw. v. 21. Aug. 1920 (RGBl. 1608) mit § 48 Wehrges. v. 23. März 1921 (RGBl. 329).

Zu § 360 Nr. 4.

1. Siegel: Werkzeuge, mittels deren der Abdruck eines Zeichens in einen weicheren Körper erfolgt (Rspr. 2, 663). Formen: Auch die Patrizen, die zur Anfertig. des Prägestempels benützt w. (OSt. 6, 293). Nr. 4 auch dann gegeben, wenn nur die Formen zu einer Seite hergestellt w. (BlAPr. 1880, 74). Einziehung s. Abs. 2.

2. Nach § 149 StGB. werden dem Papiergeld gleichgeachtet die auf den Inhaber lautenden Schuldverschreibungen, Banknoten, Aktien oder deren Stelle vertretenden Interimsscheine oder Quittungen, sowie die zu diesen Papieren gehörenden Zins-, Gewinnanteils- oder Erneuerungsscheine, welche von dem Reich, dem Norddeutschen Bunde, einem Bundesstaate oder fremden Staate oder von einer zur Ausgabe solcher Papiere berechtigten Gemeinde-, Korporation, Gesellschaft oder Privatperson ausgestellt sind.

Auch die Darlehenskassenscheine fallen hierher. Den Post- oder Telegraphenwertzeichen stehen Stempelabdrucke gleich, die auf Postsendungen zur Freimachung angebracht w. (Art. 3 Ges. v. 30. Nov. 1921, RGBl. 1375).

3. Bestrafung auch bei nicht vollständ. übereinstimm.: OSt. 6, 293; BlAPr. 1880, 74.

Zu § 360 Nr. 5.

1. Abdruck: Jedes aus der Benützung hervorgegangene Erzeugnis (OSt. 6, 293). Auch auf Scherzpostkarten (Cöln GArch. 49, 152). Auch die Nachbildung der Münzen mittels des Stempels in Schokolade (Stuttg. Württ. J. 15, 201). Einziehung s. Abs. 2.

Zu § 360 Nr. 6.

1. Wegen der dem Papiergelde gleichgeachteten Papiere s. § 360 Nr. 4 A. 2. Ähnlich: Ausreichend die Möglichkeit der Täuschung, Täuschung selbst nicht notwendig (OSt. 3, 263). Ausreichend Ähnlichkeit mit den gleichgeachteten Papieren im allgemeinen nicht notw. mit einer bestimmten Gattung (OSt. 3, 263). Einziehung s. Abs. 2.

Zu § 360 Nr. 7.

1. Das Wappenrecht ist ein besonderes durch das öff. Recht der Länder zu regelndes Recht (RGZ. 71, 262; Rea 30, 110). Hinsichtl.

des kais. Wappens u. der Wappen der Bundesfürsten nun gegenstandslos gemäß Art. 109 Abs. 2 S. 1 RVerf. (Kiesow DJZ. 1919, 874). Bayer. Landeswappen: VO. v. 18. Okt. 1835 (RegBl. 889) u. v. 31. Okt. 1835 (RegBl. 951); AMB. v. 28. Febr. 1889 (GVBl. 193). Führung außerdeutscher Landeswappen fällt nicht hierher (Bl.-APr. 1891, 11; Pr. OVG. Reg. 13, 65), auch nicht von Ortswappen (RGZ. 71, 262), auch nicht von Wappen von Kommunalverbänden. Weitere Beschränkung der Wappenführung: § 16 Warenzeichengeſ v. 12. Mai 1894 (RGBl. 441).

Zu § 360 Nr. 8.

1. Unbefugt: Für die frühere Zeit s. hierzu Tit. IV § 14 Abs. 2 VerfUrk. v. 1818 mit ObSt. 8, 103; BlAPr. 1891, 10; Müller BlAPr. 1881, 356; jetzt: RVerf. Art. 109, 175; Bay. Verf. § 15; Vorläuf. StGrundges. v. 4. Jan. 1919 Nr. 11; Beamtenges. v. 16. Aug. 1908 Art. 20.

2. Tragen von Uniformen usw.: Nicht sonstige Benützung, also nicht Maskierung oder Abbildung mit Uniform oder Orden; nicht Tragen einzelner Teile von Uniformen. Nicht ausreichend vorschriftswidriges Tragen, auch nicht Tragen zur Unzeit oder am unrechten Orte. Ausreichend, wenn der Gesamteindruck einer Uniform erregt wird (RG. GArch. 62, 137; ObSt. 7, 399; Karlsr. Bad. Rpr. 1904, 326). Phantasieuniformen können getragen werden (ObSt. 7, 320); auch ausländische Uniformen. Bedeutung des Portepees der Offiziere: ObSt. 7, 320.

3. Orden dürfen nunmehr vom Staat nicht mehr verliehen w., von einer ausländ. Regierung dürfen Deutsche einen Orden nicht annehmen Art. 109 Abs. 4 u. 5 RVerf.); Ausnahme Art. 175 RVerf. Hins. der bisher verliehenen Orden gilt der bisherige Rechtszustand fort; Regelung des früheren Ordenswesens in Bayern: Müller BlAPr. 1881, 353. Verwundetenabzeichen kein Orden (Berolzheimer BayZ. 1918, 351).

Titel: Nur Bezeichnungen, wie sie vom Staate verliehen werden oder die mit einer bestimmten öff.-rechtl. Rangstellung verbunden sind, nicht Hinweise auf wissensch. oder gewerbl. Tätigkeit (RG. 35, 175; 37, 175; unrichtig Mittelfr. KrRgg. v. 7. Dez. 1910, KrBl. 275, die als Titel bezeichnet „landwirtsch. Wanderredner" „Referent vom Büro für Landwirtsch."). Nicht „Apotheker"; hier § 147 Nr. 1 GewO. (OSt. 10, 208). Nicht „in Amerika approbierter Zahnarzt"; auch § 147 Nr. 3 GewO. schlägt nicht ein (s. Art. 127 A. 4 PStGB.; Müller BlAPr. 1903, 157). Nicht „Masseuse" (RG. 37, 175). Keine Änd. zulässig, nur die üblichen Abkürzungen, auch nicht Übersetzung (Bad. VGH. Reg. 34, 333; Bad. Rpr. 1914, 71). Verleihung einer im Leben üblichen Bezeichnung auch als Titel schließt nicht den Gebrauch durch andere aus (Stettin GArch. 44, 169). Den Titel mit Zusatz a. D. darf nicht führen, wer ihn durch Aberkennung der bürg. Ehrenrechte verlor (Rostock GArch. 60, 165). Rechtsanwalt ist ein Titel (RG. 34, 273); nach Zurücknahme der Zulassung oder Verzicht hierauf nur mehr Hinweis auf die frühere Führung zulässig (ObSt. 9, 259; 3, 58). Privatdozent ist Titel (RG. GArch. 48, 314). Unter Umständen auch Prozeßagent (Breslau GArch. 49, 338). Auch vereideter Auktionator (Breslau GArch. 49, 154). Unter Umständen auch die Bezeichnungen des § 36 GewO. (Cöln GArch. 51, 379; Landmann GewO. § 36 A. 7). Sensal nicht mehr

(BlAPr 1893, 112; Staub HGB. § 93 Einleitung). Hoftitel (s hierzu Bad. VGH., Bad. Rpr. 1904, 272; ferner Bad Rpr 1904, 305 u. 316; RGZ. 80, 273) jetzt keine Titel mehr im Sinne des § 360 Nr. 8, Führung deshalb nach § 360 Nr 8 nicht strafbar. Titel ehemaliger Reserveoffiziere: Leutnant der Reserve a. D. (Rotermund, Recht 1922, 32). Meistertitel: § 148 Nr 9e GewO. Titel dürfen jetzt nur mehr verliehen w, wenn sie ein Amt oder einen Beruf bezeichnen; akad. Grade sind dadurch nicht berührt; kein Deutscher darf von einer ausländ Regg. einen Titel annehmen (RVerf. Art. 109 Abs 3 u. 5); unzulässig auch Verleihung von Titeln, die an sich ein Amt bezeichnen, wenn sie im gegebenen Fall das nicht tun Titelverleihung u. Annahme in Widerspruch mit diesen Vorschriften macht aber den Titel nicht unwirks. (bloße Sollvorschrift) § 15 Abs. 3 Bay. VerfBek. durch die reichsrechtl Regelung ersetzt. Titel aus der Zeit vor dem Inkrafttr. der RVerf. bleiben unberührt; auch nicht landesrechtlich beseitigt (Piloty VerfUrk. § 15 A. 3 Abs. 2; § 12 des Vorläuf. Staatsgrundges v. 17 März 1919, GVBl 109, bloßer Programmsatz).

4. Würde: Vorzugsstellung, die sich nicht in einer bloßen Bezeichnung (Titel) erschöpft, aber auch keine sachl. Bedeutung hat. Doktorat: Würde nach Dresd. GArch. 54, 320, Bad. VGH. Reg. 34, 333; Titel nach Celle GArch. 49, 333. Führung im Ausland erworbener akad. Grade in Bayern: VO. v. 12. Juli 1901 (GVBl. 501; Wirksamkeit dieser VO. zweifelhaft). Ausländ. Doktortitel nicht abkürzbar (KG. GArch. 67, 465). Verleihung des Doktortitels bemißt sich in Bayern nach den OrganisBestimm. für die Universitäten, für München VO. v. 26. Jan. 1804 Abs. IV Nr. 13 (Web. 1, 77). Doktoringenieur u. Diplomingenieur: VO v. 10. Jan. 1901 (GVBl. 37); hierzu VGH. Reg. 39, 1. Doktor u. Ehrendoktor der veterinärmedizin. Wissenschaft: VO. v. 12. Juni 1910 (GVBl. 288). Cand. jur.: Weder Würde noch Titel (Leipz. Juristenfakultät Reg. 14, 182).

5. Private Titel u. Würden: Zulässig, fallen aber nicht unter § 360 Nr. 8. Kirchliche Würden u. Titel werden jetzt nicht mehr hierher fallen (Art. 137 Abs. 3 RVerf.). Ausländ. Titel u. Würden fallen dann hierher, wenn (rechtswirksam, Gesetz notw) für sie inländ. Genehm. gefordert ist (Celle GArch. 60, 142).

6. Der Adel ist nur z. Tl. eine rechtliche Einrichtung; im übrigen aber ist er tatsächlicher Natur u. beruht auf gesellschaftlichen Anschauungen; er kann deshalb als solcher durch Gesetze nicht beseitigt werden; es können nur die damit verbundenen Rechtswirkungen beseitigt werden; deshalb gibt es auch jetzt noch einen Adel u. Adelsprädikate u. (strafb.) Annahme von Adelsprädikaten ist möglich; a. A. Jacobi DJZ. 1919, 1018, Beling BayZ. 1919, 191; für Zulässigk. der Bestrafung Bernreuther BayZ. 1919, 418. Was äußerlich als Adelsprädikat erscheint, ist z. Tl. zugleich Name, ersteres, insofern es die Zugehörigkeit zum Adelsstand u. zu einer besonderen Adelsklasse zum Ausdruck bringt, letzteres, insoferne es daneben den Träger als Einzelperson von anderen unterscheiden soll (s. hierzu RG. JW. 1904, 53). Bedient sich demnach jemand unbefugt eines Adelsprädikats, so ist er hierwegen nach § 360 Nr. 8 je nach dem Zweck wegen Führung eines solchen oder wegen Führung eines ihn nicht zukommenden Namens strafbar. Die Frage aber, ob in einem bestimmten

Fall die Adelsführung oder die Führung eines sich zugleich als Adelsprädikat darstellenden Namens „unbefugt" ist, also dem Recht entspricht, ist eine staats- u. privatrechtliche, z. B. sehr bestritten u. infolge einer undurchdachten Gesetzgebung vielfach überhaupt nicht lösbar. s. hierzu Art. 109 RVerf., Bay. Adelsges. v. 28. März 1919 (GVBl. 114) mit AJInnMB. v. 5. April 1919 (GVBl. 161), § 15 Bay. Verf. u. hierzu aus dem Schrifttum Piloty Recht 1919, 129; Neumayer Recht 1919, 133 u. 244; Blume DJZ. 1921, 124 über die Frage, inwiefern bisher nicht zur Adelsführung Berechtigte, ihn nun als Namen führen können; Anz DJZ. 1920, 899; Opet DJZ. 1920, 136; Beling BayZ. 1919, 191; Bernreuther BayZ. 1919, 415; Neumeyer BayZ. 1920, 5; Baring FischersZ. 51, 225; Oeschey BlAPr. 1920, 51; v. d. Pfordten GZ. 1919, 633; Schiedermair LZ. 1919, 771; Mayer LZ. 1920, 133; Baring LZ. 1922, 89; RG. LZ. 1922, 111.

Adelsführung nach früherem Recht: V Beil. z. VerfBek. v. 1818; hierzu OSt. 3, 511; 8, 437; 2, 544; ObSt. 14, 285 („von" als Bestandteil des bürgerl. Namens; dagegen ObZ. 16, 121; s. hierüber Zeiler Recht 1917, 120); Prüfung der Rechtmäßigkeit der Adelsführung durch die Gerichte: RG. 43, 33; Heine DJZ. 1910, 398; Kohler GArch 59, 193; Hamm GArch 63, 453.

7. Annehmen: Jedes Verhalten, durch das man sich als Inhaber geltend machen will (OSt. 8, 437; 3, 511; RG. GArch. 61, 118); bloßes Dulden der Anrede mit dem Prädikat nicht ausreichend (RG 33, 305): Wegen Führung eines falschen Adelsnamens s. RG. GArch. 61, 118. Kein Annehmen, wenn eine Frau dem Mann einen falschen Titel beilegt; „Frau Oberstudienrat".

8. Zukommender Name: Art. 25 A. 2 u. 3. Strafbar auch Gebrauch eines falschen Vornamens (RG. 30, 230); übliche Abkürzungen (Hans) zulässig; unzulässig Führung in einer anderen Sprache (Bresl. GArch. 51, 376); ferner Verbindung zweier Vornamen durch Bindestrich (Sächs. Min. Reg. 31, 77). Strafbar auch Gebrauch eines Pseudonyms (Schneickert BlAPr. 1914, 212); nicht strafbar sonstige falsche Angaben über die persönl. Verhältnisse (ObSt. 15, 58). Zuständiger Beamter: Jeder, der ein Recht auf Angabe des wahren Namens hat (Rspr. 10, 123); Registerrichter (Breslau GArch. 51, 376); Wahlvorsteher (RG. 40, 201); Bahnwärter (Rspr. 1, 565); nicht Postbote (Rspr. 10, 123); nicht der Telegraphenbeamte (Rspr. 10, 793); nicht der Sparkassarendant (RG. GArch. 49, 138). Bedient: Wer den Glauben erwecken will, der Name sei sein richtiger; also nicht, wer trotz Verwarnung mit falschem Namen unterzeichnet (RG. GArch. 46, 139). Strafbar auch, wer den Namen eines anderen mit dessen Ermächtigung gebraucht (RG. Recht 1914 Nr. 717). Nur falsche Namensangabe nicht § 271 StGB. bei Protokollierung falscher Namen im Strafverf. (OSt. 3, 297). Feststellung des Namens in einem besond. Verfahren Art. 25 A. 7.

9. Vorsätzlichkeit notw.: ObSt. 7, 320; ObSt. 8, 437; RG. 33, 305. Ausgeschl. durch den Glauben an die Richtigkeit des geführten Namens (ObSt. 15, 60).

10. Verwandte Strafbestimm.: Art. 47, 25 PStGB.; § 7 des Ges. v. 3. Juni 1914 gegen den Verrat milit. Geheimnisse.

Zu § 360 Nr. 9.

1. Aufgehoben, soweit er sich auf Versicherungsunternehmungen im Sinne des VAG. v. 12. Mai 1901 bezieht (§ 108 Abs. 3 dieses Ges.); das sind Privatunternehmungen, welche den Betrieb von VersichGeschäften zum Gegenstand haben, mit Ausnahme solcher Personenvereinigungen, die ihren Mitgliedern Unterstützung gewähren, ohne ihnen einen Rechtsanspr. darauf einzuräumen (§ 1 VAG.). Unter das VAG. fallen auch Vereine, welche Erwerbszw. nicht verfolgen (RG. GArch. 60, 275). Wegen der Fälle, in denen zwar ein Rechtsanspr. besteht, aber nur der Rechtsweg ausgeschlossen ist, sowie der Fälle, in denen der Rechtsweg zur GesUmgehung ausgeschlossen ist, s. Pr. OVG. Reg. 29, 459; 34, 372; RG. GArch. 60, 275.

2. Gesetzl. Bestimm.: § 4 Abs. 1 u. 3 ZustVO. mit Art. 2 Nr. 2 PStGB.; in München zust. zur Aufsicht die PolÄmter, Bek. v. 25. Juni 1898 (GVBl. 347) E 3. Aussteuer-, Sterbe- oder Witwenkassen schlechthin der Genehm. unterstellbar, ohne die Erford. des Relativsatzes (BlAPr. 1875, 348; a. A. Bittinger BlAPr. 1903, 219). Versicherungsanstalten: Geschäfte, Gesellschaften, Institute; privat- u. öffentl.-rechtl.; ohne Rücksicht, ob gegen Prämie oder auf Gegenseitigk. (RGZ. 34, 20); nicht, wenn im Zusammenhang mit einem anderen Geschäft versichert wird, Zeitungsabonnenten (RG. 36, 127; RG. JW. 1915, 723). Zahlungen an Kapital oder Rente: Nicht Zuwendungen auf Zeit, Unterstützungen (vgl. BlAPr. 1873, 111; InnME. v. 20. April 1874, Web. 10, 259; KdReichsr. 1891/92 Beil. 7, 187; StenB. 5, 234); Vereine zur Unterstütz. in Brandfällen fallen unter das Ges. (InnME. v. 17. Dez. 1874, Web. 10, 252); gleichgültig, ob Rechtsansp. auf die Leistung besteht; a. A. Bittinger BlAPr. 1903, 219. Fahrlässigkeit strafbar. Verjährung: Beginn erst mit der Genehmigung oder dem sonstigen Wegfall der GenehmPflicht (KG. GArch. 46, 53). Erweiterung des Tatbestands: Art. 134 PStGB.

Zu § 360 Nr. 10.

1. Gefahr: Die nahe Möglichkeit einer Verletzung; gemeine Gefahr: Eine solche, deren Ausdehnung nicht ermessen werden kann: hieher fällt Gefahr für Menschenleben u. Eigentum; die Ursache gleichgültig (OSt. 6, 479). Gemeine Not erfordert Verletzung, Gefährdung oder Bedrohung am Leib, Leben, Gesundheit, Vermögen oder einem anderen Rechtsgut der Allgemeinheit (ObSt. 20, 268). Auch Krieg (ObSt. 15, 9, dagegen Hartmann Recht 1915, 297).

2. Nur jene Polizeibehörden fallen unter das Ges., denen die Obsorge für Leben u. Eigentum im öffentl. Interesse obliegt, also das Ministerium des Innern, die Kammern des Innern der Kreisregierungen, die Bezirksämter, die Bezirksausschüsse, in Städten der Stadtrat, in sonstigen Gemeinden mit früher städtischer Verfassung der Gemeinderat, in sonstigen Gemeinden mit früher Landgemeindeverfassung u. in den früher mittelbaren Gemeinden der Pfalz der Bürgermeister (Art. 6 Abs. 1, Art. 23 GO.: § 6 Abs. 1 u. 5 VollzAnw. hiezu v. 14. Juni 1909, GVBl. 303); die Bergpolizeibehörden (Art. 253 Abs. 1 BergGes.) Für Feuersbrünste ist auch die Gendarmerie für zuständig erklärt, zur Hilfe oder Dienstleistung aufzufordern, jedoch nur, wenn eine BezPol-

Beamter nicht anwesend ist; s. § 44 der Dienstvorschrift v. 19. Juni 1913 (AMBl. 521). Das Wort Stellvertreter ist ein Anschluß an den gewöhnlichen, nicht den juristischen Sprachgebrauch auszulegen, umfaßt auch Schutzleute (ObSt. 20, 268).

3. Es besteht eine Pflicht zur persönlichen Hilfeleistung wie zu Sachleistungen, z. B. zu Zurverfügungstellung von Arzneien, von Wasser oder von Räumen (ObSt. 20, 268). Dagegen können Vermögensleistungen als solche nicht verlangt werden; denn damit würde das Gebiet der Polizei überschritten. Eine besondere eine Pflicht zur Hilfeleistung begründende Rechtsvorschr. (außer § 360 Nr. 10) nicht notw.; a. A. wohl ObSt. 15, 15.

4. Erhebliche eigene Gefahr: Nicht bloß eine solche für Leib und Leben (ObSt. 20, 268), sondern für jedes Gut der Person; den Beweis dieser Gefahr braucht nicht der Beschuldigte zu führen (Celle, GArch. 59, 358). Durch Landgesetz kann eine Bestrafung der Verweigerung der Nothilfe in Fällen eigener erheblicher Gefahr nicht eingeführt werden (erschöpfende Regelung der Materie; ObSt. 10, 246).

5. Strafbar auch fahrlässige Begehung.

6. Die Frage, ob ein Unglücksfall oder eine gemeine Gefahr oder Not vorliegt, entscheidet sich nach obj. Merkmalen, das Ermessen der Polizeibehörde ist nicht entscheidend; es ist deshalb die Frage auch im Strafverfahren zu prüfen (Celle GArch. 59, 358; ObSt. 20, 268); a. A. Posen GArch. 37, 449. Hinsichtlich der Frage, wer die Hilfe zu leisten hat, in welcher Weise und in welchem Grad er sie zu leisten hat, entscheidet innerhalb der Grenzen, in denen eine Pflicht zur Hilfeleistung überhaupt besteht, das Ermessen der PolBeh. (vgl. OSt. 6, 479); auch die Frage der Notwendigkeit und Zweckmäßigkeit der getroffenen Anordnung ist im Strafverfahren nicht zu prüfen (OGHSt. 3, 132; ObSt. 20, 268). Dagegen ist wieder ein Bestandteil des Tatbestands u. desh. im Strafverfahren die Frage zu prüfen, ob die geforderte Tätigkeit „zur Hilfe" gegen den Unglücksfall, die Gefahr oder die Not dient; eine anderen Zwecken dienende Tätigkeit kann nicht gefordert werden.

7. Verwandte Strafbest.: Art. 27 u. 87 PStGB., Art. 46 mit 77 ForstG. (insoweit besteht Idealkonk. OSt. 6, 479), Art. 257 BergG. v. 13. Aug. 1910 (insoweit § 360 Nr. 10 durch GesKonk. ausgeschlossen).

Zu § 360 Nr. 11.

I. Die ungebührliche Erregung ruhestörenden Lärmes.

1. Ungebührlicherweise: Wenn die Lärmerregung dasj. Maß überschreitet, welches durch gegenseitige Duldung bedingt ist (Colmar GArch. 47, 454). Es muß die der Allgemeinheit schuldige Rücksicht grob verletzt werden (Stuttg. WürttJ. 19, 207). Unrichtig ObSt. 17, 1, soweit es „ungebührlicherweise" gleich „unbefugt" erklärt. Ungebührlichkeit des durch GewBetr. erregten Lärms: ObSt. 7, 297; 3, 373; 20, 77; 14, 1; 2, 338; OSt. 9, 258. Einfluß obrigk. Genehmigung: KGJ. 3, 272.

2. Der Lärm ist ruhestörend ohne Rücksicht darauf, ob andere den Lärm vernommen und wie viele ihn vernommen haben, und ob durch ihn eine wirkliche Belästigung veranlaßt wurde (OSt. 1, 178); er kann auch bei Tag verübt werden (OGHSt. 4, 395).

3. Strafbar auch der, auf den die Erregung des Lärmes nur mittelbar zurückzuführen ist; deshalb strafbar, wer Lärm durch willenlose Werkzeuge, aber auch der, der ihn durch Menschen erregen läßt (Dresden GArch 56, 243); ferner, wer die Fenster der Räume nicht schließt, in denen der Lärm entsteht (ObSt 7, 297), oder der Hausherr, der Lärm in seinem Hause duldet (OSt 4, 372); anwendbar die allg Grundsätze, die für unechte UnterlassDel. gelten.

4. Einzelfälle: Dulden des Bellens eines Hundes (OSt 8, 249); Halten schnatternder Gänse (OSt 9, 258), Verwendung von Kuhglocken (ObSt. 17, 1); Nichtabnahme der Kuhglocken während der Nacht (ObSt. 15, 166).

5. In bezug auf die Erregung des ruhestörenden Lärms muß Vorsätzlichkeit vorhanden sein, in bezug auf den Erfolg, die Belästigung der Allgemeinheit oder die Gefährdung der öff. Ordnung, genügt Fahrlässigkeit (Colmar GArch 47, 454; ObSt. 20, 77; 14, 4).

6. Keine erschöpfende Regelung der „Materie" des ruhest. Lärms: KGJ 47 C 374; Jena Reg. 29, 591; a. A. KG GArch. 48, 317; KGJ. 23 C 13.

II. Die Verübung groben Unfugs.

7. Groben Unfug verübt: Jede Handlung (auch Unterlassung), durch die das Publ in seiner Allgemeinh. unmittelb. psych. oder phys. in grob ungebührl. Weise belästigt oder gefährdet wird oder werden kann, dergestalt, daß zugleich eine Verletzung oder Gefährd des äußeren Bestands der öff. Ord. zur Erscheinung kommt (ObSt. 15, 15; 6, 366; RG. 34, 364). Publikum: Eine unbestimmte Mehrheit v. Personen (RG 25, 404); auch der in einer öff. Kirche oder einem öff. Vergnügungsraume sich Aufhaltenden (Rspr. 3, 458); auch die Juden als solche (OSt. 9, 275). Unmittelbare Beunruhigung oder Belästigung notw (RG. 32, 100). Die Belästigung braucht nicht von allen als solche empfunden zu werden (ObSt. 11, 177). Ort der Verübung braucht nicht öff. zu sein, maßgebend der Ort der Wirkung (ObSt. 6, 130; OSt. 9, 203; Rspr. 8, 133). Störung und Gefährdung des äuß. Bestandes der öff. Ordnung notw. (RG. 34, 425); genügend Verletzung oder Gefährd. des sittl Anstands auf der Straße (ObSt. 8, 66; RG. 53, 139); doch müssen auch Dritte belästigt sein (RG. DJZ. 1919, 684); genügend auch psychische Beunruhigung (RG. 25, 404; 32, 100; ObSt. 11, 177); auch Verletzung berechtigter Gefühle und Anschauungen (OSt. 9, 210). Genügend zunächst gegen einzelne gerichtete Handlungen (ObSt. 8, 160; 6, 328). Begehung durch die Presse möglich (OSt. 6, 13; 5, 67).

8. In subj. Hinsicht erforderl.: Vorsatz; in bezug auf den Erfolg, d. i. die ungebührl. Belästigung des Publ., die Gefährd. des äußeren Bestands der öff. Ordn. genügt jedes Verschulden (ObSt. 6, 130); die Vorsätzlichkeit muß sich aber auch auf die Öffentlichkeit erstrecken (Rspr. 9, 323; ObSt. 20, 403; 11, 244; 5, 49); schlechthin Vorsätzlichkeit verlangt (ObSt. 15, 15; 8, 160). Beweggrund des Täters gleichgültig (OSt. 4, 557).

9. Im einzelnen wurde grober Unfug erblickt: In der öff Aufford. zum Boykott eines GewTreibenden (RG. 27, 292), allerd. nur unter gew. Voraussetz. (RG. GArch. 50, 396; Dresd. GArch. 60, 302); im Tragen roter Röschen bei der Beerd eines SozDemokr. (OSt. 4, 232);

im Tragen einer roten Feder auf dem Hut (OSt. 2, 396); im lauten Singen sozdemokr. Lieder (OSt. 5, 164); im Aufziehen einer roten Flagge an Stelle der Landesflagge (OSt. 3, 32); überh. in bewußten sozdemokr. Demonstrationen (RG. 23, 208); in der Beflaggung mit der franz. Nationalflagge (OSt. 9, 210); in verletz. Angriffen auf den Richterstand (OSt. 9, 234); im Verhöhnen eines Schutzmanns (OSt. 6, 366; OSt. 3, 155); im Mitführen des Zerrbilds eines Schutzmanns auf einem Kraftfahrzeug (ObSt. 11, 177); in der Behauptung, ein Scheintoter wäre fast beerd. worden (RG. 25, 404); in der Vergleichung der Juden mit Wanzen (OSt. 9, 275); in der Verbreitung antisemit. Schriften (OSt. 5, 67); in der Darstellung des Wortes Jude im Schaufenster (OSt. 7, 166); in der Verunglimpfung eines Verstorbenen durch den Geistl. in der Predigt (OSt. 8, 426); in dem Nichtabnehmen des Hutes bei dem Vorüberziehen einer kirchl. Prozession (ObSt. 10, 419); in dem Zuredestellen einer Lehrerin während des Unterrichts (OGHSt. 7, 543); in sonstiger Störung des Schulunterrichts (OGHSt. 6, 179); nicht aber im Verhalten der Schüler (OSt. 3, 123); im Stören einer Versteig. durch lautes Sprechen (OSt. 7, 490); im Stören einer polit. Versammlung durch Schreien u. Pfeifen (OGHSt. 5, 393); im Hin- u. Herzerren von Mädchen auf öff. Straße (OSt. 5, 448); im Ausstellen von Aktphotographien (ObSt. 8, 66); in dem Verbreiten unzüchtiger Schriften (OGHSt. 4, 583); in dem „Hinaufräumen" der Röcke einer Kellnerin (RG. BayZ. 1905, 391); in der Entblößung des „Hintern" (OSt. 1, 220); in dem Ablassen von Harn auf Menschen (OSt. 9, 203); in dem Begießen mit Jauche (OSt. 8, 4); in dem Läuten an Hausglocken (OSt. 9, 125); in der Mißhandlung eines Kindes (OSt. 8, 148); in der Beohrfeigung von Kirchenbesuchern durch den Geistlichen (OGHSt. 4, 412); in der Aufford., einem anderen den Bauch aufzuschlitzen (OSt. 7, 4); in dem Balgen in einer Wirtsstube (OSt. 1, 498); in dem Aufstellen von Topfpflanzen auf Tischen u. Stühlen auf öff. Plätzen (ObSt. 6, 328); im Streikpostenstehen (Zusammenstellung der Rechtspr. GZ. 1898, 479; s. auch § 366 Nr. 10 A. 7); in einem Boykott (Dresd. LZ. 1914, 1238). Kein grober Unfug: Ausstellung einer Druckschr. mit dem Titel: Die hochheilige Vorhaut Jesu Christi (ObSt. 7, 376); Schmähungen Luthers (RG. 32, 100); grundlose Vorwürfe gegen die Rechtspfl. in der Presse (RG. 36, 214); Aushängen von Fensterläden u. Einschütten von Wasser in eine Wohnung (OGHSt. 5, 528); Verteilung von Flugblättern (Dresden GArch. 57, 241).

10. Ruhestörender Lärm kann zugleich grober Unfug sein (OSt. 7, 259; 3, 277); rechtl. Zusammentreffen mit Beleidigung möglich (OSt. 5, 70); nur § 360 Nr. 11 nicht § 183 StGB., wenn die Tat nur Ekel, nicht Ärgernis hervorruft (RG. SeuffBl. 76, 171); § 360 Nr. 11 durch § 125 w. GesKonkurr. ausschl. (RG. 53, 257); verwandtes Delikt: Art. 30 PStGB.

Zu § 360 Nr. 12.

1. Erweitert durch § 148a mit § 38, § 34 Abs. 2, § 35 Abs. 2 GewO.

2. Pfandleiher: Wer gewerbemäßig gegen Verpfänd. bewegl. Gegenst. Geld oder andere Sachen leiht und zwar in der Hauptsache von Gebrauchsgegenständen; ausscheidet das Lombardgeschäft, das sich auf Wertpap., Edelmetalle, Handelswaren bezieht (RG. Reg. 25, 199); nicht, wer Waren unter Pfandbestellung für den gestundeten Kaufpreis verkauft (RG. 12, 126); kann nebenbei Pfandvermittler sein, d. h. die Verpfändung bei anderen vermitteln (Cöln GArch. 51, 379). Rückkaufhändler: Wer gewerbemäß. bewegl. Sachen unter Gewährung des Rückkaufsrechts ankauft (GewO § 34 Abs. 2); auch wenn zugunsten des Händlers nur Besitzkonstitut besteht (Sächs. OVG. Reg. 34, 445). Zuständige Behörde: Art 2 Nr. 3 PStGB. mit A. 3. Fahrlässigkeit strafb

Zu § 360 Nr. 13.

1. Öffentlich: Allg. wahrnehmbar, nicht notw an einem allg zugängl Ort (Darmst. Reg. 12, 318). Ärgernis erregend: Geeignet, das allg Gefühl zu verletzen, wobei tats. das Gefühl einer Person verletzt wurde (Darmst GArch. 45, 291; Frankf. GArch. 56, 113; ObSt 5, 428; OSt. 10, 216; 5, 429); das Ärgernis muß unmittelbar durch die Handlung selbst gegeben sein (Stuttg WürttJ. 4, 323). Quälen: Großen Schmerz bereiten; boshaft: Art. 37 A. 8. Mißhandeln: Zwecklose oder den berechtigten Zweck überschreitende Störung des Wohlbefindens; roh: Aus gefühlloser Gesinnung entsprungen (RGJ. 17, 472, ObSt 10, 39); ausreichend auch Vernachlässigung (Bresl. GArch. 58, 467); auch durch Unterlassung begehbar (ObSt SeuffBl. 70, 363).

Zu § 360 Nr. 14.

1. Aufgehoben durch Art. 1 Nr. 2 des Ges gegen das Glückspiel v 23. Dez. 1919 (RGBl. 2145).

Zu § 360 Abs. 2.

1. Geänd. durch § 19 des Ges. v. 3. Juni 1914 (RGBl. 195) — hierzu Klau DJZ. 1914, 880 — u. durch Art. 1 Nr. 2 des Ges v 23. Dez. 1919 (RGBl. 2145). Einziehung ist Nebenstrafe. Einziehung im obj. Verf.: Art. 18 A. 1 PStGB.

Zu § 360 Abs. 1 Nr. 4—6 u. Abs. 2.

1. Mitteilung an die Hauptstelle zur Bekämpfung von Geldfälschungen, Verfügung über die eingezogenen Gegenst. u. sonstiges Verfahren bei Übertretungen nach § 360 Abs 1 Nr. 4—6, MB. v. 5. Aug. 1921 (GVBl. 399); geänd. durch JnnMB. v. 23. Febr. 1922 (GVBl. 196).

§ 361.

1. Mit Haft wird bestraft:

1. wer, nachdem er unter PolizeiAufsicht gestellt worden ist, den infolge derselben ihm auferlegten Beschränkungen zuwiderhandelt;
2. wer, nachdem er des Bundesgebiets oder des Gebiets eines Bundesstaats verwiesen ist, ohne Erlaubnis zurückkehrt;
3. wer als Landstreicher umherzieht;
4. wer bettelt oder Kinder zum Betteln anleitet oder ausschickt, oder Personen, welche seiner Gewalt und Aufsicht untergeben sind und zu seiner Hausgenossenschaft gehören, vom Betteln abzuhalten unterläßt;

5. wer sich dem Spiel, Trunk oder Müßiggang dergestalt hingibt, daß er in einen Zustand gerät, in welchem zu seinem Unterhalte oder zum Unterhalte derjenigen, zu deren Ernährung er verpflichtet ist, durch Vermittlung der Behörde fremde Hilfe in Anspruch genommen werden muß;
6. eine Weibsperson, welche wegen gewerbsmäßiger Unzucht einer polizeilichen Aufsicht unterstellt ist, wenn sie den in dieser Hinsicht zur Sicherung der Gesundheit, der öffentlichen Ordnung und des öffentlichen Anstandes erlassenen polizeilichen Vorschriften zuwiderhandelt, oder welche, ohne einer solchen Aufsicht unterstellt zu sein, gewerbsmäßig Unzucht treibt;
7. wer, wenn er aus öffentlichen Armenmitteln eine Unterstützung empfängt, sich aus Arbeitsscheu weigert, die ihm von der Behörde angewiesene, seinen Kräften angemessene Arbeit zu verrichten;
8. wer nach Verlust seines bisherigen Unterkommens binnen der ihm von der zuständigen Behörde bestimmten Frist sich kein anderweitiges Unterkommen verschafft hat und auch nicht nachweisen kann, daß er solches der von ihm angewandten Bemühungen ungeachtet nicht vermocht habe;
9. wer Kinder oder andere unter seiner Gewalt stehende Personen, welche seiner Aufsicht untergeben sind und zu seiner Hausgenossenschaft gehören, von der Begehung von Diebstählen, sowie von der Begehung strafbarer Verletzungen der Zoll- oder Steuergesetze, oder der Gesetze zum Schutze der Forsten, der Feldfrüchte, der Jagd oder der Fischerei abzuhalten unterläßt. Die Vorschriften dieser Gesetze über die Haftbarkeit für die den Täter treffenden Geldstrafen oder anderen Geldleistungen werden hierdurch nicht berührt;
10. wer, obschon er in der Lage ist, diejenigen, zu deren Ernährung er verpflichtet ist, zu unterhalten, sich der Unterhaltspflicht trotz der Aufforderung der zuständigen Behörde derart entzieht, daß durch Vermittlung der Behörde fremde Hilfe in Anspruch genommen werden muß.

2. In den Fällen der Nr. 9 und 10 kann statt der Haft auf Geldstrafe bis zu einhundertfunfzig Mark*) erkannt werden.

*) Höchstgeldstr. nun 1500 ℳ (§ 1 GG.).

Zu § 361 Nr. 1:

1. Zuständigk. zur Stellung unter PolAuff.: § 38 StGB., § 1 ZustVO. nun mit Art. 23 Abs. 1b SG. (BezAusschüsse anstatt der BezÄmter). Abgrenzung der Zuständigk. unter den Ländern: JInnMB. v. 9. Aug. 1872 (RegBl. 1967). Verfahren: JInnMB. v. 13. Aug. 1908 (GVBl. 561). Auferlegte Beschränkungen: § 39 StGB. Nicht fallen hierher die Beschränkungen gemäß Art. 16 AG. BGB. oder die Beschränkungen nach §§ 43, 57, 62 GewO. Zu § 39 Nr. 1 StGB.: Notw., daß die Orte einzeln, nicht etwa durch Angabe des VerwBezirks bestimmt werden (RG. GArch. 53, 444); die Beschränkung darf nicht einer Landesverweisung aus einem Lande gleichkommen (Pr. OVG. GArch. 58, 207). Zu § 39 Nr. 2: Zuwiderhandl. hingegen nach § 361 Nr. 2 strafbar (Spezialbestimmung!). Ob die PolAufsicht mit Recht u. im ordnungsmäß. Verfahren verhängt wurde, im Strafverf. nicht zu prüfen.

Zu § 361 Nr. 2:

1. Rückkehr: Jedes Betreten, auch die Durchreise mit der Eisenbahn (Colmar GArch. 37, 372). Nicht strafbar der unerlaubte Aufenthalt, nur die Rückkehr; Beginn der Verjährung also mit der Rückkehr (ObSt. 1, 300; 11, 103); ferner keine neue Strafe, wenn der wegen Rückkehr Bestrafte im Lande bleibt (a. A. Breslau GArch. 58, 235); ferner nicht strafbar, wer das Land überhaupt nicht verläßt. Zu prüfen im Strafverf., ob eine zust. Behörde innerh. ihrer Zuständigkeit ausgewiesen hat (ObSt. 1, 300; Rspr. 4, 577; 7, 241). Fahrlässigkeit strafbar.

Zu § 361 Nr. 3:

1. Landstreicher: Wer zweck-, geschäfts- u. arbeitslos umherzieht, ohne die Mittel zum Unterhalt zu besitzen oder Gelegenheit zu Erwerb zu suchen (ObSt. 1, 300; OSt. 4, 74; Art. 88 PStGB. v. 1861. Nach Karlsr. BadRpr. 1918, 19 Mittellosigkeit überh. kein Erfordernis der Landstreich.). Notw. Umherziehen von Ort zu Ort mit wechselndem Nachtquartier (Cassel, GArch. 52, 266); erford. eine gewisse Zeitdauer des Umherziehens (Stuttg. WürttJ. 13, 361). Landstreich. trotz Erwerb, wenn er unerlaubt ist, z. B. Handel ohne Wandergewerbeschein, Lohnhurerei (RG. 30, 438; ObSt. 7, 272); trotz Besitz von Mitteln, wenn auf unerlaubte Weise gewonnen (ObSt. 1, 300); häufig auch die sog. Weltreisenden (Pr. InnMC. v. 10. Nov. 1913, Reg. 34, 240). Beherbergung der Landstreicher: Art. 48 PStGB. Haftbefehle gegen Bettler u. Landstreicher: Pramberger, Steinbach, Hattemer SeuffBl. 73, 29, 137 u. 576.

Zu § 361 Nr. 4:

1. Bettel: Maßgebend der allg. Sprachgebr. (ObSt. 2, 184): Ist die Inanspruchnahme der Mildtätigkeit eines Fremden für sich (RG. 20, 434); auch stillschweigend; ob Erfolg erzielt wird, gleichgültig (ObSt. 11, 375; RG. GArch. 45, 49); auch ein einmaliges Angehen (OSt. 2, 506); nicht vereinzelte Bitte bei vorübergehender Verlegenheit oder augenblickl. Notstand (RG. GArch. 45, 49). Bettel unter Umständen auch das Leichenbitten (OSt. 5, 26; 14, 270); oder die Veranstaltung von Musikaufführungen (ObSt. 11, 375); auch die Bitte um einen Teller Suppe (OSt. 4, 400); auch das Anbieten geringwertiger Ware zum Kauf (ObSt.

15, 150). Unter besond. Umständen Straflosigkeit (ObSt. 12, 101); so, wenn gewisse Bezieh. zur angegangenen Person bestehen, z. B. Verwandtsch., Freundschaft (ObSt. 5, 26); bei Bestehen einer Vereinigung, durch Gleichartigkeit der Lebensstellung (OSt. 9, 105); Herkommen (ObSt. 1, 141; OSt. 10, 218 bei Bränden); Ersuchen an eine zur Unterstützung bestimmte Kasse (OSt. 7, 380); Übung, daß an gewissen Tagen an Ärmere Gaben verabreicht w. (ObSt. 1, 216); Handwerksbrauch (RG. 20, 434); Klosterbettel (Rechtspr. schwankt OSt. 3, 498; ObSt. 12, 101); Pfarrhofbettel strafbar (ObSt. 2, 184).

2. Kinder: Personen jugendl. Alters; eigene oder fremde Kinder. Anleiten oder ausschicken: Nicht notw., daß auch gebettelt wird; ausreichend zum Anleiten das Geben allgemeiner Lehren. Gewalt u. Aufsicht untergeben: § 361 Nr. 9 A. 1. Fahrlässigkeit ausreichend (ObSt. 4, 341); die Tätigkeit selbst aber muß vorsätzlich sein (RG. 48, 324). Idealkonk. zwischen Betteln unter Drohung u. Erpressung (RG. 32, 47); zwischen Bettel u. Betrug (Rspr. 3, 460). Verwandte Strafbestimm.: Art. 48 u. 51 PStGB.

Zu § 361 Nr. 5:

1. Zustand: Notw. moral. oder phys. Verkommenheit oder ökonom. Zerrüttung, nicht ausreichend bloße Nichtleistung des Unterhalts (Rspr. 1, 366; a. A. OGHSt. 3, 225). Zur Ernährung verpflichtet, durch Vermittlung der Behörde, fremde Hilfe: § 361 Nr. 10 A. 2, 5 u. 6. Fahrlässigkeit ausreichend. Verwandte Strafbestimm.: § 361 Nr. 10 StGB.; Art. 81 u. 82 PStGB.

Zu § 361 Nr. 6:

1.*) Notwendig nur Unterstellung unter pol. Aufsicht wegen gewerbsm. Unzucht; gleichgültig, ob letztere wirklich getrieben wurde (OSt. 2, 86), gleichgültig auch, ob die Anordnung schon vollzogen wurde. Zu prüfen im Strafverf. ob die Vorschr. zu den angegebenen Zwecken erlassen wurden (OSt. 9, 23; ObSt. 20, 203). Sie müssen sich auch auf allg. pol. Gebiete bewegen, also keine Bestrafung bei Nichtzahlung der Gebühren der ärztl. Untersuchung (Jena GArch. 41, 150; a. A. Stettin GArch. 45, 293, dagegen Delcke Reg. 19, 99). Zulässig Vorschr. allg. Art u. solche für bestimmte Personen u. Fälle (ObSt. 19, 202; OSt. 9, 23; nur erstere hält für zulässig Schlusser-Müller S. 474). Fahrlässigkeit ausreichend. Zuständigkeit zum Erlaß der Anordnungen allg. Natur: Art. 1 Abs. 2 PStGB. (KdAbg. 1871/1872 GSA. Verh. 16) mit § 5 ZustVO.; für die Zuständigkeit zur Erlassung von pol. Einzelverfüg. gilt Art. 1 Abs. 3 PStGB.; ObSt. 19, 202 wendet § 5 ZustVO. auch hier an; Formvorschriften bestehen nicht; verlangt wird bisweilen vorherige Bekanntgabe an die Beteiligten (OSt. 6, 338; Cassel GArch. 51, 413). Allg. Weisungen über die Einführung und Handhabung der Aufsicht über die Prostituierten: InnMB. v. 13. Juli 1876 (Web. 11, 572). Zur Unterstellung minderj. Mädchen unter sittenp. Aufsicht s. § 4 AusfBest. z. ZwErzG. v. 28. Juni 1902 (JMBl. 629); Einstellung von Dienstboten durch unter sittenp. Aufsicht Stehende Art. 16 AG. BGB. (hierzu die Bem. vor Art. 106 PStGB.).

---

*) S. aus dem Schrifttum zu § 361 Nr. 6 Lindenau ZStW. 32, 355.

2. Gewerbemäßig: Notw. die Absicht, aus der Unzucht fortgesetzt eine Quelle des Einkommens zu holen; nicht notw., daß das Einkommen vermehrt wird (ObSt. 1, 294); die bloße Absicht, sich unentgeltlich Speisen u. Getränke gewähren zu lassen, reicht nicht aus (RG. 51, 262). Hinzu muß treten Preisgabe an einen nicht geschlossenen Kreis von Männern (ObSt. 16, 28). Auch einmalige Unzucht kann ausreichen (RG. 41, 59; GArch. 47, 441); nicht ausreichend bloß Suchen von neuer Gelegenheit trotz früherer Bestrafung (ObSt. 4, 208); Unzucht: Auch Herbeiführung von Samenerguß durch Massieren (RG. 37, 303); auch Anlehnen an einen Baum mit gehobenen Röcken vor einem Mann (ObSt. 14, 335).

Zu § 361 Nr. 7:

1. Aus öff. Armenmitteln: Nicht Unterstützung durch religiöse Gemeinschaften; nicht die Kosten für die Fürsorgeerziehung (Art. 16 FEG.). Nur Unterstützung des Täters, nicht seiner Angehörigen, auch wenn er unterhaltspflichtig ist. Die Unterstützung muß z. Z. der Arbeitsverweig. noch fortdauern. Arbeitsscheu: Zur Neigung gewordene Unlust zur Arbeit. Angemessenheit der Arbeit im Verhältnis zu den Kräften im Strafverf. zu prüfen (OGHSt. 8, 553), sonstige Einwendungen gegen die Arbeit (zu geringe Vergütung, zu lange Dauer) nicht zulässig. Zuständig zur Anweisung: Die Armenräte Art. 31, 44, 52 ArmenG. v. 21. Aug. 1914 (s. auch OGHSt. 9, 322). Vorsätzlichkeit notw.

Zu § 361 Nr. 8:

1. Unterkommen: Besitzt nur, wer eine Wohnung u. die sonstigen zum Lebensunterh. nötigen Mittel besitzt (ObSt. 2, 21; OSt. 5, 282; OGHSt. 7, 461); genügend aber der tatsächl. Besitz einer Wohnung, auch ohne Rechtsanspr. (RG. GArch. 52, 86; SeuffBl. 70, 325). Gleichgültig, wenn die Mittel durch eine strafb. Handlung verschafft wurden (RG. 36, 59). Gleichgültig, wenn Obdach u. Unterhalt von Dritten nur aus Furcht gewährt wird (ObSt. 13, 309). Unterkommen für die Familienmitglieder braucht nicht beschafft zu sein (a. A. Rostock GArch. 42, 275). Zuständige Behörde: § 6 ZustVO. Auftrag der Behörde muß allg. gehalten sein, kann nicht ein Unterkommen bestimmter Art. verlangen (a. A. ObSt. 2, 25); genügend der Auftrag, sich sofort um Arbeit umzusehen (ObSt. 2, 21). Nachweisen kann: Genügend der Nachweis, daß er kein dem Gesetz u. der Sitte entsprechendes Einkommen finden konnte (RG. 36, 59); Staatsanwalt u. Gericht haben die Beweisführung zu unterstützen. Fahrlässigkeit ausreichend.

Zu § 361 Nr. 9:

1. Gewalt u. Aufsicht untergeben: Alle Personen, die zum Gehorsam rechtl. verpflichtet sind, auch Dienstboten, Lehrlinge, Ehefrauen (Celle GArch. 49, 335; ObSt. 17, 14; OGHSt. 8, 89; 7, 333; 5, 430). Nicht Gesellen u. Gehilfen (GZ. 1897, 199). Diebstahl: Diebereien aller Art z. B. § 370 Nr. 5 StGB., Art. 112 Nr. 1 PStGB. (OGHSt. 8, 248). Nicht notw., daß die Gewaltuntergebenen selbst strafbar sind (OSt. 8, 22; 7, 72). § 361 Nr. 9 nicht anwendbar, wenn Teilnahme an der Tat der Gewaltuntergebenen vorliegt (OSt. 2, 224). Fahrlässigkeit ausreichend (a. A. OSt. 7, 72; s. zur Schuldfrage

auch ObSt. 17, 14). Haftbarkeit für die Geldstr. u. sonstigen Geldleistungen: Art. 122 Abs. 2 PStGB., Art. 60 u. 70 ForstG., Art. 13 u. 27 ForstStG., Art. 107 FischG. Geldstrafe: Abs. 2. Die auf Forstfrevel bezüglichen Zuwiderhandl. sind Forstrügesachen (Art. 50 ForstG.; Art. 1 Abs. 2 ForstStG.). Verwandte Strafbest.: § 6 Abs. 2 VogelschGes. v. 30. Mai 1908 (RGBl. 317).

Zu § 361 Nr. 10 StGB.

1. In der Lage, zu unterhalten: Auch, wer sich die Geldmittel durch Ausnützung seiner Arbeitskraft verschaffen kann (Celle GArch. 46, 351; KGJ. 37 C 78).*)

2. Zur Ernährung verpflichtet: Auch in der Form der Geldleistung, aber auf Grund familienrechtl. Beziehungen; desh. auch unehel. Vater (bestr. dafür: ObSt. 7, 80 u. LZ. 1921, 757; Hamm GArch. 59, 182; 62, 111; Celle GArch. 58, 243; Naumburg GArch. 62, 214; dagegen Düsseld. GArch. 58, 495; KG. GArch. 52, 96; 55, 238); nicht hierher fallen die Fälle der bloß erzieherischen Fürsorge (Dresd. GArch. 60, 317); ausreichend nur gesetzl. nicht vertragsmäß. Ernährungspflicht. Die Entscheid. des Zivilrichters über die Unterhaltspfl. bindet den Strafrichter nicht (ObSt. LZ. 1921, 757; a. A. Celle GArch. 61, 165).

3. Aufford. der zust. Beh.: Muß gerichtet sein auf Erfüllung in der Zukunft; Nichterfüllung muß der Aufford. nachfolgen (ObSt. 7, 235); genügend die allg. Aufford., der UnterhPflicht nachzukommen (Hamm GArch. 59, 379). ZustBeh.: Der Armenverband, der nach dem UnterstWG. u. dem BayG. v. 21. Aug. 1914 zur Leistung der Armenhilfe, wenn auch nur vorläufig, verpflichtet ist (JnnME. v. 27. März 1894, AMBl. 156 mit dem ArmenGes. v. 1914; Pöll ArmenG. Art. 88 A. 2).

4. Der Unterhaltspflicht sich entzieht: Liegt nicht vor, wenn der UnterhPflichtige die Kosten der Fürsorgeerziehung nicht ersetzt; denn hierbei handelt es sich um eine Ersatzforderung (Karlsr. BadRpr. 1915, 55); Verzug nicht notw.; Bestrafung auch, wenn der Berechtigte sich nicht an den Verpflichteten wenden will (Marienw. GArch. 47, 469). Vorsätzlichkeit notw. (ObSt. 7, 80; Hamm GArch. 59, 379); Bestrafung aber auch dann, wenn der Pflichtige sich nicht für unterhaltspflichtig ansieht (KGJ. 37 C 78). Verjährung beginnt erst, wenn der Aufgeford. seiner Pflicht genügt (KG. GArch. 59, 412). Geldstr.: Abs. 2.

5. Vermittlung der Behörde: Auch wenn die Beh. die Hilfe selbst gewährt (Dresd. GArch. 56, 106).

6. Fremde Hilfe: Jede nicht von dem UnterstützPflichtigen gewährte (Dresd. GArch. 56, 106).

7. Verw. Strafbest.: § 361 Nr. 5 StGB.; Art. 81 PStGB.

§ 362.

2. **Die nach Vorschrift des § 361 Nr. 3 bis 8 Verurteilten können zu Arbeiten, welche ihren Fähigkeiten und Verhältnissen angemessen sind, innerhalb und, sofern sie von anderen freien**

*) Sonderschriftt. zu § 361 Nr. 10: Bretzfeld BayZ. 1911, 417.

Arbeitern getrennt gehalten werden, auch außerhalb der Strafanstalt angehalten werden.

2. Bei der Verurteilung zur Haft kann zugleich erkannt werden, daß die verurteilte Person nach verbüßter Strafe der Landespolizeibehörde zu überweisen sei. Im Falle des § 361 Nr. 4 ist dieses jedoch nur dann zulässig, wenn der Verurteilte in den letzten drei Jahren wegen dieser Übertretung mehrmals rechtskräftig verurteilt worden ist, oder wenn derselbe unter Drohungen oder mit Waffen gebettelt hat.

3. Durch die Überweisung erhält die Landespolizeibehörde die Befugnis, die verurteilte Person bis zu zwei Jahren entweder in ein Arbeitshaus unterzubringen oder zu gemeinnützigen Arbeiten zu verwenden. Im Falle des § 361 Nr. 6 kann die Landespolizeibehörde die verurteilte Person statt in ein Arbeitshaus, in eine Besserungs- oder Erziehungsanstalt oder in ein Asyl unterbringen; die Unterbringung in ein Arbeitshaus ist unzulässig, falls die verurteilte Person zur Zeit der Verurteilung das achtzehnte Lebensjahr noch nicht vollendet hat.

4. Ist gegen einen Ausländer auf Überweisung an die Landespolizeibehörde erkannt, so kann neben oder an Stelle der Unterbringung Verweisung aus dem Bundesgebiete eintreten.

1. Abs 1 Ausnahme von § 18 StGB VollzBest hierzu: § 92 Abs 1, § 46 Hausordnung für die Gerichtsgef v. 3. Jan. 1910 (JMBl 25) in der Fassung v 18. Juli 1919 (JMBl. 287). Überweisung in den Fällen des § 361 Nr 4: Gleichgültig, ob die früheren Strafen z Z. der Begehung der nun abzuurteilenden Straftaten bereits verbüßt waren oder nicht, ob die erste frühere Verurteilung bei Verübung der zweiten Straftat oder ihrer Aburteilung rechtskräftig war, ob bereits früher auf die Nebenstr erkannt war oder nicht (OSt. 1, 123; 4, 169; 4, 332; OGHSt. 7, 346). Die Verurt. muß durch ein deutsches Gericht erfolgt sein. Unter Drohung: Nur unmittelbarer Zusammenhang erford; deshalb auch Drohung nach der Abweisung ausreichend (RG. 35, 343). Waffen: Gefährl. Werkzeug schlechthin (RG. 8, 44). Überweisung: Nebenstr; deshalb nicht zulässig, wenn bei Idealkonk. die Strafe nicht aus § 361 bemessen wird (RG. GArch. 48, 356; Karlsr. Bad. Rpr. 1917, 114). Abs. 3 S. 2 Halbs. 2 bezieht sich nur auf die Fälle des § 361 Nr. 6; desh. bei § 361 Nr. 3, 4, 5, 7, 8 Arbeitsh. auch bei Jugendlichen zulässig (ObSt. 8, 402) Auf Überweisung kann nicht durch Strafbefehl erkannt w. Revision zulässig auch gegen die Überweisung allein (RG 47, 227 gegen Rspr. 1, 366); auch bei dieser beschränkten Rev. zu prüfen, ob eine strafb. Handlung vorliegt (ObSt. 3, 208), aber nur zur Entscheidung über die Überweisung. Abs. 4 Ausweisung: Unterliegt keiner zeitlichen Beschränkung: InnMB. v. 5. Febr. 1874 (AMBl 98). Vollzug der Unterbringung gemäß Abs 3 S. 2 u Bestrafung des Bruchs der Unterbringung: Art 19 mit 18 FürsEG., InnMB. v 5. April 1901 (AMBl 169) u. v. 3. Febr 1903 (AMBl. 55) Weitere Fälle der Überweisung: Art. 1 Nr. 2 des Ges. gegen das Glücksspiel v. 23. Dez. 1919 (RGBl. 2145). VollzBest. zu Abs. 2—4 (Überweisung an die LandPolBeh.): Art. 23 Abs. 1b SG. (Zuständigkeit zur Beschlußfassung über die korrekt. Nachhaft), JJnnMB. v. 28. März 1891 (JMBl. 65), geänd. u. ergänzt durch JJnnMB. v. 5. April 1901 (AMBl. 169), JnnME. v. 28. März 1907 (AMBl. 194), Bek. v. 14. Mai 1907 (GVBl. 475), JnnJMB. v. 29. Nov. 1910 (AMBl. 30), JnnMB. v. 16. Juli 1917 (AMBl. 173), VO. v. 26. Nov. 1915 (GVBl. 723). Ausf. Bek. hierzu: JJnnMB. v. 3. Febr. 1903 (AMBl. 55), JMB. v. 8. März 1901 (JMBl. 282; AMBl. 168), JnnMB. v. 12. Juni 1890 (JMBl. 256; AMBl. 243), JnnMB. v. 17. April 1920 (AMBl. 146), JJnnMB. v. 9. Aug. 1872 (RegBl. 1967), § 106 Hausordn. f. d. Strafanstalten v. 20. Sept. 1907 (GVBl. 643).

§ 363.

1. Wer, um Behörden oder Privatpersonen zum Zwecke seines besseren Fortkommens oder des besseren Fortkommens eines Anderen zu täuschen, Pässe, Militärabschiede, Wanderbücher oder sonstige Legitimationspapiere, Dienst- oder Arbeitsbücher oder sonstige auf Grund besonderer Vorschriften auszustellende Zeugnisse, sowie Führungs- oder Fähigkeitszeugnisse falsch anfertigt oder verfälscht, oder wissentlich von einer solchen falschen oder verfälschten Urkunde Gebrauch macht, wird mit Haft oder mit Geldstrafe bis zu einhundertfunfzig*) Mark bestraft.

2. Gleiche Strafe trifft denjenigen, welcher zu demselben Zwecke von solchen für einen anderen ausgestellten echten Urkunden, als ob sie für ihn ausgestellt seien, Gebrauch macht, oder welcher solche für ihn ausgestellte Urkunden einem anderen zu dem gedachten Zwecke überläßt.

1. Zum Zwecke bess. Fortkommens: Absicht, günstigere Gestaltung der Lebensverh. im allgemeinen zu erlangen, nicht gegen ein bestimmtes öff. oder Privatrecht gerichtet (RG. 42, 79; 43, 271); z. B. zur Verschaffung eines Ausweises über persönl. Verhältnisse (RG. 27, 56); auch zur Verschaffung idealer Güter (RG. 39, 75); doch ist dieser Unterschied nicht immer durchführbar; manchmal maßgebend, daß mildere Beurteilung des Falles des § 267 StGB. angezeigt (RG. 26, 83). Nicht anwendbar bei der Absicht, die Fortdauer eines Vertragsverh. zu erreichen (RG. 38, 145), eine bestimmte amtl. Stellung zu erlangen (RG. 52, 186; 31, 296), als adelig anerkannt zu werden (RG. 29, 241), früher aus der Schule entlassen zu werden (RG. BayZ. 1913, 73), Lebensmittelkarten zu erhalten (RG. 52, 211). Anwendbar bei der Absicht, sich eine Wirtschaftserlaubnis zu verschaffen (RG. 26, 83), Gaben von Vereinen zu erlangen (Rspr. 5, 106), beim Militär angenommen zu w. (Rspr. 7, 536), den Bräutigam über das Alter zu täuschen (Rspr. 7, 681).

---

*) Höchstgeldstr. nun 1500 ℳ (§ 1 GG.).

2. Legitimationspapier: Soll Ausweis über persönl Verhältnisse, nicht über ein bestimmtes Recht verschaffen (RG. 42, 249). Auf Grund besond. Vorschr. auszustell. Zeugnisse: Nur Zeugnisse, die unter gewissen Verhältnissen, unabhängig vom Belieben der Beteiligten notw. sind (RG. 38, 145). Fähigkeitszeugnisse: Auch von Privaten, auch über die Arbeitsfähigkeit (RG. 25, 103); dagegen nicht staatl Prüfungszeugnisse (RG. 38, 145). Einzelfälle: Heimatschein Legit.Papier (OSt. 5, 395); Geburtszeugnis desgl. (Rspr. 7, 536); ZivilversorgSchein nicht unter § 363 (RG. 27, 56); Schulzeugnisse nur dann, wenn bloße Führungs- u. Fähigkeitszeugn. (RG. 43, 271); Quittungskarten sind Urkunden (RG. 42, 79). Wandergewerbeschein u. BesteuerNachweise sind LegitPapiere (OSt. 2, 248; a. A. RG. 42, 249; RG BayZ. 1918, 322). Wegen der Zeugnisse über „Privatstudium" s. OSt 4, 391).

3. Verfälschen: Auch Herausschneiden eines Blattes aus einem Buche (Darmst. GArch. 48, 15); Gebrauchmachen auch Verweisung auf eine an einen anderen Ort verwahrte Urk. (OSt. 6, 395). Nicht hierher fällt Gebrauchmachen von LegitPapieren, die dem Täter selbst unter falschem Namen ausgestellt wurden (Rspr. 6, 255).

4. Idealkonk. mit § 263 (RG. 23, 43); Gesetzeskonk. gegenüber § 277 (RG 31, 296).

§ 364.

1. Mit Geldstrafe bis zu einhundertfünfzig Mark*) wird bestraft, wer wissentlich schon einmal verwendetes Stempelpapier nach gänzlicher oder teilweiser Entfernung der darauf gesetzten Schriftzeichen, oder schon einmal verwendete Stempelmarken, Stempelblankette oder ausgeschnittene oder sonst abgetrennte Stempelabdrücke der im § 276 bezeichneten Art veräußert oder feilhält.

2. Gleiche Strafe trifft denjenigen, welcher wissentlich schon einmal verwendete Post- oder Telegraphenwertzeichen nach gänzlicher oder teilweiser Entfernung des Entwertungszeichens veräußert oder feilhält.

1. Stempel: Nur steuerlichen Zwecken dienende; gleichgültig, ob reichs- oder landesrechtl. Der in § 276 bezeichneten Art: Welche zum Zeichen stattgehabter Versteuerung gedient haben. Veräußern: Umfaßt nicht verpfänden, verleihen, nicht das bloß schuldrechtl. Geschäft. Feilhalten: § 367 Nr. 3 A. 6. Wiederverwendung der Stempel usw. und Wertzeichen: § 276 Abs. 1 u. 2 StGB. Wiederverwendung der Telegraphenfreimarken u. Postwertzeichen ohne Beseitigung des Entwertungszeichens: Art. 9 AG. StPO. (Schiedermair Nebengeſ. S. 35) u § 27 Nr 3, § 28 Postgeſ. v 28 Okt. 1871 (RGBl. 347).

*) Höchstgeldstr nun 1500 ℳ (§ 1 GG.).

§ 365.

1. **Wer in einer Schankstube oder an einem öffentlichen Vergnügungsorte über die gebotene Polizeistunde hinaus verweilt, ungeachtet der Wirt, sein Vertreter oder ein Polizeibeamter ihn zum Fortgehen aufgefordert hat, wird mit Geldstrafe bis zu funfzehn*) Mark bestraft.**

2. **Der Wirt, welcher das Verweilen seiner Gäste über die gebotene Polizeistunde hinaus duldet, wird mit Geldstrafe bis zu sechzig Mark**) oder mit Haft bis zu vierzehn Tagen bestraft.**

1. Nicht berührt durch das Vereinsges (Bem. VIId vor Art. 1); bestr Hamm DJZ. 1911, 768; Stier-Somlo DJZ. 1911, 690; Delius ebend 1911, 807; Anschütz ebend. 1911, 864; Pr. InnME. v 6. Nov 1911 (Reg. 32, 36); Jellinek S. 99; Dresd. GArch. 65, 184.***)

2. Schankstube: Ein offener Raum, in dem Getränke zum Genusse auf der Stelle gewerbsm feilgehalten u. entgeltlich verabreicht werden (OSt. 5, 86; RG. 37, 260; Oldenburg Reg. 39, 224; dieses, jedoch wohl ohne sachl. Unterschied, ein „geschlossener" Raum); gleichgültig der Umfang des Ausschanks, ebenso ob geistige oder andere Getränke verabreicht werden (KG. GArch. 44, 404; Müller GZ. 1892, 118); auch die Schankstätte des Produzenten, Straußwirtschaft (KG. Reg. 37, 78). Öffentlichkeit notw (Celle GArch. 59, 360); Privatzimmer dann Schankstube, wenn dort die Schankwirtschaft öff. ausgeübt wird (KG. GArch. 44, 404; ObSt. 17, 12); ob Wirtschaftsbetrieb rechtmäßig, gleichgültig (RG. 37, 260). Unrichtig ObSt. 13, 424, wonach der Begriff nach Landesrecht sich beurteilen soll. Bahnhofrestauration keine Schankstube (Celle GArch. 53, 187; a. M. ObSt. 10, 145; RG. 37, 260; KGJ. 12, 183, darnach Schankstube für andere als die Reisenden); ähnlich zu beurteilen Wirtschaftsräume eines Schiffes (s. KG. bei Reg. 32, 518).

3. VergnügOrt: Jeder der geselligen Unterhaltung dienende Ort Maßgebend die Art der Benützung in dem Zeitp. der Begehung der Tat (Karlsr BadRpr. 1905, 91).

4. Öffentlichkeit bei Schankstuben wie bei VergnügOrten dann gegeben, wenn sie der Allgemeinheit zugänglich sind u. zwar beim Verweilen (so die gem. M. u. die nicht bayr. Rechtspr. KG. GArch. 44, 403; RG. 50, 327); gegen letzteres Erford. häufig die bayr. Rechtspr. z. B. ObSt. 19, 100; OSt. 2, 486 u. Müller GZ. 1892, 119. Diese BegrBestimmung gilt auch bei Versammlungen gesell. Vereine u. geschloss. Gesellsch. in Wirtshäusern; Öffentlichkeit fehlt hier; durch VO. kann nichts anderes festges. werden. Anders aber unhaltbar OGHSt. 5, 376 u. die ihm folgende spät. bayr. Rechtspr. z. B. OSt. 2, 482; 5, 382; 6, 53; 9, 337; ObSt. 9, 130; 10, 275; Müller GZ. 1892, 119; s. auch BlAPr 1874, 173; Reg. 32, 436; Karlsr. BadRpr. 1905, 91

---

*) Höchstgeldstr. nun 150 ℳ (§ 1 GG.).
**) Höchstgeldstr. nun 600 ℳ (§ 1 GG.).
***) Sonderliteratur zu § 365 Müller GZ. 1892, 117.

5. Gebotene PolStunde: Die durch eine gesetzl Vorschr. festgesetzte (OGHSt. 5, 515); bestimmt w. kann nur eine Nachtstunde (KG. DJZ. 1913, 701; KGJ. 47 C 328; KG. Reg. 35, 499). Form der Erlassung der Gebote: Art 2 Nr. 4 PStGB

6. Verweilen: Als Schankgäste des Wirtes (ObSt 11, 216; BayZ. 1918, 28), nicht jedoch Logiergäste u. Privatgäste (ObSt. 9, 130; KG. GArch. 51, 59; einschränkender hins. der Logiergäste KGJ. 52 C 378); nicht Reinigungspersonal; nicht der, dem aus Erkenntlichkeit etwas verfolgt wird (KG. Reg. 37, 81). Nicht notwendig, daß noch eine Bestellung nach Eintritt der PolStunde erfolgt; ausreichend bloßes Verweilen als Gast; unzulässig also auch das „Austrinken" (OSt 9, 136; a. A. ObSt. 13, 82; s zur Frage der Gewährung eines modicum tempus LZ. 1914, 311).

7. Wirt: Wer die Schankstätte auf eigene Rechnung u Verantwortlichkeit inne hat, gleichgültig ob auf Grund eines rechtl. oder tatsächl Verhältnisses; auch der Pächter, nicht mehr der Vertreter des Wirts (s. die Gegenüberstellung in Abs. 1); entscheidend aber das wirkliche nicht ein Scheinverhältnis; gleichgültig, ob der Inhaber die Erlaubnis zum Wirtschaftsbetrieb hat (vgl. OSt. 8, 391); nicht genügend die vorübergehende tatsächl Verfügungsgewalt über die Wirtschaft; a. A. ObSt. 6, 152; 17, 12 (Frau des Wirts); auch RG 36, 324; dagegen KG. (GewArch. 8, 151). Notw., daß die Sorge für Befriedigung der Bedürfnisse nach Speise, Trank u. Nachtruhe übernommen wird (s. Art. 46 A. 2). In öff VergnügLokalen, in denen diese Bedürfnisse nicht befriedigt w., kann also nur der PolBeamte zum Fortgehen auffordern

8. Auffordern zum Fortgehen: Jede Erklärung, durch die zum Ausdruck gebracht wird, daß es der Wille des Erklärenden ist, daß die Schankstube oder der Vergnügungsort verlassen werden (vgl. OSt. 8, 120); neue Aufford. notw., wenn sich jemand erst nach einer Aufford. einfindet (OSt. 5, 25); Aufford. muß nach oder frühestens mit Eintritt der PolStunde erfolgen (Karlsr BadRpr. 1900, 328).

9. Wirt strafbar bei bloßem Dulden, neue Verabreichung nach Eintritt der PolStunde nicht notw. (OSt. 3, 64); Dulden ist ausdrückl. oder stillschw. Geschehenlassen (KG. in LZ. 1914, 211); bloßes Auffordern nicht stets ausreichend, nach Lage der Sache Androhung u. Anwendung geeigneter Maßregeln notw. (ObSt. 9, 279). Einstellung der Bewirtung nicht stets genügend (ObSt. 8, 10; 2, 86); genügend unter Umständen Auslöschen der Lichter (KG. in GArch. 52, 422).

10. Abs 2 zu ergänzen durch „in einer Schankstube oder einem öff. VergnügOrte" (Celle GArch. 59, 360).

11. Fahrlässige Begehung ausreichend (ObSt. 10, 144; OSt. 6, 266); Einfluß des Irrtums über den Inhalt der Polizeistundenfestf.: Celle GArch. 59, 359; aber hierzu Art. 1 A. 8.

12. Bestimmung einer Nachtstunde für geräuschvolle Unterhaltungen: Art. 34 PStGB.

§ 366.

Mit Geldstrafe bis zu sechzig Mark*) oder mit Haft bis zu vierzehn Tagen wird bestraft:

1. wer den gegen die Störung der Feier der Sonn- und Festtage erlassenen Anordnungen zuwiderhandelt;
2. wer in Städten oder Dörfern übermäßig schnell fährt oder reitet, oder auf öffentlichen Straßen oder Plätzen der Städte oder Dörfer mit gemeiner Gefahr Pferde einfährt oder zureitet;
3. wer auf öffentlichen Wegen, Straßen, Plätzen oder Wasserstraßen das Vorbeifahren Anderer mutwillig verhindert;
4. wer in Städten mit Schlitten ohne feste Deichsel oder ohne Geläute oder Schelle fährt;
5. wer Tiere in Städten oder Dörfern, auf öffentlichen Wegen, Straßen oder Plätzen, oder an anderen Orten, wo sie durch Ausreißen, Schlagen oder auf andere Weise Schaden anrichten können, mit Vernachlässigung der erforderlichen Sicherheitsmaßregeln stehen läßt oder führt;
6. wer Hunde auf Menschen hetzt;
7. wer Steine oder andere harte Körper oder Unrat auf Menschen, auf Pferde oder andere Zug- oder Lasttiere, gegen fremde Häuser, Gebäude oder Einschließungen, oder in Gärten oder eingeschlossene Räume wirft;
8. wer nach einer öffentlichen Straße oder Wasserstraße, oder nach Orten hinaus, wo Menschen zu verkehren pflegen, Sachen, durch deren Umstürzen oder Herabfallen Jemand beschädigt werden kann, ohne gehörige Befestigung aufstellt oder aufhängt, oder Sachen auf eine Weise ausgießt oder auswirft, daß dadurch jemand beschädigt oder verunreinigt werden kann;
9. wer auf öffentlichen Wegen, Straßen, Plätzen oder Wasserstraßen Gegenstände, durch welche der freie Verkehr gehindert wird, aufstellt, hinlegt oder liegen läßt;
10. wer die zur Erhaltung der Sicherheit, Bequemlichkeit, Reinlichkeit und Ruhe auf den öffentlichen Wegen, Straßen, Plätzen oder Wasserstraßen erlassenen Polizeiverordnungen übertritt.

Zu § 366 Nr. 1.

1. Durch die GewO. (§§ 105a—105i) mit VO v. 5. Febr. 1919 (RGBl 176) keine Einschränkung des Landesrechts hins. der Rege-

*) Höchstgeldstr. nun 600 M (§ 1 GG.).

lung der Feier (OSt 10, 299; RG. 20, 82); von Bedeutung aber § 24 des Vereinsges. v. 19. April 1908 (RGBl. 151) geänd. durch Ges v 26. Juni 1916 (RGBl. 635) u. v. 19 April 1917 (RGBl. 361) Auch die RVerf bringt keine Einschränkung: s. ihren Art. 139.

2. Störung der Feier: Jede Beeinträchtigung der äußeren Heilighaltung (ObSt. 5, 99), aber auch nur diese; es können nur Handlungen getroffen werden, welche nach außen hin unmittelbar in die Erscheinung treten und geeignet sind, das allg. Gefühl der inneren Sammlung und Erhebung zu stören oder zu beeinträchtigen. Unzulässig deshalb ein allg. Verbot des Schankbetriebs (KGJ. 24 C 98; KG. DJZ. 1902, 312), wohl aber kann verboten werden der Betrieb der Schankwirtschaft in Verbindung mit lärmenden Spielen, der Ausschank geistiger Getränke, der geeignet ist, lärmende Auftritte hervorzurufen, der Betrieb von Branntweinschanken während des Hauptgottesdienstes (KGJ 24 C 98; KG. Recht 1908, 46). Zulässig eine Anordnung, daß während des Hauptgottesdienstes Schaufenster, in denen Waren oder sonstige Gegenstände zu gewerbl. Zwecken ausgestellt werden, geräumt oder verhängt sein müssen (KGJ 29 C 87). Unzulässig ein allg. Verbot der Veranstaltung von Proben zu Theateraufführungen während des Hauptgottesdienstes (KGJ 32 C 43); desgl ein allg. Verbot zur Jagdausübung; wohl aber ein unbedingtes Verbot der Holz- und Treibjagden (KGJ 26 C 77). Nicht unter § 366 Nr 1 fallen Vorschriften, die ausschließlich den Schutz des Einzelnen in seinem Anspruch auf Sonntagsruhe bezielen (RG. 20, 82). Notwendig aber nur, daß die verbotene Handl. „an sich und gewöhnlich" geeignet ist, eine Störung hervorzurufen; ob die äußere Heilighaltung auch im einzelnen Fall gestört wurde, gleichgültig (KGJ 26 C 77; KG. Recht 1908, 759).

3. Sonn- u. Feiertage: Nur kirchl. (KGJ. 22 C 81); Anordn. nur für diese selbst, nicht für die Vorabende, Ausnahmen nur bei Weihnacht, Ostern, Pfingsten (KG. DJZ. 1897, 494; Recht 1908, 133); jedoch noch nicht für den Nachmittag des Vorabends (KG. Recht 1908, 173); für die Sonn- u. Feiertage selbst auch erst für die Zeit von den Morgenstunden an (KGJ. 41, 413; 18, 309); auch für die Nächte vom 1. zum 2. Feiertag an Weihnacht, Ostern, Pfingsten (KG. Recht 1908, 133).

4. Welche Tage Festtage sind, bestimmt das Landesrecht.*) Rechtszustand unklar; Quellen hauptſ. Breve v. 16. Mai 1772 (Web. 1, 18), für die Pfalz: Indultum de reductione festorum, Staatsr. Gutachten v 13. März 1810, AllhE. v. 19. Febr. 1824 u. 24. März 1825. Nun Gegenstand gemischter Natur 2. Beil. § 76 ff. § 19 ProtEd. Der Staat kann auch einseitig Feiertage schaffen, aber nicht im Sinne des § 366 Nr. 1 (s. A. 3).

Gesetzl. Feiertage im rechtsrh. Bayern: a) Allg. Feiertage: Ostersonntag, Ostermontag, Pfingsten u. Pfingstmontag (ObSt. 12, 20), Weihnachten (25. Dez.), zweiter Weihnachtsfeiertag (Stephan, 26. Dez.), Neujahr, Christi Himmelfahrt; b) für kath. Orte: Hl. Drei Könige (6. Jan.), Fronleichnam, Maria Himmelfahrt (15. Aug.), Maria Empfängnis (8. Dez.; OSt. 10, 299; KFMB. v. 31 Jan. 1922 StAnz. Nr 29), Peter u. Paul (29. Juni, ObSt. 5, 351; 2, 280; KFMB. v

*) Schrifttum: Permaneder, Kirchenrecht 1865 § 345; Roth, Sonntagsfeier 1899; Krick, Kath. Pfarramt 1913 S. 177; Geib 2, 225.

31. Jan. 1922 StAnz. Nr. 29), Allerheil. (1. Nov.; ObSt. 1, 404),**) c) für prot. Orte: Karfreitag (RG. 4, 240, er ist kein allg. Feiertag ObSt. 11, 180 u. auch kein katholischer BGH. 31, 147).***) Gesetzl. Feiertage in der Pfalz: Allg. Feiertage die gleichen wie im rechtsrh. Bayern; an kath. Orten weiter: Fronleichnam, Mariä Himmelfahrt (15. August), Allerheiligen (1. November; ObSt. 1, 404; an prot. Orten: Karfreitag ****) Keine Feiertage die sog. politischen Feiertage (RGSt. 17, 56).

5. Form der Erlassung der in § 366 Nr 1 vorgesehenen Anordnungen: Art. 2 Nr. 5 PStGB.

6. Landesrechtl. Einschränkung des poliz. Anordn.-Rechts: 2. Beil. Verf. v. 1818 § 82, dem aber die Rechtspr. (wohl mit Unrecht) nur mehr Wirksamkeit für „gemischte Orte" beilegt (OSt. 7, 326; 5, 56; 10, 299; ObSt. 1, 404); § 82 gilt vielmehr schlechthin; die Einschränkung durch Art. 2 Nr. 5 ist, weil mit einem VerfGes. in Widerspruch stehend, wirkungslos; demnach auch die VO. v. 21. Mai 1897 (Tl. III) teilweise wirkungslos; s auch Grasm. 2, 494. Zur Auslegung des § 82 s. OSt. 5, 56.

7. Strafbar vorsätzl. u. fahrl. Begehung (ObSt. 7, 209); keinerlei Verschulden verlangt OSt. 6, 90. Zwischen § 366 Nr. 1 u. § 146a GewO: Verhältnis der IdealKonk.

Zu § 366 Nr. 2:

1. Städten oder Dörfern. Maßgebend der tatsächl., nicht der verwalt.rechtl. Begriff; auch Märkte umfassend. Übermäßig schnell: Keine Bindung des Gerichts möglich (KG. Recht 1914, 366). Öff. Straßen u. Plätze: § 366 Nr. 3 u. 4; auch Wege. Auch mit Fahrrad (RG. SeuffBl 70, 349); auch auf Straßenbahnen (KG. Recht 1914, 366). Gemeine Gefahr: Art. 80 A. 5. Keine erschöpfende Regelung des Schnellfahrens u. -Reitens, desh. auch als grober Unfug strafbar (OSt. 3, 505) oder nach § 366 Nr. 10.

Zu § 366 Nr. 3:

1. Öff. Straßen u. Plätze: § 366 Nr. 10 A. 3 u. 4. Auch wer selbst fährt. Mutwillig: Ohne zureichenden Grund. Verhindern: Wenn auch nur auf kurze Zeit; nicht ausreichend bloßes Erschweren; auch für die Post geltend trotz § 19 PostG. (Darmst. Reg. 34, 334)

Zu § 366 Nr. 4:

1. Städte: Im tatsächl. nicht verwalt.rechtl. Sinn; also Orte mit gewerbl. Bevölkerung. Fährt: Im transitiven Sinn.

**) Pfarrpatrozinium, Landespatrozinium, Diözesanpatrozinium (vgl Krick S. 177; Roth S. 32) werden nunmehr nicht mehr als Feiertage gelten können (s. JMB. v. 9. Juni 1909, JMBl. 239; v. 13. Aug. 1910, JMBl. 679; AJnnKMB. v. 12. Mai 1912, JMBl. 100).

***) Hierzu Roth S. 33 wegen weiterer protest. Feiertage für einzelne Orte.

****) Die Ausscheid. besonderer Feiertage für kath. u. prot. Orte hat keine über die Anwendung der VO. v. 21. Mai 1897 hinausgehende Bedeutung u. auch diese nur dann, wenn man sich der in A. 6 abgelehnten Anschauung von der Bedeutung des Art. 2 Nr. 5 PStGB. anschließt.

Zu § 366 Nr. 5:

1. Städte oder Dörfer: § 366 Nr. 2 A. 1. Öff. Wege, Straßen, Plätze: § 366 Nr. 10 A. 4. Erford. Sicherheitsmaßr.: Durch den Richter unmittelbar zu entscheiden. Keine Anwendung auf freilaufende Tiere (RG. GArch. 46, 240). Strafbar jeder, der die Obhut über das Tier hat (OGHSt 5, 5). Verw. Strafbestimm.: §§ 366 Nr 2, 367 Nr. 11 StGB; Art 84 u 85 PStGB.

Zu § 366 Nr. 6:

1. Auch wenn der Hund den Menschen nicht anpackt (OSt. 4, 288). Hetzen muß vorsätzlich sein, im übrigen Fahrlässigkeit ausreichend (RG. 48, 324).

Zu § 366 Nr. 7:

1. Unrat: Was verunreinigt, Ekelerregung nicht notw. (OSt. 8, 207); das bei der Zubereitung von Speisen Entfallende (RG. 21, 314).

2. Werfen auf: Auch, wenn nicht getroffen (Rspr 2, 773; OSt 5, 278; 4, 228; a. A. OGHSt. 6, 605); auch auf eigene Tiere.

3. Gärten u. eingeschlossene Räume: (Nach dem Zusammenhang) nur fremde.

4. Werfen: Erfordert Anwendung der Kraft der Arme oder Beine, nicht Ablassen von Harn (OSt. 9, 203).

5. Werfen muß vorsätzlich sein, im übrigen Fahrlässigkeit ausreichend (RG. 48, 324).

Zu § 366 Nr. 8:

1. Nach einer Straße usw.: Auch, wer sich selbst dort befindet (RG. GArch. 53, 77). Öff. Straße: § 366 Nr. 10 A. 4. Gehörige Befestigung: Nicht bindend durch die PolBeh. (etwa Genehmigung) abgrenzbar (KGJ. 26 C 22). Die Tätigkeit muß vorsätzlich sein, im übrigen Fahrlässigk. ausreichend (RG. 48, 324); letztere muß auch die Möglichkeit der Beschäd. oder Verunreinigung umfassen (a. A. RG. 17, 303).

Zu § 366 Nr. 9:

1. Öff. Wege, Straßen, Plätze: § 366 Nr. 10 A. 3 u 4; einschließlich der Bürgersteige: OSt. 3, 223.

2. Freier Verkehr gehindert: Schon die Eignung hierzu reicht aus (OSt. 2, 99; 6, 180); gleichgültig, ob für Fußgänger oder Fuhrwerke (OSt. 3, 65); wesentliche Beschränkung ausreichend (ObSt. 3, 320; 2, 320); der bestimmungsgemäße Gebrauch muß behindert sein, also auf einem Fußwege der für Fußgänger (OSt. 9, 212).

3. Bestrafung auch bei fester Verbindung der Gegenst. mit dem Boden, z. B. Prellstein (OSt. 10, 277, wohl auch RG. GArch. 56, 210; a. A. RGZ. 47, 328; ObSt. 6, 150 nicht z. B. fester Zaun). Zeitdauer gleichgültig (OSt. 4, 416). Strafbar auch, wer sich Dritter bedient (ObSt. 1, 303). Auch wer Gegenstände stehen läßt (ObSt. 2, 320). Auch Haltenlassen bespannter Wägen (ObSt. 1, 281). Auch bloßes Hineinragenlassen in den Luftraum (OGHSt 6, 16); auch nur wechselndes Göpelwerk (Cassel GArch. 51, 413).

4. Objektive Rechtswidrigkeit notw.: Keine Bestrafung bei Aufenthalt zum Auf- und Abladen (ObSt. 6, 412); die erford. Zeitdauer darf aber nicht überschritten w. (Stuttg. WürttJ. 23, 174); strafbar auch der Gerichtsvollzieher bei Wohnungsräumung (KGJ. 7, 278).

5. Schuld notw. (ObSt. 9, 31; a. A. OSt. 10, 277). Fahrlässigk. ausreichend (RG. GArch. 56, 210; GArch. 1, 303; a. A. Colmar GArch. 51, 208). Irrtum über die Berechtigung zum Widerruf der Benützung macht straffrei (RG. GArch. 56, 210).

6. Verwendung der Geldstr.: Art. 91 PStG.

Zu § 366 Nr. 10:

1. Notw., daß die Vorschr. zu den angegebenen Zwecken erlassen wurde (vgl. ObSt. 6, 341); nicht, daß sie hierzu geeignet ist (a. A. ObSt. AMBl. 1914, 218); auch nicht, daß die einzelne Handlung die Sicherheit usw. gefährdet (a. A. ObSt. 2, 204); s. Art. 15 PStGB. A. 2 d. Unwirksam eine Vorschr. mit zu allg. Inhalt (ObSt. 9, 73). Verfolgung gewerbepol. Zwecke unzulässig (ObSt. 8, 194 Verbot des Abfangens von Fahrgästen); unzulässig das Gebot, daß Leichenwägen schlechthin langsam zu fahren haben (KG. GArch. 51, 62). Unwirksam Vorschr., die ein Wegerecht begründen sollen (RG. BlAPr. 1908, 405; s. PStGB. Art. 1 Anh. A. 4). Herstellung oder Wiederinstandsetzung der Wege usw. kann nicht verlangt werden (ObSt. 4, 238). Wegen der Möglichkeit, gemäß § 366 Nr. 10 gegenüber Art. 38 GemO. (Art. 29 PfGemO.) Pflichten zur Herstellung von Bürgersteigen, zur Reinigung der Straßen von Eis, Schnee, Schmutz, Gras, zur Straßenbesprengung zu begründen s. ObSt. 7, 268; 6, 248; 6, 419; 4, 178; 1, 59; OSt. 10, 132; 9, 27; 8, 404; 8, 447; 8, 331; 4, 81; OGHSt. 5, 74. Gegen diese Rechtspr. Seydel BlAPr. 1898, 177, 360, 385; StA. beim OLG. München BlAPr. 1899, 148; LG. Würzb. GZ. 1891, 434; Full GZ. 1891, 302; PilSch. S. 107; Graßm. 2, 368; dort weitere Literatur. Zulässig Einführung einer Zwangspflicht zur Benützung einer gemeindl. Straßenreinigungsanstalt (VGH. 1920, 21).

2. Zur Erhaltung der Sicherheit: Zur Vermeidung von Verkehrsstörungen oder -Gefährdungen (ObSt. Reg. 32, 519), nicht zum Schutz gegen Angriffe (ObSt. BayZ. 1909, 55).

3. Öffentl. Wege usw.: Solche, die Staat oder Gem. dem öff. Verkehr darbieten, die diesem dienen, weil ihm durch einen Akt der VerwBeh. „gewidmet". Die VerwBeh. muß hierbei rechtl. in der Lage sein, über den Grund und Boden zu verfügen (ObSt. 10, 296; 9, 31; anders ObSt. 2, 205; 2, 279; OGHSt. 6, 16; OSt. 6, 118; 2, 320). Gleichgültig, wenn der Weg nur in beschränkter Weise (als Fußweg) oder gegen eine Gebühr benutzbar; Öffentlichk. entfällt, wenn nur für Bewohner gew. Orte benutzbar (ObSt. 10, 296) oder zum Bestandteil eines Schlachtviehhofs geworden (a. A. ObSt. 5, 140). Notw. Widmung für den Verkehr durch VerwAkt (ObSt. 8, 203; 2, 273; a. A. ObSt. 12, 273 — ähnlich schon OSt. 8, 76; KGJ. 21 C 90 —; danach genügend, wenn der Weg „tatsächlich öff."; wieder eingeschränkt durch ObSt. 13, 427). Widerruf bei widerruflicher Gestattung nimmt die Eigensch. der Öffentlichkeit (RG. GArch. 56, 210). Einfluß eines Rechts auf Be-

nützung der Straße: Hamb. LZ. 1914, 204 Öffentlich müssen auch die Wasserstraßen sein.

4. Wege u Straßen: Erstere von minderer Bedeutung; Plätze: im Gegensatz zu Straßen nicht bloß zum Fortbewegen bestimmt. Zu ihnen gehören auch die Bestandteile u. ihr Zubehör (Gräben, Brücken, Durchlässe, Lagerplätze für Kies). Eine künstl. Anlage zum Begriff nicht notw. (ObSt. 3, 320). Gleichgültig, ob in den gehörigen Stand gesetzt (OSt. 6, 166). Keine Vorschr. für Gewässer schlechthin (OSt. 6, 537).

5. Verboten können alle Handlungen werden, die in ihren Folgeerscheinungen auf die Wege usw. einwirken, nicht nur solche auf ihnen (ObSt. 3, 209; 2, 201).

6. Zuständigkeit zum Erlaß der VO.en: Art. 2 Nr. 6 PStGB. mit A. 6 dortselbst. Gemeint in § 366 Nr. 10 nur allg Anordn. (KG. GArch. 51, 59); wegen der Zulässigkeit, die Zuwiderhandl. gegen Einzelanordnungen der Schutzleute unter Strafe zu stellen, s. Art. 1 Anh. A. 12.

7. Einzelheiten: Anordnung der Anlage von Kanälen durch die Grundeigentümer: ObSt 12, 289. Regelung des öff. Plakatierens: KG. GArch. 44, 182; KG. DJZ. 1914, 382; Bad. VGH. Reg E. Bd. 4, 316. Vorschr. über die Numerierung der Häuser (s auch Krais GZ. 1905, 21). Verbot des Kundenanreißens: Stuttg. WürttJ. 23, 345. Verbot des Streikpostenstehens: RG DJZ. 1914, 884: Blüher Recht 1914, 3; Neukamp DJZ. 1914, 954. Regelung des Ablaufenlassens der Mistjauche. Verbot, andere Fahnen als in den Landesfarben auszuhängen: KG. GArch. 44, 405. Zulässig Bestimmungen über den Straßenhandel trotz der GewO. (Pr. OVG. GArch. 50, 49). Verbot des nächtlichen Verweilens der Jugend auf den Straßen (Renner BayZ. 1915, 366). Nicht zulässig Vorschr. zugunsten der sog. fare boxes: KGJ. 6, 285.

8. Fahrlässige Zuwiderhandlung je nach dem Inhalt der Pol-Vorschr. strafbar (ObSt. 9, 355; 7, 268; 6, 210); Verschulden aber notw (a. A. OSt. 7, 404); Verschulden bei Fahren mit unbeleuchtetem Fuhrwerk: ObSt. BayZ. 1918, 291. Beginn der Verjährung: ObSt 12, 114.

9. Sonstige Strafbest. für den öff. Verkehr: §§ 135, 303—305, 321 u. 326, 366 Nr. 2—9, 367 Nr. 12, 368 Nr 9, 370 Nr. 1 u. 2 StGB.; Art. 44, 84, 85, 87 Nr. 1 u. 2, Art. 89, 90 u 91, 93, 94 PStGB. Ferner das KunststraßG. v 25 Juli 1850 u das KraftfahrzG v. 3. Mai 1909.

10. Wegen aus älterer Zeit stammender, nun auch unter § 366 Nr. 10 fallender Vorschriften s. Art. 90 PStGB. A. 4. § 366 Nr. 10 nun auch die Grundlage für Vorschriften, die gemäß Art. 157 PStGB. v 1861 erlassen wurden (KassH. bei StengleinsZ. 14, 5)

§ 366 a.

Wer die zum Schutze der Dünen und der Fluß- und Meeresufer, sowie der auf denselben vorhandenen Anpflanzungen und Anlagen erlassenen Polizeiverordnungen übertritt,

wird mit Geldstrafe bis zu einhundertfunfzig*) Mark oder mit Haft bestraft.

1. PolVO. im Sinne des § 366a auch Art. 86 WassG. Auch ein Landesges. ist eine VO im Sinne des Reichsrechts Art 202 Nr. 4 WassG. insoweit unwirksam

§ 367.

1. Mit Geldstrafe bis zu einhundertfunfzig*) Mark wird bestraft:

1. wer ohne Vorwissen der Behörde einen Leichnam beerdigt oder bei Seite schafft, oder wer unbefugt einen Teil einer Leiche aus dem Gewahrsam der dazu berechtigten Personen wegnimmt;
2. wer den polizeilichen Anordnungen über vorzeitige Beerdigungen entgegenhandelt;
3. wer ohne polizeiliche Erlaubnis Gift oder Arzneien, soweit der Handel mit denselben nicht freigegeben ist, zubereitet, feilhält, verkauft oder sonst an Andere überläßt;
4. wer ohne die vorgeschriebene Erlaubnis Schießpulver oder andere explodierende Stoffe oder Feuerwerke zubereitet;
5. wer bei der Aufbewahrung oder bei der Beförderung von Giftwaren, Schießpulver oder Feuerwerken, oder bei der Aufbewahrung, Beförderung, Verausgabung oder Verwendung von Sprengstoffen oder anderen explodierenden Stoffen, oder bei der Ausübung der Befugnis zur Zubereitung oder Feilhaltung dieser Gegenstände, sowie der Arzneien die deshalb ergangenen Verordnungen nicht befolgt;

5a. wer bei Versendung oder Beförderung von leicht entzündlichen oder ätzenden Gegenständen durch die Post die deshalb ergangenen Verordnungen nicht befolgt;

6. wer Waren, Materialien oder andere Vorräte, welche sich leicht von selbst entzünden oder leicht Feuer fangen, an Orten oder in Behältnissen aufbewahrt, wo ihre Entzündung gefährlich werden kann, oder wer Stoffe, die nicht ohne Gefahr einer Entzündung bei einander liegen können, ohne Absonderung aufbewahrt;
7. wer verfälschte oder verdorbene Getränke oder Eßwaren, insbesondere trichinenhaltiges Fleisch feilhält oder verkauft;

*) Höchstgeldstr. nun 1500 ℳ (§ 1 GG).

8. wer ohne polizeiliche Erlaubnis an bewohnten oder von Menschen besuchten Orten Selbstgeschosse, Schlageisen oder Fußangeln legt, oder an solchen Orten mit Feuergewehr oder anderem Schießwerkzeuge schießt, oder Feuerwerkskörper abbrennt;
9. wer einem gesetzlichen Verbot zuwider Stoß-, Hieb- oder Schußwaffen, welche in Stöcken oder Röhren oder in ähnlicher Weise verborgen sind, feilhält oder mit sich führt;
10. wer bei einer Schlägerei, in welche er nicht ohne sein Verschulden hineingezogen worden ist, oder bei einem Angriff sich einer Waffe, insbesondere eines Messers oder eines anderen gefährlichen Werkzeuges bedient;
11. wer ohne polizeiliche Erlaubnis gefährliche wilde Tiere hält, oder wilde oder bösartige Tiere frei umherlaufen läßt, oder in Ansehung ihrer die erforderlichen Vorsichtsmaßregeln zur Verhütung von Beschädigungen unterläßt;
12. wer auf öffentlichen Straßen, Wegen oder Plätzen, auf Höfen, in Häusern und überhaupt an Orten, an welchen Menschen verkehren, Brunnen, Keller, Gruben, Öffnungen oder Abhänge dergestalt unverdeckt oder unverwahrt läßt, daß daraus Gefahr für andere entstehen kann;
13. wer trotz der polizeilichen Aufforderung es unterläßt, Gebäude, welche den Einsturz drohen, auszubessern oder niederzureißen;
14. wer Bauten oder Ausbesserungen von Gebäuden, Brunnen, Brücken, Schleusen oder anderen Bauwerken vornimmt, ohne die von der Polizei angeordneten oder sonst erforderlichen Sicherungsmaßregeln zu treffen;
15. wer als Bauherr, Baumeister oder Bauhandwerker einen Bau oder eine Ausbesserung, wozu die polizeiliche Genehmigung erforderlich ist, ohne diese Genehmigung oder mit eigenmächtiger Abweichung von dem durch die Behörde genehmigten Bauplane ausführt oder ausführen läßt;
16. wer den über das Abhalten von öffentlichen Versteigerungen und über das Verabfolgen geistiger Getränke vor und bei öffentlichen Versteigerungen erlassenen polizeilichen Anordnungen zuwiderhandelt.

2. In den Fällen der Nr. 7 bis 9 kann neben der Geldstrafe oder der Haft auf die Einziehung der verfälschten oder verdorbenen Getränke oder Eßwaren, ingleichen der Selbstgeschosse, Schlageisen oder Fußangeln, sowie der verbotenen

Waffen erkannt werden, ohne Unterschied, ob sie dem Verurteilten gehören oder nicht.

Zu § 367 Nr. 1:

1. Behörde: Jedes öff. Organ, dem nach Verwaltungsrecht eine Aufsicht über die Leichen zusteht; so die OrtspolBeh. in den Fällen des § 60 PerſStG. (Celle GArch. 58, 474; RG. 28, 119); der Staatsanwalt u. Amtsrichter in den Fällen des § 157 StPO. (Posen GArch. 43, 61). Wegen des Begriffs Leichnam s. Art. 61 PStGB. A. 3; wegen des Begr. beerdigen ebendort A. 4. Verantwortlich für die Beerdigung der, der die Begräbnisstätte zur Verfügung stellt (Dresd. GArch. 58, 474), der Geistliche (OGHSt. 6, 466), auch wer die zust. Organe in Bewegung setzt; nicht aber, wer an den Feierlichkeiten teilnimmt oder nur die Kosten trägt. Beiseiteschaffen: Jede Handlung durch welche die Leiche örtlich aus ihrer Lage gebracht u. der Beh. die Besichtigung unmöglich gemacht oder erschwert wird, auch wenn keine dauernde Beseitigung beabsichtigt (RG. 28, 119); die Tätigkeit selbst muß vorsätzlich sein, im übrigen Fahrlässigkeit ausreichend (RG 48, 324). Verwandte Strafbestimmung: § 168 StGB.

Zu § 367 Nr. 2:

1. Polizeil. Anordnungen: Form der Erlassung Art. 2 Nr. 7 PStGB.; aber auch § 60 PersStG. fällt hierher (OGHSt. 6, 466; Celle GArch. 58, 474). Vorzeitige Beerdigungen: Zeit zu regeln durch die pol. Anordn. Einschlägig die Obpol. Vorschr. v. 20. Nov. 1885 (Tl. III). Verantwortlichkeit: Näher zu regeln durch die pol. Anordn.; aushilfsw. gilt § 367 Nr. 1 A. 1 Auch fahrläss. Begehung strafbar. Verw. Strafbestimm.: Art 43, 60, 61 PStGB.

Zu § 367 Nr. 3:)**

1. Poliz. Erlaubnis: Stets erford., soweit der Handel nicht freigegeben ist (s. Art. 2 Nr. 8 PStGB. u. unten A. 4.). Gefordert aber nicht notw. Sondererlaubnis, kann auch allg. erfolgen (Jena Reg. 34, 250); für Bayern s. für Apotheker, Ärzte, Zahnärzte, Anstalten §§ 20—23 VO. über das ApothWesen v. 27. Juni 1913 (Teil III zu Art. 72 a), § 7 der Baderordn. v. 7. März 1899 (Teil III zu Art. 49), § 35 Abs. 3 der HebammenDienstAnw. v. 7. Juni 1899 (Tl. III zu Art. 127). Umfang der landesrechtl. AnordnBefugnis: Jena Reg. 34, 250. Zurücknahme älterer Bewilligungen zum Geheimmittelverkauf: InnMB v. 10. Mai 1878 (AMBl. 301) u. OGHSt. 9, 371.

2. Gift: Ein Stoff, der in kleinen Mengen durch seine chemische Beschaffenheit geeignet ist, das Leben oder doch die Gesundheit der Menschen zu zerstören oder zu beschädigen (KGJ. 36 C 78). Durch VO.en oder Verwaltungsanweisungen kann dieser allg. Begriff nicht abgegrenzt werden; a. A KGJ 36 C 78; GArch. 42, 279; Reg. 29, 343.

**) Sonderschrifttum: Gebhardt, Hilfsbuch 1912; Keidel, Med.-Polizei 1905 mit Ergänz. 1910 u. 1913; Zörnig, ApothekenGesetzg. 1908; Joachim-Korn, Ärzterecht 1911

3. Arznei: Jene Substanzen, Präparate, Zubereitungen, die in der mediz. Wissenschaft u. Praxis als Heilstoffe oder Heilmittel gelten u. in Anwendung kommen (OSt. 6, 187; andere Begriffsbestimmung KGJ. 44, 447); bloße Geltung als solche im Publikum nicht genügend, auch nicht Geltung als Geheimmittel (OGHSt. 3, 455); genügend auch Anerkennung als Heilmittel für Tiere (OSt. 7, 279; KGJ. 15, 340). Arzneien auch nicht in der VO. v. 22. Okt 1901 bezeichnete Stoffe (OSt. 6, 187). Dagegen sollen alle unter diese VO. fallenden Stoffe jedenf. Heilmittel sein (ObSt 14, 268; 6, 201 u. 325; OSt 2, 500); kaum zutreffend s. OGHSt 4, 490.

4. Fälle, in denen der Handel mit Giften freigegeben: GifteVO v. 16. Juni 1895 (Tl. III). Welche Arzneimittel dem Handel freigegeben sind, bestimmt die VO. v. 22. Okt. 1901 (ObSt 4, 322); s. diese in Teil III zu § 367 Nr 3 StGB. Durch diese VO. mit § 6 Abs. 2 GewO. sind alle Mittel, deren Feilhalten und Verkauf in ihr nicht den Apotheken vorbehalten ist, abgesehen von den Giften, dem freien Verkehr der Art überlassen, daß eine landesgesetzl. Beschränkung auf Apotheken unzulässig ist. Die im Verzeichnis B der VO. aufgeführten Stoffe sind schlechthin (abgesehen von dem Falle des § 3) den Apotheken vorbehalten, die Zubereitungen des Verzeichnisses A nur dann, wenn sie als Heilmittel feilgehalten oder verkauft werden Ungültig desh. insbes. eine landesrechtl. Vorschrift, welche diese Zubereitungen auch dann den Apotheken vorbehält, wenn sie zu Genußzwecken abgegeben werden (KGJ. 30 C 33). Die freigegebenen Mittel sind auch für das ärztl. u. niederärztl Personal frei; landesrechtl. Einschränk. unzulässig (KGJ. 20 C 92); a. A. wohl ObSt 11, 186)

5. Zubereitung: Alle die Handlungen, die unmittelbar den Zweck verfolgen, einen Gegenstand herzustellen

6. Feilhalten: Erford., daß die Arznei oder das Gift dem Verkauf unterstellt u. dem Publikum als Verkaufsgegenst. bereit gehalten u. zugänglich gemacht w. (ObSt. 10, 62; 8, 34; 1, 402; KGJ. 42 C 426; Celle GArch. 52, 108). Nicht erford., daß der Kauflustige die Ware ohne weiteres sehen kann (Celle GArch 49, 333); ausreichend auch Verwahrung in einem Nachbarraum (OSt. 9, 30); genügend auch Feilhalten an einen beschränkten PersKreis (Karlsr. BadRpr. 1904, 211).

7. Verkaufen: Nach der Rechtspr. jedes. Abgeben gegen Entgelt (ObSt. 10, 62); Übergabe notwendig. Gleichgültig, ob auf eigene oder fremde Rechnung, ob im eigenen oder fremden Namen (Darmst Reg. 3, 409).

8. Überlassen an andere: Jede Handlung, durch die ein anderer in die Lage versetzt wird, über einen bis dahin nicht in seinem Besitz befindlichen Gegenstand tatsächlich frei zu verfügen (OV. 4, 432), durch die ihm die tatsächliche Verfügungsgewalt eingeräumt wird (Breslau GArch. 48, 145), und zwar auch dann, wenn die Einräumung im Interesse eines andern erfolgt; die Einräumung des bloß tatsächlichen Innehabens reicht nicht aus; deshalb fällt ein bloßer Bote nicht hierher (ObSt. 3, 30; 16, 75); auch eine unentgeltliche Überlassung fällt hierher (OGHSt 1, 210; OSt. 2, 48); gleichgültig, ob auf fremde oder eigene Rechnung oder im eigenen oder fremden Namen (OGHSt. 5, 435; RG. 27, 167); auch nicht gewerbm ; ein Überlassen auch dann, wenn der Empfänger schon vorher Eigentümer des Gegenstands war (Celle GArch. 61, 165); kein Überlassen, wenn ein HaushaltsVorstand aus der Hausapotheke an Familienmitgl. oder Dienstboten überläßt (Stuttg. WürttJ. 15, 194). Verwendung der Stoffe bei der Behandlung von Kranken ein Überlassen nur dann, wenn die Stoffe bei der Verwendung ihre sachliche Selbständigkeit behalten, nicht aber, wenn sie dadurch z. B. durch Einreiben verbraucht werden (RG. 33, 305); deshalb kommt die Strafbestimmung nicht zur Anwendung, wenn der Arzt die Mittel in der Sprechstunde sofort „anwendet" (Sächs. InnME. v. 31. Dez. 1909 Reg. 30, 509); oder wenn ein Zahntechniker bei der Behandlung kranker Zähne giftiger Stoffe anwendet (Preuß. MB. v. 27. Okt. 1906 bei Zörnig, Das Apothekenwesen). Wegen des Überlassens von Vereinen u. Kassen an ihre Mitgl. s. Oldenb. GArch. 56, 116; Celle GArch. 53, 300; 49, 331; 61, 165; KG. Reg. 34, 158; Dresd. GArch. 54, 438; Cöln Reg. 28, 129; Breslau GArch. 48, 145; Hofmann Recht 1909, 540.

9. Bezug aus Apotheken macht das Feilhalten usw. nicht erlaubt (OSt. 7, 519).

10. Fahrlässigkeit zur Bestraf. ausreichend (ObSt. 3, 268; OGHSt. 4, 299; a. A. OGHSt. 9, 371); Schuld erforderlich (RG. 22, 197; ObSt. 4, 322); Bewußtsein der Rechtswidrigkeit nicht notw. (Frankf. GArch. 56, 347); die Tätigkeit selbst aber muß vorsätzlich sein (RG. 48, 324).

11. GesKonk. gegenüber § 147 Nr. 1 GewO. bei ApothBetrieb durch einen Nichtapprobierten: Hamb. Reg. 32, 50.

12. Wegen des Verkehrs mit Arzneimitteln vgl. weiter § 367 Nr. 5 StGB., Art. 72a PStGB.; RG. zum Schutz des Genfer Neutralitätszeichens v. 22. März 1902 (RGBl. 125). Wegen des Verkehrs mit Giften s. weiter § 34 Abs. 3 mit § 147 Nr. 1 GewO. Wegen des Verkehrs mit Giften u. Arzneien s. weiter § 56 Nr. 9, § 42a u. § 148 Nr. 5 u. 7a GewO. (hiezu RG. 47, 20).

S. auch KriegsVO. v. 22. März 1917 über den Handel mit Arzneimitteln (RGBl. 270); geänd. durch Bek. v. 15. Juli 1917 (RGBl. 633); § 21 der VO. v. 8. Mai 1918 (RGBl. 395); Art. IV der VO. v. 27. Nov. 1919 (RGBl. 1909). VollzBest.: InnMB. v. 19. Aug. 1920 (AMBl. 302).

Zu § 367 Nr. 4:

1. Nähere Regelung der Erlaubniserteilung erfordert VO. (Art. 1 Abs. 2 PStGB.); s. hierzu auch KdAbg. 1871/72 GGA. Beil. 1, 99 u. hierzu jetzt die RGewO. u. das Sprengstoffges. v. 9. Juni 1884 (RGBl. 61). Bis zum Erlaß einer VO. darf die Zubereitung ohne weiteres erfolgen. Explodierende Stoffe: Art. 86 PStGB. A. 4. Zubereiten: § 367 Nr. 3 A. 5.

Zu § 367 Nr. 5:

1. Aufbewahrung: Lagerung auf unbestimmte Zeit oder bis zur bestimmungsgemäßen Verwendung, nicht die der Bearbeitung dienende Lagerung (RG. 22, 435; OSt. 7, 36).

2. Beförderung: Verbringung eines Gegenstandes an einen andern Ort, gleichgültig ob damit der Inhaber wechselt oder nicht; Unterschied zwischen der Beförderung und der Versendung: § 367 Nr. 5a A. 1.

3. Giftwaren: Umfaßt das Gift (s. § 367 Nr. 3 A. 2) und mit Gift hergestellte Erzeugnisse, die noch dessen wesentl Eigenschaften haben.

4. Explodierende Stoffe u Sprengstoffe: Art 86 PStGB. A. 6.

5. Verausgabung: Überlassen an andere; s. hierzu § 367 Nr 3 A. 8

6. Zubereitung: § 367 Nr. 3 A 5

7. Feilhaltung: § 367 Nr 3 A 6

8. Arzneien: Nur die dem Apothekerzwang unterworfenen, das ergibt der Zusammenhang mit § 367 Nr. 3 (ObSt. 11, 186). Begriff der Arznei § 367 Nr. 3 A. 3 Keine erschöpfende Regelung des Verkehrs mit Arzneimitteln durch § 367 Nr. 5 Kurpfuscherei u. Verkauf von Arzneimitteln kann durch Landesges. nicht weiter verboten w., als es durch GewO. geschieht (RG. 23, 428) Verkehr mit Geheimmitteln: Art 72a PStGB

9. Verordnungen: Nur allg Erlasse, nicht PolVerfügungen; a. A Neukamp DJZ. 1914, 957. Zuständigkeit: Art. 2 Nr. 9 PStGB u. § 2 der VO. v 17. Jan 1910 (GVBl 45); s Teil IV

10. Strafbar auch fahrl Begehung, soweit nicht der Inhalt der VO en entgegensteht

Zu § 367 Nr. 5a.

1. Versendung u. Beförderung: Nicht identisch; Versendung erfordert eine weitere Person neben der den Transport bewirkenden (RG. GArch. 49, 257); vgl. auch § 367 Nr. 5 A. 2. Verordnung: nur allg. Anordn., keine PolVerfüg.; a A. Neukamp DJZ. 1914, 957. Einschlägig § 4 Abs. 1 Nr 2 der PostOrdn. v 22 Dez 1921 (RGBl 1609)

Zu § 367 Nr. 6:

1. Aufbewahren: § 367 Nr. 5 A. 1. Gefahr: Konkrete Gefahr nicht notw., ausreichend die Möglichkeit einer Gefahr im Falle einer Entzündung vermöge der Lage u. der Beschaffenh. des AufbewahrOrts (RG. 30, 108; ähnlich OGHSt. 3, 150 u. 296). Absonderung: Muß geeignet sein, die Gefahr zu beseitigen. Schuld erford, Fahrläss ausreichend (RG. GArch. 47, 445)

Zu § 367 Nr. 7:

1. Durch das NahrMittG. nicht vollst. aufgehoben; noch anwendbar, wenn Täuschung über Beschaffenh. u Gesundheitsschädlichk nicht vorliegt (ObSt. 7, 6; RG. 26, 419; Frankf. GArch. 57, 249); Einfluß des Weinges. v. 7. April 1909 s. Zoeller, Weinges § 33 A. 1c mit 1a (Einschränkung des Begr Verfälschen).

2. Verfälschen: Unter Belassung des Wesens der Sache wird die Beschaffenheit schlechter als vorausgesetzt w, oder fälschlich der Schein der Beschaffenheit verbessert (RG. 5, 178); kein Verf., wenn Beimischung fremder Stoffe gebräuchlich (Rspr. 1, 27). Maßgebend die Erwartung des Publ., die örtlich verschieden sein kann (KGJ. 42, 421).

3. Verdorben: Tauglichkeit ganz aufgehoben oder gemindert (RG. 5, 287; 26, 419; Karlsr. BadRpr. 1904, 211). Maßgebend die berechtigte Erwartung des Käufers (RG. GArch. 46, 138; ObSt. 7, 6) Gleichgültig, wenn Zubereitung den Mangel beseitigen kann (Rspr 4, 451).

4. Feilhalten: § 367 Nr. 3 A 6; Verkaufen: § 367 Nr. 3 A. 7

5. Auch auf Heilmittel, die Speisen oder Getränke sind, anwendbar (OGHSt. 6, 11; Frankf. GArch. 57, 249). Täuschung des Erwerbers nicht notw. (OTr. StenglZ. 8, 331).

6. Fahrlässige Begehung strafbar; Verschulden notwendig (OGHSt. 7, 53; Stuttg. WürttJ. 25, 223). Schuld bei Nahrungsmitteln, die vom Kommunalverband bezogen wurden (ObSt. 16, 43). Erweiterung: Art. 75 PStGB. VollzBestimm.: Art. 74 A. 5

Zu § 367 Nr. 8:

1. Pol. Erlaubnis: § 8 ZustVO. Wegen des Einflusses der Genehm. der Errichtung einer Schießstätte s. Art. 78 A. 3. Keine pol. Erlaubnis erford., soweit eine Person öff.rechtl. rechtswirksam zum Waffengebrauch ermächtigt ist. Solche Ermächtigung erfordert besonderes Gesetz (Art. 114, 122 RVerf., § 16 BayVerfUrk.), soweit nicht Notwehr vorliegt oder eine andere allgemeine gesetzl., hierzu berechtigende Bestimmung eingreift; die Praxis wählt mißbräuchlich den Verwaltungsweg. Im Strafverf. ist das Vorliegen der Voraussetzungen des Waffengebr zu prüfen (Unrichtig RG. 44, 353). Waffengebr. kann durch erlaubte vorläuf. Festnahme zulässig w. (ObSt. 2, 384). Einfluß des § 228 BGB.: ObSt. 4, 381. Jagdkarte gibt keine Befugnis, an einem unter § 367 Nr. 8 fallenden Ort zu schießen (ObSt. 2, 384). Bewohnte Orte: Stellen, an denen Menschen wohnen; ob sich dort solche im Augenblick der Tat aufhalten, gleichgültig (ObSt. 4, 381; OSt 10, 27). Besuchte Orte: Die von Menschen betreten zu werden pflegen (OSt 6, 262), gelegentl. Hinkommen nicht ausreichend; auch Privaträume; auch unberechtigt besuchte (ObSt. 5, 302); auch nur zu gewissen Tageszeiten besuchte (RG. 55, 252); auch, wenn die Besucher von dem Legen der Geschosse usw. Kenntnis haben (ObSt. 6, 173); Aufenthalt im Augenblick der Tat nicht notw. (ObSt 4, 381; RG. GArch. 47, 440). Orte: Nicht bloß Ortschaften (RG. 55, 252). Geschoß: Projektil wie Schießwerkzeug (ObSt. 5, 302). Legen: Anbringung; es muß geladen sein, wenn auch nur blind (ObSt. 5, 302). Am Orte gelegt, wenn er noch vom Gefährdungs- (nicht bloß Belästigungs-)Bereich umfaßt wird; — schießt, soweit er in den Gefährdungs- oder Belästigungsbereich fällt (ObSt. 5, 302; 4, 381). Schießwerkzeug: Werkzeug zur Abgabe von Schüssen auch Knallefixpistole (ObSt. 12, 416). Schießt: Auch blind (ObSt. 5, 302; RG. GArch. 53, 439); erford. die Absicht, das Gewehr zur Entladung zu bringen (RG. 48, 321). Das Schießen, Legen, Abbrennen muß vorsätzlich sein, im übrigen Fahrlässigkeit ausreichend (RG. 48, 324).

Zu § 367 Nr. 9:

1. Form der Erlassung des Verbots: Art. 2 Nr. 10 PStGB. Feilhalten: § 367 Nr. 3 A. 6. Mit sich führen: Art. 39 A. 3 PStGB Strafbar auch fahrl. Begehung; nur muß die Tätigkeit selbst vorsätzlich sein (RG. 48, 324). Waffenführung bei Jagdausübung: Art. 125 Abs. 2 PStGB. Sonstige Bestimm. über Waffenführung: Art. 39 PStGB mit A. 6.

Zu § 367 Nr. 10:

1. Schlägerei: Gegenseitiges Einwirken auf den Körper der Beteiligten, auch Stoßen, Treten; immer Gewalt erford.; auch zw. nur

zwei Personen (Celle GArch. 49, 335; Stuttg. WürttJ. 23, 347). Verschulden: Nicht sachgemäßes Verhalten. Angriff, Eingriff in die Rechte eines andern; kann auch von einem einzelnen ausgehen (ObSt. 5. 192; Rspr. 7, 555); a. A. in letzterer Hinsicht OGHSt. 3, 273 u. 475). Ein Schuß in die Luft kein Angr. (Rspr. 10, 505). Waffe bedient: Gebrauchmachen von (ObSt. 5, 192); auch Umsichschlagen mit einem Messer (ObSt. 7, 392); auch bloßes Schrecken oder Drohen mit der Waffe (Celle GArch. 49, 335). Bei: Zeitliches Zusammentreffen notw., nicht genügend der Gebrauch bei einem sich anschließ. Wortstreit (Celle GArch. 49, 335). Zu § 223a GesKonk. (RG nach GArch 47, 162) Verw. Strafbestimm: Art 39 A 6.

Zu § 367 Nr. 11:

1. Poliz. Erlaubnis: Zuständigk. § 10 ZustVO Halten: Wer im eig. Interesse die Sorge für das Tier durch Gewährung von Obdach u. Unterhalt für längere Zeit übernommen hat (RGZ. 62, 81). Bösartig: Wenn inf. seiner Veranlagung Beschädigungen zu befürchten sind, auch wenn es keine böse Absicht hat, z. B. ein Hund fällt die Menschen zum Spielen von hinten an (ObSt. 6, 39; OSt. 4, 534; RG GArch. 44, 432); s. auch Kobler BlAPr. 1895, 313. Fahrläss. ausreichend (ObSt. 6, 39); deren Erfordernisse (ObSt 6, 66). Verw Strafbestimm.: § 366 Nr. 6 StGB., Art 83, 84 PStGB Wegen der Menagerien s. Art 32 Nr 1 PStGB

Zu § 367 Nr. 12:

1. Wer: Die Pflicht, der Gefahr vorzubeugen, obliegt dem zur Verfügung über den Ort Berechtigten, sofern er den Verkehr von Menschen duldet oder zu dulden hat (ObSt. 9, 133). Auch dem bloßen Verwalter (OSt. 7, 176). Auch dem, der ihn nur vorübergehend benützt (OSt. 2, 454); bloße Mitbenützung nicht ausreichend (Rspr. 4, 158). Die Verpflichtung kann auf einen Dritten übergegangen sein (ObSt. 4, 253). Wer den Zustand schuf, gleichgültig (Karlsr. BadRpr. 1904, 125). Bei GemWegen pflichtig die Gemeinde (ObSt. 9, 133).

2. Orte, an welchen Menschen verkehren: Betreten in öfterer Wiederkehr, auch unbefugtes, solange es nicht gehindert wird (ObSt. 4, 253); öff. Zugänglichkeit nicht erford. (RG. JW. 1913, 33); nicht ausreichend einmalige Öffnung eines sonst verschlossenen Gebäudes (RG. BadRpr. 1909, 72).

3. Öffnung: Vertiefung der Bodenfläche (ObSt. 4, 253); nicht Fehlen eines Treppengeländers (dieses auch kein Abhang); wohl aber Fehlen einer Sprosse (RGZ. 34, 32); ebenso Kellertreppe (RGZ. 87, 334). Abhang: Auch künstl., den natürlichen Abhängen ähnliche Senkung z. B. Graben am Weg (RGZ. 34, 32; 25, 53; Karlsr. BadRpr 1906, 168); auch Seiten eines Dammes (RGZ. 44, 173).

4. Gefahr: Die naheliege. Wahrscheinlichkeit der Schädigung (KGJ. 32 C 10); auch wenn bloß für Kinder oder Schwachsinnige (OSt. 2, 454).

5. Fahrlässigkeit ausreichend Keinerlei Verschulden verlangt OSt. 2, 454.

6. § 367 Nr. 12 keine Grundlage zum Erlaß von PolVorschr. (ObSt. 9, 73).

Zu § 367 Nr. 13:

1. Wer: Nur der VerfügBerechtigte, nicht aber notw. der Eigentümer (ObSt. 7, 348); auch der Verwalter oder Innehaber (ObSt. 11, 101); keine Bestrafung, wenn Frist gesetzt ist u. vor Ablauf die Verfügungsberechtigung aufhört (a. A. OSt. 1, 271); die Verfügungsbefugnis muß soweit gehen, daß sie die Ermächtigung zum Ausbessern oder Niederreißen in sich schließt. Pol. Auffordr.: Zuständigk.: Art. 1 Abs. 3 PStGB., § 11 ZustVO. Für München PolÄmter (§ 2 C Bek. v. 25. Juni 1898). Aufford. muß alternativ sein. Sie muß den Grund enthalten (ObSt. 2, 301). Beschwerdeeinlegung hindert nicht die Bestrafung (OGHSt. 6, 68). Gebäude: § 367 Nr. 15 A. 2. Welche den Einsturz drohen: Zu prüfen im Strafverf. (herrsch. Ansicht Olsh. § 367 A 13; Hergt BlAPr. 1912, 390; Hamm GArch. 60, 155; a. A. die bayr. Rechtspr. OSt. 8, 162; ObSt. 11, 101; unter der Nachwirkung früherer irriger staatsrechtl. Anschauungen; unklar ObSt 16, 106). Beseitigungsbefugnis: Art 105 PStGB

Zu § 367 Nr. 14:

1. Täter kann sein: Jeder, der den Bau oder die Ausbesserung vornimmt: Bauherr, Baumeister, Bauführer (RGZ. 6, 262; 8, 236; 17, 105). Gebäude, Bauwerk: § 367 Nr. 15 A. 2. Von der Polizei angeordnet: § 12 ZustVO. Für München PolÄmter (Bek. v. 25. Juni 1898 § 2 C); zu prüfen im Strafverf. nur, ob es sich um eine Sicherungsmaßr. handelt, nicht die Zweckmäßigkeit. Erforderlich: Nach der Sachlage zu beurteilen. Sicherungsmaßr.: Zum Schutze von Personen wie von Sachen (RGZ. 6, 262). Beseitigungsbefugnis: Art. 105.

Zu § 367 Nr. 15:

1. Bauherr, Baumeister, Bauhandwerker: Art 101 A 3, 4, 5.

2. Bau (= Gebäude, Bauwerk): Konstruktion aus bewegl. Baustoffen, so mit dem Boden verbunden, daß sich dessen Unbeweglichkeit darauf überträgt, oder doch der Art, daß ihr nach Länge, Höhe u. Tiefe die Unbeweglichkeit innewohnt; auch von vorübergehendem Bestand (ObSt. 2, 122; OSt. 5, 307; KGJ. 10, 226); auch Tiefbauten (Keller, Brunnenschachte) (ObSt. 10, 289); auch Brunnen, Brücken, Schleusen (s. § 367 Nr. 14); auch Steinbrüche u. aufgeschachtete Sand- u. Lehmgruben (OSt. 3, 408); auch Wegebauten (RGZ. 17, 105). Die PolVorschr. kann einen engeren aber keinen weiteren Baubegriff einführen (KG. DJZ. 1914, 1113).

3. Ausbesserung: Nur eine solche an einem Bau.

4. Polizeil. Genehmigung: Nur eine solche aus baulichen Rücksichten (ObSt. 14, 92). Inwieweit eine solche notwendig ist, bemißt sich nach Art. 2 Nr. 11 PStGB. in Verbindung mit den beiden Bauordnungen v. 17. Febr. 1901 u. v. 29. Juli 1895 (s. diese Teil III bei Art. 73 PStGB.). Nachträgl. pol. Genehm. begründet keine Straflosigk. (ObSt. 2, 355). Erkl. der PolBeh., bei vorerst ungenehmigtem Bauen keine Anstände zu machen, schließt Bestr. nicht aus (ObSt. 16, 143). Für die Frage, ob für eine Bauführung die poliz. Genehmigung notwendig ist, entscheidet die Gesamtheit der in Aussicht genommenen Bauarbeiten (ObSt. 20, 385).

5. Bestrafung auch bei unwesentl. Abweichungen (ObSt. 4, 231; OSt. 5, 235); ebenso, wenn die Ausführ. nach der Genehmigung unmöglich wäre (OSt. 5, 235; 4, 388; anders wohl ObSt. 15, 93); oder einen unzuläss. Eingriff in fremde Rechte erfordert (OGHSt. 3, 108). Mehrfache Abweichungen je nach den Umständen selbständ. oder ideellkonkurr. Straftaten (ObSt. 2, 48). Mit Unrecht nimmt ObSt. 15, 93 u. 72 Strafbarkeit nur an, wenn es sich um eine Abweichung handelt, die, an einem fertigen Gebäude vorgenommen, der baupol. Genehmigung bedürfte; denn genehmigt wird der Bau als Ganzes auch in seinen an sich nicht genehmigungsbedürftigen Teilen

6. Ausführen oder ausführen lassen: Schon der Beginn der Arbeit reicht aus. Z. B. Herstellung der Baugrube: ObSt. 10, 222; 2, 141; OSt. 3, 66. Keine Pflicht zur Ausführung; wohl aber, einen einmal begonnen Bau fertigzustellen (ObSt. 12, 350 u 351). Keine Bestrafung, wenn Abweichungen noch vor Bauvollendung beseitigt w. (a. A. OGHSt. 7, 224); oder, wenn nur vorübergehend gedachte Bauvornahmen, die später beseitigt w., vorgenommen w. (OSt. 1, 278). Ausführ. eines Baus auch die Veränd. oder Niederlegung von Gebäuden (RGZ. 70, 200).

7. Verschulden notw. (ObSt. 2, 48; OGHSt. 8, 632); a. A OSt. 4, 265; OGHSt. 3, 108. Fahrlässigk. reicht aus (ObSt. 4, 150).

8. Verjährung: Entscheidend ist, ob der Tatbestand in einer Handlung (Unterlassung) oder einem Zustand besteht; ersterenfalls Beginn der Verj. mit dem Abschluß der Handlung (bei fortgesetzter Begehung mit der letzten FortsetzHandlung, ObSt. 2, 355), letzterenfalls (Dauerdelikt) mit dem Aufhören des Zustands (so im wesentl. auch ObSt. 3, 131; 8, 32, anders ObSt. 2, 8). Unrichtigerweise führen einzelne Entscheidungen den Begriff des gefahrdrohenden Zustands ein (z. B. OSt. 3, 12; ObSt. 5, 107; 2, 263); dieser könnte nur dann erheblich sein, wenn ein solcher Tatbestandsmerkmal wäre. Weiter zu beachten, daß nur das Ausführen oder ausführen lassen strafbar; Verjährung beginnt also mit der körperl. Herstellung des Baus (§ 67 Nr. 4 StGB.); die Fortd. des rechtswidr. Zustands bedeutungslos (RG. 37, 78; ObSt. 15, 30). Bedeutungslos der Zeitp. der Erstattung der BauvollendAnzeige (so mit Recht ObSt. 17, 81 gegen eine jahrelange Praxis). S auch BlAPr. 1877, 13; 1876, 373.

9. Beseitigungsbefugnis: Art. 105 PStGB.

10. § 367 Nr. 15 wird ergänzt durch Art. 101 PStGB, der baupol. Zuwiderhandl. ahndet, die keine ungenehmigten Bauausführungen oder Abweichungen sind. Bei den einzelnen Bestimm. der Bauordnung ist deren rechtl. Charakter nach diesen Gesichtspunkten zu untersuchen u. je nachdem nach § 367 Nr. 15 oder Art. 101 zu strafen. Die Genehmigung nach § 367 Nr. 15 kann auch mit einer Maßgabe (Auflage) erfolgen, d. i. eine im Voraus erteilte Erlaubnis, den Bau mit Abweichungen von dem ursprüngl. Vorhaben u. nur in dieser Weise auszuführen; es ist keine bedingte Genehmigung; hier Bestrafung nach § 367 Nr. 15 (s. ObSt. 7, 358; 12, 346; BayZ. 1914, 28; OSt. 10, 194) Bisweilen sind solche Maßgaben (Auflagen) aber als Genehmigung nach Antrag gemeint; hiezu werden aber selbständige weitere Anordnungen gefügt; eine solche Beifügung von Auflagen nicht unbeschränkt zulässig. Standp. der Rechtsprech. der: Grundlage muß stets ein Ges., die BauO. oder eine PolVorschr. sein; von Erheblichkeit hierbei insbes. § 12 BauO. (s. ObSt. 5, 107; 10, 71; 17, 16; BayZ. 1914, 28): deshalb straflos Abweichungen in bezug auf Zutaten, die nicht auf Grundlage eines Ges. vorgeschrieben w. können (ObSt. 11, 386; 17, 57). Kaum zutreffend, richtig vielmehr: Bereits in der BauO. oder in PolVorschr. vorgeschriebene Verpflichtungen bestehen ohnehin, Wiederholung bei der Genehm. deshalb rechtl. bedeutungslos; Bestrafung bei Nichtbeachtung nach Art. 101. Grundlage für weitere Anordnungen aber § 71 (mit § 12) BauO.; doch solche nur wirksam, soweit sie baupol. Charakter haben Folgerungen hieraus: Keine mit dem Bauen nicht zusammenhängende Anordnungen wie z. B. hins. der Bewohnung, a. A. OSt. 5, 216 (hiefür Art. 73 PStGB. einschlägig); keine Anordnungen in bezug auf andere Baulichkeiten a. A. OSt. 3, 398; keine Anordnungen in bezug auf gleichzeitig aufgeführte nicht genehmigungspflichtige technisch selbständige Bauten (ObSt. 12, 346); keine Anordn. in bezug auf die Verwendung der Räume (ObSt. 15, 73). Solche Fälle desh. straflos; nach § 71 zulässige Auflagen aber begründen bei Nichtbeachtung Strafe nach Art. 101. Die Genehmigung kann nicht von gewissen Grundabtretungen oder Herstellung des Straßenkörpers abhängig gemacht werden (§ 62 BauO.), denn der Erwerb von Eigentum ist keine pol. Angelegenheit, sondern ein Bestandteil des Enteignungsrechts; auch die Straßenherstellung hat mit der Baupolizei nichts zu tun (s. auch Schanz, Baugenehmigung S. 79 u. ObSt. 17, 16 mit nur teilw. zutreffender Begr.).

11. Verhältnis zwischen § 367 Nr. 15 u. § 147 Abs. 1 Nr. 2 GewO. (ObSt. 7, 12; RG. GArch. 51, 408); s. auch Art. 101 A. 13. Einschränkung des § 367 Nr. 15 durch das RayonGes.: Art. 101 A. 2.

Zu § 367 Nr. 16:

1. Erweitert durch § 148a mit § 38, § 34 Abs. 2, § 35 Abs. 2 GewO. Versteigerung: Art. 137 A. 2; GerichtsvollzVersteig. sind hier inbegriffen. Polizeil. Anordnungen: Ergehen durch oberoder bezpol. Vorschr. (VO. v. 18. Okt. 1894, GVBl. 587, PfKrBl. 87). Verw. Strafbestimm.: Art. 137 PStGB.

Zu § 367 Abs. 2:

1. Einziehung ist aus poliz. Gründen verhängte Nebenstr. (RG. 54, 58); auch zulässig bei Eigentumswechsel nach der Tat (OGHSt. 4, 79); bei Nr. 8 keine Einziehung der Feuergew., Schießwerkz. u. Feuerwerkskörp. (Schaffert BayZ. 1913, 106); Einziehung im obj. Verf: Art. 18 PStGB. A. 1.

§ 368.

Mit Geldstrafe bis zu sechzig Mark*) oder mit Haft bis zu vierzehn Tagen wird bestraft:

1. **wer den polizeilichen Anordnungen über die Schließung der Weinberge zuwiderhandelt;**

---

*) Höchstgeldstr. nun 600 ℳ (§ 1 GG.).

2. wer das durch gesetzliche oder polizeiliche Anordnungen gebotene Raupen unterläßt;
3. wer ohne polizeiliche Erlaubnis eine neue Feuerstätte errichtet oder eine bereits vorhandene an einen anderen Ort verlegt;
4. wer es unterläßt, dafür zu sorgen, daß die Feuerstätten in seinem Hause in baulichem und brandsicherem Zustande unterhalten, oder daß die Schornsteine zur rechten Zeit gereinigt werden;
5. wer Scheunen, Ställe, Böden oder andere Räume, welche zur Aufbewahrung feuerfangender Sachen dienen, mit unverwahrtem Feuer oder Licht betritt, oder sich denselben mit unverwahrtem Feuer oder Licht nähert;
6. wer an gefährlichen Stellen in Wäldern oder Heiden, oder in gefährlicher Nähe von Gebäuden oder feuerfangenden Sachen Feuer anzündet;
7. wer in gefährlicher Nähe von Gebäuden oder feuerfangenden Sachen mit Feuergewehr schießt oder Feuerwerke abbrennt;
8. wer die polizeilich vorgeschriebenen Feuerlöschgerätschaften überhaupt nicht oder nicht in brauchbarem Zustande hält oder andere feuerpolizeiliche Anordnungen nicht befolgt;
9. wer unbefugt über Gärten oder Weinberge, oder vor beendeter Ernte über Wiesen oder bestellte Äcker, oder über solche Äcker, Wiesen, Weiden oder Schonungen, welche mit einer Einfriedigung versehen sind, oder deren Betreten durch Warnungszeichen untersagt ist, oder auf einem durch Warnungszeichen geschlossenen Privatwege geht, fährt, reitet oder Vieh treibt;
10. wer ohne Genehmigung des Jagdberechtigten oder ohne sonstige Befugnis auf einem fremden Jagdgebiete außerhalb des öffentlichen, zum gemeinen Gebrauche bestimmten Weges, wenn auch nicht jagend, doch zur Jagd ausgerüstet, betroffen wird;
11. wer unbefugt Eier oder Junge von jagdbarem Federwild oder von Singvögeln ausnimmt.

Zu § 368 Nr. 1:

1. Poliz. Anordn. Form der Erlassung: Art 2 Nr 12 PStGB., PolVerfüg. in Bayern nicht zulässig. Bestimm. über den Anfang der Weinlese (Art. 226 PStGB. v. 1861) nur mehr zulässig, wenn die Schließung bis dahin dauert (ObSt. 1, 369); aufgehoben ist der sog Code rural der Pfalz (ObSt 1, 369). Verwend der Geldstr: Art 124 PStGB.

Zu § 368 Nr. 2:

1. Polizeil. Anordn.: Form der Erlassung: Art. 2 Nr. 13 PStGB.; PolVerfüg. in Bayern nicht zulässig. Raupen: Auch das Reinigen der Bäume von Raupennestern (Rgg. d. OPf. v. 16. März 1882, KrBl. 329). Verfügung über die Geldstr.: Art. 124 PStGB. Erweiterung: Art. 120 Abs. 1 Nr. 2 PStGB.

Zu § 368 Nr. 3:

1. Poliz. Erlaubnis: Notwendigkeit der Erlaubnis damit unmittelbar vorgeschrieben, landesrechtl. nur mehr Zuständigkeit regelbar; für Bayern fehlt eine allg. Regelung; für gewisse Fälle lassen sich §§ 5, 6 u. 7 Abs. 3 mit § 65 Bauordn. als ZuständBestimm. auffassen; allerd. schreiben sie unzulässigerweise die Genehmigung erst vor; s. auch BlAPr. 1894, 385. Feuerstätte: Ort, der zum Feueranmachen bestimmt ist, offene Stätten sowohl wie Herde, Öfen, Waschkessel; Kamine sind nur Bestandteile solcher (OGHSt. 7, 240 u. 55). Tätigkeit selbst muß vorsätzlich sein, im übrigen Fahrlässigkeit ausreichend (RG. 48, 324). Verjährung: Beginn mit der Errichtung oder Verlegung, kein Dauerdelikt (RG. 22, 435). Beseitigungsbefugnis: Art. 105 PStGB. Verw. Strafbestimm.: § 369 Nr. 3.

Zu § 368 Nr. 4:

1. Strafbar nur der Eigentümer; Dritte auch nicht, wenn zivilrechtl. zur Unterhaltung oder Reinigung verpflichtet (OGHSt. 5, 481); nicht bloße Miteigentümer, nicht Verwalter oder Vertreter. Feuerstätte: § 368 Nr. 3 A. 1. Unterhaltung der Feuerstätte: Umfaßt auch die Pflicht zur Unterhaltung der Rauchrohre (ObSt. 6, 163). Brandsicher: Dann nicht, wenn mittelbar oder unmittelbar die Entsteh. eines Brands ermöglicht wird (ObSt. 5, 76). Unterhaltung: Auch ein als unzulässig vom Vormann übernommener Zustand ist zu beseitigen (ObSt. 6, 163); keine Pflicht zur Erhaltung der Feuerstätte. Schornsteine: Die vertikal aufsteigenden Kanäle, nicht gewundene, den Rauch in ein anderes Rohr leitende Kanäle (KG. GArch. 46, 143). Der Tatbestand kann durch PolVorschr. nicht näher abgegrenzt werden (a. A. OSt. 4, 488; 1, 218; KGJ. 15, 284). Fahrlässigkeit ausreichend (ObSt. 5, 76). Beseitigungsbefugnis: Art. 105 PStGB.

Zu § 368 Nr. 5:

1. Aufbewahren: § 367 Nr. 5 A. 1. Scheunen, Ställe u. Böden: Auch wenn in ihnen keine feuerfangenden Sachen aufbewahrt w. Räume: Nicht Gebäude. Feuerfangende Sachen: Auch, wenn in geschlossenen Gefäßen (RG. 30, 108). Unverwahrt: Wenn nicht gegen die Verbreitung nach der Beschaffenheit des Ortes genügend gesichert (RG. SeuffBl. 71, 266; ObSt. 16, 2). Strafbar auch, wenn das Licht erst im Raum entzündet wird (RG. 30, 108). Denselben: Die Räume. Die Tätigkeit selbst muß vorsätzlich sein, im übrigen Fahrlässigkeit ausreichend (RG. 48, 324).

Zu § 368 Nr. 6:

1. Gefährlich: Feuergefährlich. Anzünden: Keine Strafe, wenn Gefahr erst im Laufe des Brennens eintritt (Rspr. 1, 720). Anzünden: Nicht auch Tätigwerden für Weiterbrennen (a. A. RG. GArch).

46, 114). Die Tätigkeit selbst muß vorsätzlich sein, im übrigen Fahrlässigkeit ausreichend (RG. 48, 324).

Zu § 368 Nr. 7:

1. Gefährliche Nähe: Nur feuergefährliche. Schießt.: Auch blind. Die Tätigkeit selbst muß vorsätzlich sein, im übrigen Fahrlässigkeit ausreichend (RG. 48, 324). Verw. Strafbestimm.: § 367 Nr. 8.

Zu § 368 Nr. 8:

1. Polizeilich vorgeschrieben: Durch bez.- oder ortspol. Vorschr. Art. 2 Nr. 14 PStGB.*) Feuerlöschgerätschaften: Nicht der Vorbeugung dienende Geräte; nicht Geräte zur Rettung; insoweit nur „andere feuerpol. Anordnungen". Brauchbar: Durch PolVorschr. nicht näher abgrenzbar. Andere feuerpol. Anordn.: Nur solche allg. verbindl. Art (ObSt. 6, 160; 1, 421); die Rechtspr. läßt aber zu, daß in ihnen Anordnungen an einzelne Personen oder für bestimmte Fälle vorbehalten werden, deren Nichtbeachtung strafbar sei (ObSt. 8, 285; 5, 202 u. 397; 3, 347); s. auch Art. 1 Anh. A. 12. Notw. objektiv feuerpol. Charakter, nicht genügend die Absicht, feuerpol. Vorschr. zu erlassen. Form der Erlassung: Art. 2 Nr. 14 PStGB. Fahrlässigkeit ausreichend, Bewußtsein der Rechtswidrigkeit nicht notw. (ObSt. 5, 202; 3, 87). Beseitigungsbefugnis: Art. 105 PStGB. Keine erschöpfende Regelung der Verhütung der Feuersgefahren durch das StGB. (KGJ. 12, 181).

2. § 368 Nr. 8 auch die Grundlage der sog. Feuerlöschordnungen (s. Art. 2 Nr. 14 PStGB.); sie müssen aber feuerpol. Anordnungen sein. Begründbar durch sie auch die Pflicht zur Dienstleistung bei Bränden u. Löschübungen (OGHSt. 5, 443; KGJ. 9, 297); auch zur Teilnahme an turnerischen Vorübungen (OGHSt. 3, 518); auch schriftl. Entschuldigung bei Wegbleiben kann gefordert w. (KGJ. 8, 236). Die Rechtspr. läßt auch zu, daß im Anschluß an die Regelung der Feuerwehrpfl. ein Verwaltungsverf. eingeführt wird, in dem über die Einhaltung dieser Pflicht bindend entschieden wird (ObSt. 3, 105; 16, 138; OSt. 2, 231). Dieses widerspr. dem § 261 StPO; die Unrichtigkeit des Standp. ergibt auch die willkürliche Unterscheidung, zu der sich ObSt. 14, 173 genötigt sieht; s. hierzu auch KGJ. 26 C 57; 23 C 56; richtig auch ObSt. BayZ. 1907, 332. Wegen der Abhaltung von Feuerwehrübungen an Sonntagen s. OSt. 1, 5; 2, 304 (BlAPr. 1884, 330).

3. Feuerpol. Vorschr. für Theater u. sonstige Versammlungsräume: InnMB. v. 20. Dez. 1881 (KMBl. 503) u. v. 10. Mai 1897 (KMBl. 145); s. auch GZ. 1904, 264; desgl. für Warenhäuser u. Geschäftshäuser: InnME. v. 7. Okt. 1903 (KMBl. 425). Richtpunkte für die Erlassung von ortspol. Vorschr. über den Petroleumvertrieb in Straßentankwagen: InnMB. v. 9. Dez. 1908 (KMBl. 619), ergänzt durch InnMB. v. 2. Juli 1910 (KMBl. 446). Luftgasbeleuchtungsanlagen: KInnMB. v. 30. Sept. 1909 (KMBl. 797).

*) Zum Feuerwehrwesen in Bayern s. Fried GZ. 1903, 210. Link, Landesfeuerwehrverband, München 1910.

Zu § 368 Nr. 9:

1. Unbefugt: Maßgebend Zivil- u. öff Recht; im einzelnen: Fischereiberechtigte: Art. 70 FischG. v 13. Aug. 1908; Jagdberechtigte: §§ 6 mit 18 JagdPolVO v. 6. Juni 1909 (GVBl 409) u. ObSt. 8, 5; OSt 4, 147 u. 329 u. hierzu Schiedermair Nebenges. S. 416 u 421; Betreten bei Vorarbeiten für die Zwangsabtretung (BlAPr. 1898, 21; SeuffBl. 63, 217, LG. München 2); Vermessungsbeamte: Zeiler BlAPr. 1911, 13, kaum haltbar; Betretungsrecht der ord. Posten usw.: § 17 PostG. v. 28. Okt 1871, hierzu Jena GArch. 63, 461 (kaum richtig).

2. Gärten, Äcker, Wiesen: Art. 112 A. 2. Bestellt: Nicht notw., daß die Saat schon aufgegangen ist. Durch Warnungszeichen geschlossen: Genügend, wenn durch hinreichend erkennbare Warnungsmittel am Wege kundgemacht ist, daß er überh. nicht oder nur in gewissem Umfang benutzt werden darf (Dresden GArch. 55, 130); geschlossen auch dann noch, wenn die Zeichen bloß vorübergehend, sei es befugt oder unbefugt entfernt werden (KGJ. 22 C 37); Schließung (Sperrung) auch möglich bloß für bestimmte Benützungsarten (KG. DJZ. 1914, 941). Eigenmächtige Entfernung der Warnungszeichen selbst strafbar unter Umständen nach Art. 87 Abs. 1 Nr. 1, Art. 121 PStGB.; Art. 92 Nr. 2 ForstG.; Art. 30 Nr. 2 ForstStG; § 303 StGB (gegen dessen Anwendung BlAPr 1882, 92). Viehtreiben, auch das Viehweiden (OGHSt. 3, 471). § 368 Nr. 9, nicht Art. 92 Nr 1 ForstG. oder Art. 30 Nr. 1 ForstStG. auch anwendbar, wenn der Privatweg ein Waldweg ist (OGHSt. 6, 369).

3. Strafbar nur vorsätzliche Begehung, erford. bewußt unbefugtes Handeln (OSt. 5, 21; 2, 302; Braunschw GArch. 53, 82: Jena GArch 63, 461). Fälle der Mittätersch. u. Anstiftung: ObSt. 16, 25. Idealkonk. mit Art. 115 PStGB. möglich (ObSt. 3, 165; OGHSt 3, 471); Verhältnis der GesKonk. zu Hausfriedensbruch. Verwendung der Geldstr.: Art. 124 PStGB. Feststellung der Verpfl. zum Schadensersatz u. zur Zahlung von Ersatzgeld: Art. 13 FeldschG

Zu § 368 Nr. 10 StGB.:

1. Genehmigung: Ausreichend nur vorhergehende; ungenügend der Glaube, die Genehmigung werde erteilt werden (ObSt. 8, 407; a. A. OSt. 7, 423); genügend auch mündliche (ObSt. 9, 398), auch stillschweig. Genehmigung; auch eine allgemeine. Sonstige Befugnis: Forstschutzbeamte in ihrem Bezirk (OSt. 3, 68; ObSt. 16, 56); auch bei Selbstverteidigung nach § 228 BGB. (Rostock DJZ. 1911, 544). Auch der Eigentümer bedarf Genehmigung. Zum allg. Gebrauch bestimmt: Zum Fahren, Reiten, Gehen, Viehtreiben für jedermann (ObSt. 2, 429); nicht für forstl. Zwecke angelegter Weg (OSt. 7, 290); notw. Bestimmung, nicht ausreichend bloße Duldung (ObSt. 14, 42); nicht „Linien" (Schneusen) (OSt. 5, 408); benutzbar nur die zum allg. Gebrauch bestimmten Teile des Wegs, nicht Randgräben (OSt. 5, 408). Zur Jagd ausgerüstet: Neben Gewehr auch Schießmaterial notw.; daß geladen, nicht notw.; ausreichend, wenn die Munition ein Begleiter trägt (OSt. 10, 185). Umwinden des Gewehrs mit einem Tuch oder Verschließen mit Schloßkappe nur ausreichend, wenn Schußbereitschaft aufgehoben (Rspr. 9, 269; Marienw. GArch.

47, 469) Bei gewissen Jagden schon Mitführen eines Hundes genügend (Celle GArch. 48, 148) Betroffen: Nicht notw., daß der Handelnde gesehen oder angetroffen wurde; Besitz ausreichend (RG. 55, 8; Rspr. 3, 352). Durch §§ 292—295 wegen GesKonk. ausgeschlossen (ObSt 8, 155) Fahrlässigkeit ausreichend (ObSt. 8, 155; 8, 407; 2, 429; RG 38, 104).

Zu § 368 Nr. 11:

1. Hinsichtlich der Eier u. Jungen von Singvögeln, die unter das Vogelschutzges v 30. Mai 1908 (RGBl. 317) fallen, durch dieses ersetzt (§ 8 dess.). Unbefugt: Maßgebend die besond. Vorschr des Reichs- oder Landesrechts (RG. 40, 240); hins. des jagdbaren Federwilds s. §§ 7 mit 18 JagdPolVO. v. 6. Juni 1909 (GVBl. 409); zu deren Wirksamk. s. Schiedermair Nebenges. 413, 416, 421 Jagdbar: § 1 JagdVO v 11 Juli 1900 (GVBl. 693) mit VO. v 19. Okt 1908 (GVBl 965) § 292 StGB. durch GesKonk. ausgeschlossen (RG 40, 239).

§ 369.

Mit Geldstrafe bis zu einhundert Mark*) oder mit Haft bis zu vier Wochen werden bestraft:

1. **Personen, welche ohne obrigkeitliche Anweisung oder ohne Genehmigung des Inhabers einer Wohnung Schlüssel zu Zimmern oder Behältnissen in den letzteren anfertigen oder Schlösser an denselben öffnen, ohne Genehmigung des Hausbesitzers oder seines Stellvertreters einen Hausschlüssel anfertigen, oder ohne Erlaubnis der Polizeibehörde Nachschlüssel oder Dietriche verabfolgen;**
2. (Ist aufgehoben);
3. **Gewerbetreibende, welche in Feuer arbeiten, wenn sie die Vorschriften nicht befolgen, welche von der Polizeibehörde wegen Anlegung und Verwahrung ihrer Feuerstätten, sowie wegen der Art und der Zeit, sich des Feuers zu bedienen, erlassen sind.**

1. Abs. 1 Nr. 2 u. Abs. 2 aufgeh durch § 23 der Maß- u. Gewichtsordn. v. 30. Mai 1908 (RGBl. 349).

2. Obrigkeitlich: Jede Behörde u. jedes Organ, die staatl Hoheitsrechte gegenüber der Allgemeinheit auszuüben haben (UntersuchRichter, Schutzmann; nicht Militärpersonen). Behältnisse in der letzteren: Nicht aus den letzteren Genehmigung: § 368 Nr. 10 A. 1. Hausbesitzer: Eigentümer; bei Miteigentümern beider Genehm. notw. Erlaubnis: Zuständigk. zur Erteilung: § 13 ZustVO Nachschlüssel: Falsche Schlüssel Dietriche: Haken zum Öffnen ohne Schlüssel. Die Tätigkeit selbst muß vorsätzlich sein, im übrigen Fahrlässigkeit ausreichend (RG. 48, 324).

---

*) Höchstgeldstr. nun 1500 M (§ 1 GG.).

3. Gew Treibende: Nur die Inhaber. Vorschriften: Zuständ zur Erlassung Art. 2 Nr 16 PStGB Feuerstätten: § 368 Nr 3 A 1 VerwStrafbestimm. § 368 Nr. 3 u. 4.

§ 370.

1. Mit Geldstrafe bis zu einhundertfunfzig*) Mark oder mit Haft wird bestraft:

1. wer unbefugt ein fremdes Grundstück, einen öffentlichen oder Privatweg oder einen Grenzrain durch Abgraben oder Abpflügen verringert;
2. wer unbefugt von öffentlichen oder Privatwegen Erde, Steine oder Rasen, oder aus Grundstücken, welche einem anderen gehören, Erde, Lehm, Sand, Grand oder Mergel gräbt, Plaggen oder Bülten haut, Rasen, Steine, Mineralien, zu deren Gewinnung es einer Verleihung, einer Konzession oder einer Erlaubnis der Behörde nicht bedarf, oder ähnliche Gegenstände wegnimmt;
3. wer von einem zum Dienststande gehörenden Unteroffizier oder Gemeinen des Heeres oder der Marine ohne die schriftliche Erlaubnis des vorgesetzten Kommandeurs Montierungs- oder Armaturstücke kauft oder zum Pfande nimmt;
4. wer unberechtigt fischt oder krebst;
5. wer Nahrungs- oder Genußmittel oder andere Gegenstände des hauswirtschaftlichen Verbrauchs in geringer Menge oder von unbedeutendem Werte zum alsbaldigen Verbrauch entwendet oder unterschlägt.

   Wer die Tat gegen Verwandte absteigender Linie oder gegen seinen Ehegatten begeht, bleibt straflos.
6. wer Getreide oder andere zur Fütterung des Viehes bestimmte oder geeignete Gegenstände wider Willen des Eigentümers wegnimmt, um dessen Vieh damit zu füttern.

2. In den Fällen der Nr. 5 und 6 trifft die Verfolgung nur auf Antrag ein. Die Zurücknahme des Antrages ist zulässig.

Zu § 370 Nr. 1:

1. Unbefugt: In Widerspruch mit einer Rechtsvorschr.; bei Wegen: auch, wenn sie im Eigentum des Täters stehen, wenn nur die Handlung unbefugt ist; gleichgültig desh. diesenfalls auch irriger Glaube, Eigentümer zu sein (RG. GArch. 49, 271; 59, 343); zur Verfügung über auf eigenem Grund angelegte Raine bleibt man befugt

*) Höchstgeldstr nun 1500 ℳ (§ 1 GG).

(RG. 26, 74). Öffentl. Weg: § 366 Nr 10 A. 3. Verringern: Bloße Beschädigung nicht ausreichend; erford. Wegnahme u. Zueignung und zwar vom Umfang des Grundstücks, nicht bloß von Sand, Steinen (OGHSt. 4, 416; 4, 508); vollständige Beseitigung erfüllt den Tatbestand nicht (a A. OSt. 8, 76). Vorsätzlichk. notw. (RG. GArch. 59, 343). Idealkonk mit § 303 (OGHSt. 6, 389) u. § 274 Nr. 1 (RG. 22, 286). Verfüg. über die Geldstr: Art 124 PStGB. Feststellung der Verpfl z. Schadensersatz: Art 13 FeldschG

Zu § 370 Nr. 2:

1. Unbefugt: S § 370 Nr 1 A. 1 Öffentl. Weg: S § 370 Nr 1 A 1. Entfernung von: Auch, wenn die Gegenst. nicht fest mit dem Wege verbunden sind (Breslau GArch. 49, 300); Entfernung aus: Die Gegenstände müssen einen Teil des Grundstücks bilden (OSt 5, 259; OGHSt. 6, 503); nicht mehr strafbar, wenn die Gegenstände selbständige Sachen wurden z B. eine Schutzwehr (Rspr 9, 313). Rasen: Mit Gras bewachsene Erdscholle (Sächs. OAppG. StengleinZ. 15, 186). Grand: Grober Kiessand (Heyne, Wörterbuch). Mergel: Fette, zum Düngen dienende Erde (Grimm, Wörterbuch) Plagge: Platter dünner Rasen, spärlich mit Gras bewachsene Moor- oder Heidescholle; Bulte: Haufen, Hügel (Grimm). Graben: Ausheben von Erde usw (OSt 8, 422); auch mit der Hand (LG München GArch 44, 280). Graben u. Hauen: Absicht rechtswidr. Zueignung notw (OSt. 8, 422; a. A. Celle GArch. 49, 315). Verleihung, Konzession, Erlaubnis: BergG v. 13. Aug. 1910 (GVBl. 815) mit Änd v 15. Aug. 1914 (GVBl. 413), 17. Aug. 1918 (GVBl. 395) u. 10. Okt. 1919 (GVBl. 676) Art. 1, 2, 24 ff. Ähnliche Gegenstände: Tropfstein (OSt. 5, 259); nicht Erzeugnisse der Vegetation (Sächs. OAppG StengleinZ. 15, 186). Art. 94 Nr 5 ForstG u Art. 35 ForstStG. schließen § 370 Nr 2 aus (§ 2 EG. StGB; ObSt 1, 145). Idealkonk. mit § 303 StGB. (OGHSt. 6, 389). Verfügung über die Geldstr.: Art. 124 PStGB.; Verpflicht z. Schadensersatz: Art. 13 FeldschG. Verw Bestimm: Art 204 Nr. 3 WassG Art 112; Art. 113 Nr. 3 PStGB

Zu § 370 Nr. 3:

1. Auch wenn die Gegenst. Eigentum des Verkaufenden oder Verpfänd. sind § 370 Nr. 3 ausgeschlossen, wenn zugleich die Merkmale der Teilnahme an einer Unterschlagung oder der Hehlerei vorliegen (ObSt 16, 112).

Zu § 370 Nr. 4:

1. Unberechtigt: Maßgebend FischGes. v 15. Aug. 1908 (GVBl 527) Art 1. Fischen (Krebsen): Nicht bloß die Besitzergreifung, sondern auch jede Handlung, durch die die Tiere aufgesucht u. verfolgt werden oder ihnen nachgestellt w., um sie zu erlegen oder in Besitz zu nehmen (Rspr 4, 132; ObSt 2, 160; OSt. 9, 184); beim Fischen mit Netzen, nicht bloß das Auslegen u. Herausnehmen, sondern auch das Liegenlassen (RG. 37, 117). Gegenstand: Auch andere Wassertiere als Fische (OSt 9, 184; Rspr. 4, 173); auch tote Fische, solange nicht zersetzt (OSt. 9, 184). Bei unzulässigem Perlfischen jedoch maßgebend Art 203 Nr 8 WassG. Vorsatz notwendig, auch Bewußtsein der

mangelnden Berechtigung (ObSt. 6, 392). Wegen der im Strafurteil auszusprech. Haftung für Geldstr., Kosten u. sonstige Ersatzleistungen, wenn sich der Täter seiner Angehör., Dienstboten, Lehrlinge, Arbeiter bedient, s. Art. 107 FischG. u. Schiedermair, NebenGes. zu Art. 107 A. 1 u. 6. Idealkonk. mit fischpol. Übertretungen möglich (bestritten; KGJ. 49 C 361 gegen RG. 22, 234, dieses bejahend). Verw. Strafbestimm.: § 296, § 361 Nr. 9 StGB.

Zu § 370 Nr. 5:*)

1. Nahrungsmittel: Die Mittel, die zur Ernährung des menschl. Körpers dienen, gleichviel ob vorherige Zubereitung nötig oder nicht; auch Halbfabrikate (Rspr. 6, 488; ObSt. DJZ. 1917, 835); nicht solche für Tiere (Rspr. 2, 294), doch können solche Gegenst. des hauswirtsch. Verbrauchs sein; auch lebende Tiere können NahrMittel sein (Rspr. 6, 488; RG. 53, 72); NahrMittel brauchen nicht Gegenst. des hauswirtsch. Verbrauchs zu sein (RG. 47, 262).

2. Genußmittel: Mittel, die zwar nicht zur eigentlichen Ernährung, wohl aber zum Zwecke der Bereitung angenehmer Sinnesempfindung oder sonstigen Genusses dem Körper zugeführt werden (RG. GArch. 50, 103). Genießen ist hierbei im eigentl. Sinne zu nehmen, d. h. die Stoffe müssen dem Körper wirklich zugeführt werden und mit dem Genusse verbraucht werden. Gegenstände, die lediglich „einen Genuß bereiten", fallen nicht hierher, also z. B. nicht Blumen (Rspr. 3, 221). Auch Rauchtabak ein Genußmittel (Rspr. 3, 848; OSt. 6, 343). Auch Arzneimittel können unter Umständen Genußmittel sein (RG. GArch. 50, 103). Genußmittel fallen auch dann unter § 370 Nr. 5, wenn sie keine Gegenstände des hauswirtschaftl. Verbrauchs sind; s. RG. 47, 247 (262).

3. Nur Gegenstände des hauswirtsch. Verbrauchs, nicht Gebrauchs; Verbrauch nicht bloß Substanzvernichtung, sondern auch Umwandlung des Stoffs in einen andern Zustand (RG. 51, 51); entscheidend nicht die Verbrauchbarkeit im Rechtssinn, sondern, ob der Gegenst. außer dem Zwecke der Nahrung u. des Genusses im gewöhnl. Leben in der Hauswirtsch. verbraucht wird; entscheidend die allg. VerbrBestimmung, nicht die tatsächl. Verwendung: hieher fallen Brennmaterialien, Beleuchtungsmittel, nicht Wäsche, Schuhe (RG. 46, 422; 53, 229; GArch. 62, 340; 66, 76); Brennholz, nicht aber Nutzholz (RG. 53, 205; GArch. 60, 415); nicht Stroh für das Bett (ObSt. 13, 29); nicht Handtücher (RG. Recht 1914 Nr. 903); nicht Brotkarten (RG. 51, 317); wohl aber Viehfutter für Tiere, die der Hauswirtschaft, nicht für solche, die der Vermehrung oder Gewerben dienen; maßgebend die hauptsächliche Verwendung (RG. 47, 247; GArch. 62, 319); wegen Kalk s. RG. 51, 51.

4. § 370 Nr. 5 auch anwendbar trotz gleichzeitiger Wegnahme geringwertiger Umhüllungen; Milchhafen (OSt. 2, 553; Rspr. 3, 516)

5. Geringe Menge oder unbedeut. Wert: Tatfrage. Maßgebend der allg. Verkaufswert, nicht der Wert für den Bestohlenen (RG. GArch. 65, 545), nicht der Verbrauchszweck, nicht die Zahl der am Verbrauch teilnehmenden Personen (RG. 48, 51; DJZ. 1914, 379; Rspr. 5,

---

*) Jetzige Fassung: Nov. v. 19. Juni 1912 (RGBl. 295).

352); die derzeitige Preiserhöhung u. Nahrungsmittelknapph ist in Betracht zu ziehen, RG. DJZ. 1918, 127; bei fortges. Begehung maßgebend Gesamtwert u. Gesamtmenge (Rspr. 10, 333; RG. BayZ. 1908, 312; 1918, 85); auch nicht vertretbare Sachen eine Menge (RG. GArch. 53, 443).

6. Alsbaldiger Verbrauch: Verbrauch: Ausnutzung bis zum völligen Verschwinden (RG. 47, 80); nicht notw sofortiger Verbrauch, nur die Absicht der Befriedigung eines augenblickl. Bedürfnisses (RG. 47, 82; ObSt. 14, 52); alsbald. Verbr. nicht mehr bei Ansammlung von Vorräten (Rspr 6, 303), oder, wenn entwend Sträucher eingepflanzt werden sollen (RG LZ. 1914, 299); bei fortges. Delikt ausreichend, wenn die einzelne Wegnahme in dieser Absicht erfolgte (Rspr. 5, 545); alsbald Verbrauch auch, wenn er durch andere oder mit anderen erfolgen soll (RG. 53, 168; RG DJZ. 1919, 600; Rspr. 8, 139); maßgebend die Absicht bei der Tat (RG SeuffBl. 74, 775); gleichgültig ist, ob der Täter das Bedürfnis durch eigene Vorräte befriedigen könnte (RG 52, 245). Gegenst. des hausw. Verbrauchs müssen zum hausw Verbrauch entwendet w., d. h. zur Befriedigung der Bedürfn. des gewöhnl Lebens, wie solches Gegenstand der Hauswirtsch. ist (RG. GArch. 62, 337; RG. 46, 379; 47, 247; KGJ 49 C 381 gegen RG. 47, 80; Hamb. GArch. 63, 133).

7. Entwendung: Voller Tatbestand des Diebst. erford (RG 28, 324); Unterschlagung: Erforderlich alle Merkmale des § 246 StGB.

8. Not kein Erfordernis der Anwendung des § 370 Nr 5 (RG. 46, 379).

9. Antragsberechtigt: Der Verletzte, unter Umständen also auch der Gewahrsamsinhaber (Rspr 8, 703; a. A. bei Entwend. von Postsendungen OGHSt. 4, 544); auch wer nur Mitgewahrsam hat, daher je nach dem Güterstand auch die Ehefrau (ObSt 16, 3).

10. Das Vorliegen des Tatbestands des § 370 Nr. 5 schließt Bestrafung nach §§ 242—245 StGB. aus (OSt. 1, 126; ObSt. 20, 102), desgl. nach § 246 StGB. (RG. 46, 376); dagegen wird die Anwendung des § 370 Nr 5 ausgeschlossen durch den Tatbestand des Raubes (RG. 43, 175), des 133 StGB. (RG. 43, 175; 50, 396; RG BayZ. 1917, 54), des § 350 StGB. (RG. 46, 376; RG. LZ. 1921, 754; ObSt. 20, 102), des Art. 112 Nr. 1 PStGB. (OGHSt. 7, 109). Behandlung der Fälle, in denen unter § 370 Nr. 5 u. unter §§ 242, 243 fallende Gegenstände gestohlen werden, Rspr. 3, 145; 8, 525; RG. 53, 198. Verhältnis zwischen Anstiftung u. Mittäterschaft bei derselben Tätigkeit, RG. BayZ. 1916, 113. Bestrafung vor der Novelle v 19. Juni 1912 begründet Rückfall wegen Diebstahls, auch wenn die Tat jetzt unter § 370 Nr 5 fiele (RG. 47, 145). Berechnung der Abstimmungsmehrheit (RG. 5, 404).

Zu § 370 Nr. 6:

1. Realkonk. mit § 246 StGB., wenn nachträglich die Absicht auf Zueignung an den Täter gefaßt wird (RG GArch. 56, 315).

III. Teil.

Übersicht der zum Polizeistrafgesetzbuch und zu den Übertretungen des Strafgesetzbuchs erlassenen Polizeiverordnungen und Polizeivorschriften der Ministerien.

(Nach der Reihenfolge der Art. und §§ der Gesetze).

Zu Art. 22a PStGB. K. VO v. 31 Mai 1894, den Brieftaubenverkehr betr (GVBl. 268).

Vollz Bestimm: InnMB. v. 8 Juni 1894 (JMBl. 152)

Zu Art. 22b PStGB. K. VO v. 6 Sept. 1908, Die Ausgrabungen u. Funde von prähistorischen oder historisch merkwürdigen Gegenständen betr. (GVBl 762).
Abgedruckt im Teil IV.

Zu Art. 22b PStGB. Obpol. Vorschr v 18 Dez. 1912 zum Schutze des Apollofalters (GVBl 1270).

Zu Art. 22b PStGB. InnMB. v 26. Sept. 1921, Obpol. Vorschr. über das Sammeln der Faulbaumrinde (GVBl 485)

Zu Art. 24 PStGB. K VO v 13 Juni 1862, die Anzeige von Entbindungen betr (RegBl 1196)

Art. 24 PStGB entspr dem Art 53 PStGB v 10. Nov 1861
Wegen fortdauernd. Wirksamkeit s Art. 24 A 1 u ObSt. 14, 289 (§ 1 Abs. 2 wirksam).
VollzBest: InnME v. 16. Okt. 1870 (Web. 8, 666).

Zu Art. 32, 33 u 150 PStGB. K. VO. v 3. Juli 1868, die Schau- u. Vorstellungen betr (RegBl. 1161)
Abgedruckt im Teil IV.

Zu Art. 32 u 35 **PStGB.** VO v 31 Okt 1921 über Tanzlustbarkeiten (GVBl. 541)
Abgedruckt im Teil IV.

Zu Art. 33 PStGB. Vgl die VO. v 3. Juli 1868 (bei Art 32).

Zu Art. 35 PStGB. Vgl. die VO. v 31 Okt. 1921 (bei Art. 32).

Zu Art. 36 Nr. 2, Art. 44 **PStGB.,** § 366 Nr. 10 StGB Obpol. Vorschr. v. 17. Dez. 1921 über das Verbot von Maskenumzügen u Maskentreiben a öff. Straßen u Plätzen (GVBl 595; Pf. KrBl 1922, 11).
Abgedruckt im Teil IV.

Zu Art. 39 PStGB. u. § 367 Nr. 9 StGB. K. VO. v. 19. Nov. 1887, das Verbot des Feilhaltens u Führens von Waffen zur Verhütung von Gefahren für die Sicherheit der Personen betr (GVBl. 655, Pf KrBl. 87).

Ergänzt durch VO. v 7. Dez. 1921 über die Führung von Schußwaffen in den Landesteilen rechts des Rheins (GVBl 585) Beide abgedruckt im Teil IV.

Zu Art. 44 PStGB. Obpol. Vorschr. v. 18. Okt. 1910 zur Aufrechthaltung der öff Ruhe, Ordnung u. Sicherheit bei Eisenbahnbauten (GVBl. 987)

Zu Art. 44 PStGB. S. die obpol. Vorschr v 17. Dez. 1921 (bei Art 36 PStGB.).

Zu Art. 49 PStGB. K. VO. v. 15. Juli 1862, die Anzeige von der Aufnahme oder Entlassung von Handlungsdienern, Gewerbsgehilfen, Gesellen und Lehrlingen betr (RegBl. 1864).

Geänd durch § 60 der VO. über das Apothekenwesen v. 27. Juni 1913 (GVBl. 343).

Zu Art. 49, 127, 128 PStGB. VO v 31. März 1899, die Verhältn der Bader betr (GVBl. 111), die sog. Baderordnung.

Geänd hins der GebührenO. durch InnMB. v. 12. Febr 1908 (GVBl 64); VO v 1. Aug. 1918 (GVBl. 385), v 14. Aug. 1920 (GVBl. 408), v. 16. Aug 1920 (GVBl. 414), v 1 September 1921 (GVBl. 456).

VollzBest. zu §§ 4 u 19 Abs. 1: InnMB. v. 4. April 1899 (GVBl. 121) mit Instr. zur Abhaltung des Unterrichtskurses für Badergehilfen; letztere geänd durch InnMB. v. 16. Aug. 1920 (GVBl 415). Berücksichtigung im Heeressanitätsdienst Verwendeter: InnMB. v 21. Febr. 1919 (KMBl. 41).

Bestrafung der Zuwiderhandlungen gegen die VO: ObSt 7, 150 u. 11, 186.

Zu Art. 52 PStGB. K. VO v. 20. Sept. 1862, die pol Bewilligung zu Sammlungen betr (RegBl. 2269; Pf. KrBl. 1505) Abgedruckt im Teil IV.

Zu Art. 59 PStGB. K. VO. v 10. Mai 1905, die Gründung, Leitung u Beaufsichtigung von Erziehungs- u Unterrichtsanstalten betr (GVBl 471; Pf. KrBl. 58).

Geänd durch VO v. 8. April 1919 (GVBl. 160).

Zu § 1: Widerruf erteilter Genehmigungen: ObSt 15, 35; BlAPr 1915, 145.

Vollzugsbest.: KMB v. 13. Jan. 1907, betr allg. Bestimm. über Einrichtung u. Betrieb der nach Art. 59 PStGB. genehmigungspfl. Erziehungsanstalten u. Unterrichtsanstalten, insbes. in bezug auf Gesundheitspflege (KMBl. 33). Bek über gewerbl Unterrichtskurse v. 19. Jan. 1915 (KMBl. 1). Zu §§ 11 u. 16 der VO.: KMB. v. 17. Dez. 1910, betr. Allg Bestimm über Einrichtung u. Betrieb von Kinderbewahranstalten (KMBl 727) mit InnKMB. v. 30. März 1921 (KMBl 67) KMB v 8. April 1911, Schulordnung für die höheren Mädchenschulen betr (KMBl 189), ergänzt durch KMB v. 1. Juni 1916 (KMBl. 117), v 9. Juni 1916 (KMBl. 169), v 19 Juli 1920 (KMBl. 343), v. 1. Febr. 1922 (KMBl. 44) VollzBest v 9. Juni 1916 (KMBl 220) KMB v 4 Mai 1916,

Schul- und Lehrordnung für die Wirtschaftslehrerinnenseminare betr. (KMBl. 29). KMB. v. 31. Mai 1920, die Schul- und Lehrordnung für die Handarbeitslehrerinnenseminare betr (KMBl. 179). KMB. v. 24. Okt. 1914, Handhabung der Klosteraufsicht betr. (KMBl. 631).

KriegsVO über den privaten gew. u. kaufm. Fachunterricht v. 2. Aug. 1917 (RGBl 683).

Zu Art. 61 Abs. 1 Nr. 2 PStGB. K. VO. v. 14. Okt. 1862, die Einrichtung und Benützung von Gruften u. sonstigen Begräbnisstätten außerh. der öff. Kirchhöfe betr. (RegBl. 2311; Pf. KrBl. 1544).

Zu Art. 61 Abs. 1 Nr. 3 PStGB. u. § 367 Nr. 2 StGB. Obpol Vorschriften v. 20. Nov 1885 über die Leichenschau u. die Zeit der Beerdigung (GVBl 655) mit einer Anlage, enthaltend die Dienstanweisung für die Leichenschauer

Änderungen durch InnMB v. 6. Dez. 1887 (GVBl. 690), v. 28. März 1907 (GVBl. 227), v 9. Mai 1911 (GVBl. 445), v 5. Jan. 1914 (GVBl. 2), v. 15. Juli 1915 (GVBl. 536), v. 26. Juni 1918, die Gebühren betr (GVBl 349), v. 20. Febr. 1920, die Gebühren betr (GVBl. 51), VO v 13. Aug. 1920 (GVBl. 410), v. 27. Aug. 1921 (GVBl. 407), v. 30. März 1922 (GVBl. 216)

Kirchenrechtl Vorschriften über die Beerdigung am Karfreitag u Ostersonntag: Hofmann, BlAPr. 1904, 35.

Zu Art. 61 Abs. 1 Nr. 1 u. 3 PStGB. Obpol. Vorschriften v 17. Febr 1888, die Beförderung von Leichen betr (GVBl. 123; Pf. KrBl. 23). Abgedruckt im Teil IV

Zu Art. 61 Abs. 1 Nr. 3 PStGB. Obpol Vorschriften v 11 März 1920 über die Feuerbestattung (GVBl 57).
Abgedruckt im Teil IV.

Zu Art. 67 Abs. 2 PStGB. InnKBMB. v 9. Mai 1911 über die Bekämpfung übertragbarer Krankheiten (GVBl. 426).

Vgl Art 66 A. 3. Ergänzt durch InnMB. v 8. Juni 1913 (GVBl. 204), v. 5. Jan. 1914 (GVBl. 2), v. 15. Juli 1915 (GVBl. 535).

VollzBest: InnMB. v. 3. Juli 1913 (AMBl. 615), erg. durch InnMB. v. 27. Mai 1914 (AMBl. 304) u. v. 28. Nov. 1918 (AMBl. 352); zur Bek. v 27. Mai 1914: Statistik der übertragbaren Krankheiten InnMB. v 2. April 1921 (AMBl. 70), ergänzt durch InnMB v. 13. Mai 1921 (AMBl. 109).

Zu Art. 72 PStGB. K VO. v. 22. Juli 1891, die Verpflichtung der Medizinalpersonen zur Anzeige ansteckender Krankheiten unter Menschen betr (GVBl. 229).

VollzBest.: InnMB v 24. Juli 1891 (AMBl. 263). Zur Wirksamkeit der VO s. Art 72 A 1.

Zu Art. 72a PStGB. VO v 15. März 1901, den Verkehr mit Arzneimitteln außerh der Apotheken betr. (GVBl. 157).
Abgedruckt im Teil IV

Zu Art. 72a PStGB. u. § 367 Nr. 5 StGB. VO. v. 26. Juli 1907, den Verkehr mit Geheimmitteln u. ähnlichen Arzneimitteln betr. (GVBl. 593).
Abgedruckt im Teil IV.

Zu Art. 72a PStGB., § 367 Nr. 3 u. 5 StGB. u. § 30 GewG. v. 30. Jan. 1868. K. VO. v. 27. Juni 1913 über das Apothekenwesen (GVBl. 343).

Geänd. durch VO. v. 17. Jan. 1918 (GVBl. 31), InnSMB. v. 14. Mai 1919 (GVBl. 212), InnMB. v. 13. Jan. 1920 (GVBl. 15).

Vgl. hierzu ObSt. 5, 14; 3, 268; OSt. 6, 41.

Allg. VollzBek. v. 28. Juni 1913 (GVBl. 367 mit Berichtigung 1914, 7), geänd. u. ergänzt durch InnMB. v. 13. Juni 1917 (GVBl. 189), v. 5. Febr. 1919 (AMBl. 24), v. 13. Jan. 1920 (GVBl. 17). VollzBek. v. 24. Mai 1911 (GVBl. 785) zu § 49 Nr. 5 u. § 37 Abs. 1 S. 3, Verzeichnis der vorrätig zu haltenden Arzneimittel. VollzBek. v. 11. Jan. 1912 zu § 53 über die Musterung der Apotheken (AMBl. 89).

Zu Art. 73 u. 101 PStGB. u. § 367 Nr. 15 u. § 368 Nr. 3 u. 8 StGB. VO. v. 29. Juli 1895, die Bauordnung für die Haupt- und Residenzstadt München betr. (GVBl. 333).

Geändert durch Nr. III u. IV der VO. v. 21. März 1900 (GVBl. 217), § 2 der VO. v. 1. Dez. 1902 (GVBl. 729), Nr. II u. III der VO. v. 3. Aug. 1910 (GVBl. 403), Nr. II der VO. v. 10. Juli 1918 (GVBl. 359).

VollzBest. zu § 11: InnMB. v. 4. Jan. 1910 (AMBl. 44), Hebungs- u. Schiebungsarbeiten an Gebäuden betr.

Zu Art. 73 u. 101 PStGB. u. § 367 Nr. 15 u. § 368 Nr. 3 u. 8 StGB. VO. v. 17. Febr. 1901, die Bauordn. betr. (GVBl. 87, Pf. KrBl. 35).

Geänd. durch VO. v. 1. Dez. 1902 (GVBl. 729), v. 3. Aug. 1910 (GVBl. 403), v. 10. Juli 1918 (GVBl. 359), v. 3. Sept. 1920 (GVBl. 422).*) Wegen der Baulinienfestsetzung s. nun Art. 23 Abs. 1 d SG.; sie erfolgt durch den BezAusschuß.

Zu § 1: Baupol. Anordn., die der Gewerbefreiheit widersprechen (Pr. OVG. Reg. 29, 1); ObSt. 11, 167; 12, 358; OSt. 3, 84; 6, 19; ObSt. 6, 195. Zu § 6: ObSt. 18, 86; 17, 57; 16, 94 u. 143; 14, 154; 6, 208; 2, 122; OSt. 5, 140 u. 307 (hierzu BlAPr. 1894, 385); OGHSt. 5, 26; ObSt. 2, 244; ObSt. 12, 358; OSt. 6, 589; ObSt. 10, 16 u. 92; ObSt. 5, 228; ObSt. 8, 209. Zu § 7: ObSt. BayZ. 1910, 162; ObSt. 18, 86; 17, 57; 15, 71 u. 89; 9, 4 u. 364; ObSt. 6, 23; ObSt. 4, 100; ObSt. 6, 179. Zu § 8: ObSt. 20, 251; OGHSt. 4, 604; OSt. 1, 194 u. 476; 2, 41 u. 345; 4, 12; ObSt. 11, 12; 11, 376. Zu § 12: ObSt. 17, 16; 15, 71; 10, 71; 9, 24. Zu § 15: ObSt. 1, 252. Zu § 16: OSt. 6, 674 u. 279. Zu § 27: ObSt. 15, 61. Zu § 29: ObSt. 9, 282. Zu § 33: ObSt. 15, 61. Zu § 34: ObSt. BayZ. 1914, 28. Zu § 40: ObSt. 17, 57; 15, 30; 14, 302; SeuffBl. 76, 740. Zu § 44: ObSt. 10, 92. Zu § 47: ObSt. 10, 92. Zu § 49: BlAPr. 1905, 211; 1902, 385; 1906, 211. Zu § 50: ObSt. 4, 164. Zu § 53: ObSt. 6, 179. Zu § 54: ObSt. 8, 285. Zu § 62: ObSt. 17, 16. Zu § 65:

---

*) Schrifttum: Englert, Die bayer. Bauordnung; Schanz, Die Baugenehmigung in Bayern 1901; v. Koch BlAPr. 1910, 413 (zur Nov. v. 3. Aug. 1910); Schanz BlAPr. 1901, 161 (zur Neufassung v. 1901); BlAPr. 1890, 364 (zur Neufassung v. 1890); BlAPr. 1878, 1 (zur Neufassung v. 1877); Englert-Schneider, Münchener Bauordnung.

ObSt. 16, 143. Zu § 71: ObSt. 4, 150; ObSt. 8, 326; 9, 355. Zu § 72: ObSt. 16, 143; 8, 69. Zu § 73: ObSt. 14, 154; OSt. 8, 326. Zu § 75: ObSt. 8, 69; 4, 231; 2, 341 Zu § 78: ObSt. 6, 388.

Vollzugsbestimm: JnnMC. v. 10. Mai 1897, die Bau- u. Feuersicherh. der Theater u. sonstigen größ. Versammlungslokale betr. (AMBl. 145). JnnMB. v. 7. Okt. 1903, die Feuer- u. Betriebssicherheit in Waren- u. Geschäftshäusern betr. (AMBl. 425). JnnMB. v. 14. Juni 1910, die Erbauung v. Dampfsägewerken betr. (AMBl. 396). VollzBest. zur Änd. v. 3. Aug. 1910: JnnMB. v. 3. Aug. 1910 (AMBl. 477). VollzBest. zu § 3: JnnMB. v. 18. Juli 1905, betr. Herstellung von Baulinienplänen (AMBl. 317) mit JnnMB. v. 12. April 1920, betr. Generalbaulinienpläne (AMBl. 138). VollzBest. zu § 4: JnnMB., Hebungs- u. Schiebungsarbeiten an Gebäuden betr v. 4. Jan. 1910 (AMBl. 44). JnnMB. v. 29. Juli 1918 über baupol Maßnahmen zur Förderung des Kleinwohnungsbaues (AMBl 259). Sicherheitsvorschriften für Aufzüge AJnnMB. v. 17. März 1911 (AMBl. 145), geänd. u. ergänzt durch AJnnMB. v 2. Sept. 1914 (AMBl. 422) u. v 18. Nov 1915 (AMBl. 297). JnnMB. v. 27. Nov. 1895, betr. den Vollzug der Baukontrolle (AMBl. 618), geänd. durch JnnMB. v. 12. Dez. 1908 (AMBl. 642). Zu § 72 f. § 10 AJnnKMB. v. 21 Mai 1911 (GVBl. 781).

VollzBest. zu § 13 Abs. 3: JnnMB. v. 19. Sept. 1891 (AMBl. 339), v. 4. Febr u. 22. Mai 1898 (AMBl. 53 u. 313), v 3. Mai 1901 (AMBl. 207), v. 12. April 1902 (AMBl. 162), v. 25. Aug. 1904 (AMBl. 348), v. 29. Juli 1905 (AMBl. 352), v 9. Aug. 1905 (AMBl. 371), v. 28. Okt. 1905 (AMBl. 515), v 20. Okt. 1906 (AMBl. 443), v. 19 Jan. 1907 (AMBl. 75), v. 19. Okt. 1904, 7. April u. 5. Juli 1905 (AMBl. 479; 108 u. 270), v. 18. Nov. 1904 u. 4. Sept. 1906 (AMBl. 523 u. 360), v. 3. Febr. 1905 (AMBl. 54), v 6. April 1905 u. 1. Febr. 1906 (AMBl. 108 u. 54), v. 18. Mai 1905 (AMBl. 219), v. 15. Juni 1908 (AMBl. 303), v 13. Aug. 1908 (AMBl. 390), v. 28. Okt. 1908 (AMBl. 559), v 29. Jan. 1909 (AMBl. 160), v. 24. Mai 1909 (AMBl. 400), v. 3. Aug. 1909 (AMBl. 646), v. 13. Nov. 1909 (AMBl. 928), v. 28. Jan. 1910 (AMBl. 327), v. 2. Juni 1910 (AMBl. 392), v. 17. Juli 1913 (AMBl. 657), v 12. Dez. 1913 (AMBl. 927), v. 1. Mai 1920 (AMBl. 149).

Zu Art. 73 Abs. 2 PStGB. K. VO v. 21. August 1906, die Aufstellung eines Zentralwohnungsinspektors (nun Landeswohnungsrats, AMBl. 1917, 300) betr. (GVBl. 585).

Zu Art. 73 Abs. 2 u. 3 PStGB. K. VO. v 10. Febr 1901, die Wohnungsaufsicht betr. (GVBl. 73; Pf. KrBl. 65).

Abgedruckt im Teil IV.

Zu Art. 74 Abs. 1 Nr. 2 zu Art. 75 Abs. 1 **PStGB.** Obpol. Vorschr. v. 15. Juli 1887 über den Verkehr mit Milch (GVBl. 365; Pf. KrBl. 59).

Zu Art. 75 **PStGB.** Vgl. die obpol. Vorschr. v. 15. Juli 1887 (bei Art. 74).

Zu Art. 76 **PStGB.** JnnHMB. v. 6. Juni 1863, gesundheitspol. Vorschr. in bezug auf Gegenstände des menschl. Gebr. (RegBl. 809).

Geänd durch InnMB. v. 17. Juni 1877 (GVBl. 371). Berührt in ihrer Wirksamk. durch das Bleiges. v. 25. Juni 1887 u. das Farbenges v. 5. Juli 1887.

Art 76 entspr. dem Art. 133 des PStGB. v. 1861.

Zu Art. 76 PStGB. InnMB v. 10 Juli 1881, betr. das Färben von Fliegengittern (GVBl. 823).

Zu Art. 88 PStGB. VMB. v. 13. April 1905, die Eisenbahn-Bau- u. Betriebsordnung für die Haupt- u. Nebeneisenbahnen Bayerns betr. (GVBl. 251); geändert durch VMB. v. 14. Juli 1907 (GVBl 528), 25. Febr. 1913 (GVBl. 85), 10. Nov. 1916 (GVBl. 487); RVM VO. v. 23. Dez. 1920 (RGBl. 1921, 51; ENBl. 1921, 34), v. 1. Febr. 1922 (RGBl 204; ENBl 1922, 181); Bem. in ENBl. 1922, 154.

S. hierzu ObSt. 7, 378; 18, 109 (Berufung auf Privatrechte u. Irrtum hierüber gegenüber § 79); 20, 465; 15, 113 (Bestrafung fahrl Zuwiderhandlungen).

Gilt trotz des Übergangs der bayr. Staatsbahnen auf das Reich vorerst noch weiter (§ 10 des Staatsvertr., Ges. v. 10 März 1920, GVBl. 173); so auch die Praxis der Verkehrsverwaltung. Zuständigkeit zu Änderungen der VO.en über den Bau, Betrieb u. Verkehr der Eisenbahnen nun VO v. 29. Okt 1920 (RGBl 1859). Die bayr. Eisenbahnverkehrsordn v. 25. Jan. 1909 (GVBl. 29) soll nun ersetzt sein durch die für das Reich erlassene Eisenbahnverkehrsordn. v. 23. Dez. 1908 (RGBl. 1909, 93) nach VMB. v. 28. April 1920 (GVBl. 172) u. Nr. 10 der Allg. Übergangsvorschr. v 2. Mai 1920 (ENBl. 1920, 25). Wegen der strafrechtl. erheblichen Bestimmungen der Bayr. EVO s. Neumann BayZ. 1913, 352; Hellmann BlAPr. 1919, 156; ObSt. 20, 358.

Zu Art. 88 PStGB. Obpol. Vorschriften v. 9. Okt. 1911 für die Ausführung von Holzfällungs-, Steinförderungs- und Erdarbeiten in der Umgebung von Eisenbahnanlagen (GVBl. 1068).

Hierzu FMB. v. 21. Okt. 1911 (FMBl. 584).

Zu Art. 88 PStGB. VMB. v. 24. Mai 1912, Eisenbahn-Bau- u. Betriebsordnung für die Wendelsteinbahn (GVBl. 636).

Zu Art. 97 PStGB. K. VO. v. 9. Jan. 1914, die Kanalordnung für den Ludwigskanal betr. (GVBl. 13).

Die Verwaltung des Kanals ist nicht auf das Reich übergegangen, s. Nr. 20 der Übergangsvorschr. v. 2. Mai 1920 (ENBl. 25).

Zu Art. 97 PStGB. VMB. v. 15. Juli 1915, betr. die Eichordnung für die den Ludwigkanal befahrenden Schiffe (GVBl. 537).

Zu Art. 98 PStGB. AMB. v. 2. Juli 1892, die Hafen- u. Ländeordn für den Staatshafen zu Aschaffenburg betr. (GVBl. 569).

Geänd. durch VMB. v. 11. Okt. 1906 (GVBl. 789).

Zu Art. 100 u. 134 **PStGB.** u. § 360 Nr. 9 StGB. K. VO. v. 11. Sept. 1872, die Mobiliarfeuerversicherungen betr. (RegBl. 2113).

Vollz Best.: InnME. v. 1. Jan. 1873 (NB. KrBl. 51); Bek. d. Regg. der Oberpf. v. 13. Jan. 1887 (KrBl. 3); InnMB. v. 2. Okt. 1872 (AMBl. 37); InnMB. v. 29. Dez. 1885 (AMBl. 1886, 2). Teilweiser widerrufl. Erlaß der Beachtung der VO. v. 11. Sept. 1872 u. vollständiger widerruflicher der der Bek. v. 29 Dez. 1885: InnMB. v. 7 Dez. 1920 (AMBl 449).

Zu § 10 s. ObSt. 6, 162.

Zu Art. 101 Abs. 2. VO. v. 16. Mai 1876, die Aufführung von Gebäuden im offenen (Pavillon-) Bausystem betr. (GVBl. 347).

Geänd. durch Nr. III der VO. v. 3. Aug. 1910 (GVBl. 403).

Zu Art. 101 PStGB. Vgl. die beiden Bauordnungen v. 17. Febr. 1901 u. v. 29. Juli 1895 (bei Art. 73).

Zu Art. 101 PStGB. u. § 120e Abs. 2 GewO. Obpol. Vorschriften v. 4. Sept. 1905 zum Schutze der bei Tiefbauten beschäftigten Personen (GVBl. 567; Pf. KrBl. 253).

Anwendungsbereich: ObSt. 10, 289.

AusfBest.: AInnMB. v. 4. Sept. 1905 (AMBl. 445); KrMB. v. 3. Okt. 1905 (KrMBl. 199).

Zu Art. 101 Abs. 1 u. 2 PStGB. u. § 120e Abs. 2 GewO. Obpol. Vorschr. v. 21. Aug. 1909 zum Schutze der bei Bauten beschäftigten Personen (GVBl. 655).

Wirksamkeit: ObSt. 10, 318; Reg. 31, 173; Idealkonk. zwischen § 120e GewO. u. Art. 101: ObSt. 6, 270; zu § 8 Abs. 2: ObSt. in AMBl. 1910, 620.

Zu Art. 101 PStGB. Obpol. Vorschriften v. 25. März 1918 für die Aufstellung u. Prüfung von Tragfähigkeitsnachweisen bei Bauwerken (GVBl. 251).

Ergänzt durch InnMB. v. 23. Aug. 1921 (GVBl. 404).

Vollz Best.: InnMB. v. 25. März 1918 (AMBl. 87); Inn.-MB. v. 2. Mai 1918, betr. Schaffung einer amtl. Prüfungsstelle bei der Landesgewerbeanstalt (AMBl. 89).

Zu Art. 101 PStGB. Obpol. Vorschr. v. 25. März 1918 für die Ausführung von Bauwerken aus Eisenbeton (GVBl. 225).

Ergänzt durch InnMB. v. 13. Aug. 1921 (GVBl. 404).

VollzBest.: InnMB. v. 25. März 1918 (AMBl. 87); InnMB. v. 2. Mai 1918, betr. Schaffung einer amtl. Prüfungsstelle bei der Landesgewerbeanstalt (AMBl. 89).

Zu Art. 101 Abs. 3 PStGB. VO. v. 27. März 1919 über die Errichtung von Denkmälern (GVBl. 119; Pf. KrBl. 118).

Abgedruckt im Teil IV.

Zu Art. 101 PStGB. VO. (GesamtMin.) v. 5. Mai 1922 über die Errichtung von Bauten für Umformer (Transformatoren) (GVBl. 277).

Zu Art. 120 Abs. 1 Nr. 2 PStGB. Obpol. Vorschriften v. 21. Mai 1908, die Bekämpfung von schädlichen Tieren insbes. von Feldmäusen betr. (GVBl. 298; Pf. KrBl. 53).

Geänd. durch InnLMB. v. 4. Mai 1919 (GVBl. 220).

Zu Art. 125 Abs. 4 PStGB. u. zum VogelschG. v. 30. Mai 1908. K. VO. v. 5. Mai 1913 zum Schutze der Vögel (GVBl. 189).

Hierzu InnMB. v. 23. Jan. 1914 (AMBl. 39).

Zu Art. 127 PStGB. K. VO. v. 4. Juni 1899, die gewerblichen Verhältnisse der Hebammen betr. (GVBl. 413).

Geänd. hins. der Gebühren durch VO. v. 26. Aug. 1918 (GVBl. 565), v. 11. Aug. 1920 (GVBl. 406), v. 11. Nov. 1921 (GVBl. 548), v. 1. April 1922 (GVBl. 219).

VollzBest.: InnMB. v. 9. Juni 1899, betr. die Dienstanweisung für die Hebammen (GVBl. 416), geänd. durch InnMB. v. 5 April 1909 (GVBl. 310), 4. Mai 1910 (GVBl. 261), 9. Mai 1911 (GVBl. 445).

Zu § 38 s. § 74 Abs. 1 Nr. 2 PersStG.

Zu Art. 128 PStGB. Vgl. die HebammenVO. v. 4. Juni 1899 (bei Art. 127).

Zu Art. 128 PStGB. K. VO. v. 9 Jan. 1912 über die Meldepfl. der Ärzte u. Zahnärzte (GVBl. 35).

Abgedruckt im Teil IV.

Zu Art. 131 PStGB. K. VO. v. 24. Nov 1909, die Anlegung und den Betrieb von Dampfkesseln und Dampfgefäßen betr. (GVBl. 861).

Geändert durch VO v 12. Okt. 1920 (GVBl 441), v 21 Dez. 1920 (GVBl. 499), v. 22. Dez. 1921 (GVBl. 616).

Allg. VollzBest.: InnMB. v. 12. Jan. 1910 (GVBl. 15); geänd durch InnMB. v. 13. Okt. 1920 (AMBl. 396). Zu § 24 Abs. 4 der VO: InnMB. v. 18. April 1921 (AMBl. 76). InnSMB v. 8. Febr. 1919 über die Sicherheit von Wasserkammerkesseln (AMBl. 26).

Zu Art. 131 PStGB. u. § 367 Nr. 5 u. § 368 Nr 8 StGB. K VO. v. 14. Dez. 1913 über Herstellung, Aufbewahrung und Verwendung von Azetylen sowie über Lagerung von Kalziumkarbid; Azetylenverordnung (GVBl. 919).

Geänd hins. der PrüfGebühren durch InnMB. v. 23. Mai 1921 (GVBl. 335). VollzBest.: InnMB v 18. Dez. 1913 (GVBl. 941). Erleichterte Bestimmungen zugunsten bestimmter Fabrikate: AMBl. 1914 ff.

Zu Art. 134 PStGB. Vgl. die VO v 11 Sept 1872 (bei Art. 100 PStGB.).

Zu Art. 136 PStGB. K. VO. v. 6. Juni 1862, den Verkauf geschwefelten Hopfens betr. (RegBl. 1200; Pf KrBl 878)

Art. 136 PStGB. = Art. 188 in der Fassung v 1861. Vollz-Best: Bek. der Regg. der Pfalz v 30. Juni 1862 (KrBl. 1192).

Zu Art. 137 PStGB., § 367 Nr. 16 StGB u. § 35 Abs. 3 u. § 38 Abs. 1 u 4 GewO. AMB. v 6. Okt. 1910, den Geschäftsbetrieb der Versteigerer betr. (GVBl. 856).

S. hierzu Süßheim BlAPr. 1899, 221 u. 1900, 74

Zu Art. 150 PStGB. Vgl. die VO. v 3. Juli 1868 (bei Art. 32 PStGB.).

Zu Art. 151 PStGB. HMB. v 25. Juni 1862, Ordnung für Land- und Wasserboten, Lohnkutscher, Stellwagen-Unternehmer betr. (RegBl. 1434).

Zu Art. 156 PStGB. InnHMB. v. 8. April 1863, die Verhütung von Gefahren für die Gesundheit bei dem Arbeitsbetriebe in Fabriken u bei Gewerben betr. (RegBl. 577; Pf. KrBl. 461).

Geänd. durch § 23 InnMB. v. 30. Juli 1889 (GVBl. 422)

Zu Art. 156 Abs. 2 PStGB. u. § 120 Abs. 3 u. § 147 Abs. 1 Nr. 4 GewO. InnMB. v. 30. Juli 1889, die Einrichtung und den Betrieb von Spiegelbeleganstalten betr. (GVBl. 422; Pf. KrBl. 81).

Zu Art. 156 Nr. 2 PStGB. u. § 367 Nr. 5 StGB. InnMB. v 26. Jan. 1910, die Lagerung u. die Verwendung von Sprengstoffen u Zündmitteln bei der Ausführung von Sprengarbeiten betr (GVBl. 46).

Geänd. durch InnSMB. v. 23. März 1921, Verwendung von flüssiger Luft bei der Ausführung von Sprengarbeiten betr. (GVBl. 115).

Zu Art. 156 Nr. 2 PStGB. u. §§ 120e, § 147 Abs. 1 Nr. 4 u. 150a GewO. Obpol. Vorschriften v. 9. März 1912 über Zelluloid und Zelluloidlager (GVBl. 77).

Vollz.Bestimm.: AInnMB. v. 23. März 1912 (AMBl. 411).

Zu § 360 Nr. 9 StGB. Vgl. die VO. v. 11. Sept. 1872 (bei Art. 100 PStGB.).

Zu § 360 Nr. 12 StGB. und §§ 34 Abs. 1 u. 2, 38 Abs. 1 u. 2, 148 Nr. 4a GewO. AMB. v. 11. Februar 1911, das Pfandleihgewerbe betr. (GVBl. 83).

Geänd. durch AMB. v. 8. Jan. 1912 (AMBl. 18).

Zu § 365 StGB. VO. v. 29. Aug. 1921, betr. die Polizeistunde (GVBl. 408).

Abgedruckt im Teil IV.

Zu § 366 Nr. 1 StGB. K. VO v. 21. Mai 1897, die Feier der Sonn- und Festtage betr. (GVBl. 197).

Abgedruckt im Teil IV.

Zu § 366 Nr. 10 StGB. InnHMB. v. 23. Juni 1862, das Ausweichen der Reiter, Fuhrwerke und Viehherden auf öffentlichen Straßen, Wegen und Plätzen betr. (RegBl. 1465; Pf. KrBl. 963).

Abgedruckt im Teil IV.

Zu § 366 Nr. 10 StGB. InnMB. v. 4. Jan. 1872, die Sicherheit u. Bequemlichkeit auf öff. Wegen, Straßen u. Plätzen betr. (Reg.-Bl. 73; Pf. KrBl. 267)

Abgedruckt im Teil IV.

Zu § 366 Nr. 10 StGB. Obpol. Vorschr. v 7. Mai 1902 über den Verkehr mit Motorfahrzeugen auf öff. Wegen, Straßen u. Plätzen (GVBl 173; Pf. KrBl. 1907, 99).

Wegen der fortdauernd. teilw. Wirksamkeit s. § 32 Obpol. Vorschr. v. 17. Sept. 1906 (GVBl. 729); § 2 Abs. 3 Bek. v. 3. Febr. 1910 (RGBl. 389); II zu § 2 Abs. 2 InnMB. v. 17. März 1910 (AMBl. 195); § 41 Nr. 15 Dienstanw. f. die Straßenwärter v. 20. April 1913 (AMBl. 397).

Zu § 8 Abs. 3: ObSt. 5, 41. Zu § 12 Nr. 1: ObSt. 7, 288. Zu § 12 Abs. 2: ObSt. 3, 370.

Zu § 366 Nr. 10 StGB. InnMB. v. 29. Sept. 1907, Obpol. Vorschriften über den Radfahrverkehr (GVBl. 731; Pf. KrBl. 117).

Abgedruckt im Teil IV.

Zu § 366 Nr. 10 StGB. Obpol. Vorschr. v. 28. Aug. 1909, betr. die Sicherheit auf öff. Straßen, Wegen u. Plätzen (GVBl. 668; Pf KrBl. 139).

Abgedruckt im Teil IV.

Zu § 366 Nr. 10 StGB. InnMB. v. 22. Febr. 1910, betr. Beförderung von Lasten auf Langfuhrwerken (GVBl. 101; Pf. KrBl. 16).

VollzBest.: InnMB. v. 24. Sept. 1907 (AMBl. 464) mit Note AMBl. 1910, 214.

Zu § 366 Nr. 10 StGB. S. die Obpol. Vorschr. v. 17. Dez. 1921 (bei Art. 36 PStGB.).

§ 367 Nr. 2 StGB. Vgl. die InnMB. v. 20. Nov. 1885 (bei Art. 61 PStGB.).

Zu § 367 Nr. 3 u. 5 StGB. u. § 34 GewO. K. VO. v. 16. Juni 1895, den Verkehr mit Giften betr. (GVBl. 267; Pf. KrBl. 45); die sog. Giftverordnung.

Geänd. durch VO. v. 26. Juni 1901 (GVBl. 469), 13. März 1906 (GVBl. 91), 14. Mai 1908 (GVBl. 297).

Vollzugsbestimm.: Abgabe von Strychnin für Raubzeug, InnMB. v. 24. Sept. 1913 (AMBl. 737). Abgabe von Cyankalium, InnMB. v. 6. Dez. 1912 (AMBl. 915).

Zu § 367 Nr. 3 u. 5 StGB. VO. v. 22. Juli 1896, betr. die Abgabe starkwirkender Arzneien sowie die Beschaffenheit u. Bezeichnung der Arzneigläser u. Standgefäße in den Apotheken (GVBl. 517 mit 580).

Änderungen u. Ergänzungen: InnMB. v. 25. Okt. 1897, Verkehr mit Schilddrüsenpräparaten betr. (GVBl. 352); VO. v. 6. Juni 1898 (GVBl. 269); VO. v. 11. Jan. 1900 (GVBl. 51); InnMB. v. 31. Mai 1901, Verkehr mit Farnwurzel u. Farnextrakt betr. (GVBl. 452); desgl. v. 24. Febr. 1906 (GVBl. 85); v. 10. März 1908 (GVBl. 91); v. 28. Jan. 1916 (GVBl. 23); VO. v. 28. Febr. 1920 (GVBl. 48), v. 18. Juni 1920 (GVBl. 346).

S. auch als Ergänzung die InnMB. v. 28. März 1891, das Feilhalten u. den Verkauf des Kochschen Heilmittels gegen die Tuberkulose betr. (GVBl. 57), geänd. durch InnMB. v. 27. Febr. 1897 (GVBl. 34).

Zu § 367 Nr. 3 u. 5 StGB. Kais. VO. v. 22. Okt. 1901, betr. den Verkehr mit Arzneimitteln (RGBl. 380).

§ 4 aufgehob. durch VO. v. 31. März 1911 (RGBl. 181). Änderungen des Verzeichn. B: VO. v. 31. März 1911 (RGBl. 181); v. 18. Febr. 1920 (RGBl. 253); v. 21. April 1921 (RGBl. 490). Ältere Ergänz. v. 1. Okt. 1903 (RGBl. 281), 29. Juli 1907 (RGBl. 418), 17. Dez. 1907 (RGBl. 774), 11. April 1908 (RGBl. 146); wohl wirkungslos s. KG. Recht 1911, 304; dagegen Arndt Recht 1911, 781.

Verhältnis der VO. zum Arzneibuch (KG. Reg. 34, 249).

Zu § 1 Abs. 1: Mittel gegen Verdauungsstörungen (ObSt. 3, 142); Wurmkuchen u. a. (InnME. v. 9. April 1881, OFr. KrBl. 272); Mittel gegen Kindergeschrei (Celle GArch. 52, 113); Mittel gegen Läuse an Tieren (Celle GArch. 25, 104). Straffreiheit des Kaufens (RG. 22, 197).

Zu § 1 Abs. 2: Begr. des kosmet. Mittels (Celle GArch. 56, 104; KG. Reg. 33, 206; ObSt. 4, 322; KGJ. 48 C 361); Zinksalbe als kosmet. Mittel (ObSt. 13, 194).

Zu § 3: Großhandel: (KG. GArch. 48, 369; ObSt. 4, 29; Stuttg. WürttJ. 23, 200; Karlsr. BadRpr. 1909, 262).

Zum Verzeichnis A: Zu Nr. 4: Gemenge (ObSt. 7, 365; OSt. 2, 500; Celle GArch. 52, 108); Unerheblichkeit des Mischungsverhältnisses (OGHSt. 4, 322). Vieh-, Freß-, Milch- u. Mastpulver: InnMB. v. 28. März 1903 (AMBl. 123) mit JMB. v. 25. April 1903 (JMBl. 268). Zu Nr. 5: Gemische, im bes. Verdünnung mit Wasser (OSt. 2, 500; a. A. KG. GArch. 46, 460). Lösungen (Frankf. GArch. 56, 347; KG. GArch. 46, 460; ObSt. 3, 142 z. Tl. widersprechend). Reine Destillate (ObSt. 10, 388; KGJ. 37 C 74). Skotts Emulsion (ObSt. 8,

34). Karbolwasser (KG GArch. 55, 123; LG. München 2 BayZ. 1912, 424). Angabe der Bestandteile in deutscher Sprache (Breslau GArch. 57, 239). Tamarindensaft kein Obstsaft (Celle GArch. 63, 148). Auflösung von Eisenoxyd in Malagawein (ObSt. 14, 268). Zu Nr 9: Pillen auch homöopathische Streukügelchen (OSt. 1, 13). Ade Biskuits (Dresden GArch. 58, 494). Zu Nr. 10: Pflaster u. Salben. (Stuttg. WürttJ 17, 329). Heftpflaster (Celle GArch. 57, 239).

Zu § 367 Nr. 3 StGB. Vgl. die VO. v. 27. Juni 1913 (bei Art. 72 a).

Zu § 367 Nr. 5 StGB. JnnMB. v. 15. Febr. 1894, die Versendung von Sprengstoffen und Munitionsgegenständen der Militär- und Marineverwaltung auf Land- und Wasserwegen (Sprengstoffversendungsvorschrift) betr. (GVBl. 98, Pf. KrBl. 18).

Geänd durch JnnME. v. 19 Okt 1906 (GVBl. 792).

Zu § 367 Nr. 5 StGB. Vgl. die Gifte VO. v 16. Juni 1895 (bei § 367 Nr. 3).

Zu § 367 Nr. 5 StGB. Vgl. auch die VO. v. 22. Juli 1896 (bei § 367 Nr. 3 StGB.).

Zu § 367 Nr. 5 StGB. Vgl. auch die ArzneimittelVO. v. 22. Okt. 1901 (bei § 367 Nr. 3 StGB.).

Zu § 367 Nr. 5 StGB. u. Art. 206 WassG. AJnnMB. v. 25. Nov. 1901, die SchiffahrtsPolO für den nicht kanalis. Main von der Regnitzmündung abwärts betr. (GVB. 677).

Geändert u. ergänzt durch AJnnVMB. v 19 Febr. 1904 (GVBl. 46) u. Bek. der Regg. v. Oberfr. v. 1. Nov. 1912 (KrBl. 189).

Zu § 367 Nr. 5 StGB. JnnMB. v. 27. Juli 1905, den Verkehr mit Sprengstoffen betr. (GVBl. 531; Pf. KrBl. 237).

Geänd. durch JnnMB. v 7. Okt. 1915 (GVBl. 688).

Zu § 16 s. OSt. 1, 32; zu § 26 s. KGJ. 41, 383.

AusfBest.: JnnMB. v. 27. März 1920 über den Verkehr mit Feuerwerkskörpern (AMBl. 125).

Zu § 367 Nr. 5 StGB. u. § 80 GewO. VO. v. 26. Dez. 1906, die Arzneitaxe betr. (GVBl. 887).

Geänd. durch Bek. v. 23. Dez. 1908 (GVBl. 1249). Zu § 3 s. w. der nunmehr geltenden Arzneitaxe, der Abschläge u. der Teuerungszuschläge: JnnMB. v. 27. Dez. 1921 (GVBl. 618), wieder geänd. hins. der Arzneitaxe durch JnnMB. v. 28. April 1922 (GVBl. 276); hins. der Abschläge u. Teuerungszuschl. durch JnnSMB. v. 8. März 1922 (GVBl. 203), geänd. durch JnnSMB. v. 14. März 1922 (GVBl. 204) u. v 13. April 1922 (GVBl. 271).

Zu § 367 Nr. 5 StGBl. Vgl. die VO. v. 26. Juli 1907 (bei Art. 72 a PStGB.).

Zu § 367 Nr. 5 StGB. Vgl. auch die VO. v 26 Jan 1910 (bei Art. 156 PStGB.).

Zu § 367 Nr. 5 StGB. Vgl. die VO. v. 27. Juni 1913 (bei Art. 72 a PStGB.).

Zu § 367 Nr. 5 StGB. Vgl. auch die AzetylenVO. v. 14. Dez. 1913 (bei Art 131 PStGB.).

Zu § 367 Nr. 5 StGB. VO. v. 24. Febr. 1922 über Abgabe von Quellstiften in Apotheken (GVBl. 193).

Zu § 367 Nr. 9 StGB. Vgl. die VO. v. 19. Nov. 1887 (bei Art. 39 PStGB.).

Zu § 367 Nr. 15 PStGB. Vgl. die Münchener Bauordn. v. 29. Juli 1895 (bei Art. 73 PStGB.).

Zu § 367 Nr. 15 StGB. Vgl. die Bauordn. v. 17. Febr. 1901 (bei Art. 73 PStGB.).

Zu § 367 Nr. 16 StGB. Obpol. Vorschr. v. 17 Okt. 1894 über öff. Versteigerungen (GVBl. 588; Pf. KrBl. 88).

Zu § 367 Nr. 16 StGB. Vgl. die Bek. v. 6. Okt. 1910 (bei Art. 137 PStGB.).

Zu § 368 Nr. 3 u. 8 StGB. Vgl. die Bauordn. f. München v 29. Juli 1895 (bei Art. 73 PStGB.).

Zu § 368 Nr. 3 u. 8 StGB. Vgl. die Bauordn. v. 17. Febr 1901 (bei Art. 73 PStGB.).

Zu § 368 Nr. 8 StGB. K. VO. v. 27. Juni 1862, die Verhütung v. Feuersgefahren betr. (RegBl. 1573; Pf. KrBl. 1104).

Geänd. durch VO. v. 31. Dez. 1867 (RegBl. 68, 5) u. v. 26. März 1903 (GVBl. 115). S. hiezu OSt. 2, 383; OGHSt. 7, 77; 3, 570.

Zu § 368 Nr. 8 StGB. K. VO. v. 31. Dezember 1867, die Verhütung von Feuersgefahren betr. (RegBl. 1868, 5; Pf. KrBl. 1868, 25).

Zu § 368 Nr. 8 StGB. K. VO. v. 10. Jan. 1872, die Verhütung von Feuersgefahren betr. (RegBl. 127; Pf. KrBl. 323).

Geänd. durch VO. v. 17. Juni 1881 (GVBl. 709), § 16 der VO. v. 17. Juni 1898 (GVBl. 332) u. die VO. v. 26. März 1903 (GVBl. 115).

Vollz Best.: InnMB. v. 16. Juli 1894 (AMBl. 267).

Zu § 368 Nr. 8 PStGB. K. VO. v. 19. März 1874, die Verhütung von Feuersgefahren durch leicht Feuer fangende Gegenstände betr. (GVBl. 109).

Gültig nur mehr § 1 Nr. III u. § 5 gemäß § 41 VO. v. 9. Juni 1902 (GVBl. 211).

Zu § 368 Nr. 8 StGB. K. VO. v. 17. Juni 1881, die Verhütung von Feuersgefahren, hier die Beleuchtung der Betriebsstätten der Textilindustrie betr. (GVBl. 709 u. 864).

Zu § 368 Nr. 8 StGB. Vgl. die Münchener Bauordn. v. 29. Juli 1895 (bei Art. 73 PStGB.).

Zu § 368 Nr. 8 StGB. K. VO. v. 17. Juni 1898, die Feuerbeschau betr. (GVBl. 332).

Abgedruckt im Teil IV.

Zu § 368 Nr. 8 StGB. Vgl. auch die Bauordnung v 17. Febr 1901 (bei Art 73 PStGB.).

Zu § 368 Nr. 8 StGB. K. VO. v. 9. Juni 1902, leicht entzündliche flüssige Stoffe betr. (GVBl. 211).

Ergänzt für das Gebiet der Bergpolizei durch VO. v. 19. März 1906 (GVBl. 127).

Zu § 368 Nr. 8 StGB. K. VO. v. 26. März 1903, die Kaminkehrer betr. (GVBl. 115).

Geänd. durch VO. v. 18. Juli 1908 (GVBl. 363), v. 6. Juli 1917 (GVBl. 196), v. 10. Jan. 1921 (GVBl. 13). Wegen der Bildung, Änderung u. Verleihung der Kehrbezirke s. nun Art. 23 e f. GG. Zu § 2 Abs. 4 s. ObSt. 3, 87; zu § 7 Reiner in BlAPr. 1912, 123. Keine Reinigungspflicht unbenützter Kamine: ObSt. 16, 37. VollzBest.: InnMB. v. 28. März 1903 (InnMBl. 119), geänd. durch InnMB. v. 14. Okt. 1920 (AMBl. 397). VollzBest. zu § 15 der VO.: InnMB. v. 10. Febr. 1920, UnterstützVerein für bayer. Kaminkehrerswitwen betr. (AMBl. 45).

Zu § 368 Nr. 8 StGB. Vgl. die AzetylenVO. v. 14. Dez. 1913 (bei Art. 131 PStGB.).

Zu § 368 Nr. 8 StGB. K. VO. v. 13. Febr. 1914 zur Verhütung von Waldbränden (GVBl. 65).

Abgedruckt im Teil IV.

Zu § 368 Nr. 9 u. 11 StGB. u. zu Art. 23 Abs. 1 Nr. 1 Jagdges. v. 30. März 1850. VO. v. 6. Juni 1909, die Ausübung u. Behandlung der Jagd u. den Verkehr mit Wildbret betr. (GVBl. 409).

Geänd. durch § 5 der VO. v. 5. Mai 1913 (GVBl. 189).
VollzBest.: InnMB. v. 6. Juni 1910 (AMBl. 89).

IV. Teil.

Vollzugsvorschriften zum Polizeistrafgesetzbuch und zum Strafgesetzbuch.

(In zeitlicher Reihenfolge).

---

1. JnnMB. v. 28. Mai 1862, die Form der Verkündungsorts- und distriktspolizeilicher Vorschriften betr.

(RegBl. 925; Pf. KrBl. 617).

Auf Grund des Art. 40 Abs. 3 des Polizeistrafgesetzbuches werden über die Form der Verkündung orts- und distriktspolizeilicher Vorschriften nachstehende Anordnungen erlassen:[1])

§ 1.

Die ortspolizeilichen Vorschriften werden bekannt gemacht:

1. durch Einrückung in das im Gemeindebezirke erscheinende Lokalamtsblatt;
2. durch Anschlagen an dem Gemeinde- oder Schulhause oder an sonstigen geeigneten, im allgemeinen oder in besonderen Fällen hiezu bestimmten Stellen im Ortspolizeibezirke;

---

[1]) a) Anstatt distrpol. nun zu lesen bezpol.

b) An Stelle des Art. 40 Abs. 3 des PStGB. v. 10. Nov. 1861 ist nun Art. 11 Abs. 3 des jetzigen PStGB. getreten.

c) Bekannt zu machen ist die pol. Vorschr., nicht deren Entwurf. Eine Bekanntmachung vor der Vollziehbarkeitserklärung ist deshalb wirkungslos (ObSt. 4, 288).

d) Besondere Bestimmungen über die Ausstattung des nach §§ 1 und 3 bekannt zu machenden Textes der pol. Vorschr. bestehen nicht; es genügt deshalb die Einrückung, der Anschlag, der Ausruf usw. **des bloßen Textes**. Er braucht keine Bemerkung zu enthalten über die Beh., die die Vorschrift erließ, die Gemeinde, für die sie gelten soll, den Zeitpunkt des Erlasses, die Vollziehbarkeitserklärung usw. (vgl. OSt. 5, 228). Jede Veröff. hat sich aber auf den ganzen Inhalt der pol. Vorschr. zu erstrecken; es genügt nicht die Verweisung auf ein Schriftstück, das den Text enthalten soll.

e) Die für ortspol. Vorschr. getroffenen Vorschriften gelten entsprech. u. soweit anwendbar auch für solche für ausmärk. Bezirke, sonst wäre „eine gehörige Bekanntm." (Art. 11 Abs. 1) nicht möglich; a. A. ObSt. 8, 194. Die Befugnisse nach § 2 hat hier die BezPolBeh.

3 durch Ausruf auf Ortsstraßen und Plätzen unter Anwendung der Schelle, des Trommelschlags oder eines sonstigen geeigneten Signals;
4. durch persönliches Umsagen oder durch Zustellung von Abschriften oder Abdrücken in den einzelnen Häusern;
5. durch Verlesung in den Gemeindeversammlungen.[2])

§ 2.

Die Ortspolizeibehörden haben unter den im § 1 angeführten Formen der Verkündung jederzeit die nach den örtlichen Verhältnissen und dem Gegenstand der jeweilig bekannt zu machenden Vorschrift als die zweckmäßigste sich darstellende zu wählen und nach Umständen mehrere Formen der Verkündung zugleich in Anwendung zu bringen

Die Form der Verlesung in den Gemeindeversammlungen kann jedoch nur in den Landgemeinden der Landesteile diesseits des Rheins angewendet werden

§ 3.

Die distriktspolizeilichen Vorschriften werden in der Regel von den Distriktspolizeibehörden den Ortspolizeibehörden, in deren Bezirk sie zur Anwendung gebracht werden sollen, in Abschrift oder Abdruck mitgeteilt und von den Ortspolizeibehörden nach Art der ortspolizeilichen Vorschriften bekannt gemacht

---

[2]) a) Unter den verschiedenen Formen, die § 1 zuläßt, haben die OrtsPolBeh. die freie Wahl; eine richterliche Prüfung der Zweckmäßigkeit findet nicht statt (OGHSt. 4, 313; Stenglein ZB 1875, 31).

b) Nicht genügend, weil in § 1 nicht vorgesehen, ist die bloße Eröffnung an eine Anzahl Beteiligter (ObSt. 2, 106; 1, 137) Nicht genügend ist auch die Verkündung an Sonn- und Feiertagen vor der Pfarrkirche (Ungewitter GZ. 1912, 274).

c) Lokalamtsblatt: Dasjenige Blatt, das für die amtl. Veröffentlich. der Gem. bestimmt ist; es muß dies selbstverständlich nicht ein besonderes Organ sein; im Gemeindebezirke erscheint das Blatt, wenn es dort bezogen wird, es braucht nicht dort herausgegeben zu werden. Lokalamtsblatt ist nicht gleichbedeutend mit Bezirksamtsblatt (vgl. OSt. 6, 425; BlAPr. 1893, 59). Erfolgt die Verkündung durch das Lokalamtsblatt, so muß für die Prüfung der formellen Gültigkeit der Vorschrift die Nummer des Lokalamtsblatts vorgelegt werden (ObSt. 14, 36).

d) Ob der Platz geeignet im Sinne des § 1 Nr. 2 ist, ist auch im Strafverfahren selbständig zu prüfen.

e) Erfolgt die Verkündung nach Maßgabe der Nr. 3, so muß ein „Signal" angewendet werden; es genügt nicht die bloße Einleitung durch einen Ruf des Ausrufenden. Der Ausruf muß auch in den Nebenorten, nicht bloß im Hauptort erfolgen (ObSt. 11, 340; Ungewitter GZ. 1912, 274).

f) Auch das Umsagen u Zustellen von Abschr. u. Abdrucken (Nr 4) muß im ganzen Bezirke erfolgen, wenn auch nicht gerade in jedem Haus Bei Nichtbeachtung ist die ganze Vorschrift unwirksam, auch in den Teilen, wo sie bekannt gemacht wurde; a A Ungewitter GZ. 1912, 274

Den Ortspolizeibehörden steht hierbei die Wahl der Form der Verkündung frei, insoferne hierüber nicht in der bekannt zu machenden distriktspolizeilichen Vorschrift eine ausdrückliche Anordnung getroffen ist.

Wird eine distriktspolizeiliche Vorschrift in einem Distriktsamtsblatte bekannt gemacht, so ist deren besondere Mitteilung an diejenigen Ortspolizeibehörden, welche dasselbe halten, nicht erforderlich.

Letztere haben die Verpflichtung, sofort nach Empfang der betreffenden Nummer des Distriktsamtsblattes zur örtlichen Verkündung zu schreiten.[3])

§ 4.

Gegenwärtige Anordnungen treten mit dem Tage der Verkündung durch das Regierungsblatt, bzw. durch das Amtsblatt der Pfalz, für den ganzen Umfang des Königreichs in Wirksamkeit.

2. JnnMB. v. 23. Juni 1862, das Ausweichen der Reiter, Fuhrwerke und Viehherden auf öff. Straßen, Wegen und Plätzen betr.

(RegBl. 1465).*)

Auf Grund des Art. 145 Abs. 1 Ziff. 3 des Polizeistrafgesetzbuches wird über das Ausweichen der Reiter, Fuhrwerke und Viehherden auf öffentlichen Straßen, Wegen und Plätzen verfügt, was folgt:

§ 1.

Fuhrwerke und Reiter dürfen den zu Wagen oder Pferde befindlichen Mitgliedern des Königlichen Hauses nicht vorfahren oder vorreiten.

Begegnen Fuhrwerke oder Reiter Seiner Majestät dem Könige oder Ihrer Majestät der Königin, wenn Allerhöchst-Dieselben Sich zu

---

[3]) In den beiden von Abs. 1 u. 3 vorgesehenen Fällen ist notwendig, daß die OrtsPolBeh. die Vorschrift in der für die ortspol. Vorschr. vorgeschriebenen Form verkündet, hinsichtlich der Freiheit der Wahl unter den ihnen hierbei zustehenden Möglichkeiten sind aber die OrtsPolBeh. hier insoweit gebunden, als sie an etwaige Anordnungen, die die bezpol. Vorschrift selbst hierüber enthält, gebunden sind; es ergibt sich das unmittelbar aus dem Wortlaut des § 3 (ObSt. 5, 310; RG. BayZ. 1907, 173).

Das Bezirksamt, das bei bezpol. Vorschr. nach § 3 Abs. 2 den OrtsPolBeh. über die Wahl der Form der Verkündung Weisungen geben kann, ist hierbei an die in § 1 vorgesehenen Formen gebunden; es ergibt sich das aus § 3 Abs. 2 insoferne, als auch das Bezirksamt nur die sonst den OrtsPolBeh. zustehende Wahl trifft. Trifft das Bezirksamt Anordnungen zu einer anderweiten Bekanntm., so wird durch ihre Nichtbeachtung jedenfalls die Gültigkeit der Vorschrift nicht berührt, vorausgesetzt, daß in einer der vorgeschriebenen Verkündungsformen eine Verkündung stattfindet.

*) Art. 145 Abs. 1 Nr. 3 PStGB v. 10. Nov. 1861 bestimmte: An Geld ... wird bestraft ... 3. wer den obpol. Vorschr. über das Ausweichen der Reiter, Fuhrwerke u. Viehherden auf öff. Straßen, Wegen u. Plätzen zuwiderhandelt. Die Bek. hat ihre Grundlage nun in § 366 Nr. 10 StGB.

Wagen oder Pferde befinden, so haben sie rasch auf die Seite zu fahren oder zu reiten und solange zu halten, bis Ihre Majestäten vorüber sind.

Fuhrwerke und Reiter, welche andern zu Wagen oder zu Pferde befindlichen Mitgliedern des Königlichen Hauses begegnen, haben nach der entgegengesetzten Seite ganz auszuweichen.

§ 2.

Alle sich entgegenkommenden Postfuhrwerke haben wechselseitig zur rechten Hand auszuweichen.

§ 3.

Den Extraposten und Postfuhrwerken jeder Art haben alle Nichtpostfuhrwerke nach der entgegengesetzten Richtung, welche der Postillon befährt, auf das von dem letzteren gegebene Zeichen ganz auszuweichen.

Große Lastwagen haben hiebei nach Beschaffenheit des Wagens zeitig auf die Seite zu lenken. Dieselben können zwar, wenn es ohne Sperrung des bequemen Vorüberkommens geschehen kann, gegen zweispännige leichte Postfuhren die Mitte der Straße behaupten, müssen aber in diesem Falle stillhalten, um das Postfuhrwerk ohne Aufenthalt und Unfall vorüber passieren zu lassen.

Als Zeichen zum Ausweichen stößt der Postillon ins Horn und erneuert den Postruf, wenn es nötig ist, in kurzen Pausen.

Wer das Ausweichen auf wiederholten Postruf unterläßt, ist straffällig.

§ 4.

Der Extrapost darf nicht vorgefahren werden, es sei denn, daß ein besonderer Umstand deren Weiterkommen hindern oder deren unterbrochenen postordnungsmäßigen Lauf aufhalten sollte.

§ 5.

Abgesehen von den in den §§ 1—4 behandelten Fällen gelten nachstehende Vorschriften:

I. Wenn die Breite und Beschaffenheit des Weges das Ausweichen gestattet:

1. Reiter und Viehherden haben jedem ihnen begegnenden Fuhrwerke auszuweichen.

   Das Fuhrwerk hat jedoch bei engen Wegen den ihm begegnenden Reitern und Herden den zum Passieren notwendigen Platz zu lassen und muß beim Vorbeitreiben einer Herde erforderlichen Falles solange anhalten, bis die Herde vorbeigetrieben ist.

2. Kommen zwei Fuhrwerke, sowie Viehherden oder Reiter einander entgegen, so haben die sich Begegnenden zeitig zur Hälfte rechts auszuweichen, d. h. rechts auf die Seite soweit einzulenken, daß die Hälfte des Weges frei bleibt.

3. Langsam fahrende Fuhrwerke, sowie Viehherden haben die nachkommenden schneller fahrenden Fuhrwerke und die nachkommenden Reiter auf das gegebene herkömmliche Zeichen links vorüberzulassen und daher auf die rechte Seite so auszuweichen, daß das andere Fuhrwerk oder der Reiter auf der anderen Seite vorbeikommen kann.

II Wenn die Breite und Beschaffenheit des Weges das Ausweichen nicht gestattet:

1 Derjenige Leiter eines Fuhrwerkes, welcher das ihm entgegenkommende Fuhrwerk zuerst bemerken kann, hat an einem passenden Orte oder da, wo eigene Ausweichestellen bestehen, an einer solchen Stelle mit seinem Fuhrwerke so lange zu halten, bis das andere Fuhrwerk vorübergefahren ist.

Fuhrleute haben sich auf solchen Wegen durch Rufen oder durch Klatschen mit der Peitsche, die Postillons mit dem Horne Zeichen zu geben

2 Die Bestimmung unter Ziff 1 findet auch bei Hohlwegen Anwendung Kommen aber zwei Fuhrwerke in einem Hohlwege da zusammen, wo ein Ausweichen nicht möglich ist, so muß dasjenige zurückfahren, für welches dieses nach Richtung, Entfernung und Ladung mit den wenigsten Schwierigkeiten verbunden ist

3 Treffen Viehherden oder Reiter auf Wegen, wo sie nicht ausweichen können, mit Fuhrwerken zusammen, so müssen sie umkehren

§ 6

Gegenwärtige Vorschriften treten mit dem 1 Juli l J für den ganzen Umfang des Königreiches in Wirksamkeit

Durch dieselben werden alle entgegenstehenden Bestimmungen aufgehoben, die Bestimmungen aber nicht berührt, welche bezüglich des Ausweichens von Fuhrwerken und Reitern gegenüber den mit Schießpulver befrachteten Wagen bestehen

8. K.VO. v. 20. Sept. 1862, die pol. Bewilligung zu Sammlungen betr.

(RegBl. 2269).*)

Wir finden Uns bewogen, mit Hinblick auf Art. 92 und 93 des Polizeistrafgesetzbuches über Sammlungen zu verordnen, was folgt:

§ 1

Zu jeder Sammlung von Geld oder sonstigen Beiträgen, oder von Unterschriften hiezu, wird vorbehaltlich dessen, was hierüber in den Gesetzen besonders bestimmt ist, polizeiliche Bewilligung erfordert

§ 2.

Die erteilte Bewilligung ist nach Umfluß von drei Monaten vom Tage ihrer Eröffnung an gerechnet als erloschen zu betrachten, wenn hierüber für den einzelnen Fall nicht anderweite Verfügung ausdrücklich getroffen ist

---

*) Den Art. 92 u 93 PStGB. v. 1861 entsprechen Art. 52 u. 53 jetz. PStGB Samml. für ideelle Zwecke ObSt. 11, 19.

Vollz Bestimm: Sammlung bei Bränden: JnnHME v 20. März 1866 (Web. 8, 240); JnnME v 19. März 1867 (Web 6, 765); JnnHME v. 30. Juli 1869 (Web. 8, 240). Hauskollekten: JnnKMB v. 4. Febr 1873 (KMBl 311); Schneeballenkollekten: JnnMB. v 4 April 1893 (JMBl. 77); Sammlung unter der Form des Verkaufs: JnnMB v 29 Okt 1903 (KMBl. 456)

§ 3.

Unserer Allerhöchsten Entschließung bleibt die Erlaubnis zu allen Sammlungen vorbehalten, welche sich über mehrere Regierungsbezirke oder über das ganze Königreich erstrecken, oder für politische Zwecke oder für das Ausland bestimmt sind.

§ 4.

Sammlungen innerhalb eines einzelnen Regierungsbezirkes werden, sofern sie nicht unter die Bestimmungen des § 3 fallen, von den betreffenden k. Kreisregierungen, Kammer des Innern, bewilligt.

§ 5.

Sammlungen irgendwelcher Art zur Steuerung einer durch unvorhergesehene Ereignisse herbeigeführten augenblicklichen Not können von den Distriktspolizeibehörden in ihren Amtsbezirken angeordnet werden.

In einem solchen Falle ist von der getroffenen Anordnung sogleich Anzeige an die vorgesetzte Kreisregierung, Kammer des Innern, zu erstatten

§ 6

Wenn ein Aufruf zu Gaben oder Geldbeiträgen mit dem Erbieten der Empfangnahme derselben in öffentlichen Blättern oder Anschlägen erlassen werden soll, so kommen in Ansehung der Zuständigkeit zur Erteilung der erforderlichen polizeilichen Bewilligung die Bestimmungen der vorstehenden §§ 3—5 zur Anwendung

§ 7.

Gegenwärtige Verordnung tritt mit dem Tage ihrer Veröffentlichung im ganzen Umfange des Königreichs in Wirksamkeit.

Hiedurch sind alle entgegenstehenden Bestimmungen aufgehoben

4. K.VO. v. 3. Juli 1868, die Schau- und Vorstellungen betr.

(RegBl. 1161).*)

Wir finden Uns bewogen, auf Grund des Artikel 16 Abs. 1 des Gewerbs-Gesetzes vom 30. Januar l. Js., dann der Artikel 63, 64 und 77 des Polizei-Strafgesetzbuchs hinsichtlich der Schau- und Vorstellungen zu verordnen, was folgt:

---

*) Gilt nur für das rechtsrhein. Bayern (Geib 2. Bd § 204 S. 559); zur Wirksamkeit der VO. (nur mehr teilw. gültig) s. Schmidt BayZ. 1907, 225 Wegen der Passionsvorstellungen (§ 3) s. ObSt. 12, 136. Öff. Orte (§ 4) s. ObSt. 3, 179; 6, 229; BayZ. 1906, 64. § 4 unwirksam, soweit er Erlaubnisscheine verlangt: ObSt. 6, 229; 5, 119; 4, 95. Zur Wirksamkeit des § 8 Abs. 2 s. ObSt. 16, 16; 12, 136; 6, 229; 5, 119; ObSt. BayZ. 1918, 395; aber auch Dresden GArch. 59, 178 u. 58, 490 Wegen Ersetzung des § 8 Abs. 2 durch § 15 ZustVO s. ObSt. 7, 99; Landmann BayZ. 1913, 240. Aufstellung allg Richtlinien durch den BezAussch.: Art. 23 Abs. 1h SG.

§ 1.

Die Veranstaltung von Schau- und Vorstellungen, bei welchen ein höheres wissenschaftliches oder ein Kunstinteresse obwaltet und eigens dazu eingerichtete Lokale in größeren Städten bedingt, kann von den Ortspolizeibehörden bewilligt werden

§ 2.

Die Abhaltung von musikalischen Vorträgen in Wirtschaftslokalitäten durch hiezu berechtigte Musikgesellschaften — welche die Befugnis erlangt haben, in ihrer Eigenschaft als Gesellschaften musikalische Produktionen zu veranstalten — ist an eine polizeiliche Bewilligung nicht gebunden.

Zur Anerkennung solcher Musikgesellschaften ist jene Distriktspolizeibehörde zuständig, in deren Bezirk der Dirigent der Gesellschaft seinen Wohnsitz hat.

Die Anerkennung darf nur erfolgen, wenn die Gesellschaft notorisch eine höhere Stufe der Vollkommenheit einnimmt, oder sich über vorzügliche oder mindest sehr gute Leistungen durch Zeugnisse auszuweisen vermag.

Diese Zeugnisse müssen von Musikverständigen, deren Tüchtigkeit der Behörde bekannt ist, oder von den Vorständen von Schullehrerseminarien, welche der Prüfung der Gesellschaft durch die Musiklehrer beizuwohnen haben, ausgestellt sein.

Die Anerkennung erfolgt in Form des Zeugnisses Beil. A immer nur auf eine bestimmte Zeit und zwar längstens auf die Dauer eines Jahres.

Feiertagsschüler dürfen als Mitglieder einer Musikgesellschaft nur unter der Bedingung zugelassen werden, daß durch ihre desfallsige Verwendung der Besuch der Feiertagsschule und der Christenlehre nicht beeinträchtigt wird.

Tritt in der Person der Mitglieder eine Veränderung ein, so ist hierüber behufs der Richtigstellung des Verzeichnisses der Behörde, welche dasselbe ausgestellt hat, sofort Anzeige zu erstatten.

Militärmusiker haben zum Musikerwerb kein Zeugnis notwendig. Militärmusiker, welche außerhalb des Polizeibezirkes ihres Garnisonsortes für Geld Musik machen, müssen mit Urlaubspässen oder dergleichen Ausweisen ihrer vorgesetzten Militärbehörde versehen sein.

§ 3.

Die Genehmigung zur Abhaltung von Passionsvorstellungen erfolgt vom Staatsministerium des Innern.

Unternehmer von öffentlichen theatralischen Vorstellungen mit Einschluß der sogenannten Bauerntheater, von Sing- und Spielhallen, Cafés chantants bedürfen einer Erlaubnis der einschlägigen Kreisregierung, Kammer des Innern. Diese Erlaubnis darf umherziehenden Schauspielern nur vorbehaltlich ortspolizeilicher Bewilligung erteilt werden.

Die Bewilligung zur Veranstaltung öffentlicher theatralischer Vorstellungen zu wohltätigen oder sonst gemeinnützigen Zwecken durch Dilettanten wird der Ortspolizeibehörde vorbehalten.

§ 4.

Wer außer den vorstehend bezeichneten Fällen Schau- und Vorstellungen veranstalten, insbesondere in Wirtschaftslokalitäten oder an anderen öffentlichen Orten gegen Bezahlung Musikstücke oder Gesänge, ferner Deklamationen, Marionettenspiele, Taschenspielerkünste oder ähnliche Kunstfertigkeiten aufführen, sich mit der Veranstaltung von Feuerwerken oder mit Vorstellungen aus dem Gebiete der Kunstreiterei, Gymnastik oder ähnlicher Kunstfertigkeiten befassen, oder Menagerien, Wachsfigurenkabinette, Sammlungen von Kunst- oder Naturmerkwürdigkeiten, Panoramen, Karussele oder ähnliche Vorrichtungen aufstellen und dafür Eintrittsgeld erheben will, bedarf hiezu eines polizeilichen Erlaubnisscheines.

§ 5.

Im allgemeinen wird es dem pflichtmäßigen Ermessen der zuständigen Behörden überlassen, welchen Personen sie den Erlaubnisschein erteilen wollen. Derselbe darf aber jedenfalls nur Personen erteilt werden, welche

a) das Alter von 21 Jahren erreicht haben;
b) nicht mit einer auffallenden, ansteckenden oder ekelhaften Krankheit oder dergleichen Gebrechen behaftet sind, und sich
c) über völlige Unbescholtenheit ausgewiesen haben und nach ihren persönlichen Verhältnissen und seitherigem Betragen einen Mißbrauch des beabsichtigten Gewerbebetriebs zur Verletzung der Sittlichkeit oder zur Gefährdung der öffentlichen Sicherheit und Ordnung, zum Bettel oder zu sonstiger Belästigung des Publikums nicht besorgen lassen.

Die Bewilligung zur Veranstaltung von Feuerwerk darf nur solchen Personen erteilt werden, welche ihre Geschicklichkeit und Umsicht bei dergleichen Produktionen genügend dargetan haben.

Der Erlaubnisschein zum Musikmachen ist durch den Nachweis genügender Befähigung bedingt (§ 2 Abs. 4).

Einzeln herumziehenden Musikanten, Harfenspielern, Bänkelsängern, Drehorgelspielern ist der Erlaubnisschein nur ausnahmsweise bei dem Obwalten besonders dringender Gründe, und nach vorhergegangener strenger Prüfung der Erwerbsverhältnisse, stets aber nur in mäßiger Anzahl und mit umsichtiger Auswahl zu erteilen.

§ 6.

Der Erlaubnisschein ist nach dem Formular B immer nur auf bestimmte Zeit und zwar längstens auf die Dauer eines Jahres zu erteilen.

Derselbe hat zu bestimmen, auf welche Art von Schau- oder Vorstellungen er sich bezieht, und die vollständige Personalbeschreibung, sowie die Namensunterschrift des Empfängers zu enthalten.

§ 7.

Der Erlaubnisschein zum Betriebe eines der im § 4 bezeichneten Gewerbe ist bei der einschlägigen Distriktspolizeibehörde je für deren Bezirk zu erwirken.

Musiker, welche für den Distriktspolizeibezirk ihres Wohnorts patentisiert sind, dürfen auf vorgängige Bestellung auch in den unmittelbar angrenzenden Amtsbezirken Musik machen.

§ 8.

Jeder Inhaber eines Erlaubnisscheines muß denselben stets in Urschrift bei sich führen, auf Verlangen dem Aufsichtspersonale, den örtlichen Polizeiorganen und der k. Gendarmerie vorzeigen und hat den ihm bei Erteilung der Erlaubnis auferlegten Bedingungen nachzukommen.

In den einzelnen Orten, in welchen der Berechtigte sein Gewerbe ausüben will, hat derselbe hiezu die besondere Erlaubnis der Ortspolizeibehörde nachzusuchen. Diese kann unter Umständen von weiteren Bedingungen abhängig gemacht werden, die in örtlichen Verhältnissen oder, wie z. B bei Feuerwerken, in feuerpolizeilichen Rücksichten begründet sind

§ 9

Ausländer sind vorbehaltlich der Bestimmung des Art 2 des Gewerbsgesetzes den Inländern gleich zu behandeln. Die Befugnis, im Sinne des § 2 als Musikgesellschaften Produktionen zu veranstalten, haben sie bei jener Distriktspolizeibehörde zu erwirken, in deren Bezirk sie das Königreich betreten oder ihren Gewerbsbetrieb beginnen wollen

§ 10.

Gegen die Beschlüsse der ersten Instanz können die Beteiligten bei der nächst höheren Verwaltungsstelle Beschwerde führen, welche endgültig entscheidet. Die Beschwerden sind binnen einer vierzehntägigen Frist bei der ersten Instanz schriftlich einzureichen oder zu Protokoll zu geben

§ 11.

Bezüglich der zu erteilenden Bewilligungen, Zeugnisse und Erlaubnisscheine haben die allgemeinen tax- und stempelgesetzlichen Bestimmungen in Anwendung zu kommen. Örtliche Abgaben zu den Armenkassen, Stiftungen u. dgl. werden durch vorstehende Bestimmungen nicht berührt.

§ 12.

Gegenwärtige Verordnung, durch welche alle entgegenstehenden Bestimmungen aufgehoben werden, tritt mit dem Tage ihrer Bekanntmachung durch das Regierungsblatt in den Landesteilen diesseits des Rheins in Wirksamkeit.

Die vor dem Erscheinen gegenwärtiger Verordnung ausgefertigten Patente für die Veranstaltung von Schau- und Vorstellungen behalten bis zu ihrem Ablaufe Gültigkeit.

5. **K.VO. v. 4. Jan. 1872, die Zuständigkeit der VerwBehörden in Sachen des StGB. für das Deutsche Reich u. des PStGB. betr.** (RegBl. 25; PfKrBl. 249); **die ZuständigkeitsVO.**

Wir finden Uns bewogen, im Hinblicke auf Art. 1 Abs. III und Art. 2 Ziff. 2 und 10 des Polizeistrafgesetzbuchs über die Ausübung der im Strafgesetzbuche für das Deutsche Reich und im Polizeistrafgesetzbuche für Bayern den Verwaltungsbehörden vorbehaltenen Zuständigkeit zu verordnen, was folgt:

I Zum Strafgesetzbuche für das Deutsche Reich.

§ 1.[1])

Die Befugnis, unter Polizeiaufsicht zu stellen (§ 38 Abs. II), wird durch die Distriktspolizeibehörde, in München durch die Polizeidirektion ausgeübt.

Die örtliche Zuständigkeit bemißt sich

nach dem Aufenthaltsorte, wenn der Verurteilte an einem Orte in Bayern ständigen Aufenthalt hat, andernfalls

nach dem letzten Orte der Strafvollstreckung oder

bei Tilgung der Strafe durch die Untersuchungshaft nach dem Urteilsorte.

§ 2.[2])

Die Erlaubnis, Risse von Festungen oder einzelnen Festungswerken aufzunehmen oder zu veröffentlichen (§ 360 Ziff. 1), kann nur durch das Kriegsministerium erlangt werden.

§ 3.

Zum Erlasse eines Verbotes der Aufsammlung von Vorräten von Waffen oder Schießbedarf (§ 360 Ziff. 2) sind die Distriktspolizeibehörden, in München die Polizeidirektion, zuständig.

§ 4.

Die Errichtung von Aussteuer-, Sterbe- oder Witwenkassen oder anderen dergleichen Gesellschaften oder Anstalten, welche bestimmt sind, gegen Zahlung eines Einkaufsgeldes oder gegen Leistung von Geldbeiträgen beim Eintritte gewisser Bedingungen oder Fristen, Zahlungen an Kapital oder Renten zu leisten, (§ 360 Ziff. 9) ist nur mit Genehmigung der Kreisregierung, Kammer des Innern, in deren Bezirk die Errichtung stattfindet, zulässig.

Sind derartige Kassen oder Anstalten außerhalb Bayerns errichtet, so bedürfen sie zur Ausdehnung ihres Geschäftsbetriebs auf Bayern der Genehmigung Unseres Staatsministeriums des Innern.

Die Errichtung oder der Betrieb von Versicherungsanstalten in Bayern ist, insoferne nicht bezüglich einzelner derartiger Anstalten etwas Besonderes bestimmt ist, von der Genehmigung Unseres Staatsministeriums des Innern abhängig.

§ 5.

Zur Erlassung der in § 361 Ziff. 6 vorbehaltenen Anordnungen sind die Distriktspolizeibehörden, in München die Polizeidirektion, zuständig.

§ 6.

Die Vollstreckung der in § 361 Ziff. 8 erwähnten Frist steht den Distriktspolizeibehörden, beziehungsweise exponierten Bezirksamtsassessoren, in München der Polizeidirektion, zu.

---

[1]) In der Fassung der VO. v. 26. Nov. 1915 (GVBl. 723).

[2]) § 2 ist mit Aufhebung des § 360 Nr 1 gegenstandslos gew.

§ 7.[3])

Die Befugnis, jemand in einem Arbeitshaus unterzubringen usw. sowie aus dem Reichsgebiete zu verweisen (§ 362 Abs. III, IV), wird durch die Distriktspolizeibehörde, in München durch die Polizeidirektion ausgeübt.

Die örtliche Zuständigkeit bemißt sich

nach dem Aufenthaltsorte, wenn der Verurteilte an einem Orte in Bayern ständigen Aufenthalt hat, andernfalls

nach dem letzten Orte der Strafvollstreckung oder

bei Tilgung der Strafe durch die Untersuchungshaft nach dem Urteilsorte.

§ 8.

Zur Erteilung der in § 367 Ziff. 8 vorgesehenen Erlaubnis sind die Distriktspolizeibehörden, beziehungsweise exponierten Bezirksamtsassessoren, in München die Polizeidirektion, zuständig.

§ 9.

[Aufgehoben durch § 5 der VO. v. 19. Nov. 1887 über die Waffenführung.]

§ 10.

Die in § 367 Ziff. 11 vorgesehene polizeiliche Zuständigkeit in bezug auf das Halten und die Behandlung gefährlicher wilder oder bösartiger Tiere wird von den Distriktspolizeibehörden, beziehungsweise exponierten Bezirksamtsassessoren, in München von der Polizeidirektion, ausgeübt.

§ 11.

Die in § 367 Ziff. 13 erwähnte Aufforderung hat von den Distriktspolizeibehörden, beziehungsweise den exponierten Bezirksamtsassessoren, in München von der Lokalbaukommission, auszugehen.

§ 12.

Zum Erlasse der in § 367 Ziff. 14 vorgesehenen Anordnungen sind die Distriktspolizeibehörden und beziehungsweise exponierten Bezirksamtsassessoren, in dringenden Fällen die Ortspolizeibehörden zuständig; in München ist, soweit es sich um die Aufstellung oder Instandhaltung von Baugerüsten handelt, die Lokalbaukommission, in allen übrigen Fällen die Polizeidirektion, zuständig.

§ 13.

Die nach § 369 Ziff. 1 erforderliche polizeiliche Erlaubnis wird durch die Ortspolizeibehörden, in München durch die Polizeidirektion, erteilt.

II. Zum Polizeistrafgesetzbuche.

§ 14.

Die in Art. 19 der Polizeibehörde vorbehaltene Befugnis wird durch die Distriktspolizeibehörden, beziehungsweise exponierten Bezirks-

---

[3]) In der Fassung der VO. v. 26. Nov. 1915 (GVBl. 723). Siehe hierzu InnMBek. v. 12. Juni 1890, Ausweisung von Ausländern aus dem Reichsgebiete betr. (JMBl. 256).

amtsassessoren und in dringenden Fällen durch die Ortspolizeibehörden, in München durch die Polizeidirektion, ausgeübt.

§ 15.[4])

Zur Veranstaltung öffentlicher Lustbarkeiten und dergl. — Art. 32 — ist, insoweit nicht für einzelne Arten derselben andere Bestimmungen bestehen, die Erlaubnis der Ortspolizeibehörde, in München der Polizeidirektion, erforderlich.

§ 16.

Die zuständige Polizeibehörde in den durch Art. 38 vorgesehenen Fällen ist die Ortspolizeibehörde, in München die Polizeidirektion.

§ 17.

Die Bewilligung, fremde Kinder unter acht Jahren gegen Bezahlung in Pflege oder Erziehung zu nehmen — Art. 41 — wird von den Distriktspolizeibehörden, beziehungsweise den exponierten Bezirksamtsassessoren, in München von der Polizeidirektion, erteilt.

§ 18.

Eine Reiseroute oder eine Reisezeit nach Art. 45 zwangsweise vorzuschreiben, sind zuständig:

I. Für die Landesteile diesseits des Rheins:

1. in München die Polizeidirektion;
2. in den anderen, einer Kreisregierung unmittelbar untergeordneten Städten die Magistrate;
3. in den übrigen Polizeibezirken die Bezirksämter, beziehungsweise die exponierten Bezirksamtsassessoren. Zugleich sind diejenigen Beamten oder Bediensteten, welche mit der Vertretung der Staatsanwaltschaft bei den nicht an dem Sitze eines Bezirksamts oder exponierten Bezirksamtsassessors befindlichen Landgerichten betraut sind, zuständig, anstatt des Bezirksamts, Personen, welche ihnen oder den Landgerichten vorgeführt worden sind, eine Reiseroute oder Reisezeit in den eine solche Maßnahme begründenden Fällen zwangsweise vorzuschreiben.

II. Für die Pfalz:

1. die Bezirksämter,
2. die Ortspolizeibehörden an den Sitzen derjenigen Landgerichte, an welchen sich nicht zugleich auch ein Bezirksamt befindet.

Außerdem sind die Vorstände der Zuchthäuser, sowie der Gefangenanstalten und Arbeitshäuser zuständig, den zur Entlassung kommenden Personen eine Reiseroute oder Reisezeit zwangsweise vorzuschreiben.

§ 19.

Die in Art. 65 vorgeschriebene Anzeige ist an die Ortspolizeibehörde zu erstatten.

§ 20.

Sanitätspolizeiliche Maßregeln im Sinne des Art. 66 Abs. II zu treffen, steht den Distriktspolizeibehörden, beziehungsweise den exponierten Bezirksamtsassessoren, in München der Polizeidirektion, zu.

---

[4]) § 15 enthält nicht bloß eine Zuständigkeitsnorm, sondern er füllt das Blankett des Art. 32 PStGB. auch insoweit aus, als er schlechthin für die in Art. 32 vorgesehenen Veranstaltungen die pol. Erlaubnis für notwendig erklärt (ObSt. 7, 99). Andere Bestimmungen im Sinne des § 15 enthält die VO. v. 3. Juli 1868, die Schau- und Vorstellungen betr. (s. Teil III zu Art. 32 PStGB.).

§ 21.[5])

Die Befugnis, über die Art der Reinigung der in Art. 67 Abs. I bezeichneten Gegenstände Vorschriften zu erteilen, sowie die Vernichtung solcher Gegenstände anzuordnen, ist den Distriktspolizeibehörden, beziehungsweise den exponierten Bezirksamtsassessoren, in München der Polizeidirektion, zugewiesen.

Zum Erlasse der in Art 67 Abs. II vorgesehenen Anordnungen sind Unser Staatsministerium des Innern, dann die Kreisregierungen, Kammern des Innern, und die Distriktspolizeibehörden, sowie in dringenden Fällen die Ortspolizeibehörden zuständig, in München sind die Polizeidirektion und der Magistrat nach Maßgabe der über den Wirkungskreis dieser Behörden in bezug auf die Gesundheitspolizei bestehenden Bestimmungen zum Erlasse solcher Anordnungen kompetent.

§ 22.

Die in Art. 78 erwähnten polizeilichen Zuständigkeiten werden von den Distriktspolizeibehörden, beziehungsweise den exponierten Bezirksamtsassessoren, in München von der Polizeidirektion, ausgeübt.

§ 23.[6])

Die Befugnis, Geisteskranke usw. in einer Irrenanstalt unterzubringen oder sonst zu verwahren (Art. 80 Abs. II), wird durch die Distriktspolizeibehörde, in München durch die Polizeidirektion ausgeübt.

Die örtliche Zuständigkeit bemißt sich nach dem Wohnsitze, bei Mangel eines solchen nach dem Aufenthalte.

§ 24.[7])

Die Befugnis, für die Unterbringung einer hilflosen Person zu sorgen (Art. 81 Abs. II), wird durch die Distriktspolizeibehörde, in München durch die Polizeidirektion ausgeübt.

Die örtliche Zuständigkeit bemißt sich nach dem Wohnsitze, bei Mangel eines solchen nach dem Aufenthalte.

§ 25.

Die berechtigte Polizeibehörde für die in Art. 105 bezeichneten Fälle ist die Distriktspolizeibehörde, beziehungsweise der exponierte Bezirksamtsassessor.

In München steht diese Berechtigung in den Fällen des § 367 Ziff. 13 und 15, dann § 368 Ziff. 3, sowie des Art. 101 der Lokalbaukommission zu; in den Fällen des § 367 Ziff. 14 ist die Polizeidirektion und Lokalbaukommission und in den Fällen des § 368 Ziff. 4 die Lokalbaukommission und der Magistrat nach Maßgabe der über den Wirkungskreis dieser Behörden bestehenden allgemeinen Bestimmungen zuständig.

---

[5]) Abs. 2 des § 21 regelt die Zuständigkeit nicht bloß zum Erlaß pol. Vorschr., sondern auch die zum Erlaß pol. Verfügungen im Sinne des Art. 1 Abs. 3 des PStGB. (ObSt. AMBl. 1914, 65). Ausscheid. des WirkKreises der PolDir. u. des Stadtrats München s. die VO. v. 2. Okt. 1869 (bei Art. 3 A. 2).

[6]) In der Fassung der VO. v. 26. Nov. 1915 (GVBl. 723).

[7]) In der Fassung der VO. v. 26. Nov. 1915 (GVBl. 723).

§ 26.[8])

Die in Art. 106 Abs. IV und V vorgesehene Befugnis wird von den Orts- oder Distriktspolizeibehörden, in München von der Polizeidirektion, ausgeübt.

§ 27.

Die Genehmigung der Eröffnung von Privat-Heil- oder Entbindungsanstalten oder von Badeanstalten (Art. 129) wird durch die Kreisregierung, Kammer des Innern, erteilt.

§ 28.

Die Bewilligung zur Errichtung einer Leihanstalt (Art. 139) wird von der Kreisregierung, Kammer des Innern, erteilt.

§ 29.

Zur Errichtung einer Sparkassa (Art. 140) ist die Bewilligung der Kreisregierung, Kammer des Innern, erforderlich.

§ 30.[9])

Zu Einschreitungen nach Art. 155 Abs. III sind die Distrikts- oder Ortspolizeibehörden, in München, die Polizeidirektion, berufen.

§ 31.[10])

Zuständig zum Erlasse der in Art. 156 Ziff. 1 erwähnten Aufforderung sind die Distriktspolizeibehörden, in München der Magistrat.

§ 32.[11])

Die in Art. 158 Abs. II den Polizeibehörden zugewiesene Zuständigkeit wird von den Distriktspolizeibehörden, in München von der Polizeidirektion, ausgeübt.

III. Allgemeine Bestimmungen.

§ 33.[12])

Die Zuständigkeit zur Erlassung der gesetzlich statthaften polizeilichen Anordnungen, Gebote oder Verbote an einzelne Personen oder in bestimmten Fällen richtet sich, soweit nicht das Gesetz oder gegenwärtige Verordnung hierüber maßgibt, nach den über die Zuständigkeit der Behörden bestehenden allgemeinen Normen oder den zu den einzelnen Paragraphen oder Artikeln des Strafgesetzbuchs, beziehungsweise Polizeistrafgesetzbuchs, besonders erlassenen Verordnungen oder Polizeivorschriften.

§ 34.

Gegenwärtige Verordnung tritt am 8. Januar 1872 im ganzen Umfange des Königreichs in Kraft.

---

[8]) § 26 ist gegenstandslos geworden mit dem Außerkrafttreten des Art. 106.

[9]) § 30 ist gegenstandslos geworden, da Art. 155 Abs. 3 PStGB. unwirksam geworden ist.

[10]) § 31 ist gegenstandslos geworden, da Art. 156 Nr. 1 unwirksam geworden ist.

[11]) § 32 ist gegenstandslos geworden, da Art. 158 unwirksam wurde.

[12]) § 33 ist nur teilweise wirksam, nämlich nur, soweit er eine verordn.mäßige Regelung der Zuständigk. im Auge hat; nicht aber, soweit er schlechthin „allg. Normen" oder PolVorschr. als ausreichende Formen für die Regelung der Zuständigk. erachtet.

Die Verordnungen vom 24. Juni 1862, die Zuständigkeit der Verwaltungsbehörden in Sachen des Polizeistrafgesetzbuchs betr., dann die Verordnung vom 10. Dezember 1862, die als gemeingefährlich allgemein verbotenen Waffen betr., sowie die Verordnung vom 29. März 1863, die Verhängung der Polizeiaufsicht oder der Verwahrung in einer Polizeianstalt anstatt der Landesverweisung betr., werden aufgehoben.

6. JnnME. v. 4. Jan. 1872, die Sicherheit u. Bequemlichkeit auf öff. Wegen, Straßen u. Plätzen betr.

(RegBl. 73).*)

Auf Grund des § 366 Ziffer 10 des Strafgesetzbuches für das Deutsche Reich und gemäß Artikel 2 Ziffer 6 des Polizeistrafgesetzbuches für Bayern vom 26. Dezember 1871 werden zur Erhaltung der Sicherheit und Bequemlichkeit auf den öffentlichen Wegen, Straßen und Plätzen nachstehende Anordnungen erlassen:

§ 1.

Es ist verboten, auf Brücken, die ganz oder teilweise aus Holz oder Eisen hergestellt sind, anders als im Schritte zu reiten oder zu fahren.

§ 2.

Das Fahren mit mehreren aneinander gehängten Wägen auf öffentlichen Straßen oder Wegen ist nur mit Bewilligung der Distriktspolizeibehörde, in München der k. Polizeidirektion, gestattet.

Das Aneinanderhängen zweier Wägen bei landwirtschaftlichen Fuhrwerken bedarf jedoch keiner Erlaubnis.

§ 3.

Mit Ausnahme von Notfällen und insoweit durch oberpolizeiliche Vorschriften der k. Kreisregierungen, Kammern des Innern, für bestimmte Gegenden eine Ausnahme nicht zugelassen ist, dürfen auf öffentlichen Straßen oder Wegen nicht mehr als zwei Schlitten an dem Haupt- oder Vorschlitten angebracht werden; jeder angebrachte Schlitten aber muß so befestigt werden, daß derselbe das Geleise des vorhergehenden Schlittens einhalten muß.

§ 4.

Bei dem Bergabfahren an jenen Stellen, wo solches durch obrigkeitlichen Anschlag geboten ist, sind Fuhrwerke durch Einlegung des Radschuhes, durch Anwendung von Radsperrschleifen oder Bremsvorrichtungen und bei Glatteis durch Anbringung von Eisketten zu hemmen.

§ 5.

Personen, welche die Leitung eines Fuhrwerkes übernommen haben, dürfen sich weder durch Schlafen noch durch sonstiges Verschulden in eine Lage bringen, daß sie ihre Gespanne nicht mehr zu leiten im Stande sind.

§ 6.

Wege, Brücken und Stege, welche dem öffentlichen Verkehre gewidmet sind, sowie die zur Verhütung von Unglücksfällen erforderlichen Geländer und sonstigen Sicherungsmittel an solchen Wegen, Brücken und Stegen müssen von den hiezu Verpflichteten in sicherem Zustande erhalten

*) Unter Berücksichtigung der Änderungen durch § 33 der Obpol. Vorschr. v. 17. Sept. 1906 (GVBl. 729) u. v. 7. Nov. 1910 (GVBl. 1026). VollzBest. v. 24. Sept. 1907 (AMBl. 464) mit Note AMBl. 1910, 214.

werden. Desgleichen sind bei eingetretenen Beschädigungen solcher Wege, Brücken und Stege, oder bei Hemmungen des Verkehrs auf denselben die von der Polizeibehörde angeordneten oder sonst nötigen Warnungs- und Leitungszeichen von den hierzu Verpflichteten auszustecken.

§ 7.[1])

Die Benützung von Straßen oder Wegstrecken, welche von der zuständigen Behörde durch aufgeworfene Gräben, aufgestellte Tafeln oder sonstige Zeichen als gesperrt oder verboten erklärt sind, ist untersagt.

Die Befugnis, Straßen oder Wegstrecken als gesperrt oder verboten zu erklären, steht zu:

a) bei Staatsstraßen der Distriktspolizeibehörde, beziehungsweise der einschlägigen Baubehörde;
b) bei Distriktsstraßen der Distriktspolizeibehörde;
c) in allen übrigen Fällen der Ortspolizeibehörde, — in München der Polizeidirektion, und in den Fällen des § 18 Absatz 2 der Allerhöchsten Verordnung vom 2. Oktober 1869 „die Ausscheidung der Zuständigkeiten der Polizeidirektion, des Magistrates und der Lokalbaukommission München bezüglich der Polizei- und Distriktsverwaltung betreffend", — dem Magistrate.

§ 8.

Es ist verboten, auf den abgegrenzten Fußbänken öffentlicher Straßen, oder auf den Trottoirs der Straßen in Städten, Märkten oder Dörfern zu reiten, fahren oder größere Lasten fortzubewegen.

§ 9.

Bezüglich des Ausweichens der Reiter, Fuhrwerke und Viehherden auf öffentlichen Straßen, Wegen und Plätzen bleibt die Ministerialbekanntmachung vom 23. Juni 1862 — Regierungsblatt S. 1465 ff. — in Kraft.

Der Gebrauch von Huppensignalen für andere Fahrzeuge als Kraftfahrzeuge ist verboten.[2])

§ 10.

Den Kreisregierungen, Kammern des Innern, sowie den Distrikts- und Ortspolizeibehörden bleibt vorbehalten, in Gemäßheit des Artikels 2 Ziffer 6 des Polizeistrafgesetzbuches für Bayern vom 26. Dezember 1871 weitere polizeiliche Vorschriften zu erlassen, sofern es die Verhältnisse erfordern oder rätlich machen.

Polizeiliche Vorschriften, die mit Rücksicht auf den Straßenbahnbetrieb den übrigen Verkehr beschränken, gelten nicht für die Fahrzeuge der Postverwaltung.

§ 11.

Gegenwärtige Vorschriften treten mit dem Tage ihrer Verkündung durch das Regierungsblatt, beziehungsweise das Kreisamtsblatt der Pfalz, für den ganzen Umfang des Königreiches in Wirksamkeit.

---

[1]) S. ObSt. 1, 467; 3, 313.

[2]) Abs. 2 ausdrücklich aufrechterhalten durch Nr. II zu § 4 InnMB v. 17. März 1910 (AMBl. 195).

7. K.VO. v. 19. Nov. 1887, das Verbot des Feilhaltens u. Führens von Waffen zur Verhütung von Gefahren für die Sicherheit der Personen betr.

(GVBl. 655).*)

Wir finden Uns bewogen, zur Verhütung von Gefahren für die Sicherheit von Personen über das Feilhalten und Führen von Waffen zu verordnen, was folgt:

I Auf Grund des Art. 39 des Polizeistrafgesetzbuches vom 26. Dezember 1871

§ 1.[1])

Die Führung nachstehender Waffen:

1. von Dolchen, Stileten und anderen im Griffe feststehenden oder mittels einer Vorrichtung feststellbaren, sowie von solchen Messern, deren Klinge wegen Mangels einer Einschlagrinne in den Griff nicht einfallen kann,
2. von zugespitzten Streichern und Pfriemen,
3. von Revolvern, Terzerolen und Sackpistolen,
4. von Abschraubgewehren,
5. von Raufringen, Schlageisen, Schleudern und Totschlägern jeder Art

ist Bettlern und Landstreichern, Zigeunern und allen nach Zigeunerart umherziehenden Personen untersagt.

Demselben Verbote unterliegen die wegen Geisteskrankheit entmündigten Personen.

Das gleiche Verbot gilt für Personen unter 18 Jahren, für Lehrlinge, für die bei Eisenbahnbauten beschäftigten Arbeiter, dann für ledige Dienstboten, Taglöhner, Gewerbsgehilfen, Fabrikarbeiter und in der Hausindustrie beschäftigte Personen, endlich für die noch im Brote des Familienhauptes stehenden ledigen Haussöhne.

§ 2.[2])

Das Verbot des § 1 findet keine Anwendung auf Personen, welche Messer, Streicher oder Pfriemen der in § 1 Ziffer 1 und 2 bezeichneten Art zur Ausübung des Berufes notwendig haben, insoferne sie solche während dieser Ausübung mit sich führen.

---

*) S. die ergänzende VO. v. 5. Dez. 1921 (unten unter Nr. 24).

[1]) Nicht mehr unter Nr. 1 fallen wegen Abrundung nicht mehr zum Stechen u. Schneiden verwendbare Messer (ObSt. 7, 320). Schußwaffen fallen hieher, auch wenn augenblicklich unbrauchbar (OSt. 5, 393). Revolver: Begriffsbest. RG. 42, 393. Knallefixpistolen u. Windbüchsen zulässig (ObSt. 12, 221), erstere fallen jedoch unter die Schießwerkzeuge des § 367 Nr. 8 StGB. (ObSt. 12, 416). Seitengewehre fallen im allg nicht hieher (ObSt. 7, 320). Taglöhner: Art. 49 A. 1 Gewerbsgehilfen auch die Gesellen (ObSt. 3, 73). Bei verschiedenen Berufen maßgebend die Hauptbeschäftigung (ObSt. 14, 234). Haussohn: Nicht das rechtl., sondern das tats. Verhältnis maßgebend (OSt 5, 188). Anwendung des § 1 auf weibl. Personen sowie Anwendung, wenn die Waffe zum Zwecke des Selbstmords mitgeführt wird: Fischer BayZ. 1908, 460.

[2]) Das Messer usw. darf vom Orte der Berufsausübung auch wieder nach Hause gebracht werden u. auch bei unvorhergesehener Verzögerung der Heimkehr behalten werden (ObSt. 6, 251).

Außerdem können die Distriktspolizeibehörden, in München die Polizeidirektion, einzelnen Personen der in § 1 Abs. 3 aufgeführten Klassen das Tragen bestimmt bezeichneter Waffen der fraglichen Art in stets widerruflicher Weise oder auf bestimmte Zeit durch gebührenfrei auszustellenden Erlaubnisschein gestatten, welchen der Inhaber während des Waffentragens bei sich zu führen hat.

II. Auf Grund des § 367 Ziff. 9 des Strafgesetzbuches für das Deutsche Reich und des Art. 2 Ziff. 10 des Polizeistrafgesetzbuches vom 26. Dezember 1871.

§ 3.

Das Feilhalten oder Mitsichführen von Schußwaffen, welche in Stöcken oder Röhren oder in ähnlicher Weise verborgen sind, ist nur mit Bewilligung der Distriktspolizeibehörden, in München der Polizeidirektion, zulässig.

Das Mitsichführen von Stoß- oder Hiebwaffen dieser Art ist den in § 1 aufgeführten Klassen von Personen untersagt, kann jedoch einzelnen Personen der in § 1 Abs. 3 bezeichneten Klassen nach Maßgabe des § 2 Abs. 2 gestattet werden.

III. Allgemeine Bestimmungen.

§ 4.

Das k. Staatsministerium des Innern ist ermächtigt, bezüglich der in § 1 Abs. 3 aufgeführten Klassen von Personen den Vollzug der in § 1 und § 3 Abs. 2 enthaltenen Verbote auf Antrag der einschlägigen Regierung, Kammer des Innern, entweder für den ganzen Regierungsbezirk oder für einzelne Amtsdistrikte zeitweise zu suspendieren, soweit der Stand der öffentlichen Sicherheit solches gestattet.

§ 5.

Gegenwärtige Verordnung tritt am 1. Januar 1888 in Kraft.

Mit demselben Tage werden die k. Verordnungen vom 21. Januar 1872 (RegBl. S. 331) und vom 3. August 1879 (GVBl. S. 747), sowie die Bestimmung in § 9 der k. Verordnung vom 4. Januar 1872 (Reg.-Bl. S. 25) aufgehoben.

8. Obpol. Vorschr. v. 17. Febr. 1888, die Beförderung von Leichen betr.

(GVBl. 123).*)

In Bezug auf die Verbringung von Leichen an einen anderen als den ordnungsmäßigen Ort der Beerdigung werden im Hinblick auf Art. 61 Abs. 1 Ziff. 1 und 3 des Polizeistrafgesetzbuches vom 26. De-

*) Unter Berücksichtigung der Änderungen durch InnMB. v. 19. Nov. 1902 (GVBl. 700), 23. April 1907 (GVBl. 242), 16. Febr. 1914 (GVBl. 66), 18. Aug. 1919 (GVBl. 417).

Zusatzbest.: a) InnMB. v. 5. Sept. 1914 über die Überführung von Leichen (GVBl. 598); Zusatzbest. zur Änd. v. 18. Aug. 1918: InnMB. v. 18. Aug. 1919 (AMBl. 194).

b) InnKrMB. v. 9. April 1906, Beförderung v. Leichen auf dem Seewege betr. (GVBl. 165); geänd. durch InnMB. v. 10. Nov. 1909 (GVBl. 843) u. v. 18. Aug. 1919 (GVBl. 418). Diese ergänzt durch InnMB. v. 18. Aug. 1919 (AMBl. 194).

zember 1871 und auf Grund der hierüber unter den deutschen Bundesregierungen getroffenen Vereinbarung nachstehende Vorschriften erlassen:

§ 1.

Die Verbringung einer Leiche vom Sterbeorte nach einem anderen als dem ordnungsmäßigen Orte der Beerdigung darf nur auf Grund einer von der zuständigen Behörde nach anliegendem Formular ausgestellten schriftlichen Bewilligung (Leichenpaß) erfolgen.

Zuständig zur Ausstellung des Leichenpasses ist in Bayern, vorbehaltlich der unten folgenden Bestimmung in § 10 Abs. 2, die Distriktspolizeibehörde bzw. der exponierte Bezirksamtsassessor, in deren Bezirk der Sterbeort liegt.

Bei Leichentransporten, welche aus einem anderen deutschen Bundesstaate kommen, ist ein Leichenpaß derjenigen Behörde erforderlich, welche nach den dortigen Bestimmungen zur Ausstellung zuständig ist.

Für Leichentransporte, welche aus dem Auslande kommen, kann, soweit nicht Vereinbarungen über die Anerkennung der von ausländischen Behörden ausgestellten Leichenpässe bestehen, die Ausstellung des Leichenpasses durch diejenige zur Ausstellung von Leichenpässen befugte inländische (deutsche) Behörde erfolgen, in deren Bezirk der Transport im Reichsgebiete beginnt. Auch können die Konsuln und diplomatischen Vertreter des Reichs vom Reichskanzler zur Ausstellung der Leichenpässe ermächtigt werden.

Die hiernach zur Ausstellung der Leichenpässe zuständigen Behörden werden vom Reichskanzler öffentlich bekannt gegeben werden.

§ 2.

Der Leichenpaß darf nur für solche Personen erteilt werden, über welche die nachstehenden Ausweise geliefert worden sind:

a) ein beglaubigter Auszug aus dem Sterberegister;
b) eine nach Anhörung des behandelnden Arztes und nach Vorlage des vorschriftsmäßigen Leichenschauscheines ausgestellte Bescheinigung des beamteten Arztes über die Todesursache, sowie darüber, daß seiner Überzeugung nach der Beförderung der Leiche gesundheitliche Bedenken nicht entgegenstehen;
c) ein Ausweis darüber, in welcher Weise die Einsargung der Leiche, entsprechend den nachstehenden Vorschriften (§§ 3—5), stattgefunden hat;
d) in den Fällen des § 157 der Reichs-Strafprozeßordnung vom 1. Februar 1877 die seitens der Staatsanwaltschaft oder des Amtsrichters ausgestellte schriftliche Genehmigung zur Beerdigung.

Die Nachweise zu a und b werden bezüglich der Leichen von Militärpersonen, welche ihr Standquartier nach eingetretener Mobilmachung verlassen hatten (§§ 1 und 2 der kaiserl. Verordnung vom 20. Januar 1879, Reichsgesetzbl. S. 5), durch eine Bescheinigung der zuständigen Militärbehörde oder Dienststelle über den Sterbefall unter Angabe der Todesursache und mit der Erklärung, daß nach ärztlichem Ermessen der Beförderung der Leiche gesundheitliche Bedenken nicht entgegenstehen, ersetzt.

§ 3.

Die Leiche muß in einem hinlänglich widerstandsfähigen Metallsarge luftdicht eingeschlossen und letzterer von einer hölzernen Umhüllung dergestalt umgeben sein, daß jede Verschiebung des Sarges innerhalb der Umhüllung verhindert wird.

Erfolgt der Leichentransport nicht mittels Eisenbahn und nur auf geringe Entfernung, so kann die Distriktspolizeibehörde den Transport in einem einfachen Sarge von hartem Holze mit gut ausgepichten Fugen, oder auch, wenn die Leiche unmittelbar zum Friedhofe des Bestimmungsortes verbracht wird, in einem an den Fugen gut verpichten Sarge von weichem Holze gestatten. Das gleiche gilt, wenn eine Leiche in einem Kraftfahrzeuge, das für die Beförderung von Leichen eingerichtet ist und ausschließlich zu diesem Zwecke benutzt wird, auf eine Entfernung von nicht über 120 Kilometer unter Aufsicht eines verlässigen Begleiters befördert wird.

§ 4.

Der Boden des Sarges muß mit einer mindestens 5 cm hohen Schicht von Sägemehl, Holzkohlenpulver, Torfmull oder dergleichen bedeckt, und es muß diese Schicht mit fünfprozentiger Karbolsäurelösung reichlich besprengt sein.

§ 5.

In besonderen Fällen, z. B. für einen Transport von längerer Dauer oder in wärmerer Jahreszeit, kann von der zur Ausstellung des Leichenpasses zuständigen Behörde nach dem Gutachten des beamteten Arztes eine Behandlung der Leiche mit fäulniswidrigen Mitteln verlangt werden.

Diese Behandlung besteht gewöhnlich in einer Einwickelung der Leiche in Tücher, die mit fünfprozentiger Karbolsäurelösung getränkt sind. In schwereren Fällen muß außerdem durch Einbringen von gleicher Karbolsäurelösung in die Brust- und Bauchhöhle (auf die Leiche eines Erwachsenen mindestens 1 Liter gerechnet) oder dergleichen für Unschädlichmachung der Leiche gesorgt werden.

§ 6.

Jedem Leichentransport ist ein Begleiter beizugeben; als Begleiter sind von der den Leichenpaß ausstellenden Behörde nur zuverlässige Personen zuzulassen.

Erfolgt der Leichentransport mittels Eisenbahn, so bedarf es auf der Eisenbahn einer Begleitung nicht, wenn als Bestimmungsort eine Eisenbahnstation bezeichnet ist und der Absender bei der Aufgabestation das schriftliche oder telegraphische Versprechen des Empfängers hinterlegt, daß dieser die Sendung sofort nach Empfang der bahnseitigen Benachrichtigung von ihrem Eintreffen abholen lassen werde. Bei Sendungen an Leichenverbrennungsanstalten und an Beerdigungsinstitute genügt es, wenn diese eine derartige Verpflichtung gegenüber der Eisenbahn in allgemeiner Form übernommen haben. Im übrigen wird auf die Bek. des K. Staatsmin. des K. Hauses und des Äußern vom 7. August d. Js., die Einführung der Eisenbahnverkehrsordnung betr. (GVBl. S. 460), hingewiesen.

§ 7.

Die vorstehenden Bestimmungen haben sinngemäße Anwendung zu finden, wenn bereits beerdigte Leichen wieder ausgegraben und an einen anderen Ort überführt werden sollen. Die Ausstellung des Leichenpasses steht in solchen Fällen derjenigen Behörde (Distriktspolizeibehörde, exponierter Bezirksamtsassessor) zu, in deren Bezirk der seitherige Bestattungsort liegt.

§ 8.

Ist der Tod infolge von Cholera, Pest oder Pocken erfolgt, so ist die Überführung der Leiche an einen anderen als den ordnungsmäßigen Ort der Beerdigung nur dann zu gestatten, wenn mindestens ein Jahr nach dem Tode verflossen ist.

§ 9.

Von der Erteilung eines Leichenpasses ist von der ausfertigenden Behörde dem Pfarrer des Sterbeortes, sowie derjenigen Distriktspolizeibehörde, in deren Bezirk die Leiche verbracht wird, Kenntnis zu geben.

§ 10.

Bei dem Transporte von Leichen, welche von Polizeibehörden, Krankenhäusern, Strafanstalten usw. an öffentliche höhere Lehranstalten übersendet werden, bedarf es einer Begleitung nicht; auch genügt es, wenn solche Leichen in dicht verschlossenen Kisten verladen werden.

Bei Verbringung von Leichen aus den königlichen Strafanstalten und Arbeitshäusern an die anatomischen Institute der k. Universitäten zu München, Erlangen und Würzburg wird der Leichenpaß durch die Strafanstalts- bzw. Arbeitshausverwaltung nach gutachtlicher Einvernahme des Anstaltsarztes ausgefertigt. Die betreffende Verwaltung hat Einleitung zu treffen, daß die Leiche alsbald nach der Ankunft am Bestimmungsorte vom Eisenbahnhofe abgeholt werde.

Im übrigen sind auch bei diesen Leichenverbringungen die Vorschriften der §§ 2, 4, 5, 8 und 9 zu beachten.

§ 11.

Bei Ausstellung von Leichenpässen für Leichentransporte nach dem Auslande sind außer den vorstehenden Bestimmungen auch die von dem Deutschen Reiche mit ausländischen Regierungen hinsichtlich der Leichentransporte abgeschlossenen Vereinbarungen, deren Bekanntmachung vorbehalten bleibt, zu beachten. Soll der Transport einer Leiche in oder durch das Gebiet eines Staates erfolgen, mit welchem ein Übereinkommen dieser Art nicht abgeschlossen ist, so darf der Leichenpaß nur unter der Voraussetzung erteilt werden, daß derjenige, welcher um die Erlaubnis zur Verbringung der Leiche ins Ausland nachsucht, die Zustimmung der betreffenden Regierung, in oder durch deren Gebiet der Transport stattfinden soll, sofort übergibt.

§ 12.

Bezüglich der Beförderung von Leichen auf Eisenbahnen sind außerdem die Bestimmungen des § 34 des Eisenbahn-Betriebsreglements vom 2. Juni 1874, in der revidierten Fassung der Bekanntmachung vom 12. Januar 1888 (Gesetz- und Verordnungsblatt S. 68), maßgebend.

§ 13.

Die vorstehenden Anordnungen treten mit dem 1. April 1888 in Kraft

Gleichzeitig treten die Bekanntmachungen vom 27. September 1862 und vom 4. Mai 1864 (RegBl. S. 2245 bzw 491) außer Wirksamkeit

9. K. VO. v. 21. Mai 1897, die Feier der Sonn- u. Festtage betr.
(GVBl. 197).

Wir finden Uns bewogen, auf Grund des § 366 Ziffer 1 des Strafgesetzbuches für das Deutsche Reich und Artikel 2 Ziffer 5 des Polizeistrafgesetzbuches für das Königreich Bayern bezüglich der Feier der Sonn- und Festtage zu verordnen, was folgt:*)

§ 1.[1])

Alle öffentlich vorgenommenen oder öffentliches Ärgernis erregenden oder geräuschvollen Arbeiten

a) des Gewerbe-, Handels- und Fabrikbetriebes,

b) der Land- und Forstwirtschaft, der Viehzucht, Berufsgärtnerei und Berufsfischerei

sind an Sonn- und Festtagen ohne Unterschied, ob letztere als Festtage im Sinne der Gewerbeordnung bestimmt sind oder nicht, untersagt.

Dem Verbote unterliegen nicht

1. die Arbeiten im Gewerbe-, Handels- und Fabrikbetriebe, bei welchen auf Grund der Gewerbeordnung für das Deutsche Reich oder der hiezu erlassenen Anordnungen an Sonn- und Festtagen Arbeiter verwendet werden dürfen, und zwar auch an den nicht unter die Gewerbeordnung fallenden Festtagen,

2. die Arbeiten im Verkehrsgewerbe, welche ohne Nachteil nicht aufgeschoben oder unterbrochen werden können,

3. die Arbeiten in Apotheken, Badeanstalten, Gast- und Schankwirtschaftsbetrieben und im Vergnügungsgewerbe (Darbietung von Musikaufführungen, Schaustellungen, theatralischen Vorstellungen oder sonstigen Lustbarkeiten), vorbehaltlich der in § 4 und § 5 gegenwärtiger Verordnung bezeichneten Beschränkungen,

4. die dringenden sowie die zur Befriedigung täglicher oder an Sonn- und Festtagen besonders hervortretender Bedürfnisse der Bevölkerung nötigen Arbeiten in der Land- und Forstwirtschaft, Viehzucht, Berufsgärtnerei und Berufsfischerei, die durch ungünstige Witterung gebotenen Erntearbeiten, die Arbeiten der Weinlese, dann die Arbeiten, welche in landwirtschaftlichen Nebenbetrieben, wie Branntweinbrennereien, Molkereien, ohne Nachteil nicht aufgeschoben oder unterbrochen werden können, bei der Berufsfischerei in den mehreren Staaten gemeinsamen Gewässern auch jene Arbeiten, welche den Fischern der anderen Staaten gestattet sind.

Bezüglich der Feier der Sonn- und Festtage im Betriebe der Staatsverkehrsanstalten sind die hierüber von den zuständigen Behörden erlassenen Anordnungen maßgebend.

---

*) Schrifttum: Roth, Sonntagsfeier 1899; Ausführ.Best.: JnnKMB. v. 21. Mai 1897 (GVBl. 201). KJnnMB. v. 9. Juni 1909, die Verlegung des St. Bennofestes betr. (JMBl. 239), JMB. v. 13. Aug. 1910, das Fest der hl. Kunigund betr. (JMBl. 697); KJnnKMB. v. 12. Mai 1912, Verminderung der kath. Wochenfeiertage betr. (GVBl. 627) mit Bek. v. gl. Tage (AMBl. 640).

[1]) Zur Auslegung: KGJ. 20 C 41. ObSt. 4, 305; 5, 350 u. 371; 6, 203; 12, 293; 1, 404; 14, 244; OSt. 3, 178; 9, 247; 8, 29; 7, 496 u. 508; 6, 298; 5, 263; 2, 521; OGHSt. 3, 243; Stuttg. WürttJ. 2, 27.

Der Ministerialinstanz bleibt vorbehalten, bei erheblichen Veranlassungen bezüglich des Arbeitens in Fabriken für einzelne Festtage Ausnahmen in widerruflicher Weise zu bewilligen.

§ 2.[2])

Die offenen Verkaufsstellen sind:

1. am ersten Weihnachtstage,
2. an dem Oster- und Pfingstsonntage,
3. in katholischen Orten am Fronleichnamstage, in protestantischen Orten am Karfreitage

den ganzen Tag über geschlossen zu halten, soweit nicht nach der Gewerbeordnung und den hiezu erlassenen Anordnungen Ausnahmen gestattet sind; für die unter Ziffer 3 genannten Festtage dürfen in der Regel keine weiteren Ausnahmen als für jene unter Ziffer 1 und 2 zugelassen werden.

Im übrigen bemißt sich das Offenhalten der Verkaufsstellen an den Sonntagen und den unter die Gewerbeordnung fallenden Festtagen ausschließend nach den Bestimmungen der Gewerbeordnung und den hiezu erlassenen Anordnungen.

An den nicht unter die Gewerbeordnung fallenden Festtagen dürfen die Verkaufsstellen während des vormittägigen Pfarrgottesdienstes nicht geöffnet werden. Ausgenommen sind jene Geschäftsbetriebe, welche an den der Gewerbeordnung unterstellten Festtagen einer solchen Beschränkung nicht unterliegen.

Vorstehende Bestimmungen gelten auch hinsichtlich des Öffnens der Marktbuden an den auf einen Sonn- oder Festtag fallenden Messen und Jahrmärkten.

Apotheken dürfen an sämtlichen Sonn- und Festtagen den ganzen Tag über geöffnet sein.

Die Beschränkungen, welchen der Gewerbebetrieb im Umherziehen sowie der ambulante Gewerbebetrieb im Gemeindebezirke des Wohnsitzes oder der gewerblichen Niederlassung an den Sonn- und Festtagen nach der Gewerbeordnung und den hiezu erlassenen Anordnungen unterworfen ist, gelten im gleichen Umfange auch für diese Betriebe an den nicht unter die Gewerbeordnung fallenden Festtagen

§ 3.[3])

Die Abhaltung von Getreide- und Viehmärkten, von Treibjagden und öffentlichen Versteigerungen an Sonn- und Festtagen ist verboten.

§ 4.

Lärmendes Zechen und Spielen, lärmende Zusammenkünfte und Lustbarkeiten in Wirtschaftslokalitäten, lärmende Unterhaltungen in der Nähe von Kirchen an Sonn- und Festtagen während des vor- und nachmittägigen Pfarrgottesdienstes sind untersagt.

§ 5.[4])

Es ist verboten, Scheiben- und Vogelschießen und andere öffentliche Lustbarkeiten, sowie Schau- und Vorstellungen (Art. 32 Abs. 1

[2]) ObSt. 5, 316 gegen ObSt. 1, 404.

[3]) ObSt 10, 188; 12, 300; anders ObSt 5, 99; 2, 127; s. auch KG. Reg. 29, 264.

[4]) Zur Auslegung: ObSt. 5, 371; 4, 305; ObSt. 2, 521.

Ziffer 1 und 2, Art. 33 Absatz 1 des Polizeistrafgesetzbuches) an Sonn- und Festtagen vor Beendigung des vormittägigen Pfarrgottesdienstes zu veranstalten.

§ 6.[5])

Das Austreiben und Hüten des Weideviehes darf an Sonn- und Festtagen zur Zeit des vormittägigen Pfarrgottesdienstes nicht stattfinden.

An Orten, wo bisher eine abweichende Übung bestand, kann dieselbe durch ortspolizeiliche Vorschrift aufrecht erhalten werden.

Auf die Alpenweide findet die vorstehende Bestimmung in Absatz 1 keine Anwendung.

§ 7.

Durch ortspolizeiliche Vorschrift können die Stunden, auf welche sich die in § 2 Absatz III, §§ 4, 5 und 6 Absatz 1 enthaltenen Verbote erstrecken, näher bezeichnet werden.

§ 8.[6])

Die Vorschriften der §§ 1—7 mit Ausnahme jener des § 2 Absatz I Ziffer 3 finden bezüglich der Sonntage und der den christlichen Konfessionen gemeinschaftlichen Festtage auch in konfessionell gemischten Orten Anwendung.

In Ansehung der besonderen Feiertage eines Religionsteiles sind die Bestimmungen des § 82 der II. Verfassungsbeilage maßgebend.

Insolange in konfessionell gemischten Orten bezüglich der Einstellung der Arbeits- und Gewerbstätigkeit und der Schließung der Ortsläden an dem einen Religionsteil eigentümlichen Feiertagen eine Vereinbarung besteht, ist sich hiernach zu achten

§ 9.

Gegenwärtige für alle Landesteile gültige Verordnung tritt mit dem Tage ihrer Verkündigung in Wirksamkeit.

Gleichzeitig erlöschen die Bestimmungen der Verordnungen vom 30. Juli 1862 und 4. August 1883, die Feier der Sonn- und Festtage betreffend.

10. K. VO. v. 17. Juni 1898, die Feuerbeschau betr.

(GVBl. 332).*)

Wir finden Uns bewogen, auf Grund des § 368 Ziffer 8 des Reichsstrafgesetzbuches und des Artikels 2 Ziffer 14 des Polizei-Strafgesetzbuches zu verordnen, was folgt:

§ 1.

Die Feuerbeschau ist Gegenstand der Ortspolizei.

Jede Gemeinde bildet einen Feuerschaubezirk. Größere Gemeinden können in mehrere Feuerschaubezirke eingeteilt werden.

§ 2.

Für jeden Feuerschaubezirk wird eine Feuerbeschaukommission gebildet.

---

[5]) ObSt. 3, 157.

[6]) OSt. 8, 73; 5, 56; 6, 256; ObSt. 5, 350; 6, 256; 5, 371; VGH. 31, 147; KGJ. 43 C 430; RG. GArch. 47, 444; RG. 33, 438.

*) VollzBest.: InnMB. v. 19. Juni 1898 (GVBl. 336).

Die Feuerbeschaukommission besteht aus einem Vertreter der Ortspolizeibehörde und einem von der Gemeinde aufgestellten, obrigkeitlich verpflichteten, bauverständigen Feuerbeschauer (Bautechniker, Maurer- oder Zimmermeister).

Der Ortspolizeibehörde ist anheimgestellt, nach Bedarf auch einen Kaminkehrer oder andere Sachverständige zur Feuerbeschau zuzuziehen.

Ferner ist das Kommando der Ortsfeuerwehr berechtigt, einen Vertreter zur Teilnahme an der Feuerbeschau abzuordnen.

Veranlaßten Falles können den Feuerbeschaukommissionen seitens der Bezirksämter die Amtstechniker oder andere Sachverständige beigegeben werden.

§ 3.

Die Ortspolizeibehörde veranlaßt den Zusammentritt der Feuerbeschaukommission alle zwei Jahre mindestens einmal zu einer allgemeinen Feuerbeschau und zwar während der Heizperiode.

Gebäude, welche zur Herstellung, Bearbeitung oder Lagerung größerer Quantitäten leicht entzündlichen oder schwer zu löschenden Materials dienen, mit Ausnahme der Stallungen, Scheunen und Schupfen, müssen alljährlich mindestens einmal der Feuerbeschau unterzogen werden.

Außerdem können von der Distriktsverwaltungs- oder Ortspolizeibehörde erforderlichen Falles jederzeit für den gesamten Bezirk oder für ein einzelnes Anwesen oder Gebäude außerordentliche Feuerbeschauen angeordnet werden

§ 4.

Die Feuerbeschau erstreckt sich nicht nur auf die Privatgebäude, sondern auch auf alle Hof-, Staats-, Gemeinde-, Kirchen- und Stiftungsgebäude.

Die Besitzer von Gebäuden und Anwesen beziehungsweise deren Stellvertreter in der Verwaltung und Benützung der Gebäude, wie Verwalter, Mieter, Aftermieter usw. usw., sind verpflichtet, die Feuerbeschau ungehindert vornehmen zu lassen.

§ 5.

Bei Vornahme der Feuerbeschau sind die Anwesen und Gebäude nach innen und außen auf das Vorhandensein feuergefährlicher Zustände und sicherheitsgefährlicher Baugebrechen gründlich zu untersuchen; hiebei ist insbesondere den Kaminen und Feuerstätten, sowie der Beobachtung der zur Verhütung von Feuersgefahren erlassenen Vorschriften ein besonderes Augenmerk zuzuwenden, sowie darauf zu sehen, ob die Kaminkehrer ihren Verpflichtungen nachgekommen sind.

In die Beschau sind nicht nur die Hauptgebäude, sondern auch die Nebengebäude, sowie die Hofräume usw. einzubeziehen.

In den Gebäuden sind, soweit möglich, sämtliche einzelnen Gelasse zu besichtigen.

Bei Erledigung der vorbezeichneten Aufgaben ist darauf Rücksicht zu nehmen, daß die Bewohner der Gebäude nicht ungebührlich belästigt werden.

§ 6.

Die Feuerbeschaukommission hat die Anwesens- beziehungsweise Wohnungsinhaber auf die vorgefundenen Mängel aufmerksam zu machen.

Handelt es sich um Zustände, welche ohne Schwierigkeit sofort beseitigt werden können, so ist der hiefür verantwortliche Anwesens- oder Wohnungsinhaber zur sofortigen Abstellung zu veranlassen und vor Wiederholung zu verwarnen.

In anderen Fällen ist zur Beseitigung eine entsprechende Frist zu bestimmen, welche abgesehen von größeren Bauvornahmen vier Wochen nicht überschreiten darf.

Besonders gefährliche Zustände, welche sofortige Abhilfe erheischen, hat die Feuerbeschaukommission unverzüglich der Ortspolizeibehörde anzuzeigen.

§ 7.

Spätestens einen Monat nach beendigter Beschau ist eine Nachbeschau vorzunehmen, wobei die Zuziehung eines Sachverständigen in einfach gelagerten Fällen unterbleiben kann.

Wo zu einer größeren Bauvornahme eine längere Frist gewährt wurde, ist nach deren Ablauf eine gesonderte Nachbeschau vorzunehmen.

§ 8.

Der Befund der Beschau und der Nachbeschau ist in ein Protokoll einzutragen, welches der Ortspolizeibehörde mit den Anträgen der Feuerbeschaukommission vorzulegen ist.

Die Führung der Protokolle wird durch Ministerialvorschrift geregelt.

§ 9.

Die einem Bezirksamte untergeordneten Ortspolizeibehörden bringen demselben die Feuerbeschauprotokolle ohne Verzug in Vorlage und äußern sich, soweit veranlaßt, zu den einzelnen Anträgen der Feuerbeschaukommission.

§ 10.[1]

Seitens der Distriktsverwaltungsbehörden werden die Feuerbeschauprotokolle einer Durchsicht unterzogen und die erforderlichen Verfügungen getroffen zur Beseitigung derjenigen Mängel, welche inhaltlich der Feuerbeschauprotokolle und nach den etwa weiter gepflogenen Erhebungen der Abhilfe bedürfen.

Gegen derartige Verfügungen ist Beschwerde im polizeilichen Instanzenzuge zulässig. Die Beschwerden sind an eine Frist von 14 Tagen gebunden.

Die Besitzer von Gebäuden und Anwesen beziehungsweise deren Stellvertreter in der Verwaltung oder Benützung derselben sind auch in denjenigen Fällen, welche nicht durch anderweitige feuerpolizeiliche Anordnungen im Sinne des Artikels 2 Ziffer 14 des Polizeistrafgesetzbuches getroffen werden, verpflichtet, den Verfügungen der Distriktsverwaltungsbehörde in bezug auf Abstellung feuergefährlicher Zustände in oder an den Gebäuden und Anwesen innerhalb der hiefür von der Behörde festgesetzten Frist nachzukommen.

§ 11.

In denjenigen Fällen, welche eine strafrichterliche Einschreitung erheischen, werden von den Distriktsverwaltungsbehörden die erforderlichen Anzeigen bei dem Staatsanwalte beziehungsweise dem Amtsanwalte erstattet.

---

[1] S. ObSt. 1, 421; 14, 301.

Veranlaßtenfalles haben die Distriktsverwaltungsbehörden mit der k. Versicherungskammer, Abteilung für Brandversicherung, ins Benehmen zu treten.

§ 12.

Für die Feuerbeschau an Hof- und Staats-, Kirchen- und Stiftungsgebäuden gelten folgende Bestimmungen:

1. Von der Vornahme der Feuerbeschau ist den mit der unmittelbaren Verwaltung der betreffenden Gebäude betrauten unteren Behörden und Organen beziehungsweise Personen vorher besondere Mitteilung zu machen.
2. Die Vornahme der Feuerbeschau darf nur in Gegenwart der von diesen Behörden und Organen beziehungsweise Personen bezeichneten Vertreter betätigt werden.
3 Für jedes Gebäude ist, falls eine Beanstandung erfolgt, ein gesondertes Feuerbeschauprotokoll aufzunehmen und sofort nach Vornahme der Feuerbeschau der Ortspolizeibehörde beziehungsweise durch diese der Distriktsverwaltungsbehörde vorzulegen.
4. Die weiteren Verhandlungen mit den einschlägigen Behörden beziehungsweise Verwaltungen über die Abstellung der vorgefundenen Mängel werden von den Distriktsverwaltungsbehörden betätigt

§ 13.

Die Kosten der Feuerbeschau fallen, soweit sie nicht durch Abordnung von Sachverständigen seitens der Bezirksämter veranlaßt werden, den Gemeinden zur Last.

§ 14.

Zuwiderhandlungen gegen die Vorschriften in § 4 Absatz 2 und § 10 Absatz III unterliegen der Strafbestimmung des § 368 Ziffer 8 des Reichs-Strafgesetzbuches.

§ 15.

In Städten, in welchen zur Vornahme der Feuerbeschau technisch gebildete Bedienstete in ständiger Eigenschaft aufgestellt sind, kann mit Genehmigung des k. Staatsministeriums des Innern eine von vorstehenden Bestimmungen abweichende Regelung der Feuerbeschau getroffen werden.

§ 16.

Sämtliche über die Feuerbeschau bestehenden verordnungsmäßigen Bestimmungen werden aufgehoben.

11. K.VO. v. 10. Febr. 1901, die Wohnungsaufsicht betr.

(GVBl. 73).*)

Wir finden Uns bewogen, auf Grund des Artikel 73 Absatz II und III des Polizeistrafgesetzbuches für das Königreich Bayern vom 26. Dezember 1871 in der Fassung des § 2 des Gesetzes vom 22. Juni 1900 — GVBl. 1900 S. 484 — zu verordnen, was folgt:

Bestellung der Wohnungsaufsicht. § 1.

In allen Gemeinden des Königreichs ist eine polizeiliche Beaufsichtigung der Wohnungen und Wohnungsräume einzuführen.

*) VollzBest.: InnMB. v. 18. Jan. 1917 (AMBl. 5). Im allg. s. zur VO. Mayr BayZ. 1918, 343.

Die Wohnungsaufsicht hat im allgemeinen den Zweck, dem Wohnungswesen fortgesetzt sorgsames Augenmerk zuzuwenden, auf Verbesserung der Wohnungsverhältnisse, namentlich der Minderbemittelten, hinzuwirken, Mißstände zu beseitigen und hienach das Geeignete vorzukehren.

Zuständigkeit.

§ 2.

Die Handhabung der Wohnungsaufsicht obliegt den Ortspolizeibehörden, in München dem Stadtmagistrate bzw. der k. Polizeidirektion und der Lokalbaukommission auf Grund der bestehenden Zuständigkeitsbestimmungen.

Wohnungskommissionen.

§ 3.

Nach Maßgabe des Bedürfnisses sind in größeren Städten, dann in sonstigen Orten mit dichter Bevölkerung eigene Wohnungskommissionen zu bestellen

Die Zahl der Mitglieder der Wohnungskommission wird durch Beschluß der Gemeindeverwaltung (Magistrat, Gemeindeausschuß, Gemeinderat) bestimmt. Durch dieselbe erfolgt auch die Wahl der Mitglieder und zwar auf die Dauer der Wahlperiode, in magistratischen Gemeinden auf je 6 Jahre. Es wird hiebei auch auf eine Vertretung des ärztlichen Standes Rücksicht zu nehmen sein.

Die Tätigkeit der Mitglieder der Wohnungskommission ist eine ehrenamtliche, wobei jedoch nicht ausgeschlossen ist, daß für besondere Mühewaltung einzelner Mitglieder von der Gemeindevertretung eine Vergütung bestimmt und gewährt wird. Die Mitglieder sind auf gewissenhafte unparteiische Geschäftsführung und Wahrung der Amtsverschwiegenheit handgelübdlich zu verpflichten. Durch die Gemeindeverwaltung ist eine Geschäftsordnung zu erlassen

Wohnungsinspektoren.

§ 4.[1])

Im Bedürfnisfalle sind der Wohnungskommission eigene durch die Gemeinde aufzustellende Wohnungsinspektoren als Hilfsorgane beizugeben

Je nach den örtlichen Verhältnissen kann der Dienst eines Wohnungsinspektors einem Gemeindebediensteten neben anderen Verrichtungen übertragen werden.

Die Aufgabe der Wohnungsinspektoren ist durch eine Dienstanweisung zu regeln, welche von der Ortspolizeibehörde nach Einvernahme der Wohnungskommission zu erlassen ist.

Wohnungserhebung (Enquete)

§ 5.

Insoferne es zur Gewinnung eines Überblicks über die Wohnungsverhältnisse geboten erscheint, sind durch die Gemeinde unter Mitwirkung der zur Wohnungsaufsicht berufenen Organe Wohnungserhebungen zu veranstalten. Das Ergebnis dieser Erhebungen bildet die Grundlage für die zur Beseitigung von Mißständen weiter veranlaßten Anordnungen.

Umfang der Wohnungsaufsicht.

§ 6.

Alle Gebäude und Gebäudeteile, welche zum Aufenthalte für Menschen als Wohn-, Schlaf- oder Arbeitsräume dienen, sowie die dazu gehörigen Küchen, Aborte, Zugänge, Keller oder sonstigen Räume unterliegen der polizeilichen Wohnungsaufsicht.

---

1) Wohnungsinspektoren: InnMB. v. 9. Juni 1913 (KMBl. 568).

Die den Gewerbeaufsichtsorganen obliegende Kontrolle der Arbeitsräume wird hiedurch nicht berührt.

Ausübung der Wohnungsaufsicht im allgemeinen.

§ 7.

Den mit Ausübung der Wohnungsaufsicht betrauten Organen ist der Zutritt in die der Aufsicht unterstehenden Räume zu gestatten.

Die Aufsichtsbeamten haben sich beim Betreten fremder Wohnungen anzumelden, sich unaufgefordert über ihre Person und ihren Dienst zu legitimieren und die Wohnungsbesichtigung zu einer Zeit und in einer Weise vorzunehmen, daß hiedurch eine Belästigung der Beteiligten tunlichst ferngehalten wird.

Abstellung von Mißständen.

§ 8.

Werden bei Ausübung der Wohnungsaufsicht Mißstände wahrgenommen, so ist deren Abstellung zunächst im Wege der Belehrung und Mahnung zu versuchen.

Ist die Beseitigung beanstandeter Mißstände auf diese Weise nicht zu erreichen, so haben da, wo besondere Organe mit Ausübung der Wohnungsaufsicht betraut sind, diese an die Ortspolizeibehörde Anzeige zu erstatten.

Die Ortspolizeibehörde hat hinsichtlich der zu ihrer Kenntnis gelangenden Mißstände, soweit dieselben auf vorstehende Weise nicht beseitigt werden können, nach Maßgabe der gesetzlichen Bestimmungen und der vorliegenden besonderen Verhältnisse weitere Verfügung zu treffen.

Müssen althergebrachte Verhältnisse und Zustände aus gesundheitlichen Rücksichten beanstandet werden, so ist deren allmähliche Beseitigung unter Vorsteckung einer entsprechenden Frist ins Auge zu fassen.

Beziehen von Neubauten.

§ 9.[2])

Neuhergestellte Wohnungen und Wohnungsräume dürfen ohne polizeiliche Genehmigung nicht bezogen werden.

Diese Genehmigung ist schriftlich zu erteilen und darf erst erfolgen, wenn die betreffenden Wohnungen oder Wohnungsräume vollständig fertiggestellt und genügend ausgetrocknet sind.

Zuständig zur Erteilung der Genehmigung ist die Ortspolizeibehörde, in München die Lokalbaukommission.

Luft u. Licht für Wohnungen.

§ 10.

Alle Räume, welche als Wohn-, Schlaf- oder Arbeitsräume benützt werden, sollen hinreichend Luft und Licht und zwar in der Regel unmittelbar aus dem Freien erhalten.

Ausnahmen können von der Ortspolizeibehörde bei solchen Gebäuden gestattet werden, welche vor Erlaß dieser Vorschriften entstanden sind. Hiebei darf jedoch den etwa früher erlassenen bau- oder gewerbepolizeilichen Anordnungen kein Eintrag geschehen.

Beschaffenheit der zum Aufenthalte für Menschen bestimmten Räume.

§ 11.

Alle zum Aufenthalt für Menschen dienenden Räume sollen in bezug auf baulichen Zustand, Trockenheit und Reinlichkeit derart beschaffen sein, daß aus ihrer Benützung gesundheitliche Gefahren nicht entstehen.

---

[2]) S. ObSt. 7, 13.

Belegung der Schlafräume.

§ 12.

Schlafräume sollen für die hierin untergebrachten Personen einen genügenden Luftraum enthalten und dürfen nicht in einer Weise belegt werden, welche den Anforderungen der Sittlichkeit zuwiderläuft. In einzelnen Orten ist veranlaßten Falls das Mindestmaß des Luftraumes durch ortspolizeiliche Regelung festzusetzen.

Heizvorrichtungen und Feuerungen.

§ 13.

Die Heizvorrichtungen und Feuerungen müssen so beschaffen sein, daß durch ihren Gebrauch die Gesundheit nicht gefährdet wird.

Aborte.

§ 14.

Die Abortanlagen müssen, unbeschadet der auf Grund des Artikel 73 Absatz I des Polizeistrafgesetzbuches erlassenen Bestimmungen, so eingerichtet sein, daß ihre Benützung ohne Verletzung von Sitte und Anstand erfolgen kann.

Schlafgängerwesen.

§ 15.

Jedem Schlafgänger ist eine eigene Lagerstätte zur Verfügung zu stellen.

Bei der Unterbringung von Schlafgängern ist die Trennung nach dem Geschlechte durchzuführen; auch für die Zugänge zu den Schlafstellen haben die Rücksichten der Sittlichkeit Beachtung zu finden.

Die an Schlafgängerinnen vergebenen Räume müssen von innen verschließbar, jedenfalls aber mit einem Riegel versehen sein.

Die als Schlafstellen benützten Räume dürfen in bezug auf die Möglichkeit einer Rettung bei Feuersgefahr keinem Bedenken unterliegen.

Ober- u. ortspolizeiliche Vorschriften.

§ 16.

Die nähere Regelung der in den §§ 10—15 einschließlich behandelten Verhältnisse wie auch der Erlaß weiterer einschlägiger Anordnungen, so namentlich hinsichtlich der Unterbringung des gewerblichen und häuslichen Dienstpersonals, hat, soweit veranlaßt, im Wege ober- und ortspolizeilicher Vorschriften zu erfolgen.

Auf dem Lande, dann in Märkten und Städten mit ländlichen Verhältnissen können bei Handhabung der Bestimmungen in §§ 10—13 Erleichterungen insoweit gewährt werden, als einerseits die Durchführung einzelner Bestimmungen unverhältnismäßige Schwierigkeiten mit sich bringen würde und andererseits gesundheitliche und sittliche Gefahren nicht zu befürchten sind.

Staatsaufsicht.

§ 17.

Die den Gemeinden vorgesetzten Aufsichtsbehörden haben unter Mitwirkung des Amtsarztes darüber zu wachen, daß den Bestimmungen über die Handhabung der Wohnungsaufsicht überhaupt sowie insbesondere über die Aufstellung von Wohnungskommissionen und Wohnungsinspektoren sowie über die Veranstaltung von Wohnungserhebungen entsprechend Rechnung getragen wird, und haben nötigenfalls im Aufsichtswege das Geeignete anzuordnen.

In Hof-, Staats-, Kultus- und Stiftungsgebäuden wird die Wohnungsaufsicht nach Maßgabe der Bestimmungen gegenwärtiger Verordnung durch die zur Überwachung dieser Gebäude zuständigen Organe ausgeübt.

§ 18.

Durch gegenwärtige Verordnung bleiben die einschlägigen Vorschriften des bürgerlichen Rechts, welche bestimmte Anforderungen an Wohn-, Schlaf- oder Arbeitsräume stellen, unberührt.

12. K. VO. v. 15. März 1901, den Verkehr mit Arzneimitteln außerhalb der Apotheken betr.

(GVBl. 157).*)

Wir finden Uns bewogen, auf Grund des nach § 1 des Gesetzes vom 22. Juni 1900 neu eingestellten Art. 72a des Polizeistrafgesetzbuches für das Königreich Bayern vom 26. Dezember 1871 zu verordnen, was folgt:

§ 1.

Wer Arzneimittel, welche dem freien Verkehr überlassen und zur Heilung oder Verhütung von Krankheiten der Menschen oder Tiere bestimmt sind, gewerbsmäßig feilhält oder verkauft, hat der Distriktspolizeibehörde, in München der k. Polizeidirektion Anzeige zu erstatten.

In der Anzeige sind die Räume, in welchen die Arzneimittel aufbewahrt und feilgehalten oder verkauft werden, zu bezeichnen.

Jeder spätere Wechsel sowie jede etwaige Zuziehung anderer Räume zur Benützung im Gewerbebetriebe ist gleichfalls den genannten Behörden anzuzeigen.

Dieselben haben ein Verzeichnis der in ihrem Bezirke befindlichen Arzneiwarenhändler zu führen.

§ 2.

Sämtliche Gelasse, in denen die Arzneimittel aufbewahrt und feilgehalten oder verkauft werden, müssen reinlich gehalten, genügend geräumig, hell, trocken und gut lüftbar sein.

Die Aufbewahrung und Feilhaltung der Arzneimittel in anderen Räumen, als den nach § 1 der Behörde bezeichneten, ist verboten.

§ 3.

Die Arzneimittel sind sowohl in den Verkaufs- als in den Vorratsräumen in dichten, festen Behältern mit gut schließenden Deckeln oder Stöpseln aufzubewahren.

Die Schiebladen, in welchen die Arzneimittel lose liegen, müssen entweder mit dichtschließenden Staubdeckeln versehen sein oder in vollen Füllungen laufen.

Jeder Behälter darf nur einerlei Ware enthalten.

In Fächer geteilte Schiebladen für verschiedene Arzneimittel sind nicht zulässig.

§ 4.

Die Behälter, in welchen die einzelnen Arzneimittel aufbewahrt werden, sind derart übersichtlich geordnet und getrennt von den übrigen Waren aufzustellen, daß jede Verwechslung oder Vermischung der giftigen, stark wirkenden und übrigen Arzneimittel unter einander oder

*) S. hierzu ObSt. 3, 35. Verbot der Führung des Apothekertitels durch gepr. Pharmazeuten: Meyer (SeuffBl. 67, 331). Schrankdrogerien (Drogenschränke): JnnMB. v. 19. Jan. 1913 (AMBl. 107).

mit anderen Gegenständen, insbesondere mit Nahrungs- und Genußmitteln ausgeschlossen ist.

Jeder Behälter ist auf seiner Außenseite mit einer dem Inhalt entsprechenden deutlichen und dauerhaften Bezeichnung in deutscher Sprache zu versehen. Neben dem deutschen Namen ist die lateinische Bezeichnung in kleinerer Schrift zulässig.

Die Behälter und Umhüllungen für Tierheilmittel müssen die deutliche und dauerhafte Aufschrift „Nur für Tiere" tragen.

§ 5.

Die Behälter (Gläser, Schachteln, Papierumhüllungen usw.), in welchen die Arzneimittel abgegeben werden, sind mit der entsprechenden Bezeichnung nach Maßgabe des § 4 Abs. 2 und 3 sowie mit der Firma des Verkäufers zu versehen.

§ 6.

Die zum Abwägen und Abmessen der Arzneimittel oder zu sonstigen Hantierungen mit denselben erforderlichen Gerätschaften (Wagen, Löffel usw.) sind stets reinlich und in guter Beschaffenheit zu erhalten und dürfen nur für diese Zwecke verwendet werden.

§ 7.

Die Arzneimittel müssen den Anforderungen an handelsgute Ware entsprechen. Sie dürfen nur in brauchbarem, unverdorbenem, unverfälschtem und nicht verunreinigtem Zustande feilgehalten und abgegeben werden.

§ 8.

In den Verkaufsräumen ist ein alphabetisches Verzeichnis der feilgehaltenen Arzneimittel aufzulegen

§ 9.

Titel und Bezeichnungen, welche zu der Annahme führen können, daß es sich um einen Apothekenbetrieb handle, dürfen im Geschäftsbetriebe nicht gebraucht werden.

§ 10.

In bezug auf den Handel mit Giften und giftigen Farben sind die Vorschriften über den Verkehr mit Giften zu beachten.

§ 11.

Die Aufsicht über die unter vorstehende Bestimmungen fallenden Geschäftsbetriebe steht den Distriktspolizeibehörden und den Bezirksärzten zu. Dieselben sind befugt, Nachsicht zu pflegen und Visitationen vorzunehmen.

Dem k. Staatsministerium des Innern ist vorbehalten, über die Vornahme der Visitationen nähere Bestimmungen zu erlassen und, soweit sich ein Bedürfnis dafür ergeben sollte, wegen etwaiger Zuziehung eines pharmazeutischen Sachverständigen das Geeignete vorzukehren.

§ 12.

Auf Großhandelsgeschäfte, welche Arzneimittel nur an Wiederverkäufer oder an staatliche Untersuchungs- oder Lehranstalten abgeben, finden vorstehende Bestimmungen — unbeschadet dessen, was über den Verkehr mit Giften bestimmt ist — keine Anwendung.

18. K. VO. v. 26. Juli 1907, den Verkehr mit Geheimmitteln und ähnlichen Arzneimitteln betr.

(GVBl. 593).*)

Wir finden Uns bewogen, auf Grund des § 367 Nr. 5 des Strafgesetzbuches für das Deutsche Reich und des Artikel 72a des Polizeistrafgesetzbuches für das Königreich Bayern zu verordnen, was folgt:

§ 1.

Auf den Verkehr mit denjenigen Geheimmitteln und ähnlichen Arzneimitteln, welche in den Anlagen A und B aufgeführt sind, finden die nachstehenden Vorschriften Anwendung; die Ergänzung der Anlagen bleibt vorbehalten. Die Anwendung der nachstehenden Vorschriften auf diese Mittel wird dadurch nicht ausgeschlossen, daß deren Bezeichnung bei im wesentlichen gleicher Zusammensetzung geändert wird

§ 2.

Die Gefäße und die äußeren Umhüllungen, in denen diese Mittel abgegeben werden, müssen mit einer Inschrift versehen sein, welche den Namen des Mittels und den Namen oder die Firma des Verfertigers deutlich ersehen läßt. Außerdem muß die Inschrift auf den Gefäßen oder den äußeren Umhüllungen den Namen oder die Firma des Geschäfts, in welchem das Mittel verabfolgt wird, und die Höhe des Abgabepreises enthalten; diese Bestimmung findet auf den Großhandel keine Anwendung.

Es ist verboten, auf den Gefäßen oder äußeren Umhüllungen, in denen ein solches Mittel abgegeben wird, Anpreisungen, insbesondere Empfehlungen, Bestätigungen von Heilerfolgen, gutachtliche Äußerungen oder Danksagungen, in denen dem Mittel eine Heilwirkung oder Schutzwirkung zugeschrieben wird, anzubringen oder solche Anpreisungen, sei es bei der Abgabe des Mittels, sei es auf sonstige Weise, zu verabfolgen.

§ 3.

Der Apotheker ist verpflichtet, sich Gewißheit darüber zu verschaffen, inwieweit auf diese Mittel die Vorschriften über die Abgabe stark wirkender Arzneimittel Anwendung finden.

Die in der Anlage B aufgeführten Mittel sowie diejenigen in der Anlage A aufgeführten Mittel, über deren Zusammensetzung der Apotheker sich nicht so weit vergewissern kann, daß er die Zulässigkeit der Abgabe im Handverkaufe zu beurteilen vermag, dürfen nur auf schriftliche, mit Datum und Unterschrift versehene Anweisung eines Arztes, Zahnarztes oder Tierarztes, im letzteren Falle jedoch nur beim Gebrauche für Tiere verabfolgt werden. Die wiederholte Abgabe ist nur auf jedesmal erneute derartige Anweisung gestattet.

Bei Mitteln, welche nur auf ärztliche Anweisung verabfolgt werden dürfen, muß auf den Abgabegefäßen oder den äußeren Umhüllungen die Inschrift „Nur auf ärztliche Anweisung abzugeben" angebracht sein

---

*) S. hierzu Stuttg. WürttZ. 25, 39 u. 21, 338. Gegenstandslos sind ObSt. 8, 107 u. 6, 48. Zur Entstehung der VO s. Landmann GewO. § 6 A. 19.

VollzB. v. 10. Sept. 1910 (KMBl. 591) u. 5. Okt. 1911 (KMBl. 649) betr. „Winters natürl. Gesundheitshersteller", „Nalther Tabletten".

§ 4.

Die öffentliche Ankündigung oder Anpreisung der in den Anlagen A und B aufgeführten Mittel ist verboten.

Der öffentlichen Ankündigung oder Anpreisung der Mittel steht es gleich, wenn in öffentlichen Ankündigungen auf Druckschriften oder sonstige Mitteilungen verwiesen wird, welche eine Anpreisung des Mittels enthalten

§ 5.

Diese Verordnung tritt am 1. Oktober 1907 in Kraft; am gleichen Tage tritt die Verordnung vom 19. September 1903 — Gesetz- und Verordnungsblatt 1903 Seite 479 — außer Wirksamkeit.

Anlage A.

1. Adlerfluid. 2. Amarol (auch als Ingestol). 3. Amasira Lochers (auch als Pflanzenpulvermischung gegen Dysmenorrhoe). 4. American coughing cure Lutzes 5. Antiarthrin und Antiarthrinpräparate (auch als Sells Antiarthrin). 6. Anticelta-Tabletten (auch als Anticelta-Tablets oder Fettreduzierungs-Tabletten der Anticelta-Assoziation). 7. Antidiabetikum Bauers 8. Antiépileptique Uten. 9. Antigichtwein Duflots (auch als Antigichtwein Oswald Niers oder Vin Duflot). 10. Antihydropsin Bödikers (auch als Wassersuchtselixier oder Hydrops-Essenz Bödikers). 11 Antimellin (auch als Essentia Antimellini composita). 12. Antineurasthin (auch als Nervennahrung Hartmanns). 13. Antipositin Wagners (auch als Mittel des Dr. Wagner und Marlier gegen Korpulenz). 14. Antirheumatikum Saids (auch als Antirheumatikum nach Dr. Said oder Antirheumatikum Lücks): 15. Antitussin. 16. Asthmamittel Hairs (auch als Asthma cure Hairs). 17. Asthmapulver Schiffmanns (auch als Asthmador). 18. Asthmapulver Zematone, auch in Form der Asthmazigaretten Zematone (auch als antiasthmatische Pulver und Zigaretten des Apothekers Escouflaire). 19. Augenwasser Whites (auch als Dr. Whites Augenwasser von Ehrhardt). 20. Ausschlagsalbe Schützes (auch als Universalheilsalbe oder Universalheil- und Ausschlagsalbe Schützes) 21 Balsam Bilfingers. 22. Balsam Lamperts (auch als Gichtbalsam Lamperts oder Lampert-Stepf-Balsam). 23. Balsam Pagliano (auch als Tripperbalsam Pagliano). 24. Balsam Sprangers (auch als Sprangerscher). 25. Balsam Thierrys (auch als allein echter Balsam Thierrys, englischer Wunderbalsam oder englischer Balsam Thierrys). 26. Beinschäden Indian Bohnerts. 27. Blutreinigungspulver Hohls. 28. Blutreinigungspulver Schützes. 29. Blutreinigungstee Wilhelms (auch als antiarthritischer und antirheumatischer Blutreinigungstee Wilhelms). 30. Bräune-Einreibung Lamperts (auch als Universal-Bräune-Einreibung und Diphtheritistinktur). 31. Bruchbalsam Tanzers. 32. Bruchsalbe des pharmazeutischen Bureaus Valkenberg (Valkenburg) in Holland (auch als Pastor Schmits Bruchsalbe). 33. Corpulin (auch als Corpulin-Entfettungspralinés oder Pralinés de Carlsbad). 34. Djoeat Bauers. 35. Elixir Godineau. 36. Embrocation Ellimans (auch als Universal embrocation oder Ellimans Universal-Einreibemittel für Menschen) ausgenommen Embrocation etc. for horses. 37. Entfettungstee Grundmanns. 38. Epilepsieheilmittel Quantes (auch als Spezifikum oder Gesundheitsmittel Quantes). 39. Epilepsiepulver Cassarinis (auch als Polveri antiepilettiche Cassarinis). 40. Epilepsiepulver der Schwanenapotheke Frankfurt a. M. (auch als antiepileptische Pulver oder Pulver Weils

gegen Epilepsie). 41. Eukalyptusmittel Heß' (Eukalyptol und Eukalyptusöl Heß'). 42. Ferrolin Lochers. 43. Ferromanganin. 44 Fulgural (auch als Blutreinigungsmittel Steiners und Schulzes). 45. Gebirgstee Harzer (Lauers). 46. Gehöröl Schmidts (auch als verbessertes oder neu verbessertes Gehöröl Schmidts). 47. Gesundheitskräuterhonig Lücks. 48. Glandulen. 49. Gloria tonic Smiths. 50. Glycosolvol Lindners (auch als Antidiabetikum Lindners). 51. Haematon Haitzemas. 52. Heilsalbe Sprangers (auch als Sprangersche, oder Zug- und Heilsalbe Sprangers oder Sprangersche). 53. Heiltränke Jakobis (auch als Heiltrankessenz, insbesondere Königstrank Jakobis). 54. Homeriana (auch als Brusttee Homeriana oder russischer Knöterich Polygonum aviculare Homeriana). 55. Hustentropfen Lausers 56. Injection Brou (auch als Brousche Einspritzung). 57. Injection au matico (auch als Einspritzung mit Matiko). 58. Johannistee Brockhaus' (auch als Galeopsis ochroleuca vulcania der Firma Brockhaus). 59. Kalosin Lochers. 60. Kava Lahrs (auch als Kavakapseln Lahrs, Santalol Lahrs mit Kavaharz oder Kavaharz Lahrs mit Santalol). 61. Knöterichtee, russischer, Weidemanns (auch als russischer Knöterich- oder Brusttee Weidemanns). 62. Kongopillen Richters (auch als Magenpillen Richters). 63. Kräutergeist Schneiders (auch als wohlriechender Kräutergeist oder Luisafluid Schneiders). 64. Kräuterpillen Burkharts. 65. Kräutertee Lücks. 66. Kräuterwein Ullrichs (auch Hubert Ullrichscher Kräuterwein). 67. Kronessenz, Altonaer (auch als Kronessenz oder Menadiesche oder Altonaische Wunder-Kronessenz). 68. Kropf-Kur Haigs (auch als Goitre-cure oder Kropfmedizin Haigs). 69. Kurmittel Meyers gegen Zuckerkrankheit. 70. Lebensessenz Fernests (auch als Fernestsche Lebensessenz). 71. Loxapillen Richters. 72. Magenpillen Tachts. 73. Magentropfen Bradys (auch als Mariazeller Magentropfen Bradys). 74. Magentropfen Sprangers (auch als Sprangersche). 75. Magolan (auch als Antidiabetikum Braemers). 76. Mother Seigels pills (auch als Mutter Seigels Abführungspillen oder operating pills). 77. Mother Seigels syrup (auch als Mother Seigels curative syrup for dyspepsia, Extract of American roots oder Mutter Seigels heilender Sirup). 78. Nektar Engels (auch als Hubert Ullrichsches Kräuterpräparat Nektar). 79. Nervenfluid Dressels. 80. Nervenkraftelixier Liebers. 81. Nervenstärker Pastor Königs (auch als Pastor Königs Nerve Tonic). 82. Nervol Rays. 83. Orffin (Baumann Orffsches Kräuternährpulver). 84. Pain-Expeller. 85. Pektoral Bocks (auch als Hustenstiller Bocks). 86. Pillen Beechams (auch als Patent pills Beechams). 87. Pillen, indische (auch als Antidysentericum). 88. Pillen Rays (auch als Darm- und Leberpillen Rays). 89. Pilules du Docteur Laville (auch als Pillen Lavilles). 90. Polypec (auch als Naturkräutertee Weidemanns). 91. Reduktionspillen, Marienbader, Schindler Bernaysche (auch als Marienbader Reduktionspillen für Fettleibige). 92. Regenerator Liebauts (auch als Regenerator nach Liebaut). 93. Saccharosalvol. 94. Safe remedies Warners (Safe cure, Safe diabetic, Safe nervine, Safe pills). 95. Sanjana-Präparate (auch als Sanjana-Spezifika). 96. Santal Grötzners. 97. Sarsaparillian Ayers (auch als Ayers zusammengesetzter und gemischter Sarsaparillextrakt). 98. Sarsaparillian Richters (auch als Extractum Sarsaparillae compositum Richter). 99. Sauerstoffpräparate der Sauerstoffheilanstalt Vitafer. 100. Schlagwasser Weißmanns. 101. Schweizerpillen Brandts. 102 Sirup Pagliano (auch als Sirup Pagliano Blutreinigungsmittel, Blutreinigungs- und Bluterfrischungssirup Pagliano des Prof. Girolamo Pagliano oder Sirup Pagliano von Prof. Ernesto Pagliano). 103. Spermatol (auch als Stärkungselixier Gordons). 104. Spezialtee Lücks (auch als Spezialkräutertees Lücks). 105. Sterntee Weidhaas' (auch als Sterntee des Kurinstituts „Spiro Spero"). 106. Stomakal Richters (auch als Tinktura stomachica Richter). 107. Stroopal (auch als Heilmittel Stroops gegen Krebs-, Magen- und Leberleiden oder Stroops Pulver). 108. Tabletten Hoffmanns. 109. Tarolinkapseln. 110. Trunksuchtsmittel des Alkolin-Instituts. 111. Trunksuchtsmittel Burghardts (auch als Diskohol). 112. Trunksuchtsmittel August Ernsts (auch als Trunksuchtspulver, echtes deutsches). 113. Trunksuchtsmittel Theodor Heintzs. 114. Trunksuchtsmittel Konetzkys (auch als Kephalginpulver oder Trunksuchtsmittel der Privatanstalt Villa Christina). 115. Trunksuchtsmittel der Gesellschaft Sanitas. 116. Trunksuchtsmittel Joseph Schneiders (auch als Antebeten). 117. Trunksuchtsmittel Wessels. 118. Tuberkeltod (auch als Eiweiß-Kräuterkognak-Emulsion Stickes). 119. Universal-Magenpulver Barellas. 120. Vin Mariani (auch als Marianiwein). 121. Vulneralcrême (auch als Wundcrême Vulneral). 122. Wundensalbe, konzessionierte, Dicks (auch als Zittauer Pflaster). 123. Zambakapseln Lahrs.

Anlage B.

1. Antineon Lochers. 2. Asthmamittel Tuckers (auch als Asthma-Heilmethode [Specific] Tuckers). 3. Augenheilbalsam, vegetabilischer, Reichels (auch als Ophthalmin Reichels). 4. Bandwurmmittel Friedrich Horns. 5. Bandwurmmittel Theodor Horns. 6. Bandwurmmittel Konetzkys (auch als Konetzkys Helminthenextrakt). 7. Bandwurmmittel Schneiders (auch als Granatkapseln Schneiders). 8. Bandwurmmittel Violanis. 9. Bromidia Battle und Komp. 10. Cathartic pills Ayers (auch als Reinigungspillen oder abführende Pillen Ayers). 11. Cozapulver (auch als E'Coza oder Trunksuchtsmittel des Coza-Instituts oder Institut d'E-Coza). 12. Diphtheritismittel Noortwycks (auch als Noortwycks antiseptisches Mittel gegen Diphtherie). 13. Gesundheitshersteller, natürlicher, Winters (auch als Nature health restorer Winters). 14. Gicht- und Rheumatismuslikör, amerikanischer, Latons (auch als Remedy Latons). 15. Gout and rheumatic pills Blairs. 16. Heilmittel des Grafen Mattei (auch als Graf Cesare Matteische elektrohomöopathische Heilmittel). 17. Heilmittel Kidds (auch als Heilmittel der Davis Medical Co.). 18. Kolkodin Heuschkels (auch als Mittel Heuschkels gegen Pferdekolik). 19. Krebspulver Frischmuths (auch als Mittel Frischmuths gegen Krebsleiden). 20. Liqueur du Docteur Laville (auch als Likör des Dr. Laville). 21. Lymphol Rices (auch als Bruchheilmittel Rices). 22. Noordyl (auch als Noordyltropfen Noortwycks). 23. Oculin Carl Reichels (auch als Augensalbe Oculin). 24. Pillen Morisons. 25. Pillen Redlingers (auch als Redlingersche Pillen). 26. Pink-Pillen Williams' (auch als Pilules Pink pour personnes pâles du Dr. Williams). 27. Reinigungskuren Konetzkys (auch als Reinigungskuren der Kuranstalt Neuallschwil [Schweiz]). 28. Remedy Alberts (auch als Rheumatismus- und Gichtheilmittel Alberts). 29. Sternmittel, Genfer, Sauters (auch als elektrohomöopathische Sternmittel von Sauter in Genf oder Neue elektro-homöopathische Sternmittel usw.). 30. Vixol (auch als Asthmamittel des Vixol Syndicate).

14. InnMB. v. 29. Sept. 1907, Obpol. Vorschr. über den Radfahrerverkehr.

(GVBl. 731).*)

Auf Grund des § 366 Nr. 10 des Strafgesetzbuchs für das Deutsche Reich und des Art. 2 Ziffer 6 des Polizeistrafgesetzbuchs für das Königreich Bayern werden folgende Vorschriften, und zwar §§ 1—17 gemäß einer zwischen den Bundesregierungen getroffenen Vereinbarung, für den Radfahrverkehr auf öffentlichen Wegen und Plätzen erlassen:

A. Allgemeine Vorschriften.

§ 1.

Für den Radfahrverkehr gelten sinngemäß die den Verkehr von Fuhrwerken auf öffentlichen Wegen und Plätzen regelnden polizeilichen Vorschriften, soweit nicht in nachfolgendem andere Bestimmungen getroffen sind.

Auf Fahrräder, welche im öffentlichen Transportgewerbe verwendet werden, sowie auf die Fahrer dieser Räder finden neben den nachstehenden Vorschriften die allgemeinen Bestimmungen über den Betrieb der dem öffentlichen Transportgewerbe dienenden Beförderungsmittel Anwendung.

Auf Fahrräder, die nicht ausschließlich durch menschliche Kraft betrieben werden, finden die nachstehenden Vorschriften insoweit Anwendung, als nicht in den Vorschriften, betreffend den Verkehr mit Kraftfahrzeugen, ein anderes bestimmt ist.

B. Das Fahrrad.

§ 2.[1])

Jedes Fahrrad muß versehen sein:

1. mit einer sicher wirkenden Hemmvorrichtung;
2. mit einer helltönenden Glocke zum Abgeben von Warnungszeichen;
3. während der Dunkelheit und bei starkem Nebel mit einer hellbrennenden Laterne mit farblosen Gläsern, welche den Lichtschein nach vorn auf die Fahrbahn wirft.

C. Der Radfahrer.

a) Ausweis über die Person des Radfahrers.

§ 3[2]).

Der Radfahrer hat eine auf seinen Namen lautende Radfahrkarte bei sich zu führen und auf Verlangen dem zuständigen Beamten vorzuzeigen.

Die Karte wird von der zuständigen Behörde des gewöhnlichen Aufenthaltsorts des Radfahrers nach dem Muster[2]) der Anlage unter Verwendung von auf Leinwand aufgezogenem Papier ausgestellt.

---

*) Unter Berücksichtigung der Änd. durch InnMB. v. 6. April 1908 (GVBl. 261).

[1]) S. ObSt. 12, 43; 8, 280; Krackhard BayZ. 1912, 458.

[2]) Von der Wiedergabe des Musters ist Umgang genommen.

Für Personen unter 14 Jahren erfolgt die Ausstellung auf Antrag des Vaters, Vormundes oder sonstigen Gewalthabers.

Die Radfahrkarte gilt für den Umfang des Deutschen Reichs.

Radfahrer, welche ihren gewöhnlichen Aufenthalt außerhalb des Deutschen Reichs haben, haben einen anderweiten genügenden Ausweis über ihre Person bei sich zu führen und auf Verlangen dem zuständigen Beamten vorzuzeigen.

b) Besondere Pflichten des Radfahrers.

§ 4.

Jeder Radfahrer ist zur gehörigen Vorsicht bei der Leitung seines Fahrrads verpflichtet.

Auf den Haltruf oder das Haltzeichen eines als solchen kenntlichen Polizeibeamten hat jeder Radfahrer sofort anzuhalten. Zur Kenntlichmachung eines Polizeibeamten ist auch das Tragen einer Dienstmütze ausreichend.

§ 5.

Die Fahrgeschwindigkeit ist jederzeit so einzurichten, daß Unfälle und Verkehrsstörungen vermieden werden.

Innerhalb geschlossener Ortsteile darf nur mit mäßiger Geschwindigkeit gefahren werden.

Auf unübersichtlichen Wegen, insbesondere nach Eintritt der Dunkelheit oder bei starkem Nebel, beim Einbiegen aus einer Straße in die andere, bei Straßenkreuzungen, bei scharfen Straßenkrümmungen, bei der Ausfahrt aus Grundstücken, die an öffentlichen Wegen liegen, und bei der Einfahrt in solche Grundstücke, ferner beim Passieren enger Brücken und Tore sowie schmaler oder abschüssiger Wege, sowie da, wo die Wirksamkeit der Hemmvorrichtung durch die Schlüpfrigkeit des Weges in Frage gestellt ist, endlich überall da, wo ein lebhafter Verkehr stattfindet, muß langsam und so vorsichtig gefahren werden, daß das Fahrrad nötigenfalls auf der Stelle zum Halten gebracht werden kann. In allen diesen Fällen sowie bei jedem Bergabfahren ist es verboten, beide Hände gleichzeitig von der Lenkstange oder die Füße von den Pedalen zu nehmen.

§ 6.[3])

Der Radfahrer hat entgegenkommende, zu überholende, in der Fahrtrichtung stehende oder die Fahrtrichtung kreuzende Menschen, insbesondere die Führer von Fuhrwerken, Reiter, Viehtreiber usw. durch deutlich hörbares Glockenzeichen rechtzeitig auf das Nahen des Fahrrads aufmerksam zu machen.

Auch an unübersichtlichen Stellen (§ 5 Abs. 3) ist das Glockenzeichen zu geben.

Das Abgeben des Glockenzeichens ist sofort einzustellen, wenn Tiere dadurch unruhig oder scheu werden.

Zweckloses oder belästigendes Klingeln ist zu unterlassen. Der Gebrauch von Signalpfeifen, Huppen und beständig tönenden Glocken (Schlittenglocken und dergleichen) sowie von sogenannten Radlaufglocken, sofern sie dergestalt in Verbindung mit der Hemmvorrichtung stehen, daß

[3]) S. ObSt. 12, 42.

sie ertönen, wenn und solange diese in Anwendung gebracht wird, ist untersagt.

Merkt der Radfahrer, daß ein Tier vor dem Fahrrade scheut, oder daß sonst durch das Vorbeifahren mit dem Fahrrade Menschen oder Tiere in Gefahr gebracht werden, so hat er langsam zu fahren und erforderlichenfalls sofort abzusteigen.

§ 7.

Das Einbiegen in eine andere Straße hat nach rechts in kurzer Wendung, nach links in weitem Bogen zu geschehen.

§ 8.

Der Radfahrer hat bei der Fahrt die rechte Seite der Fahrbahn einzuhalten und entgegenkommenden Fuhrwerken, Kraftfahrzeugen, Reitern, Radfahrern, Fußgängern, Viehtransporten oder dergleichen rechtzeitig und genügend nach rechts auszuweichen oder, falls dies die Umstände oder die Örtlichkeit nicht gestatten, solange abzusteigen, bis die Bahn frei ist.

Auf Fahrwegen haben entgegenkommende Fuhrwerke, Kraftfahrzeuge usw. dem Radfahrer soviel Platz frei zu lassen, daß er auf der Fahrstraße ohne Gefahr rechts ausweichen kann.

§ 9.

Das Vorbeifahren an eingeholten Fuhrwerken, Kraftfahrzeugen, Reitern, Radfahrern, Fußgängern, Viehtransporten oder dergleichen hat auf der linken Seite zu erfolgen.

Auf Fahrwegen haben die zu überholenden Fuhrwerke, Kraftfahrzeuge usw. auf das gegebene Glockenzeichen soviel Platz frei zu lassen, daß der Radfahrer auf der Fahrstraße ohne Gefahr vorbeifahren kann.

An unübersichtlichen Stellen (§ 5 Abs. 3) sowie überall, wo die Fahrbahn durch Fuhrwerke, Kraftfahrzeuge usw verengt ist, ist das Überholen verboten.

§ 10.

Bei Benutzung der Bankette und Fußwege (§ 12 Abs. 1 und 2) darf der Verkehr der Fußgänger nicht gestört werden. Das Bankett hat der Radfahrer bei Annäherung an Fußgänger rechtzeitig zu verlassen; sofern dies aber nicht möglich ist, hat er abzusteigen.

§ 11.

Das Umkreisen von Fuhrwerken, Menschen und Tieren und ähnliche Bewegungen, welche geeignet sind, Menschen oder Eigentum zu gefährden, den Verkehr zu stören oder Tiere scheu zu machen, sind verboten.

D. Die Benutzung öffentlicher Wege und Plätze.

§ 12.

Das Radfahren ist, außer auf den für den Radfahrverkehr eingerichteten besonderen Wegen (Radfahrwegen), nur auf den für Fuhrwerke bestimmten Wegen und Plätzen gestattet. Außerhalb der geschlossenen Ortschaften darf das Fahren mit Zweirädern auch auf den neben den Fahrwegen hinführenden, nicht erhöhten Banketten stattfinden.

Die Wegpolizeibehörden sind befugt, den Radfahrverkehr auf Fußwegen und auf Plätzen, die für Fuhrwerke nicht bestimmt sind, zuzulassen.

Reiten, Fahren, Schieben von Handwagen und Handkarren oder Viehtreiben auf den Radfahrwegen (Abs. 1 Satz 1) ist nicht gestattet.

§ 13.

Durch allgemeine ortspolizeiliche Vorschriften oder durch besondere, für einzelne Fälle getroffene polizeiliche Anordnungen kann auf bestimmten Wegen, Plätzen und Brücken oder Teilen derselben sowie auf Banketten neben den Fahrwegen das Fahren mit Fahrrädern oder mit bestimmten Arten von Fahrrädern verboten oder beschränkt, sowie auf den Radfahrwegen (§ 12 Abs. 1 Satz 1) der Fußgängerverkehr verboten werden.

Allgemeine Vorschriften dieser Art sind öffentlich bekannt zu machen und, vorbehaltlich anderweiter Anordnungen der Landespolizeibehörden, an den betreffenden Strecken durch öffentlichen Anschlag zur Kenntnis zu bringen.

Die bereits bestehenden Verbote bleiben in Kraft.

§ 14.

Das Wettfahren und die Veranstaltung von Wettfahrten auf öffentlichen Wegen und Plätzen sind verboten. Ausnahmen bedürfen der Genehmigung der zuständigen Polizeibehörde, welche im einzelnen Falle die besonderen Bedingungen festsetzt.

E. Strafbestimmungen.

§ 15.

Zuwiderhandlungen gegen die vorstehenden Bestimmungen und gegen die darin vorbehaltenen allgemeinen ortspolizeilichen Vorschriften oder besonderen polizeilichen Anordnungen (§ 13) werden in Gemäßheit des § 366 Nr. 10 des Reichsstrafgesetzbuchs mit Geldstrafe bis zu 60 Mark oder mit Haft bis zu 14 Tagen bestraft.

F. Ausnahmen.

§ 16.

Die Vorschriften des § 3 finden auf Militärpersonen in Uniform oder auf Reichs-, Staats- und Gemeindebeamte, die Amtskleidung oder ein Amtszeichen tragen, keine Anwendung, sofern diese Personen das Fahrrad zu dienstlichen Zwecken benutzen.

Ob und inwieweit Ausnahmen von den in Gemäßheit des § 13 ergangenen Vorschriften für den dienstlichen Radfahrverkehr der Beamten der Post- und Telegraphenverwaltung und anderer öffentlicher Verwaltungen zuzulassen sind, bestimmt die zuständige Landeszentralbehörde.

G. Schlußbestimmungen.

§ 17.

Diese Verordnung tritt am 1. Januar 1908 in Kraft.

Mit diesem Zeitpunkte sind, unbeschadet der Bestimmung im § 13 Abs. 3, die bisherigen Vorschriften über den Radfahrverkehr auf öffentlichen Wegen und Plätzen aufgehoben.

Die nach den bisherigen Vorschriften ausgestellten Radfahrkarten gelten noch bis zum 1. Januar 1910, sofern sie nicht für eine kürzere Zeit ausgestellt sind.

§ 18.

Zum Vollzuge gegenwärtiger Polizeiverordnung sind, soweit sich nicht aus derselben ein anderes ergibt, die Ortspolizeibehörden, in München die Polizeidirektion zuständig.

Die in § 13 Abs. 2 vorbehaltenen Anordnungen können von den Staatsverwaltungsbehörden innerhalb ihrer Zuständigkeit erlassen werden.

Die in § 14 vorgesehene Genehmigung wird von der Distriktsverwaltungsbehörde erteilt.

Zuständige Beamte bzw. Polizeibeamte im Sinne der §§ 3 und 4 sind sämtliche Organe der Sicherheits- und Straßenpolizei.

§ 19.

Die Ausstellung der Radfahrkarte durch die Ortspolizeibehörde unterliegt der Gebühr nach Art. 202 Ziff. 2 beziehungsweise Art. 228 des Gebührengesetzes und § 2 der K. Verordnung vom 20. September 1879, die gebührenpflichtigen Angelegenheiten der einer Distriktspolizeibehörde untergeordneten Gemeindebehörden betreffend.

Gebühren werden gemäß Art. 3 Ziff. 1 des Gebührengesetzes nicht erhoben

1. von Personen, welche das Fahrrad ausschließlich im öffentlichen Dienste benützen, wie Gendarmen, Schutzmänner, Feuerwehrmänner, Briefträger, Distriktstechniker, Straßenwärter usw.,
2. für den Umtausch der nach den oberpolizeilichen Vorschriften vom 1 Januar 1898 ausgestellten Karten, solange ihre Gültigkeit nicht erloschen ist.

15. K. VO. v. 6. Sept. 1908, die Ausgrabungen u. Funde von prähistorischen oder historisch merkwürdigen Gegenständen betr.

(GVBl. 762).*)

Wir finden Uns bewogen, auf Grund des Artikels 22b Absatz 1 des Polizeistrafgesetzbuches zu verordnen, was folgt:

§ 1.

Wer auf einem Grundstücke Ausgrabungen nach prähistorischen oder historisch merkwürdigen Gegenständen vornehmen will oder wer zu einem anderen Zwecke Grabungen in einem Grundstücke vornehmen will, in dem prähistorische oder historisch merkwürdige Gegenstände zu vermuten sind, bedarf der Genehmigung der Distriktsverwaltungsbehörde — in München des Stadtmagistrates.

Mit der Ausgrabung oder Grabung darf erst begonnen werden, wenn die Genehmigung der Distriktsverwaltungsbehörde erteilt ist.

Die Distriktsverwaltungsbehörde kann die Genehmigung versagen oder von der Erfüllung bestimmter Bedingungen abhängig machen.

Vorstehende Bestimmungen finden keine Anwendung auf Ausgrabungen, welche von einer staatlichen Denkmalpflegebehörde vorgenommen oder veranlaßt werden. In solchen Fällen ist der Distriktsverwaltungs-Behörde vor Beginn der Ausgrabungsarbeiten lediglich Anzeige zu erstatten.

§ 2.

Werden bei einer Erdarbeit, bei einer Bau- oder Abbrucharbeit zufällig prähistorische oder historisch merkwürdige Gegenstände gefunden, so ist hievon der Ortspolizeibehörde spätestens am nächstfolgenden Werktage Anzeige zu erstatten. Die Anzeigepflicht obliegt demjenigen, der zuerst auf den Gegenstand gestoßen ist (Finder). Ist der Finder nicht

*) VollzBest.: InnMB. v. 7. Sept. 1908 (GVBl. 763; MABl. 503).

der Unternehmer oder dessen Stellvertreter oder der Leiter der Arbeiten, so genügt es, wenn der Finder dem an Ort und Stelle befindlichen Unternehmer, Stellvertreter des Unternehmers oder Leiter der Arbeiten unverzüglich Anzeige erstattet. Dieser ist sodann verpflichtet, die Anzeige an die Ortspolizeibehörde sofort weiterzugeben.

Der Unternehmer der Arbeiten, alle dabei beschäftigten Personen, der Eigentümer des Grundstücks und die sonst etwa Verfügungsberechtigten haben die Fortsetzung der Arbeiten zu unterlassen und die gefundenen Gegenstände in unverändertem Zustande zu verwahren. Diese Verpflichtung erlischt mit dem Ablauf des 7. Tages nach dem Tage der Anzeigeerstattung, wenn nicht seitens der Distriktsverwaltungsbehörde — in München seitens des Stadtmagistrats — schon früher die Fortsetzung der Arbeiten gestattet oder die Freigabe der gefundenen Gegenstände verfügt wurde.

§ 3.

Das Staatsministerium des Innern für Kirchen- und Schulangelegenheiten ist ermächtigt, die zum Vollzug dieser Verordnung erforderlichen Vorschriften zu erlassen.

§ 4.

Diese Verordnung tritt am 1. November 1908 in Kraft.

16. Obpol. Vorschr. (InnM.) v. 28. Aug. 1909, betr. die Sicherheit auf öffentl. Wegen, Straßen u. Plätzen.

(GVBl. 668).

Auf Grund des § 366 Nr. 10 des Strafgesetzbuchs für das Deutsche Reich und des Art. 2 Ziff. 6 des Polizeistrafgesetzbuchs für das Königreich Bayern wird folgende Vorschrift erlassen:

Es ist verboten, Stacheldraht derart anzubringen, daß dadurch Personen, die auf öffentlichen Wegen, Straßen oder Plätzen verkehren, gefährdet werden.

Verlangt die Polizeibehörde die Entfernung oder Abänderung einer Vorrichtung aus Stacheldraht mit der Begründung, daß dadurch Personen, die auf öffentlichen Wegen, Straßen oder Plätzen verkehren, gefährdet werden, so ist diesem Verlangen innerhalb der von der Behörde bestimmten Frist zu entsprechen.

Weitergehende oberpolizeiliche Vorschriften der Regierungen, Kammern des Innern, distrikts- oder ortspolizeiliche Vorschriften werden vorbehalten.

17. K. VO. v. 17. Jan. 1910, die Zuständigkeit zur Erlassung der in § 366 Nr. 10 u. § 367 Nr. 5 des RStGB. vorbehaltenen Vorschriften betr.

(GVBl. 45).

Wir finden Uns bewogen, auf Grund des Art. 1 Abs. 2 des Polizeistrafgesetzbuchs für Bayern zu verordnen, was folgt:

§ 1.

Die nach § 366 Nr. 10 des Reichsstrafgesetzbuchs zulässigen Polizeiverordnungen werden bezüglich der Wasserstraßen durch ober-, distrikts- oder ortspolizeiliche Vorschriften erlassen.

§ 2.

Die nach § 367 Nr. 5 des Reichsstrafgesetzbuchs zulässigen Verordnungen über die Verausgabung und Verwendung von Sprengstoffen oder anderen explodierenden Stoffen werden durch oberpolizeiliche Vorschrift erlassen.

18. K. VO. v. 9. Jan. 1912 über die Meldepflicht der Ärzte u. Zahnärzte.

(GVBl. 15).*)

Wir finden Uns bewogen, auf Grund des Art. 128 des Polizeistrafgesetzbuchs vom 26. Dezember 1871 zu verordnen, was folgt:

§ 1.

Ärzte und Zahnärzte, die sich in Bayern zur Berufsausübung, wenn auch nur vorübergehend niederlassen, haben sich binnen 14 Tagen nach der Niederlassung bei der Distriktsverwaltungsbehörde des Niederlassungsorts, in München bei der Polizeidirektion, und bei dem zuständigen Bezirksarzte persönlich anzumelden und sich hierbei über die Approbation nach § 29 der Gewerbeordnung und bei Führung des Doktor- oder eines ähnlichen Titels über die Berechtigung hiezu auszuweisen.

§ 2.

Ärzte und Zahnärzte, die in Bayern den Beruf ausüben, haben der Distriktsverwaltungsbehörde des Niederlassungsorts, in München der Polizeidirektion, einen Wechsel des Wohnortes vor der Änderung mündlich oder schriftlich anzuzeigen

§ 3.

Die K. Verordnung vom 11. August 1873, die Ausübung der Heilkunde betreffend, wird aufgehoben.

19. K. VO. v. 13. Febr. 1914 zur Verhütung von Waldbränden.

(GVBl. 65).**)

Wir finden Uns bewogen, auf Grund des § 368 Nr. 8 des Strafgesetzbuchs für das Deutsche Reich und des Art. 2 Ziff. 14 des Polizeistrafgesetzbuchs für das Königreich Bayern zu verordnen, was folgt:

In den Waldungen und in deren Nähe bis zu 100 m vom Waldrand ist beim Rauchen und bei sonstigem Gebrauche brennender oder glimmender Gegenstände die zur Verhütung von Waldbränden erforderliche Sorgfalt anzuwenden.

---

*) S. hiezu ObSt. 1, 381.

**) VollzB.: InnFMB. v. 28. Febr. 1914 (FMBl. 37; KMBl. 106).

20. VO. (Reg. d. Volksstaats Bayern) v. 27. März 1919 über die Errichtung von Denkmälern.

(GVBl. 119).*)

Auf Grund des Artikels 101 Abs. 3 des Polizeistrafgesetzbuchs wird verordnet:

1. Die Errichtung, Wiederherstellung, Instandsetzung, Änderung oder Beseitigung von Denkmälern auf oder an öffentlichen Straßen, Wegen oder Plätzen bedarf der baupolizeilichen Genehmigung.
2. Das gleiche gilt für Denkmäler in Friedhöfen mit Ausnahme der Denkmäler für Einzelgräber oder Familiengrabstätten, dann für Denkmäler, die nicht auf oder an öffentlichen Straßen, Wegen oder Plätzen errichtet sind oder errichtet werden, aber von dort gesehen werden können und geeignet sind, das landschaftliche oder Ortsbild wesentlich zu beeinflussen.
3. Eine Anlage, die im Zusammenhange mit einem Denkmale zur Ausgestaltung seiner Umgebung hergestellt ist oder hergestellt wird, gilt als Bestandteil des Denkmals.

*) VollzBest.: InnKMB. v. 31. Juli 1920 (KMBl. 353) u. KMB. v. 26. Febr. 1920 (KMBl. 99). S. auch PStGB. Art. 22b A. 10 u. VO. v. 8. Mai 1920 (RGBl. 913) über den Schutz von Denkmalen u. Kunstwerken mit MB. v. 14. Sept. 1921 (GVBl. 480).

21. Obpol. Vorschr. (InnM.) v. 11. März 1920 über die Feuerbestattung.

(GVBl. 57).**)

Das Staatsministerium des Innern erläßt auf Grund Art. 61 Abs. I Ziffer 3 des bayerischen Polizeistrafgesetzbuches folgende Vorschriften:

§ 1.

Menschliche Leichen dürfen nur in Feuerbestattungsanlagen eingeäschert werden, die von politischen Gemeinden betrieben werden.

§ 2.

I Die Feuerbestattungsanlagen, ihre Einrichtung und ihr Betrieb müssen den bau-, feuer- und gesundheitspolizeilichen Anforderungen entsprechen.

II Es muß Vorsorge getroffen sein, daß die Asche einer jeden Leiche möglichst rein und vollständig gewonnen und eine Vermengung mit anderen Stoffen oder eine Verwechslung tunlichst vermieden wird.

III Zur Beisetzung von Aschenresten, die weder auf einem öffentlichen Friedhof noch in einer sonstigen nach Art. 61 Abs. I Ziffer 2 PStGB. zugelassenen Bestattungsanlage beigesetzt werden, sind bei den Feuerbestattungsanlagen besondere Anlagen vorzusehen.

§ 3.

Feuerbestattungsanlagen dürfen — unbeschadet der nach Maßgabe der allgemeinen Vorschriften durch die zuständigen Behörden vorzuneh-

**) VollzBest.: InnMB. v. 11. März 1920 (GVBl. 59). Zur Frage der Rechtswirksamkeit s. ObSt. 13, 318 u. Grasm. 2, 269 A. 1. Zur Auslegung: Fischer GZ. 1913, 82.

menden Prüfung in bau- und feuerpolizeilicher Hinsicht — erst dann in Betrieb genommen werden, wenn die Regierung, Kammer des Innern, festgestellt hat, daß sie den gesundheitspolizeilichen und den in § 2 Abs. II und III vorgeschriebenen Anforderungen genügen.

§ 4.

I Eine Leiche darf erst dann eingeäschert werden, wenn die Ortspolizeibehörde des Einäscherungsortes, in München der Stadtrat, die Feuerbestattung schriftlich genehmigt hat;

II Die Genehmigung darf nur erteilt werden, wenn folgende Nachweise beigebracht sind:

1. die amtliche Sterbeurkunde;
2. eine amtsärztliche Bescheinigung über die Todesursache;
3. der Nachweis, daß der Verstorbene die Feuerbestattung seiner Leiche angeordnet hat;
4. eine Bescheinigung der Ortspolizeibehörde des Sterbeortes oder des letzten Wohnortes, in München der Polizeidirektion, darüber, daß ihr Umstände, die den Verdacht der Herbeiführung des Todes durch eine strafbare Handlung begründen, nicht bekannt sind; in den Fällen des § 157 Abs. I der Strafprozeßordnung ersetzt die nach Abs. II des § 157 erteilte Genehmigung die Bescheinigung der Ortspolizeibehörde.

§ 5.

I Der Nachweis, daß der Verstorbene die Feuerbestattung angeordnet hat (§ 4 Abs. II Ziff. 3), kann erbracht werden:

1. durch eine letztwillige Verfügung des Verstorbenen;
2. durch eine mündliche Erklärung des Verstorbenen, die von einer zur Führung eines öffentlichen Siegels berechtigten Person als in ihrer Gegenwart abgegeben beurkundet ist;
3. durch eine schriftliche, hinsichtlich der Unterschrift von einem bayerischen Notar beglaubigte Erklärung des Verstorbenen;
4. durch die mündliche, eidesstattliche Versicherung zweier eidesfähiger (§ 56 Nr. 1 und 2 StPO., § 393 Nr. 1 und 2 der ZPO.) Zeugen vor einem bayerischen Notar, daß der Verstorbene in ihrer Gegenwart den ausdrücklichen und ernstlichen Wunsch geäußert hat, eingeäschert zu werden.

II Die Anordnung kann nicht durch einen Stellvertreter getroffen werden. Sie ist nur wirksam, wenn der Verstorbene sie nach vollendetem 16. Lebensjahre getroffen hat und zu der Zeit, in der er die Anordnung traf, nicht geschäftsunfähig war.

III An die Stelle der Anordnung tritt:

1. Der Antrag des Inhabers der elterlichen Gewalt, wenn der Verstorbene unter elterlicher Gewalt stand und das 16. Lebensjahr nicht vollendet hatte;
2. der Antrag des Vormundes und die Genehmigung des Vormundschaftsgerichts, wenn der Verstorbene unter Vormundschaft stand und nicht nach Absatz II fähig war, selbst eine Anordnung zu treffen.

§ 6.

Die Aschenreste einer eingeäscherten Leiche müssen in einem besonderen, amtlich zu verschließenden Behälter entweder auf einem öffentlichen Friedhof oder in einer sonstigen nach Art. 61 Abs. I Ziff. 2 PStGB.

zugelassenen Bestattungsanlage oder in den besonderen Anlagen der Feuerbestattungsanlage (§ 2 Abs. III) beigesetzt werden.

§ 7.

Die Vorschriften über die Beförderung von Leichen und über die Behandlung von Leichen der an ansteckenden Krankheiten verstorbenen Personen bleiben unberührt. Die Vorschriften über die Leichenschau und die Zeit der Beerdigung finden auf Leichen, die der Feuerbestattung zugeführt werden, entsprechende Anwendung. Doch ersetzt die nach § 2 Abs. II Ziff. 2 vorzunehmende amtsärztliche Untersuchung die zweite Leichenschau.

§ 8.

Die Vorschriften treten mit dem Tage der Veröffentlichung im Gesetz- und Verordnungsblatt in Kraft. Die Oberpolizeilichen Vorschriften vom 28. Dezember 1912 — GVBl. Seite 1297 — werden vom gleichen Tage an aufgehoben.

22. VO. (GesamtMin.) v. 29. Aug. 1921, betr. die Polizeistunde. (GVBl. 408).*)

Auf Grund des § 365 des Reichsstrafgesetzbuchs und des Art. 2 Ziffer 4 des Polizeistrafgesetzbuchs wird verordnet:

§ 1.

Die Polizeistunde wird auf 11 Uhr abends festgesetzt. Vom Eintritt der Polizeistunde bis 6 Uhr morgens dürfen Gäste in Schankstuben und an öffentlichen Vergnügungsorten nicht verweilen.

Durch ortspolizeiliche Vorschrift kann die Polizeistunde allgemein oder für bestimmte Wirtschaftsgattungen, für den ganzen Gemeindebezirk oder für einen Teil desselben, für das ganze Jahr oder für bestimmte Monate, Wochen und Tage anderweitig geregelt werden.

Eine Regelung, durch welche eine spätere als die in Abs. I bestimmte Polizeistunde festgesetzt oder das Verweilen von Gästen vor 6 Uhr morgens gestattet wird, kann nur durch eine fortdauernd geltende Vorschrift (Art. 6 PStGB.) und, soferne es nach dem Stand der Versorgung mit Brennstoffen und Beleuchtungsmitteln angängig ist, nur insoweit erfolgen, als es die örtlichen Verhältnisse unbedingt erfordern. Äußerstenfalls darf durch ortspolizeiliche Vorschrift das Verweilen von Gästen bis 12 Uhr nachts, an Samstagen bis 1 Uhr morgens, und von 4 Uhr morgens an gestattet werden.

§ 2.

Die Polizeibehörden können bei besonderen Anlässen durch schriftliche Verfügung Abweichungen von der allgemeinen Polizeistunde bewilligen. Später als auf 1 Uhr nachts darf die Polizeistunde hierbei regelmäßig nicht festgesetzt werden. Nur in einzelnen besonders gearteten

*) Vollzugsbestimmungen: InnMB. v. 6. Febr. 1908 (GVBl. 57); v. 18. Juli 1913 (ÄMBl. 659); v. 30. Aug. 1921 (GVBl. 409). S. auch BlAPr. 1879, 76; 1889, 211.

Ausnahmefällen, die bevorzugte Berücksichtigung erfordern, insbesondere für Wahl- und Berufsversammlungen, Wohltätigkeits- und vaterländische Veranstaltungen kann die Polizeistunde durch die Bezirkspolizeibehörde — in München die Polizeidirektion — auf spätestens 2 Uhr verlängert werden.

Für Wirtschaften, deren Betrieb in bezug auf Ruhe, Ordnung und Sicherheit oder Sittlichkeit wiederholt zu polizeilichen Beanstandungen Anlaß gegeben hat, kann die Bezirkspolizeibehörde — in München die Polizeidirektion — eine frühere Polizeistunde bestimmen als allgemein festgesetzt ist. Die gleiche Maßnahme kann bei dringenden außerordentlichen Veranlassungen von der Bezirks- oder Ortspolizeibehörde für alle Wirtschaften eines bestimmten Gebietes getroffen werden.

§ 3.

Gesellige Vereine und geschlossene Gesellschaften sind von der Einhaltung der festgesetzten Polizeistunde nur dann befreit, wenn sie einen besonderen, mit öffentlichen Wirtschaftsräumen nicht verbundenen Gesellschaftsraum besitzen.

Die Ortspolizeibehörden sind jedoch berechtigt, geselligen Vereinen und geschlossenen Gesellschaften, welche in einem Wirtshaus einen von den allgemein zugänglichen Wirtschaftsräumen getrennten und ausschließend für sie bestimmten Gesellschaftsraum besitzen, im Rahmen des § 2 eine verlängerte Polizeistunde in widerruflicher Weise zu bewilligen, soferne diese Maßnahme nach den örtlichen Verhältnissen mit der Aufrechterhaltung der öffentlichen Ruhe und Ordnung vereinbar ist.

§ 4.

Die zum Vollzug dieser Verordnung notwendigen Bestimmungen erläßt das Staatsministerium des Innern. Dieses ist ermächtigt, Ausnahmen von den Vorschriften der Verordnung zu bewilligen. Aus Rücksichten auf die öffentliche Ordnung, Ruhe und Sicherheit sowie zur Sicherstellung der Versorgung mit Brennstoffen und Beleuchtungsmitteln kann es vorübergehend eine frühere als die in § 1 bestimmte Polizeistunde bestimmen und auch ortspolizeiliche, auf Grund des § 1 Absatz 2/3 erlassene Vorschriften zeitweilig außer Wirksamkeit setzen.

§ 5.

Gegenwärtige Verordnung tritt mit dem 1. September 1921 an die Stelle der Königlichen Allerhöchsten Verordnung, betreffend die Polizeistunde, vom 5. Februar 1908 (GVBl. S. 55).

Soweit derzeit nach den bisher geltenden Bestimmungen an einzelnen Orten die Polizeistunde später als auf 11 Uhr festgesetzt ist, kann es bis zur Erlassung der nach § 1 Absatz II zulässigen ortspolizeilichen Vorschriften, spätestens jedoch bis 1. November 1921, hierbei verbleiben.

28. VO. (GesamtMin.) v. 31. Okt. 1921 über Tanzlustbarkeiten.

(GVBl. 541).*)

Auf Grund der Art. 32 und 35 PStGB. sowie des Art. 158/II des Kostengesetzes vom 16. Februar 1921 (GVBl. S. 134) wird verordnet:

*) VollzBest.: InnMB. v. 11. Nov. 1921 (AMBl. 198). Aufstellung allg. Richtlinien für die Bewilligung von Tanzmusiken durch den Bez.-Aussch.: Art. 23 Abs. 1 h SG.

§ 1.

Zur Veranstaltung öffentlicher Tanzlustbarkeiten[1]) ist polizeiliche Erlaubnis erforderlich. Die polizeiliche Erlaubnis ist widerruflich; auf ihre Erteilung besteht kein Anspruch.

Sie darf nur erteilt werden

1. Inhabern oder Pächtern von Gaststätten und Tanzräumen,
2. Tanzlehrern,
3. Vereinen.

Die zuständigen Polizeibehörden sind berechtigt, von Vereinen den Nachweis über die Zeit der Gründung des Vereins, Vorlage der Satzungen sowie eines Namen, Stand und Wohnung der Mitglieder enthaltenden Verzeichnisses zu verlangen, widrigenfalls sie die Erlaubnis versagen können.

Sind Tatsachen vorhanden, aus denen sich ergibt, daß das Gewerbe eines Tanzlehrers zu dem Zwecke der gewerbsmäßigen Veranstaltung von Tanzlustbarkeiten betrieben wird, oder ist nach den näheren Umständen anzunehmen, daß ein Verein zu diesem Zwecke gegründet worden ist, so ist die Erlaubnis zu versagen.

Der Tanzraum muß den bau-, feuer- und sicherheitspolizeilichen Vorschriften entsprechen.

§ 2.

Zuständig für die Erteilung der Erlaubnis sind die Bezirkspolizeibehörden, in München die Polizeidirektion oder die Polizeiämter.

Die Erlaubnis ist regelmäßig bei Meidung der Versagung mindestens eine Woche vor der Veranstaltung bei der Ortspolizeibehörde des Ortes der Veranstaltung, in München bei der Polizeidirektion oder den Polizeiämtern, nachzusuchen.

§ 3.[2])

Die Erlaubnis wird schriftlich erteilt. Sie kann von Bedingungen abhängig gemacht werden, die die öffentliche Ruhe, Ordnung und Sicherheit gewährleisten. Zur Sicherung der Einhaltung der Bedingungen sowie zur Deckung der durch die Überwachung der Veranstaltung entstehenden Kosten kann unbeschadet der Strafverfolgung bei Verletzung der Bedingungen eine Sicherheit bis zum Betrage von 1000 ℳ verlangt werden.

In der schriftlichen Ausfertigung sind die Stunde des Beginns und der Beendigung der Tanzunterhaltung, die auferlegten Bedingungen sowie die Bestimmungen über die Leistung und den Verfall der Sicherheit und die Übernahme der Überwachungskosten aufzunehmen.

Der Beginn der öffentlichen Tanzlustbarkeiten darf an Sonn- und Feiertagen nicht vor 4 Uhr nachmittags, an Werktagen nicht vor 6 Uhr nachmittags gestattet werden.

§ 4.

Geschlossene Tanzlustbarkeiten müssen von dem Veranstalter und dem Inhaber des zur Tanzunterhaltung bestimmten Raumes regelmäßig mindestens 48 Stunden vor Beginn bei der für den Tanzort zuständigen Bezirkspolizeibehörde, in München der Polizeidirektion oder den Polizeiämtern, schriftlich oder persönlich angemeldet werden. In dringenden

---

[1]) Öff. Tanzlustbarkeit: ObSt. 12, 250; 2, 399; GZ. 1893, 50; 1897, 30; BlAPr. 1879, 66; 1889, 213; 1890, 46.

[2]) Bedeutung des § 3: OGHSt. 4, 260.

Fällen kann eine vorläufige Anmeldung bei der Ortspolizeibehörde des Tanzorts, in München der Polizeidirektion oder den Polizeiämtern, erfolgen, die sie an die Bezirkspolizeibehörde weitergibt. Bei geschlossenen Tanzvergnügungen zufälliger Art, wie sie z. B. bei Ausflügen vorkommen, kann ausnahmsweise die Anmeldung spätestens am folgenden Tage nachgeholt werden, wenn auch die vorläufige Anmeldung bei der Ortspolizeibehörde nicht möglich war

Der Anmeldepflicht ist genügt, sobald einer der Anmeldepflichtigen die Anmeldung vorgenommen und den Nachweis der Anmeldung in Händen hat. Der Nachweis der Anmeldung wird durch die von der zuständigen Polizeibehörde ausgestellte, mit Quittung über die entrichtete Anmeldegebühr (Art. 158/II des Kostengesetzes) versehene Anmeldebescheinigung erbracht über die vorläufige Anmeldung wird eine Bescheinigung der Ortspolizeibehörde ausgestellt.

§ 5.

Als geschlossene Tanzlustbarkeiten im Sinne des § 4 sind diejenigen anzusehen, die nicht als öffentliche Tanzlustbarkeiten einer Genehmigung nach § 1 bedürfen.

Von der Anmeldepflicht nach § 4 sind ausgenommen:

1 Veranstaltungen in Privatwohnungen, z. B. Familienfeste, bei denen im Familien- oder engen Bekanntenkreise ohne Gestellung einer besonderen Tanzmusik (Klavierspieler usw.) gelegentlich getanzt wird, sofern das Tanzen nicht den Hauptzweck der Veranstaltung bildet;

2 Tanzunterrichtsveranstaltungen von Tanzlehrern, die nachfolgenden Anforderungen entsprechen:

An dem Unterrichte dürfen nur Schüler teilnehmen, die eine Pauschvergütung für die ganze Kursdauer entrichtet haben. Der Zutritt zu den Unterrichtsstunden ist Nichtschülern, ausgenommen die begleitenden Eltern oder sonstige Aufsichtspersonen, verboten Diese dürfen sich am Tanze nicht beteiligen Die Kurse dürfen nur in Räumen stattfinden, die nicht in unmittelbarer Verbindung mit öffentlichen Wirtschaftsräumen stehen. Ein Verzeichnis der Schüler ist auf Verlangen der Bezirkspolizeibehörde einzureichen oder im Unterrichtsraum während der Erteilung des Unterrichts zu hinterlegen.

§ 6.[3])

Die Veranstaltung öffentlicher Tanzlustbarkeiten ist verboten

1 an den Sonntagen der Adventzeit, am Weihnachtsabend und dem ersten Weihnachtsfeiertage,

2. am Aschermittwoch und den Sonntagen der Fastenzeit,

3 in der Karwoche einschließlich des ersten Osterfeiertags,

4 am 28. Juni (Tag der Unterzeichnung des Friedensvertrags von Versailles),

5. in Gegenden mit überwiegend katholischer Bevölkerung: am Fronleichnamstag und am 1. und 2. November (Allerheiligen- und Allerseelenfest),

6. in Gegenden mit überwiegend protestantischer Bevölkerung: am Tage des Reformationsfestes, im Gebiete des ehemaligen Herzogtums Coburg ferner noch am Totenfestsonntag und am Bußtag.

---

[3]) Fortsetzung in einen verbotenen Tag hinein: OSt 2, 489.

Die Regierungen, Kammer des Innern, werden ermächtigt, die Abhaltung öffentlicher Tanzlustbarkeiten zur Sicherung der landwirtschaftlichen Ernte während eines Zeitraums von höchstens vier Wochen in der Haupterntezeit zu untersagen.

Ist zur Verhütung von Rechtsungleichheit bei Erlassung solcher Verbote die Einbeziehung von Nachbarbezirken, die sich dem Vorgehen nicht anschließen, erforderlich, so ist die Entscheidung des Staatsministeriums des Innern einzuholen.

Aus Gründen der öffentlichen Sicherheit, insbesondere zur Bekämpfung von Volks- und Tierseuchen, können die Regierungen die Veranstaltung von Tanzlustbarkeiten für bestimmte Bezirke und für bestimmte Zeit verbieten.

Das Staatsministerium des Innern behält sich vor, nötigenfalls weitere Verbote aus besonderen Anlässen ergehen zu lassen.

§ 7.

Soweit öffentliche Tanzlustbarkeiten verboten sind, dürfen auch Tanzlustbarkeiten von geselligen Vereinen und geschlossenen Gesellschaften nicht stattfinden.

§ 8.

Die allgemein geltenden Bestimmungen über die Polizeistunde gelten auch für Tanzlustbarkeiten.

§ 9.

Zuwiderhandlungen gegen §§ 1, 3 und 7 dieser Verordnung werden nach Maßgabe der Art 32 und 35 PStGB mit Geld, soweit zulässig auch mit Haft, bestraft

Neben der Strafeinschreitung haben Personen und Vereine, die ohne Erlaubnis öffentliche Tanzlustbarkeiten veranstalten oder die auferlegten Bedingungen verletzen, zu gewärtigen, daß ihnen für bestimmte Zeit keine Erlaubnis zu öffentlichen Tanzunterhaltungen mehr erteilt wird

Ferner ist bei allen Zuwiderhandlungen gegen die Verordnung zu gewärtigen, daß die geschuldete Gebühr auf das zulässige Höchstmaß — 500 ℳ — festgesetzt und nachträglich erhoben wird.

§ 10.

In Orten, in welchen aus Anlaß von öffentlichen Tanzlustbarkeiten Ausschreitungen begangen worden sind, kann auf eine bestimmte Zeit die polizeiliche Erlaubnis zur Veranstaltung öffentlicher Tanzlustbarkeiten versagt werden

§ 11.

Vorstehende Verordnung tritt am 15. November 1921 an die Stelle der K. Verordnung vom 13. Juni 1862, die Abhaltung öffentlicher Tanzmusiken betreffend (RegBl. 1862 S. 1391).

24. VO. (GesamtMin.) v. 7. Dez. 1921 über die Führung von Schußwaffen in den Landesteilen r. d. Rheines.

(GVBl. 585).*)

Auf Grund des Art. 39 des PStGB. wird bis auf weiteres für die Landesteile rechts des Rheins in Ergänzung der Königlichen Allerhöchsten Verordnung vom 19 November 1887, das Verbot des Feilhaltens und Führens von Waffen zur Verhütung von Gefahren für die Sicherheit der Personen betreffend (GVBl. S. 655), verordnet:

*) Die VO v. 19 Nov 1887 s. oben unter Nr. 7.

§ 1.

Die Führung von Schußwaffen ist vorbehaltlich der Bestimmungen der §§ 2 und 3 verboten.

§ 2.

Die Bezirkspolizeibehörden, in München die Polizeidirektion, können das Tragen bestimmt bezeichneter Schußwaffen in widerruflicher Weise oder auf bestimmte Zeit durch Ausstellung eines Waffenscheins gestatten. Diesen hat der Inhaber während des Waffentragens stets bei sich zu führen.

Der Waffenschein darf nur dann ausgestellt werden, wenn die Persönlichkeit des Antragstellers dafür bürgt, daß jeder Mißbrauch der Waffe ausgeschlossen ist. Für mehrere Waffen kann ein einheitlicher Waffenschein ausgefertigt werden.

§ 3.

Eines Waffenscheins bedürfen nicht:

1. Die Beamten des Reichs, des Staates und der Gemeinden zur Führung der zum Dienstgebrauche benötigten Schußwaffen,
2. die Angehörigen der Wehrmacht zur Führung der zum Dienstgebrauch benötigten Schußwaffen,
3. Personen über 17 Jahre zur Führung von Zimmerstutzen, Scheibengewehren, Luftdruckwaffen, Flobertwaffen.

Für Jagdwaffen und von Jägern zum persönlichen Schutze mitgeführte Faustwaffen ersetzt die Jagdkarte (Schutzgewehrschein) den Waffenschein

§ 4.

Zuwiderhandlungen gegen vorstehende Vorschriften werden, sofern nicht nach sonstigen gesetzlichen Bestimmungen eine härtere Strafe verwirkt ist, nach Maßgabe des Art. 39 PStGB. mit Geld oder Haftstrafe bestraft, wobei auf Einziehung der verbotenen Schußwaffen erkannt werden kann, ohne Unterschied, ob sie dem Verurteilten gehören oder nicht.

§ 5.

Diese Verordnung tritt mit ihrer Verkündung im Gesetz- und Verordnungsblatt in Kraft.

25. Obpol. Vorschr. (InnM.) v. 17. Dez. 1921 über das Verbot von Maskenumzügen u. Maskentreiben auf öff. Straßen u. Plätzen.

(GVBl. 595).

Auf Grund des § 366 Ziffer 10 des Reichsstrafgesetzbuchs sowie der Art. 2 Ziffer 6, Art. 36 Ziffer 2 und Art. 44 des PStGB. werden für das gesamte Gebiet des Freistaates Bayern folgende

Oberpolizeiliche Vorschriften

erlassen.

I.

Die Veranstaltung von öffentlichen Maskenumzügen, jede Art von Maskentreiben sowie das maskierte Erscheinen auf öffentlichen Straßen und Plätzen werden bis auf weiteres verboten.

II.

Zuwiderhandlungen gegen diese Vorschriften werden nach Maßgabe des § 366 Ziffer 10 des Reichsstrafgesetzbuchs sowie der Art. 36 und 44 des Polizeistrafgesetzbuchs mit Geld oder mit Haftstrafe bestraft.

III.

Diese Vorschriften treten am 1. Januar 1922 in Kraft.

Nachtrag:

Zu Art. 21 A. 10: S. nun JnnFME. v. 5. April 1922 zur Ausführ. des VollzGes. zum Landessteuerges. (GVBl. 225) § 23.

Zu Art. 22 b A. 10: Reklame der Reichspostverwaltung: JnnME. v. 10. Mai 1922 (AMBl. 117).

Zu Art. 58 A. 4: Zur SchulpflVO. v. 22. Dez. 1903 s. KMB. v. 28. April 1922 (KMBl. 86).

Zu Art. 58 A. 9: Zum Vollzug der schullbeh. Versäumnisstr. nach der VO. v. 2. Sept. 1886 s. den oben bei Art. 21 bezeichneten § 23.

Sachregister.

Die Zahlen verweisen auf die Seiten.

A.

G.

K.

L.

M.

N.

O.

T.

U.

W.

Z.

Kolibri 360 GmbH
Ferdinand-Jühlke-Straße 7
99095 Erfurt, Deutschland
produktsicherheit@kolibri360.de